GUANLI GOUTONG LILUN JINENG SHIWU

管理沟通

理论·技能·实务

GUANLI GOUTONG LILUN JINENG SHIWU

（第四版）

赵慧军 ◎ 主编

首都经济贸易大学出版社
Capital University of Economics and Business Press
·北 京·

图书在版编目(CIP)数据

管理沟通:理论 · 技能 · 实务/赵慧军主编. --4 版. --北京:首都经济贸易大学出版社,2018.2

ISBN 978-7-5638-2762-6

Ⅰ.①管… Ⅱ.①赵… Ⅲ.①管理学 Ⅳ.①C93

中国版本图书馆 CIP 数据核字(2018)第 010480 号

管理沟通——理论 · 技能 · 实务(第四版)

赵慧军 主编

责任编辑 孟岩岭

封面设计 砚祥志远 · 激光照排 TEL: 010-65976003

出版发行 首都经济贸易大学出版社

地 址 北京市朝阳区红庙(邮编 100026)

电 话 (010)65976483 65065761 65071505(传真)

网 址 http://www.sjmcb.com

E-mail publish@cueb.edu.cn

经 销 全国新华书店

照 排 北京砚祥志远激光照排技术有限公司

印 刷 北京市泰锐印刷有限责任公司

开 本 710 毫米×1000 毫米 1/16

字 数 456 千字

印 张 23.75

版 次 2003 年 7 月第 1 版 **2018 年 2 月第 4 版**

2018 年 2 月总第 11 次印刷

印 数 35 001~38 000

书 号 ISBN 978-7-5638-2762-6/C·142

定 价 48.00 元

致读者

时至今日，本书出版已有十余年，在浩如烟海的组织管理类教科书中占有微不足道的一席之地。随着时代的发展，管理的变革，教科书的内容也须与时俱进、更新发展。承蒙广大读者的厚爱与信任，在出版社和责编孟岩岭先生的敦促之下，本书编者将第四版呈现在您面前，并期待着您的关注和斧正。

"管理沟通"是两个复杂的概念——管理和沟通——的交汇。这两个复杂的概念都被以多种方式做了界定和探讨，而且都没有一个"合适"的定义。在有关组织和管理学理论中，通常会有 3～4 个分析层次：个人—群体—组织—跨组织/环境。对于管理沟通（自 20 世纪 60 年代独立以来）而言，由于其研究对象是组织，同样可以系统论的观点来进行分析，即分析层次为：人际沟通—群体沟通—组织沟通—跨组织沟通/组织与外界的沟通。从泰勒的科学管理中对下行沟通的描述开始，管理沟通理论经历了从行政沟通到人际沟通，从纵向沟通到横向沟通、网络沟通的拓展；从对单一的任务沟通的专注，向系统的全方位的知识共享沟通的转变。在人力资源多样化和经营管理全球化的背景下，组织及其流程再造中的沟通问题、柔性化管理中的沟通模式问题、知识管理中的知识共享问题、网络经济中的虚拟沟通问题、企业并购中的跨文化沟通问题成为当今管理沟通理论和实践所关注的重点。

管理沟通的研究著述颇丰，并成为今天大多数管理类专业教育的重要课程。本书秉承一贯的主旨，即总结和探索组织管理活动中的沟通行为和沟通效果，帮助读者从沟通的视角理解组织行为和管理现象，培养管理者正确的沟通理念和提高沟通的水平。本次修订在内容的组织上始终保持"沟通理论—沟通技能—沟通实务"三位一体的结构，而在内容的分析上遵循"个体沟通—群体沟通—组织沟通"的系统分层的观点。基于互联网对组织及其个体工作和生活的影响，此次修订将"沟通媒介"独立成章，特别增加了电子沟通（网络沟通）媒介的论述，同时重新编写了"组织外部沟通"的部分内容，更新了大部分沟通案例和参阅读物。

总体而言，在学习管理沟通课程的学生当中，许多人并没有广泛的工作经历，特别是没有从事中高层管理工作的经历，为了更好地把理论与实践相结合，激发学习兴趣，开拓管理视野，我们在修订过程中力图生动地呈现管理沟通的主要内容，以提高本书的可读性和可接受性。

本次修订,首先要感谢的是本书所引注的作者们,正是他们卓越的研究为本书的编写奠定了坚实的基础。感谢参与本次修订的闫盼盼(第16章)、谭瑾(第6章),感谢赵海星提供的大量的案例素材。特别感谢我的学生,由于多年的教学相长,让我能够对如此丰富多彩的沟通知识进行综合和提炼。最后感谢责编孟岩岭先生的耐心和专注,感谢首都经济贸易大学出版社多年的支持与厚爱。

由于编者的学识和能力所限,本次修订仍有诸多遗憾,不尽人如意,在此期待本教材的使用者和学习者的洞察和睿智,以指出其中的不当和疏漏之处。

赵慧军

2017年11月

前 言

Perface

《权力的转移》一书的作者阿尔温·托夫勒说:“未来世界政治的魔方将控制在拥有信息强权的人手里。”当今时代,以政治、经济、生态全球化为动力,以高新技术如卫星通讯、传真、电子邮件、跨国数据交换等为手段,可将任何一种思想随时传播到不同的文化区域和人群中。而不同文化背景的人在各地穿梭往来,因特网不受时空限制地把世界联系成一个整体,成为当今文化和信息传播交流的最重要的特征。

信息沟通对于组织的重要性,无论是学术界还是实业界都达成了共识。尤其是面对全球化的竞争趋势,企业的经营将是跨地域、跨国家、跨文化的,组织成员在文化背景、语言习惯、思维方式、行为准则等方面的差异,使得沟通作为一项重要的组织信息交流活动更为重要。在组织管理与变革的实践中,不与员工沟通是一个公司可能犯的最严重的错误之一。从对一些沟通问题的研究中得出的另一结论是,在巨大压力和不确定时期,人们用传闻来填补沟通空白,而传闻最容易使人们把最坏的推测归结到那些决策者身上。

能够尽早地发现问题是一个管理者宝贵的优点,而发现问题的最佳途径就是依靠下属来告诉你问题所在。但是如何才能得到下属的坦诚相告呢?如何才能使下属们自由谈论他们的不足呢?尤其是坦诚谈论管理者的情况?人们三缄其口是为了明哲保身,或避免出风头,还有可能是害怕自己表现出无能和低效,公司政策和文化也可能阻碍人们自由地畅谈,另外,权威和决策权也会疏远信任。而这一切都决定了管理沟通的效率。

无论从哪个角度、在哪个层面上,大家都认为有效地进行信息沟通是必要的,然而对它的确切解释却没有一致的看法。这些年来,已经有许多学者认识到了沟通在有组织的活动中的重要性。如组织学家巴纳德(Chester I. Barnard)就认为信息沟通是将一个组织内的人联系在一起以达到共同目的的手段。如果没有信息沟通,一个群体的活动也就无法进行,既不能进行协调合作,也不能进行调整、变革。心理学家对信息沟通也有兴趣。他们注重在沟通过程中信息的产生、传递和接收等方面的与人有关的问题。他们着重研究的是找出使沟通不能正常进行的障碍,特别是那些涉及人际关系方面的问题。社会学家和信息理论家也研究沟通问题,譬如卡兹和卡恩(D. Katz,R. L. Kahn)就是从社会学的角度来研究沟通。他们把各种社会系统看做是"有一定限度的信息沟通网"。正是这些来自不同领域对沟通的研究成果,构成了沟通学的理论基础。

然而,不可否认的是,沟通的实践更是人们关注的重点,这是因为沟通本身并非目的,而是一种具体的行为和活动。因此,本书的写作目的,除了给读者一个比较系统的沟通理论框架外,还希望通过介绍个人的沟通技能和组织的沟通实践,来提高读者在管理职业活动中的沟通能力。本书的结构分为三部分:沟通理论篇,对沟通过程中诸如沟通主体、信息和反馈、沟通语言和非语言等各要素的特征和作用进行分析,向读者提供有效沟通的基本原理和规律;沟通技能篇,重点介绍管理者应具备的口头沟通和书面沟通能力、处理人际关系和谈判的技能技巧;沟通应用篇则主要介绍沟通知识和技能在组织管理中的应用。沟通知识和原理是掌握沟通技能的基础,而管理者的沟通技能显然在处理组织沟通问题时得以显现并得到提高。因而,三个部分的内容在管理现实和个人行为中是难以分割的。

全书的写作情况是:第1~7章和第11章由赵慧军执笔,第8章由李卫华执笔,第9章和第12章由李卫华和赵慧军执笔,第10章和第14章由沈妙颖执笔,第13章由沈妙颖和赵慧军执笔,第15章由宋克勤执笔,全书由赵慧军总体设计结构和统纂。

本书的对象以学习和从事组织管理的读者为主,当然也面对所有对沟通问题有兴趣的人。

赵慧军

2003年6月于圣彼得堡

目 录
Contents

原理篇　使沟通更有效的知识

技能篇 管理者必备的沟通技巧

应用篇 组织沟通实务

原理篇

使沟通更有效的知识

- ◎沟通的意义和基本理念
- ◎沟通主体
- ◎沟通内容:信息的组织
- ◎语言沟通
- ◎非语言沟通
- ◎沟通媒介

第一章

沟通的意义和基本理念

我们通过学习自主与自律来实现个人成功；我们通过与他人建立深层、持续、高效能的人际关系来实现公众成功。

——史蒂芬·柯维

第一节　沟通的过程

一、什么是沟通

沟通（communication）一词源于拉丁语的动词 communicare，意为“分享、传递共同的信息”，英文的“沟通”一词也曾翻译为“交际”或“社交”，即社会上人与人之间使用语言等媒介进行思想、观念、感情、意志的交往、联系和相互作用（在社会学、心理学等领域也称之为“社会互动”）的一种行为。

但是在不同的作者那里，对沟通所下的定义有所不同。比如桑德拉·黑贝尔斯（Saundra. Hybels）的定义强调沟通的行为性，认为沟通是人们分享信息、思想和情感的任何过程[①]。她强调沟通是过程,这种过程不仅包含口头语言,也包含形体语言、个人的习惯和方式、物质环境——即赋予信息含义的任何过程。这就是说,沟通是人与人之间通过语言、文字、符号或其他的表达形式,进行信息传递和交换的过程[②]。苏勇、罗殿军等人也强调了过程和媒介的意义,他们认为:"沟通是信息凭借一定符号载体,在个人或群体间从发送者到接收者进行传递,并获取理解的过程。"[③]基蒂·洛克(Kitty O. Locker)认为:"全面地讲,沟通是同周围环境进行信息交换的一个多元化过程。"[④]

管理学家则更强调沟通的功能,卡兹(D. Katz)和卡恩(R. L. Kahn)就认为:"……信息沟通,即交流信息情况和传达意图,是一个社会系统或组织的重要组成部分。"[⑤]罗宾斯(Stephen P. Robins)说:"沟通必须包括两个方面:意义的传递和理解。"[⑥]孔茨(H. Koontz)则把沟通解释为:"信息从发送者转移到接受者那里,并使后者理解该项信息的含义。"[⑦]这个解释着重于信息沟通的过程模式,着重研究信息的发送者、信息的传递和信息的接收者。此外,这一概念还注意到了那些干扰正常沟通的"噪声"和如何有助于沟通的反馈等问题。

在本书中,我们将沟通定义为:人们在社会活动中为了彼此了解、相互合作,通过语言等多种媒介而进行的信息传递、思想交流的行为;是将信息编译,并通过各种媒介在人与人之间传递与理解的过程。按照这一定义,沟通包括以下基本含义:

首先,沟通的主客体是人,即发信者和受信者。因此人类的思维、意识、主观能动性和创造性都反映在沟通活动中。

其次,发信者和受信者进行信息传递和思想交流必须通过一定的媒介,而主要的媒介是语言。广义的语言既包括口头语言和书面语言,也包括作为"副语言"的表情语言和体势语言。

再次,沟通必须有内容,而其内容必定是双方的接触、联系并产生相互影响,是精神和物质层面的互动,因而沟通也是双向的,是互为主客体的,来而不往就不能产生积极的效果。

---

① (美)桑德拉·黑贝尔斯,里查德·威沃尔:《有效沟通》,李业昆,何辉译,电子工业出版社,2016 年版,第 5 页。

② 康青:《管理沟通教程》,立信会计出版社,2009 年版,第 7 页。

③ 苏勇,罗殿军:《管理沟通》,复旦大学出版社 2005 年版,第 2 页。

④ 基蒂·洛克:《商务与管理沟通》,梁皎洁译,机械工业出版社,2013 年版,第 1 页。

⑤ 孔茨:《管理学》,簧砥石等译,中国社会科学出版社,2013 年版,第 768 页。

⑥ 罗宾斯:《组织行为学》(第十四版),孙建敏译,中国人民大学出版社,2012 年版,第 293 页。

⑦ 孔茨:《管理学》,马春光等译,中国社会科学出版社,2014 年版,第 766 页。

最后，沟通的目的是促进人们之间的了解与合作。

沟通可分为如下几种：

按照其进行的方式可分为大众沟通和人际沟通（间接沟通和直接沟通）。大众沟通的特点是，信息来源是一个人或一个组织，而信息接收者是一群人；信息的发出者和接收者之间没有人际接触，信息是通过大众媒体传递的。人际沟通也称口头沟通，其特点是信息来源与接收者之间有直接的面对面的接触，通常表现为两个或多个人之间的信息交流。

按照沟通双方是否能获得及时反馈可将其分为单向沟通和双向沟通；按照沟通者所处背景的差异可以将其分为个人间的沟通、群体中的沟通、组织中的沟通，以及跨文化的沟通。

二、沟通态势和要素

个体、群体或组织努力使沟通更加有效进行的过程，即是对沟通的管理。只要看一看下面的模型（见图 1 – 1），思考一下沟通态势中的九大要素，我们就可以看到，任何沟通过程，尤其是组织中的沟通过程，都是一个管理过程。

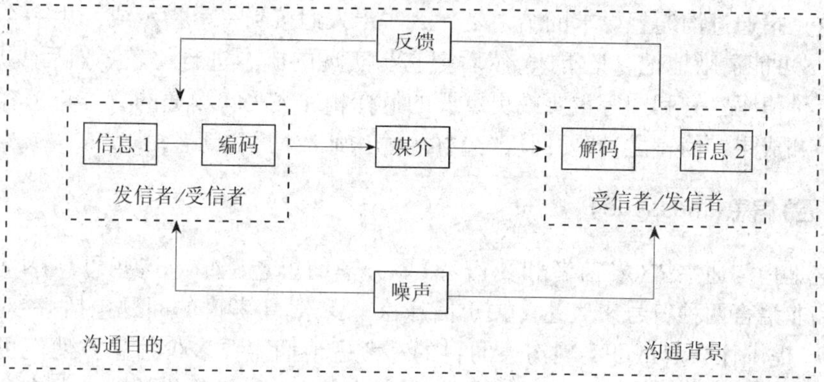

图 1 – 1　沟通过程和要素

资料来源：改编自王磊编著：《管理沟通》，石油工业出版社，2001 年版，第 13 页。

（一）发信者（信息源 source）

发信者回答“谁正在发起行动（沟通）”，“信息从哪里发出的”，“为什么要信任他”等问题。发信者的动机、态度及其可靠性对沟通效果有重要作用。

（二）受信者（听众 receiver）

受信者即信息接收者。对这一要素，要考虑的问题包括：是什么促使他们接收和理解这些信息？他们对发信者建议的态度是积极的还是消极的，或者是不冷不热的？有一个还是几个关键的听众？那些会受到发信者信息影响的次要听众是谁？有没有还没考虑到的听众？

（三）编码和解码（encoding & decoding）

编码是发送者将信息译成可以传递的符号形式的过程，发送者的词汇和知识在这里起着重要的作用。专业化的信息可以用专业术语传递，也可以用任何人都能理解的形式传递。解码指信息接收者的思维过程，是信息接收者根据自己已有的经验和参考的框架进行解释的过程。在这一过程中，接收者得到的信息与发送者的本意可能相似也可能不同。发送者应明白，不管自己的期望如何，在接收者头脑中所进行的解码只反映了接收者自己的情况。

（四）目标（目的 goal）

这是指通过沟通想寻求的结果是什么？当人们接到一个指示或产生一个好主意时，尽可能清晰地把它记下来，然后把它与实现的成本进行比较。然后要思考：目标有价值吗？它和同等重要或更重要的目标相冲突吗？沟通的双方将怎样评价其风险和成果？简言之，即要回答“怎样才算沟通成功”的问题。

（五）信息（message）

这是指沟通主体（发信者和受信者）要分享的思想感情。这些思想感情通过语言和非语言两种符号来表达。关于信息这一要素，要考虑的问题包括：针对特定的听众，提供什么信息可实现沟通的目的？考虑他们需要多少信息？他们可能会产生何种疑惑？你的建议将会对他们产生何种利益？怎样使你的信息具有说服力和被受信者牢记在心？以及怎样最有说服力地组织你的观点。

（六）管道或媒介（channel）

这是发送者把信息传递到接收者那里所借助的手段，如面谈、电话、会议、计算机网络、政策条例、计划、工作日程等。哪种媒体能把信息最有效地传递给每个重要听众？也就是说，是写信、发电子邮件，还是召开会议、发传真、做录像，或是举行记者招待会？我们都知道，实际上“媒介本身就是信息”，你在做出媒介选择时就已经在传递着相应的信息。例如，你送给办公室同事一份备忘录，可能表示你不愿与他面对面交谈。在参加面谈时通过整齐的职业装、自信的目光和尊重的语气这些非语言信号，发送出比求职信更为丰富的信息。

（七）反馈（feedback）

这是发信者和受信者相互间的反应。沟通是为达到某种结果而进行的动态过程，一个信息引起一个反应，而这个反应又成为一个信息。反馈意味着沟通的每一个阶段都要寻求听众的支持，更重要的是给他们回应的机会。只有这样，你才会知道你的听众在想什么，才可能相应地调整你发布的信息，使他们更有可能感觉到参与了这个过程并对你的目标做出承诺。比如你的同事向你诉说一件倒霉事，你会安慰他几句。你批评下属工作质量下降时，他竭力为自己争辩。这些都是反馈。由于反馈能让沟通的主体参与并了解信息是否按他们预计的方式发送和接收、信息是否得到分享，所以它对沟通效果的好坏是至关重要的。

相比之下，两个人面对面的沟通使沟通主体有最大的反馈机会，而在一个礼堂或报告厅里所进行的演说，不论演说者还是听众，其反馈都十分有限。总之，交流中包含的人越少，反馈的机会就越大。

（八）噪声（noise）

这是影响接收、理解和准确解释信息的障碍。根据噪音的来源，可将它分成三种形式：外部噪声、内部噪声和语义噪声①。外部噪音源于环境，它阻碍人们听到和理解信息。最常见的噪声就是谈话中其他声音的干扰：车间里机器的轰鸣声、课堂外的喊叫声、隔壁邻居家装修房子的声音等。不过这里所说的噪音并不单纯指声音，它也可能是刺眼的光线、过冷或过热的环境。有时在组织中，人们之间不太友好的关系、过于强调等级和地位的组织文化等也是有效沟通的障碍。内部噪声发生在沟通主体身上，比如注意力分散，存在某些信念和偏见等。语义噪声是由人们对词语情感上的拒绝反应引起的，如许多人不听带有亵渎语言的讲话，因为这些词语是对他们的冒犯。

（九）背景或环境（setting）

这是指沟通发生的时间和地点（时空背景）。人们的任何活动都不是发生在

---

① （美）桑德拉·黑贝尔斯，里查德·威沃尔：《有效沟通》，李业昆、何辉译，电子工业出版社，2016 年版，第 9～10 页。

真空中的,环境或背景对沟通效果能产生重大影响。沟通在什么地方进行,本身就有很多意味。正式的场合适合于正式的沟通,而在非正式场合人们的言语交谈则要随意得多。很多情况下,当环境变化时,沟通也随之变化。众所周知,大公司和小公司由于结构和规模上的差异,组织沟通的方式和风格也大相径庭;而一个组织处于稳定发展阶段时的信息沟通,与处于变革时期的信息沟通,不论在内容和手段上都会有很大的区别。

只要简单分析一下这些要素就可以看出,任何人际沟通和组织沟通实际上都是一项管理工作。虽然许多沟通情境是人们偶然遇到而并非有预见的事情,你的重要议题和目标可能并不列于任何议事日程之上,但是,无论是制定较宽泛的战略,还是设计某一特定的沟通方案,认真考虑发信者、听众、目标、信息、背景、媒介、反馈、噪声等要素,会给你提供一个任何沟通情势下都可应用的简洁的要素框架。应用这个要素框架,可以确保沟通者更好地参与沟通过程,并在沟通中取得更有效的结果。

三、沟通的理论观点

(一)信息传递而非分配的观点

有关沟通的大量术语来自信息论。按照美国数学家、信息论的创始人之一申农(C. E. Shanno)的理论:信号 = 信息 + 噪声①。

按信息加工论的理论,信号减去噪声就是信息。信息不是物质,也不是能量,它只能传递而不能分配。下面举例说明。我有 3 个橘子,你有 1 个橘子,如果我分给你 1 个,那么你所拥有的橘子就会同我所拥有的橘子一样多(都是 2 个)。橘子是物质,能够进行分配。如果我得到了 3 条消息,你得到了一条消息,我告诉你一条我所知道的消息(把信息传递给你),你便增加了一条消息,但我仍然拥有三条消息,我并没有因此而减少了一条消息。为什么?因为信息不是物质。再如,我用我口袋里的 10 元钱,与你的 10 元钱交换,我们谁都没有变得更富有,但是如果我把我的信息与你的信息进行交换,那么我们都会变得比以前拥有更多的信息。

信息论在研究信息传递时主要解决的问题是:如何做到不论在什么条件下,都使信息的传递保持高保真(把噪声减到最低限度)。传递信息的简单机制,可以用图 1-2来表示。

---

① 申农的理论参见阿尔贝勃:《大脑、机器和数学》,商务印书馆,1982 年版。维纳:《人有人的用途——控制论和社会》,商务印书馆,1978 年版,第 15 页。

下面我们以发电报为例说明这个机制示意图。甲在某地发电报给乙，那么，甲是信号源；他要发的信息必须译成电码，这就是编码；编成电码的信息通过电信号（信道）传到对方所在地的收报机，收报机收到的只是电码，还要按彼此都能理解的程序译成普通文字（解码），然后送给乙。在发送电码时，可能周围出现噪声或其他干扰，甲或乙就要调整音量或方位，以排除干扰；在信息能够有效、准确地传达到乙后，还必须引起乙的回音——即反馈，这个信息传递过程才算完成。

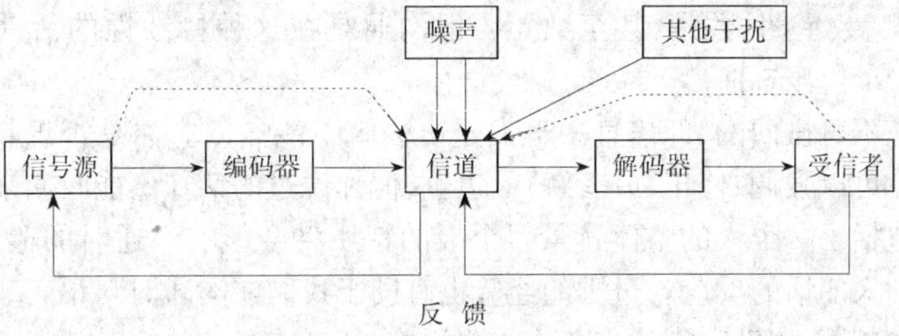

图1－2　信息传递的机制

资料来源：阿尔贝勃：《大脑、机器和数学》. 商务印书馆，1982年版，第59页。

（二）沟通的是信息而非语言

信息不是词或句，信息是表现思想和情感的符号。从这样的观点出发去探索沟通，就不是评论这人说话是否符合语法，有没有“口音”，而是评论说话的信息量大或小，是有效信息还是无效信息，是主要信息还是次要信息，是必需的信息还是多余的信息。比如一个有学问的人，即使讲话带有口音，但其发送的信息多且有用；相反，一个不学无术的人乱说一气——尽管是标准的普通话，语法也无懈可击，但因为所讲的是连篇废话，他所给出的信息则是很少很少的。

如果受信者一方接收到的是他已经知道的信息，那么发信者的信息量等于零。比如，从前考科举，中了举人时有探子（或好事之徒）飞奔到这个中举的人家中报喜，而那家人要给探子或报信者以赏钱。不过，先报与后报得到的赏钱可不一样，当时有这样的童谣：“头报三两六，二报三钱六，三报牛屎都没一堆。”

（三）沟通是动态的、总体的

从构成因素看，沟通是发信者和受信者双边或多边的活动，亦即沟通必须是双方或多方配合完成的交流和互动的过程。否则，“一个巴掌拍不响”，沟通便无从存在。而这种双向活动要实现其价值，又必须在社会价值上取得双向的认同，从而使沟通体现出协调性与互补性。人们在双向沟通中，需要协调自己的行为，使之适应环境与对象的需要，这样沟通才能达到预期的目的。当你在说话的时候，你所进行的是一种行为，是不断变化的活动。从你张口发出第一个音节时，这种活动就开始了。这些变化包括面部表情、肢体动作，或者视线移动，当然还有将一连串的字组成句子，等等。当你说话时，你的听众也以一系列的姿势和动作来回应你。受信者对信息的回应也可能不是即时的，可能是传送者发出信息后的数日、数星期、数月，甚至数年。但沟通是在这种持续性的活动中产生和进行的，即属于动态的。

沟通是不可撤回的，即信息一旦发送出去就不能撤回。你是否想收回你曾说过的话？你可以强调、修正，或者解释、道歉，但你说过的话却不能收回来。

沟通包括了一个人的整体背景。个人的特质将会影响沟通时的遣词造句，也会影响对别人的话的反应。过去的经验也有助于我们在沟通时对语言、语气、动作等的选择和判断，协助我们对信息进行分析，直至影响我们的行为。

沟通从来都不是孤立存在的。无论是同上级的谈话，还是在电话中同客户协商，都是在一定环境下产生的行为。环境的影响可能是物理性的，也可能是心理和社会性的。环境的气氛影响人们对信息的接收和判断。

（四）沟通的社会性和个体性

人类的沟通活动随着人类社会的产生而产生，随着人类社会的发展而发展。回顾人类社会，从原始人构木为巢、部落群居，到封建社会的“鸡犬之声相闻，老死不相往来”，再到现代社会国际交往频繁、互联网拉近人类的距离，无论是政治经济还是文学艺术，人类正在通过更广泛的合作与竞争来提高自己的价值，来创造更丰富的物质文明和精神文明，这是一个不以任何人的意志为转移的世界潮流，而这股势不可挡的潮流又反过来推动了人类文明的进步和社会的发展。这就是沟通的源泉和目的。

从沟通的总体和本质上来说，它是社会性的，但若就沟通的具体方式与实施过程来看，它又具有个体性的特点。这主要表现在：

1. 任何沟通过程中信息的发送、接收和反馈，任何信息载体和媒介的运用，都必须经过个体的思维来进行，离开了一个具体的人的脑力劳动，一切现代化的沟通工具、一切所谓的“集体智慧”都无从谈起。即使是团体与团体之间、组织与组织之间、国家与国家之间的沟通，其实也都是由那些作为代表的若干个人之间的沟通来实现的。

2. 沟通的出发点和归宿是人的需要及其满足。心理学家马斯洛曾把人的需要归纳为生理需要、安全需要、交往需要、尊重需要和自我实现的需要五个层次。在这五个层次的需要中,交往需要处于第三层,是五种需要的中间环节,它既是生理需要和安全需要发展和满足后的结果,也是尊重需要和自我实现需要的前提。因此交往与沟通的进行必然与具体人的需要相关,个体间的沟通如此,团体间的沟通也必然与这两个团体中的个体的利益和需要联系起来。如果沟通不能满足他们的需要,就会影响这种交往的发展与团体的巩固。

3. 虽然沟通的基础、工具、规范和目的带有社会性,但由于它的实现具有个体性,而具体进行沟通的个体有着自身的社会经历、身份地位、文化素质、气质性格、思想观念、沟通能力等多方面的差异,所以在具体的沟通活动中,必然表现出不同的沟通经验、水平、风格和方式,这也是沟通个体性的体现。

第二节　沟通技能

一、沟通的原则

沟通具有社会性,因此与其他社会活动一样,有着必须依据的规则。只有当沟通双方都承认并尊重这些规则时,沟通才有可能协调和顺利地进行。

(一)尊重原则

受尊重是人的高层次需要。心理学研究表明,除病态人格者外,所有的人都有自尊心,都有受尊重的需要,都期望得到别人的认可、注意和欣赏。这种需要的满足,会增强人的自信心和上进心;反之则会使人失去自信,产生自卑,甚至影响其人际交往。因此,在沟通中首先要遵循相互尊重的原则。

尊重原则要求沟通者讲究言行举止的礼貌,尊重对方的人格和自尊心,尊重对方的思想感情和言行方式。这里既包括要善于运用相应的礼貌用语,如称呼语、迎候语、致谢语、致歉语、告别语、介绍语等;也包括遣词造句的谦恭得体、恰如其分,如多用委婉征询的语气;还包括平易近人、亲切自然的态度。当然,对对方的尊重不仅仅表现在沟通形式上,更表现在沟通中所交流的信息和思想观念上,要把对方放在平等的地位上,以诚相待,摈弃偏见,要讲真话。正如古人所说,要做到:“以诚感人者,人亦诚而应。”

(二)相容原则

在沟通中难免会发生意见分歧,引起争论,有的还会牵涉到个人、团体或组织的利益,如果事无大小,动辄就激昂动怒,以针尖对麦芒,则双方心理距离就会越拉越大,正常的沟通就会转化为失去理智的口角,这种后果显然是与沟通的目的背道而驰的。

因此,沟通中心胸开阔、宽宏大量,把原则性和灵活性结合起来至为重要。只要不是原则性的重大问题,应力求以谦恭容忍、豁达超然的大家风范来对待各种分歧、误会和矛盾,以谦辞敬语、诙谐幽默、委婉劝导等与人为善的方式,来缓解紧张气氛,消除隔阂。这种相容的品格在中国自古以来就被视为立身处世的一种美德,君子应能“忍人所不能忍,容人所不能容,处人所不能处”。(朱衮《微观子》)事实证明,沟通中得理且让人,态度宽容、谦让得体、诱导得法,会使沟通更加顺畅并赢得对方的配合与尊重。

(三)理解原则

由于人们在社会上所处的地位不同,其思想观念、性格爱好、心理需要、行为方式、利益关系等也各有差异,所以在沟通中对同一事物常会表现出不同的看法、情感和态度,尤其在涉及自身利益的问题上,更会反映出从特定地位和立场出发的价值观念与利益追求,因而必定会给沟通带来许多复杂的矛盾和冲突。如果双方缺乏必要的相互理解,各执一端,互不相让,不仅会导致沟通失败,还会影响双方的感情,一切合作与互助就无从谈起了。

按照社会心理学的原理,理解原则首先是指沟通者要善于进行心理换位,尝试站在对方的处境上设身处地考虑、体会对方的心理状态、需求与感受,以产生与对方趋向一致的共同语言。即使是最有效的发信者,传播最有效的信息内容,如果不考虑受信者的态度及条件,也不能指望获得最大效果。其次,要耐心、仔细地倾听对方的意见,准确领会对方的观点、依据、意图和要求,这既可以表现出对对方的尊重和重视,也可更加深入地理解对方。

拓展阅读

胡适关于表达方式的四条“主张”

1918 年,胡适在《建设的文学革命论》中提出了关于表达方式的四条“主张”。第一条是“要有话说,方才说话”。这就是说,要有信息需要传递或有什么思想需要交流时，才发出信息。如果天天重复已经说过多次的话，或者本来没有话说，却硬凑几句“废话”来说，都是不必要的。按信息论的观点，那些话的信息量很少很少，甚至是零。

第二条是“有什么话，说什么话，该怎么说，就怎么说”。这里涉及沟通的效率问题，要用最经济、最有效、最不造作的话，来表达最大的信息量。

第三条是“要说我自己的话，别说别人的话”。这是告诫我们，不要总是盲目抄袭前人的话，或者照搬别人的话，那样的语言不起传达作用，只起重复的作用。

第四条是“什么时代的人，说什么时代的话”。从胡适的时代来看，这一主张的含义是要用当时民众的白话文取代已经脱离民众很久的文言文，才能使信息交换得更有效。从我们今天的理解来看，沟通是一种社会现象，它一定是与时代特征和社会发展的趋向息息相关的。

二、对沟通者的基本要求

在进行沟通时，对沟通者的基本要求是：

（一）理性

语言是思维的形式，对理性的要求，本质上也可以说是对语言的要求。你选对词了吗？你用这些词构成意思清楚的句子了吗？你已经鉴别所有的资料并构建了一个令人信服的论证了吗？简单地说，你具备了有效沟通者具有的基本技能了吗？这些对于一个沟通者来说是十分重要的。

（二）感情

这是对你自己及听众感情的要求。我们常常以为，在组织环境中不存在感情，也常常要求人们不要把个人感情和喜好带到工作中来，但事实上，在每一次相互作用中，情感都扮演着重要的角色。你更可能帮助你喜欢的同事；你会为尊重你并对你负责的老板更努力地工作；你会提拔一位有能力的朋友，而不是天才的、但不被你信任的竞争者。感情还包含着心意相通的意思，比如产生共鸣——人们更可能倾向支持理解他们观点的人。在商务和管理活动中唤起听众公平、正义感及人的自尊的能力同样重要，这些情感的共鸣常常能压倒狭隘的个人私利。

（三）道德品质

在沟通中强调的道德品质是指，作为一个人，你的员工、同事、老板有理由信任你吗？当他们的目标绝对重要时，你会牺牲你自己的利益吗？你遵守承诺并言行一致吗？道德品质的一种现代的转换说法，即沟通者的可信度，是他的诚信分数。

沟通中的感情和道德品质尤其会产生伦理问题。和其他人一样，领导者也有令人厌恶的品质，也会犯错误。一个不被人喜欢的独断专行的商人，因为成功的经营，能够确保和他的下属们分享利润，人们还是愿意接受他；人们也可能会原谅一个领导者私生活的不检点，因为他们喜欢并且信任他，尤其是他还为他们谋取了合法的利益。尽管如此，人们还是要对他们是否值得尊敬、支持，是否彬彬有礼做出综合判断。如果人们偏好的天平总是不偏向你的话，世界上所有的沟通技巧也不能促使人们支持你。你是否值得信赖，主要取决于你是否被认为是在为大众的目标而不是个人的利益工作。

亚里士多德的分析指出了这一点：如果不理解人的本性，那么任何沟通理论和技巧都毫无用处。对人的理解有赖于广泛的知识和丰富的阅历。刚上任的经理可能在一定的专业领域内取得了成功，但随着责任的增加，他也要增加自己的修养，这意味着他要能下笔成文，出口成章，在更大的领域内有更加广泛的兴趣。对国际、国内事务的关心以及在历史、科学和艺术上的兴趣，不仅使经理有广博的知识或者在办公室和会议上有话可说，而且能帮助他成为一个完整的有修养的人。同时，自如地涉及他人感兴趣话题的谈话能力，不仅能与人建立起亲切的关系，而且能增加他人对自己的信任。

另外一个要点是：好的沟通者也是好的听众。对其他人所说的内容表现出强烈兴趣的人必定会把自己培养为谈话专家和沟通高手。

拓展阅读

做个受人欢迎的人

约翰是个受欢迎的老板，在公司财政捉襟见肘的时候，没有人离开他，大家与他一起渡过难关。职员们说："因为他尊重我们。他从来没有自己的办公室，一直和我们挤在一起，他和我们一起挽袖子修电脑，让客户常常以为他只是一个技术员。他从来不说废话，总是听我们说。"约翰认为，我们生活在一个快餐时代，如果有话要说，那就快点说，说到重点就停下来，也给别人一个说话的机会。你尊重别人，别人才会尊重你。这是相互的回应。

方蓝形容自己是个不拘小节、心宽体胖、喜欢傻乎乎笑的人。她在离开原来供职的公司前，公司为她开了一个欢送会。老板在会上说，相信每个人都有这样的感觉，一位热情的朋友好似阳光普照一般，把光亮流泻在周围的一切之上。

方蓝说:"我大吃一惊,居然大家都那么舍不得我走,说会想念我。我真的很感动。"其实她是个充满热情的人,也是个助人为乐的人,不过她从来没有想过有什么回报。

三、管理者的沟通技能

研究表明,许多管理者在作决定时非常关注谣言、猜测和人们的风言风语,并喜欢用口头而不是书面的方式交流。一些高级决策人相信直觉胜过推理,而且还常常要下属们去找证据来支持他们的"内心决定"。他们既想做最新时尚的"领头羊",又想成为其中的一员。这是人性中的双重性特征。前者表明了他们个人主义的需要,而后者表明了他们融入群体中以保证自己安全的社会性需要。人的这两个需要都应满足,但这种进退两难的情况确实带来一定的问题,可也不是不能解决的问题。作为一个管理者,要实现有效的沟通,他首先需要对自身的角色和应具备的基本技能有一个粗略的认识。

(一)管理者的角色和技能

管理者具有多重角色,因此必须掌握多种技能。根据明兹伯格(Henry Mintzberg)的研究,管理者扮演的角色共有 10 种,如表 1－1 所示[①]。这 10 种角色可归纳为人际关系类角色、信息类角色和决策类角色 3 类。虽然这些角色经常被分别解释,但事实上它们具有高度的整体性。

表 1－1　明兹伯格的经理角色

类　别	角　色	工　作　内　容
人际关系类	挂名首脑(Figure head) 联络者(Liaison) 领导者(Leader)	执行仪式或象征性的工作 建立内部和外部的信息网络 指挥、协调群体的工作
信息类	监听者(Monitor) 传播者(Disseminator) 发言人(Spokesperson)	搜寻、接收和筛选信息 传递信息给他人 通过演讲、报告、电视、广播等向外部提供信息
决策类	企业家(Entrepreneur) 障碍处理者(Disturbance handler) 谈判者(Negotiator) 资源分配者(Resource allocator)	制订计划,建立秩序 解决员工或部门中的各种冲突、问题 在谈判中代表部门或公司 决定资源分配的对象和数量等

① (美)明兹伯格:《管理者的工作:传说与事实》,《哈佛商业评论》,1975 年 8 月号。

既然管理者的工作内容可依照不同的角色来界定，管理者就必须具备完成任务所需的技能。卡兹(Robert Katz)把管理者的技能分为3类：专业技能、人际技能和概念性技能。

1. 专业技能。这包括应用专门知识或技能的能力。所有的工作都需要一些专门的才能。业务能力在学校教育和职业培训中强调得最多，当然这些技能也可以在工作中形成。像医生、教师、会计、建筑师等专业人员，必须具有相应的专业技能。同样，一个医院的外科主任、公司的财务主管、大学里的系主任，也必须具备同类的业务能力。对于管理人员来说，业务能力是3类能力中最具体的。

2. 人际技能。这是指与人共事、理解他人、激励他人的能力。许多人在业务上是出色的，但在处理人际关系方面却有些欠缺。例如，不善于倾听，不善于理解别人的需要，不会处理人际冲突。由于管理者是通过别人来做事的，因此他们必须对人们的态度、感情、需要等心理状态反应灵敏，必须具备良好的人际关系能力，这样才能有效地沟通、激励和授权。

3. 概念性技能。管理者必须具备心智能力，以分析和诊断复杂的情况，进行广泛而系统的思考和规划。这些能力包括分析综合能力、逻辑思维能力、创造力、感受现实和发展趋势的能力。管理者可能在业务和人际关系方面很出色，但若不能理性地加工和解释信息，他的工作照样不会成功。例如，一名有高超推销技能的销售人员，如果他不能把销售技能转换为概念、形成制度和体系、预测和规划市场前景，是无法成为一名称职的销售经理的。

(二)把沟通作为管理工作的主要方式

世界的发展已经使我们所关心的主要问题由物质环境转向社会环境。在组织中，管理者的工作对象主要是人；管理者要考虑的是人，而不是自然力。克莱佛利(Cleverley)说："管理者的环境基本上是由各种人际关系组成的，这是一个最具威胁、最不可思议和最不易控制的环境。"①人们说管理就是"用人来做事"，而人恰恰是一种多变的、难以预测的因素。

掌握卡兹的3种管理技能离不开沟通能力，而明兹伯格在界定管理者10种管理角色时，将书写、口头和非口头的沟通方式列为管理的基本能力。一些有关沟通的研究也不断地显示出沟通技能对于管理人员和商学院毕业生的重要性。在一个关于管理沟通的会议上，来自不同组织和职业领域的代表都被要求回答一个问题："在你的工作和职业领域中应具备什么样的沟通能力？"他们归纳出如下方面：

---

① Cleverley G. Managers and magic. London: Longman, 1971.

1. 在组织中领导小组讨论,并以合作精神完成指定的工作。

2. 与个人面谈,考察此人是否具有增进公司利益的能力。

3. 运用多种策略解决问题、制定决策和评估决策的效益。

4. 利用公共关系增进组织与政府部门的相互信赖。

5. 具有良好的倾听技巧。

6. 具有良好的说服力,使顾客或员工能完成、相信某项工作。

7. 激励员工完成组织的目标。

8. 处理组织中的冲突。

9. 具有令人印象深刻的演说能力。

10. 在组织中建立良好的人际关系,并以团队的方式解决问题和达到目标。

既然管理过程涉及大量的交流,对于管理者来说,无论他处于管理的哪个阶段、哪个角色状态,沟通技能都对其具有极端的重要性。可以说,沟通既是管理者的一种主要的工作方式,也是管理者实现管理目标的工具。沟通的技能并不是管理过程本身,但它是协调和发展管理的主客体间关系并产生相互作用的根本手段。

管理者的沟通技能并非专用于管理,实际上它仍是我们所有人日常人际交往技能的延伸。或者说,任何人在成为管理者之前都已具有一整套基本的人际沟通技能,我们所开设的沟通课程或者此类书籍的撰写只是帮助管理者的技能能够适用于管理过程而已。但不幸的是,实际情况往往不是这样。许多管理者的沟通方式成为其管理效率和效果的主要障碍之一。此外,既然沟通技能本身并非目的,而只是有效管理的手段和工具,因此就不应过分强调沟通的技术性和技巧性。过分强调技术性可能会导致负面效应,使管理无法成为一种全身心的努力,而成为一些技巧上的碎片或者操纵的手段。任何组织和任何人都不希望管理者知道如何沟通,却不知道如何管理。

拓展阅读

德鲁克的4项沟通原则

彼得·德鲁克(Peter Drucker)是敏锐的观察家,他在考察企业沟通的难度时,提出了4项基本的沟通原则:

1. 沟通是理解力。在沟通时,无论采用何种媒体,第一个必须回答的问题是:这一沟通在接收者的理解范围之内吗?他能收到它吗?只有被接收到并被理解了的信息才能被沟通。

2. 沟通是期望。人们喜欢听他们想听的话,他们排斥不熟悉和具有威胁性的语言。有效沟通只有通过理解你的听众的兴趣和期望,才能使他们接受或者从新的角度来看待某个问题。

3. 沟通创造要求。沟通的目的总是要求接收者成为某种人、做某些事、相信某些话。换句话说,发信者通常请求接收者给予注意、理解、支持信息和其他东西。最重要的是,沟通需要时间,这是许多人最有价值的商品。因此,在沟通前,你必须问自己:我为什么要在这上面花时间?是什么使他人把他们最宝贵的时间送给我,在结束时他们相信物有所值吗?

4. 信息不等于沟通。信息和沟通是不同的。在人类历史上有过大量的沟通,但留下的信息却微乎其微。而今天,或许正相反,大量的信息使人们不知所措。你需要明白:你何时需要沟通?想披露什么信息?对泛滥的信息怎样区分主次?

(彼得·德鲁克:《管理学:目标、责任与实践》,Harper & Row 出版公司,1974 年版,第 484 ~ 487 页。)

(三)管理者有效沟通的特征

低质量的沟通不仅浪费管理者个人或公司的时间和精力,而且也使个人或公司蒙受商业信誉上的损失。而高水平和有效的沟通,由于表述清楚、易于理解、较少误会,既可以节省沟通双方大量宝贵的时间和精力,又有助于树立良好的管理者和公司的形象——专业、智慧和有能力的形象。下面是沟通顾问提供的个体有效沟通的基本标准①:

1. 准确。这是指要提供准确的信息。沟通中的一个错误都有可能使对方失去对你的信任。在企业里,典型的不准确信息有:数据不足、资料解释错误、对关键因素的无知、没有意识到的偏见以及对信息的夸张。对它们保持警觉将提高你的可信度。

2. 清晰。然而为有效运作,一个组织需要准确和完整的信息,清晰是很难达到的。容易理解的指令能指导执行者的行动,而模棱两可和易于混淆的信息不仅浪费金钱还会使人产生挫折感。许多人坚持“简单易懂”的沟通原则,但是在大多数的情景中,并非简单就能被理解。为达到清晰,沟通者必须要做精心准备,进行组织工作,还要善于总结。清晰还表现在逻辑清晰、表达清晰上,如果不能逻辑地思考和正确无误地表述,人们必然会对你管理信息的能力产生怀疑。

---

① (美)迈克尔·哈特斯利,林达·麦克詹妮特:《管理沟通:原理与实践》,李布等译,机械工业出版社,2008 年版,第 36 页。

3. 简洁。良好的管理沟通追求简洁，即用最少的文字传递大量的信息。无论对谁，沟通简洁都是一个基本点。每一个人的时间都是有价值的，没有人喜欢不必要的烦琐交谈、没完没了又毫无结果的会议。如宝洁公司对简洁作了规定，高级经理审阅的文件不得超过两页。当然简洁并不意味着绝对地采用短句子，或者为了简洁而省略重要信息，它是指字字有力。

4. 活力。活力意味着生动和容易记忆。生动的沟通风格使一个人更加容易被接受，它还传递着信任和决心。活力部分来自准确、清晰、简洁，部分来自于对语言的选择、构思和表达。生动的语言能让人更容易理解和记住不忘。

第三节　沟通的意义

沟通使有组织的活动统一起来，沟通也是改正行为、引起变化、达到目标的手段。不论是家庭、企业还是个人，进行有效沟通都是绝对重要的。

一、人际沟通——人人都需要的生活技能

人类最古老的努力之一是和其同类缔结友谊。当我们回溯我们的历史，不管在哪一时代，我们都能发现人类在家庭中团结一致的倾向。原始部落以共同的符号把自己团结在一起，这种符号的目的是使人们和其同胞团结合作。最简单的原始图腾是崇拜图腾，崇拜同样图腾的人会居住在一起，彼此互相合作、情同手足。在原始宗教的祭祀日，人们会和同伴聚集在一起，讨论农作物的收获及如何保卫自己，如何免遭天灾人祸、洪水猛兽的侵害等问题。这就是祭祀的意义，也是人类最早的沟通和合作方式。在当今社会，人际间的沟通对我们每个人来说具有更加重要的意义。

（一）人际沟通有助于心理健康与自我完善

心理学家从不同的角度进行了大量研究，结果都证明，心理健康水平越高即个性越健康，与人交往就越积极主动，人际关系也越融洽，越符合社会期望，其工作绩效也越大。人本主义心理学家马斯洛发现，“自我实现者”一般都可以很好地接纳别人，同别人的关系也比较密切；他们与他人有更稳固的友谊，对他人有更崇高的爱。

人只有置身于社会环境中，通过社会获得支持性的信息，才能不断得以修正错

误和健康发展。反之,如果剥夺其与人沟通的机会,这个人的身心就会受到极大的伤害。有一个“交往剥夺”的心理学实验,实验者邀请了志愿者作为被试者参加这一实验,并给予其丰厚报酬。实验者让被试者一个人待在一个房间里。这个房间没有窗户,只有一盏油灯、一张床、一把椅子、一张桌子和洗漱设备,没有钟表、电话、收音机、电视、书报、笔纸。传送带按时给被试者送饭,但看不见一个人。结果,在短时间内被试者还可以睡觉、思考问题,但是几天后便出现感到恐怖、害怕、焦虑等症状。接着几天这种感觉会消失,出现一段平静的适应期,再以后,这种孤独和隔离不仅破坏了一个人应付日常交往的能力,而且使被试者感觉到精神崩溃,出现变态心理。

(二)事业成功需要沟通

美国心理学家加纳基于神经心理学的研究成果,提出人类智力多元论,即人类有7种智力:语言智力、音乐智力、逻辑智力、空间智力、运动智力、人际关系智力和内省智力。其中直接与沟通相关的如语言智力,其象征系统就是口述和文字语言的表现;而人际关系智力包括领导能力、交友能力、解决纷争的能力、分析社会生态的能力。加纳对人际关系智力的定义是:“能够认知他人的情绪、性情、动机、欲望等,并能做出适度的反应。”

在现实生活中,我们也可以发现一个人的专业水平和沟通水平是相辅相成的。如果一个人只会干不会说,就不可能得到他人的理解和支持。一个人在科学技术上有了重大发明或发现,如果不能恰当地表达出来,那么,不管他的发明或发现多么伟大,也无法得到社会的认可。

沟通能力是人际交往的工具和桥梁,也是一个人综合素质的外化表现。许多人相信,有效的沟通是我们在工作和事业上取得成功的关键。在对1 000位人事经理的调查中,这些经理均把口头沟通和倾听能力列为工作所需的最重要技能。在另一项调查中,某大学的校友们回答他们工作中最重要的技能是陈述、提问和回答问题及小组讨论。美国哈佛大学就业指导小组对几千名被解雇的男女雇员进行了综合调查,发现其中人际关系不好者比业务不称职者高两倍多;每年调动人员中因人际关系不好而无法施展其所长的占90%以上。可见,沟通能力及人际关系与一个人的事业成败是息息相关的。

(三)合作需要沟通

缺乏合作意识和能力对于个人和团体的利益都是最大的阻碍。生活充满了矛盾,处处需要合作。有时我们需要服从别人,有时也需要说服别人,有时还需要用适当的方法去推销自己的想法和看法。因此,要学习与人沟通的技能,这在生活中非常重要。

在我们的生活中,很重要的一个方面是维持和改善人与人之间的相互关系,相互合作。通过沟通,我们能够发现他人的需要和表达我们自己的需要。任何相互关系都需要开放的沟通渠道,因为这样我们才能自由地表达思想和感情。

拓展阅读

阿德勒谈合作

我们必须时时刻刻和别人接触、适应并迎合他们,并且对他们感兴趣。这个问题的最佳解决方法是友谊、社会感觉和合作……由于人类学会了合作,所以我们才形成了分工的方法。这是人类幸福的主要保障。假使每一个人都不愿意合作,也不愿意仰赖过去人类的成果,而只凭一己之力在地球上谋生,那么人类的生命必然没有再延续下去的可能。经过分工,我们可以利用许多种不同的训练结果,并将许多不同的能力组织起来,使它们对人类共同的幸福有所贡献,并保证人类的安全和增加社会上所有成员的机会。假使我们想解决职业问题,我们就必须在人类分工合作的架构中占一席之地,并为别人的利益奉献出我们的力量。

虽然有些动物也会用团结来补偿它们的软弱,成群结队地群居生活,但是人类却比我们在世界上所能发现的任何其他动物需要更多及更深刻的合作。人类的婴儿是非常软弱的,他们需要许多年的照顾和保护。由于每一个人都曾经是人类中最弱小和最幼稚的婴儿,如果人类缺少了合作,便只有完全听凭其环境的宰割。所以我们不难了解:假使一个儿童未曾学会合作之道,他必然会走向悲观之途,并发展出牢固的自卑情结。我们也能了解:即使是对最合作的人,生活也会不断向他提出待解决的问题。没有哪一个人会发现自己所处的地位已经接近能够完全控制其环境的最终目标……无论如何,奋斗总是要继续下去的,但是只有合作的人才会做出充满希望及贡献良多的奋斗,才能真正增进我们的共同情境。

[摘编自(奥地利) 阿德勒:《自卑与超越》,黄光国译,作家出版社,1986 年版。]

二、沟通对组织的意义

组织离不开沟通。由于企业规模大小不一,层级有高有低,部门分立和业务差异普遍存在,使得沟通成为企业日常运作的必需。尤其是面对全球化的竞争趋势,跨地域、跨国家、跨文化的经营成为经常，组织成员在文化背景、语言习惯、思维方式、道德准则等方面存在的差异，使沟通这一重要的企业基本行为变得更加困难，甚至会严重影响到企业的整体绩效。事实上，任何生产的计划，员工的雇用、培训和激励，协调加工与销售等一切活动都离不开沟通。许多商家、企业、政府机构的“产品”不是任何有形之物，而是信息和服务。信息和服务的传递更要通过沟通来实现。因此，在所有组织机构里，沟通同样是人们阐明观点、实现合作的桥梁。

(一)沟通是实现组织目标的保障

任何组织都是为了一定的目的而存在的，组织通过制定使命和目标来说明其存在的理由。从管理学的角度分析来看，组织目标的确立、宣传、理解无不需要多样沟通方式、持续的沟通进程；在实现目标的过程中，客观存在着矛盾和冲突，要缓解矛盾、解决冲突，就必须通过沟通。管理沟通之所以研究组织情境中的沟通现象，是为了了解和控制组织，提高组织的功能和效率，以此来达到组织的目标。

(二)沟通是联结和协调组织各部门的途径

沟通对发挥组织内部各职能部门的作用是至关重要的，有效的沟通把组织众多的管理职能整合成一个整体。如果没有沟通，一个群体的活动也就无法进行，因为没有信息交流既不能进行协调合作，也不能进行调整、变革。沟通是所有组织机构日常运作的必需，是人们阐明观点、实现合作的桥梁。

(三)沟通是组织成员绩效和满意度的重要影响因素

研究表明，沟通开放性与组织绩效、工作满意感、角色明确和信息交换量呈正相关，即组织成员之间的沟通越开放，员工的工作满意感越高，组织的绩效也越好[①]。沟通不良可能导致一些问题的产生，研究揭示出，约有 80% 的管理人员认为沟通方面的问题是造成他们工作困难的原因。

(四)沟通是组织与外部环境相联系的重要方式

任何一个组织都要通过信息的沟通来使自己变成一个开放系统，并与外界环境交互作用。通过沟通，企业了解顾客的需要、供应商的状况、股东的要求、政府的规定，以及所在社区所关心的事物。企业需要有关价格、竞争、技术、财务以及商业循环和政府活动等方面的信息。这些情况为企业拟订有关产品研制、生产数量，产

---

① 严文华:《20 世纪 80 年代以来国外组织沟通研究评价》，载《外国经济与管理》2001 年第 2 期。

品质量，市场战略，各种生产要素间的组合，以及为企业内各项决策提供了基础资料。

思考题

1. 什么是沟通？如何理解沟通过程的态势和要素？

2. 管理沟通的基本原则有哪些？如果你是管理者，你将如何施展你的沟通技能？

3. 沟通对于组织和管理的意义是什么？

沟通体验

尝试为你所在的学习小组制订一个能迅速相识、加深了解的交流计划。每个人把自己的计划讲给其他成员，最后形成小组交流计划后并在本课程学习过程中实现这个计划。

第二章

沟通主体

在这个世界上真的有许多邪恶、困难、偏见和悲哀，但它是我们自己的世界，它的优点和缺点也是我们自己的。这是我们必须加以改造和增进的世界。我们可以断言：如果每个人都以正确的途径担负起他的工作，即以合作的方式解决生活中的问题，他在改进世界的事业中，便已经尽了责任。

——心理学家阿德勒

第一节　沟通者的差异

在进行沟通之前，需要了解受信者对所发送信息的态度吗？如果已经了解到对方所持有的态度，那么应怎样考虑这种形势而使沟通更为有效呢？首先应当指出，了解对方的态度和立场对于有效沟通有重要意义，尤其当我们想影响人们接受某种观点和倾向时，人们对这种观点持什么态度便具有举足轻重的作用。

任何沟通过程中信息的发送、接收和反馈，任何信息载体和媒介的运用，都必须经过个体的思维来进行，因此本章对沟通主体的分析主要关注个体的认知、个性、沟通风格等方面的差异如何对沟通的过程和效果产生影响。

一、沟通主体的认知

（一）个体的认知

我们每一个人都有类似的经验：曾经受过别人的评价、判断和误解，并且别人曾以错误的方式和我们沟通；同样，我们也有过相同的行为，用我们自以为正确的方式去理解别人，并和他们交往。由于认知的不同，误解在沟通中时常出现，因此认知上的差异是有效沟通的主要障碍之一。

认知或者知觉过程，是人们依赖自己的经验，对所获得的信息进行选择、解释和评价的心理过程。如在第一章所说明的，沟通是观念、思想、知识的分享过程。当我们想要将这些信息与他人分享的时候，就会把信息转换成对他人有意义和能了解的符号或文字。在转换的过程中，我们会将过去发生的事件、经验，现在的动机和对未来的预期等作为参考，而接收者也会依赖自己的一个特别的参考框架来解读这些信息。接收者将处理和分辨信息，而不是简单地对事件本身做出反应。当人们相互间的参考架构和解释判断——认知——越相似，沟通也就越容易进行。但事实是，我们不是都按相同的方式获取和判断信息的，即使是面对相同的信息，也可能按不同的方式挑选、组织和理解。

在组织沟通中，认知特点和认知程序非常重要。比如，作为一个管理者，你需要从一大堆的申请者之中选出适当的人。当你在确定资格、评价候选者的技能和其他特征时，认知扮演着重要的角色。当你询问候选人的某个行动和某种态度时，当你在倾听对方观点的时候，你的头脑中同时在用以往的经验解释着这些观点，而不仅仅是听和问。

图2－1向我们展示了人的知觉过程。

（二）信息处理中的认知问题

概括地说，站在不同立场上的人们，对于同一个信息的评价各有不同。人们把距离自己远的观点，常常评价为比实际上更远的观点；而对于接近他们立场的信息，却认为比实际上更加接近自己的观点，甚至认为与自己的观点完全相同。这表明，站在各种不同立场上的人们，评价那些与立场有关的现象时常常是不客观的。

1. 第一印象可能成为永久印象。第一次看到其他人或听到他们的声音时，往往可以在我们的心中留下十分深刻的印象。如果未加入其他资讯，这第一印象很可能成为永久的印象。其实，当我们在初次交流时所送出的众多信息里，只有很短

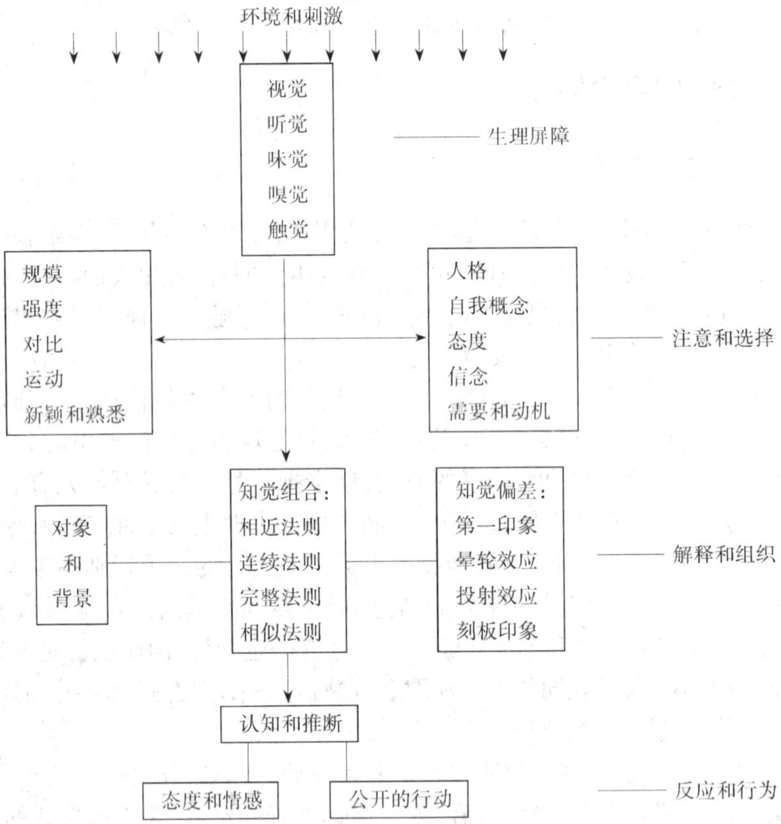

图 2-1 知觉过程

的几秒钟创造的是第一印象。第一印象告诉别人,你是否有信心、愉快、真诚和可以信赖。有人说,在商场上,最初的决定性的 7 秒钟能决定你是否能赢得新客户,获得财务资助或在紧张的协商和谈判中成功,可见第一印象的作用。如果我们已预先思考过我们要说什么,练习过如何回应局势,然后有效地传达我们的信息,就能控制好这珍贵的最初几秒钟。

SAS(Scandinavian Airlines Systems)的总经理 Jan Carlzon 将最初印象的重要性和他的公司联系在一起。他提出"真实的一刻"的概念,即当客人第一次碰到一名 SAS 的员工时就能感觉到这名员工是否能满足他们的需求和期望。Carlzon 说顾客是否会再度光临,决定于最初的一刻:"去年,我们一亿个顾客中的每一个来到机场服务台,大约接触到 5 名 SAS 的员工,每次接触的时间平均为 15 秒……于是 SAS 被我们的顾客在心中'创造'了 5 亿次印象,每次 15 秒。这 5 亿次'真实的一刻'

是最后决定SAS公司会成功或失败的时刻,也是我们向顾客证实SAS是他们最好的选择的时刻。”

2. 刻板印象。当我们过于简化人们的差异和将他们的依属性和特质进行分类时就会产生“刻板印象”。一旦被归类,这些“刻板印象”将永存而难以改变,它们对人的本质常常具有破坏性,因为它忽视了个体和群体的其他特征。在组织中,刻板印象主要有3个来源:年龄、种族和性别。

关于对年龄较大、比较传统的员工的6个常见的刻板印象是:①对组织变革有较大的抗拒心理;②创造力较小;③比较不愿意承担可预期的风险;④身体较差;⑤比较不愿意学习新方法;⑥新技术的接受能力较差。

虽然关于性别的刻板印象大部分并没有被证实,但男人和女人仍然被认为有许多不同。男性被认为比女性更武断、积极、客观、理性和有能力;女性被认为较被动、情绪化、服从和敏感。

3. 月晕效应。月晕效应是指对个人的某些特质的认知影响了人们对此人其他特质的看法。比如有些公司只雇用学习成绩完全优良的大学毕业生,因为他们认为,分数高不只显示学业优良,同时也是该生人际关系和领导能力的体现。下面的例子也说明了月晕效应如何影响了通用汽车公司的绩效评价系统:

一个时期GE公司的绩效考评太过强调成本的降低,而几乎忽略了其他管理方面的重要部分。纽约的一个工厂曾是GE生产成本最低的工厂,并由此获得了大量的红利。恰恰是这个工厂,在这段时间里曾制造出美国22家GE工厂中品质最差的汽车,有些车子因车体太差而使经销商拒绝接受。有趣的是,这家工厂在制造了全美GE最差汽车的同时,获得了优秀的绩效考评。很显然,对成本的评估掩盖了对产品品质的关注。

4. 主观的投射。投射效应是指在知觉他人时,知觉者以为他人也具备与自己相似的特性,这种把自己的感情、动机和愿望反映到他人身上的倾向称为投射。这便是人们常说的推己及人的情形。尤其当对方的某些特征,如年龄、职业、籍贯、性别、社会地位等与自己相同时,投射效应更容易发生。投射使人们倾向于按照自己的特征去知觉别人,而不是按照知觉对象的真实情况进行。它能使知觉失真,例如一个吹毛求疵的人可能会认为别人吹毛求疵,而看不到自己的毛病。

A先生是个成功的行销主管,带着自信和接受挑战的心情来到一家公司任职。所谓“新官上任三把火”,A先生决定在新公司的第一个星期就表现出自己的影响力。当他与部属会面时,感觉到他们个个彬彬有礼、举止优雅,他推断:下属们还有很大的潜力,他们必须要显现出更高的能力。于是,他给自己和部属设立了高标准,训练他们,鼓励他们,批评他们。在第一个季度结束时,A先生难以置信地发现,他的手下和同事们都讨厌他。A先生很困惑,他唯一的结论就是:这些人显然觉得我的能力和积极对他们造成了威胁,他们急欲把我打倒。

5.知觉的选择性。知觉选择是指个体对于施加给自己的信息,只注意其中的一小部分,而忽略其他部分。由于大脑处理信息的能力有限,人们总是对信息具有选择性。实际上,个体遵从一种心理经济模式,一般只会注意到周围环境中的一小部分刺激,而其中更少的一部分刺激会得到处理,而那些得到处理的刺激也未必能够真正得到客观的处理。因为对信息含义的解释因人而异,个体会受其独特的偏爱、需要及经验的影响。于是人们挑自己喜欢的电视节目,找自己能胜任的工作,对别人做事总爱挑剔,对自己的失败则归咎于他人或抱怨条件不具备等。

迪尔波恩和西蒙(Dearborn & H. A. Simon)曾作过一项知觉选择性的实验研究。23位分别来自销售部门、生产部门、会计部门和总务部门的企业主管,共同阅读了一篇有关某钢铁公司的资料。阅读之后,实验者要求这些主管写下他们认为这家企业最需要解决的问题是什么。结果,各人所写的大多是跟他们主管业务有关的问题,比如,有83%的销售主管认为问题在销售方面,而其他各部门的主管中只有29%强调销售问题的重要性。这一结果表明,主管们只注意与自己部门有关的问题,而且对组织活动的知觉与决策也倾向于与自己部门相关的内容。这种本位主义的知觉反映了工作特点、兴趣、需要以及利害关系对主管们的影响。

二、个体沟通风格的差异

有不同人格特征的员工会有不同的工作风格和偏爱方式,这些既会影响他们的沟通,甚至也能影响到他们的工作绩效。由于工作时间、场所的限制和其他人不同的工作模式的压力,按自己偏爱的方式工作和生活是件难事,人们不得不相应地调整自己的行为。虽然如此,人们还是极少改变他们的核心价值和基本的动机风格。不管在什么地方,只要有可能,人们还是愿意回复到按自己最熟知的典型方式行事。重要的是,我们要理解这些基于核心价值和深层动机的风格模式以及它的影响。

查尔斯·马杰利森和拉尔夫·刘易斯(Charles Margerison & Ralph Lewis)把荣格(C. G. Jung)的心理类型理论应用于工业和商业组织,并以849名经理的调查资料为基础,描绘了经理们的风格模式。他们的方法在评估自己和他人的偏爱以及沟通风格方面很具有启发意义。下面就是他们的主要结论和观点。

工作是一项复杂的活动,但是有四种主要的活动是每个人每天都要做的:建立关系——如何与其他人打交道;产生信息——用什么方式收集信息;作决策——以什么作为决策的基础;选择优先性——什么更重要,是收集信息还是做出决策?

(一)外倾和内倾

按照荣格的理论,在建立关系方面主要有两种方式:一种称为“外倾”(extraver-ted),一种称为“内倾”(introverted)。当然没有一个人是完全内倾的,也没有一个人是完全外倾的,我们都有能力在不同的时间以任何一种方式行动,然而,我们在建立相互关系时总是有所偏爱。

一个外倾的人寻求多样化和刺激。他们喜欢社交,因为他们说话很多,所以他们经常被看成是很有影响力的人。内倾者也可以极其有影响力,尽管他们一般说话要少得多。外倾者确实较少受到抑制,他们在结交新朋友和建立关系方面往往采取主动的方式。在业务会议上,他们一般愿意走上来作自我介绍,而不是等着被介绍。他们愿意发起谈话的主题,在交流观点和想法方面相当自如。一般外倾的人很难按照有结构、有计划的方式做事,他们喜欢有点冲动性,做他们想要做的事,即使这件事并不符合计划。

一位外倾的经理也许持有一种“门户开放”的政策,也就是说,他可能故意让他的门开着,这样他就能和办公室里正在发生的事保持联系并受到激励。他可能真的喜欢人们不时地前来打断他,电话铃响对外倾的人来说不是一种干扰,而是一件刺激的事。在商业上,每个人都要求有某种程度的外倾,但像多数性格一样,如果表现过分,它也会变成一个弱点,而不再是优点。

如果你有一位外倾方式的老板,他也许会喜欢召开许多会议,并通过对现实的接触去了解信息。如果你有外倾的下属,当他想继续与你保持一种个人的关系时,会令你感到有相当大的压力。他们如果有某些想法,便经常会抑制不住热情,你在努力鼓励他们的时候,注意不要让他们占用你太多的时间。

内倾的人喜欢在沟通之前把事情想清楚。内倾者对信息也是很开放的,他们能够收集非常微妙的信息或感情,并且能从非常少的信息中很好地把握思想。因此他们需要关上灯、坐下来彻底思考。这当然是一个主要的优点,然而,在某些情况下这也能成为一个弱点。由于内倾者对事情很敏感,于是他可能认为其他人也以同样的方式理解了该问题,但事实可能不是如此,于是,内倾的人经常受到指责,说他们不擅长让人们知道他们所知道的,不擅长传达他们的理解。其实,内倾者在与他们所信任的人或者在有情境要求的时候会沟通得很好,许多内倾的人能对会议做一个优美的演讲或介绍。内倾者的另一个特点是,他们愿意在相当长的时间里全神贯注地解决一个问题,他们喜欢深刻钻研某个问题,因而,通常当他们提出某个选择或建议时,都会有相当坚实的基础;当他们的建议在会议上遭到拒绝或怀疑时,他们会感到心烦意乱,因为他们曾经如此彻底地思考过这些问题。

一个有趣的观点是:尽管内倾者和外倾者在智慧方面完全相等,但在越来越高的教育体系中,内倾的人越来越占优势,这是因为他们比外倾者更容易适应学习的要求和排除外部干扰。在组织中,如果人员的晋升是论资格而不是论功绩,那么结果便是更多的内倾者处在组织的高层。

如果你有一个内倾的老板,那么你也许要花很长时间才能了解他。他没有像你所希望的那样善于沟通。但是,他有自己的沟通方式。例如,他可能使用备忘录而不是召开非正式的会议。如果工作必须通过他,那么,你最好使用相同的沟通形式。如果你有一个内倾的下属,你同样会发现他或她有时是那么难以理解,他们似乎是生活在自己的世界里。然而,为了进行有效的沟通,应该与这些人单独地和秘密地谈论他们的观点,或者最好请他们在讨论前写下他们的思想。

内倾的人可能经常受到忽略,因为他们不走出去寻找伙伴,他们愿意和他们认识的人在一起,他们的熟人名单比外倾者要少,因此他们发挥影响的机会就有可能少一些。

(二)感觉和直觉

人们怎样获取信息?是注重具体的事实还是发挥想象力?收集信息在生活的各个方面都很关键,为了做出某种贡献,我们不得不去寻找信息和探索一系列理念。对此存在两种方式:感觉(sensing)和直觉(intuition)。

使用感觉方法的人往往非常在意事实,他们不轻易地相信某些信息,直到能够真正接触到这些信息并对其加以衡量、评价和验证时才信任它们。他们喜欢具体而清晰的任务,对能发展和使用他们的技能,或体现他们影响力的事情感兴趣。他们偏爱制度和方法,对常规的细节很耐心;他们把注意力放在事实和细节上,擅长收集有关机械方法的信息,从事操纵物理材料的工作;他们喜欢工作日程表,寻求解决问题的标准方法。

如果你是这些具有强烈实践基础的人们的经理,那么要把具有某些常规性的和确定性的工作交给他们,而不要把他们集合起来去开发新的工作方法,因为他们在产生新思想和进行“头脑风暴”方面并不一定非常成功。然而,他们的心灵应用于某个具体问题上会极具价值。他们喜欢运用他们的能力去解决实际问题。

直觉方法的人就像小说家,他们有着丰富的想象力,小说家按照自己的洞察力去发展某个道听途说的故事,并把它写成了小说。他们经常不知道发生了什么事情以及事情发生的原因,然而,他们提出了理念和可能性,当然,其中有些可能有价值,有些则没有。

直觉的人的特点是:他们集中注意力于整体而不是具体问题。他们不喜欢例行公事，当不得不从事这样的工作时，他们会不耐烦、有挫折感和感到焦虑。他们具有创造性的眼光和洞察力，遵循自己的灵感，喜欢复杂事物，对常规问题厌烦。

你无法要求那些具有高度直觉能力的人做重复性的工作，他们喜欢应付新的工作，并且擅长项目工作。他们热衷于学习新技能，在学习一种新技能后，他们可能并不想去使用它，而是迅速地开始下一项有趣的任务。直觉的人经常精力充沛地工作，但有时也似乎很懒惰，并且不努力。他们可能是你身边兴高采烈的人，但也可能是不容易理解的人。尽管如此，当你建立一个有效的团队或组织时，必须要利用这些人的才能。在一个研发实验室，一些研究人员早晨经常迟到，但是如果他们正在追索某个他们感到具有价值的事物时，他们会工作到很晚，甚至通宵达旦。在某种意义上说，创造性的过程不可能受制于时间，朝九晚五的日子对于极具创造力的人来说没有什么意义。

因此，如果一个喜欢实践细节、精确性和具体任务的人工作在一个创造性、模糊性的情境中，他可能会不满。同样，如果一个具有创造力的人处在一项有严格时间束缚的具体的工作情境中，那么他也可能会有挫折感并最终离开那项工作。经理的工作就是识别他周围人的特点，并能够把他们安置在最能发挥其特长的工作中。

（三）理性与情感

你是用理性思维的方法，还是以感情方法进行决策？使用理性思维方法的人在决策前对信息有一个细致的分析过程，即他们观察、追溯和衡量事实，而不是服从于自己的情感。这样的人愿意把所有分析性的东西用来帮助评估情境，比如，在商业中，他们喜欢使用决策分析、线性方程、成本收益分析、外推预测以及其他减少风险的方法。他们可能被认为对决策过于冷漠和超然，他们讨论的是市场而不是人员，是产品而不是过程。偏爱理性思维方法的人可能在不知不觉中损害了其他人的感情，因为他们关心的是所要求做的事，从而忽视了其他人的利益和情绪。

如果你有一位极为重视理性思维的老板，那么最好给他提供充分的证据，用资料来说服他；同样，如果你有以分析推理为思维方式的下属，那么要让他们看到你决策的事实性基础，否则，他们不可能完全按照纯粹个人的信念去行动。

然而，大多数人都有强烈的信念，这些信念支配着人们去教育孩子、管理企业和改造社会。那些具有强烈信念的人通常会问，有待做出的决策是否与他们的价值一致，他们会按自己的观点去看待事物，而不是坐在后排位置上或以冷酷的分析为基础去作决定。具有强烈感性倾向的人通常是些非常友善的人，愿意看到人们在世界观上有许多的共同性，喜欢基于共同价值的协调工作。但是，如果人们不按他们的观点看待世界,他们便可能成为一个可怕的对手,他们会使争论两极化,不是支持就是反对。

用感情方法决策的人,具有个人的主观决策标准,用信念衡量决策的对与否,他们可能被认为过分坚持一个观点、坚持老方法。在商界,亨利·福特曾是个典型,当其他竞争对手已开发出了他们的新型汽车时,福特仍然坚持标准的T型车,忽视情境和逻辑,想证明自己坚持的信念是对的。而这几乎毁了他的公司。最终,他不得不面对冰冷而残酷的事实,以某种分析为基础做出改进的决策。然而到那时,他已经损失了数千万美元,此后花了很长时间才让公司重新获利。

(四)判断和知觉

行为的重点在哪里?判断偏爱——把重点放在解决问题上,还是知觉偏爱——把重点放在获取尽可能多的资料上?

在判断方面得分高的人不喜欢模糊和松散,他们非常有条理,喜欢把问题清晰化,并解决它。他们确实很尊重解决问题的逻辑,但是并不喜欢在采取行动前花费太多的时间。

判断显然是任何管理者都需具备的一个关键技能,经理们需要用明晰的秩序去平衡决策所需要的大量信息,并迅速做出判断以解决问题。

知觉偏爱的人将优先性放在尽可能多的信息上,因此他们会把更大权重赋予获取信息的方式上,即感觉的或直觉的因素。知觉型的人心灵开放,充满好奇,喜欢研究和发现,他们强调诊断重于做出结论和解决问题。他们往往把注意力过多地集中于调查上,努力发掘与问题相关联的事实。他们喜欢去收集传闻、证据和其他一些被人们认为不必要的信息。但是,由于不作决定,他们使上司、下属和同事有挫折感,也使那些不想受到更多调查打扰的人感到心烦意乱。

总之,每个人都有一种个人的工作和生活方式,上述每一种偏爱的描述尽管有价值,但并不充分,而各种偏爱的综合将给予我们理解某人做事风格的更好的指针。

三、差异的整合

当遇到差异时,我们很容易用自己认为正常的标准去判断,却忽略了我们受限于一些特定的态度和价值观。每一个时代都有一些特定的社会事件、人物和哲学思想影响着成长在那一时代的人们。当两个不同时代的人谈论某一问题时,他们的态度和价值观会有明显的差异。人们已有的认知模式就像一个透镜一样,我们通过它来认识其他的人和事物。有时它扭曲了我们对世界的看法,同时也扭曲了世界对我们的看法。更重要的是,我们总是在用自己的认知作为参照物来评价其他人。

承认差异是发现机会的第一步。为了能超越意识,创造所希望的结果,个体的这些差异需要拿出来公开讨论,以便我们去理解他人思想的来源,更好地整合这些差异。

(一)“约哈里之窗”

“约哈里之窗”(Johari Window)提供了一种讨论和协调差异的观察角度与方法(见图2-2)。“约哈里之窗”试图阐明关于“我个人”的情况,哪些是我所清楚知道的;哪些是我不知道的;哪些是别人清楚知道的;哪些是别人不知道的。我们认识自己多少和别人了解我们多少,这样的因素会影响到人们之间有效的互动行为。我们可以通过自我发现和反馈,对其中的盲点进行更深入的认识。“约哈里之窗”显示了四个方面的情况:其一,开放区包含了自己和别人都知道的信息,如个人的身高、肤色、婚姻等。这部分信息的沟通顺畅,无障碍。个体也可以良好地与他人分享这些信息。其二,隐藏区的信息是自己知道而别人不知道的信息。人们不想让别人知道这些信息,这出于自我防卫的心理。其三,盲区是指对方知道但自己却不知道的信息,这种状况是由于别人没有告诉自己或由于自己拒绝接受这些信息而造成的。其四,未知区包括了那些自己和对方都不知道的信息。这是一种双盲式的情况,一般情况下,沟通无法进行。

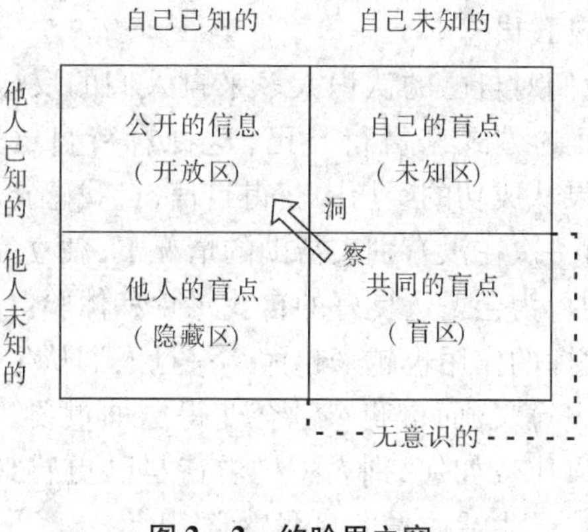

图2-2 约哈里之窗

资料来源:adapted from S. Jourard. The transpatrent self. Van Nostand Reinhold Princeton, NJ. 1964.

根据“约哈里之窗”,要想提高沟通的有效性,就要从两个方面进行努力。一方面是增加自我暴露的程度,缩小隐藏区,扩大开放区,让对方了解自己更多的信息，诚实坦率地与对方分享信息。研究表明，充分地自我揭示可使对方变得更为友善。另一方面，提高他人对自己的反馈程度，缩小盲区，扩大开放区。

（二）自我概念的构成和改进

认知是指我们如何看待周围的世界，而自我概念（self-concept）是指我们怎样看待和评价我们自己。自我概念是人际关系、社会互动和工作气氛的基础，健康的自我概念是一个人必须具备的。自我概念的形成主要由外部评价、社会比较和自我感觉三个要素构成。

外部评价就是我们从他人那里得到的有关自己的信息。我们的父母、朋友、老师告诉我们是谁，你的老板可能说你是个好员工，你的朋友说你是个有趣的伙伴，而你的网球教练可能告诉你必须更加努力。所有这些来自他人的信息都有助于造就你的自我概念。

关于自我的概念不是生来就有的，在很大程度上它是由他人给予的。如果在年轻时获得了肯定的外部反映和评价，你或许会有一个良好的自我概念；如果这种反映和评价是否定的，你的自我概念就可能很糟糕。

自我概念的另一个来源是社会比较。当与他人比较来确定衡量自己的标准时，就是在进行社会比较（social comparisons）。作为学生，你可能会关心谁的成绩最好，谁的朋友最多；当你成为父亲或母亲时，你或许会将你的孩子与朋友的孩子相比较；而在工作中，你关心的可能是与其他同事相比你工作得如何。对这些问题的回答将有助于充实自我概念。

在少不更事时，我们对自己的认识大多来自人们的反应，然而，在生活的某一时刻，人们开始用自己的方式来看待自己，这种看待自己的方式称为自我感觉（self-perception）。如果从成功的经历中获得自信，自我感觉会变得更好，自我概念将会改进。例如，你第一次在没有别人帮助的情况下，独立完成了一项设计工作并获得好评，这种成功的行为会增进良好的自我感觉和体验。对许多人来说，随着年龄的增长，自我感觉发挥的作用也越来越大。一旦人们从生活中获得自信，外部评价和社会比较就会失去意义，而自我感觉会变得更加重要。一个60多岁的人，可能不会再对自己与他人比较如何、别人怎样看待自己更感兴趣，相反，他的自我概念更多地取决于他对自己生活质量的自我感觉。

在组织中，成功的基础是自信、果断的自我概念。同时，管理者也必须要帮助下属形成良好的自我概念，如建立良好的沟通渠道、与下属建立亲密的关系、授权部属自行决策等。管理者可通过口头和非口头的方式向部属传达高度和低度的期望，甚至不经意地将感情由脸部表情、视线的接触、音调、身体姿势等透露出来。

恰当的赞美可以产生正面的“皮格马利翁效应”，塑造员工良好的自我概念。一名员工说：“我的老板从未跟我说过话，直到我做错事，然后受到了斥责。”肯·布兰查德(Ken Blanchard)在他的《一分钟经理人》一书中谈到了有这种行为的经理人。这些经理争取到了具有高度潜力的员工，却让他们成为沮丧的失败者。成为成功经理人的三个秘诀是：一分钟目标的设定、一分钟赞美和一分钟斥责。大部分的经理人越过了第二阶段——赞美，并且大部分的经理人是斥责的专家。真正的赞美可以在完成计划过程中的任何阶段中实施。虽然在组织内各阶层都会产生正面或负面的“皮革马利翁效应”，但研究显示，刚参加工作的年轻人最易受到影响，因为他们常以迫切的心情准备朝组织期望的方向发展。他们的第一位主管可能是他们职业生涯中最有影响的人。

第二节　沟通主体间的心理基础

一、建立可信度

(一)发信者的可信度

亚里士多德谈到过讲话人的特征问题，他认为，一个讲话人的行为表现如果被听众认为是良好的、聪明的和善意的，那么其说服效果会大大增加。一位电子动力学方面的知名学者，他的一篇研究报告第一次发表时，偶然地被删去了名字，有人说这是他的同行们在捉弄他。而这篇文章直到后来署上了他的名字后才被科学界接受。由此可见，发信者的声望对接收者对其思想的真实性和内容价值的判断和评价具有很大影响。

另一项著名的心理学实验“南加州大学医学博士福克斯的演讲”也证明了在演讲中演讲者的表现比内容重要得多。当福克斯博士在一个以心理学家、精神病医生、管理者和教育家为主要听众的会议上，讲述了自己的思想和观点后，听众的反应是好评如潮，他们对他的评价是“博学多才”、“讲话精彩”。但实际上，福克斯博士只是个演员，实验人员训练他去做了这次讲话。尽管他的讲话以一篇真实的论文为底稿，但演讲本身充满了矛盾、重复和杂乱无章的句子，然而人们对有“博士”头衔的人的信任使他赢得了赞誉。

还有一个测试视力的类似实验。一位医道高超的眼科大夫在远处拿出白纸给学生看，并告诉学生说，白纸上面大约中间处有个黑点，你们只要刚一看到黑点就立即把手举起来。实际上，白纸上根本没有什么黑点。但是，几乎所有的学生都“看到了”黑点。

这些简单而有趣的实验说明了威信所产生的效应。这些实验证实，如果受信者认为发信者是有很高威信的人，那么他们接受信息和受到的影响就大。而“威信”、“说服力”等特性，发信者可能有，也可能没有，重要的是沟通那一时刻有没有这种特性。这里形成了一个十分有趣的心理学原理，亦即发信者影响力的大小，取决于听众是否赋予他们这种特性。

科学技术的发展，思想文化的繁荣，促进了人们批判思维能力的发展，因此，威信和权威的力量似乎应该被减弱。但是，有关文献却表明了相反的趋势。由于人们的知识过度分化，一个人很难对各门学科都形成独立的观点，人们需要有权威和崇高威信的信息源，并在许多复杂的情况下依靠这些信息源提出自己的看法。对权威的需要，有其客观性和现实性，不过需要指出的是，滥用权威的最终结果会导致影响力的丧失。

人们都知道，被看成是真实可靠的人有多么重要，但怎样才能做到这一点呢？

政治家们一直都在努力给听众留下值得信任的、专业和有干劲的印象。这样的印象至少有一部分是靠他们的外表所得到的，这指的是他们的形象和讲话的方式。美国前总统罗纳德·里根的最出色的能力是让观众觉得他特别真诚。这就是为什么许多美国人可能并不赞同他的某些政策，但却仍然相信他。露面次数的增多，以及利用那些看上去真实可信的包装技术，可以使人显得更加真实可靠。

成功的沟通者的另一个共同之处是他们都有一套清清楚楚、毫不含糊的信念。要劝说别人得先说服自己。具有明确的信条决定了讲话者自信的语言和表达方式，听众也会投入其中，为之激动。那些令人生疑的论调，只会使人觉得词不达意和无聊，而每个听众又都会把自己的感觉传递给其他人。

（二）在组织中建立可信度

尽管说服者必须要有很高的可信度，但有关研究表明，大多数管理人员过高地估计了自己的可信度。

在工作场所，可信度来自两个方面，即专门知识和人际关系。如果一个人曾经作过可靠的判断，证实过自己知识丰富，或者以善于提建议而闻名，或者是公认的高手和业务尖子，那么，他就会被认为具有较高的专业知识水平。某公司一个高级经理具有在5年中7次把新产品成功投放市场的历史记录，显然，他的主张很容易赢得同事们的尊重。而具有高度可信度的人在人际关系方面，则显示出明显的重感情和诚实,人们相信他会怀着极大兴趣听取别人的意见并为了别人的最大利益工作。如一位经理被同事认为是公正和非常值得信任的,因此很多人都愿意向她倾诉;另外,她也经常与同事们分享荣誉,为下属提供接触高层经理的机会。这位经理的慷慨和诚实为她建立了强大的人际关系网,她的下属和同事总是愿意认真地考虑她的建议。

如果说专业知识和人际关系决定了可信度的话,那么,对于一个准备沟通或开展说服工作(最困难的沟通之一)的人来说,诚实地评价自己这两方面的情况,然后采取一些有效的做法是十分必要的。表 2-1 所列的问题和建议,可提供一些有价值的参考。

表 2-1 可信度评价

专门知识的可信度评价	人际关系的可信度评价
1. 人们如何看待我所提出的战略、产品或变革等方面的知识? 2. 在这个领域里我有没有什么成功的历史?	1. 我想说服的那些人是否认为我的建议会帮助、支持他们? 2. 他们会不会把我当作在感情上、思想上、政治上以及其他方面与他们有共鸣的人?

必须注意,回答这些问题还不足以得出完全的认识,还应该与你信任并能帮助你作真实检查的同事一起来检测一下你的回答。如果发现了在专门知识和人际关系方面的弱点,表 2-2 的选择可以帮助你弥补。

表 2-2 建立可信度

弥补专业知识的选择	弥补人际关系的选择
1. 通过正规或非正规的教育,与知识渊博的人谈话,请教有丰富经验的人等方式,了解你的主张的复杂性,获得更多的与工作相关的经验。 2. 雇用一些能帮助你增长专门知识的人,如行业顾问或外部专家;也可以利用组织内部的专家以宣传你的主张,他们的可信度成为你的可信度的替代。 3. 可利用其他外部信息资源来支持你的主张,如受人重视的期刊、书籍、报告及专家讲座。 4. 可以发起试点项目,以便在较小的范围内证明你的专门知识以及你的想法的价值。	1. 应当努力满足所有你打算说服的关键人物的协商要求。这时不要介绍你的主张,而是就你的问题征求一系列意见。如果你有时间和资源的话,你甚至应当就这些人所关心的问题给予他们相应的帮助。 2. 与那些已经和你的听众关系很好、目标一致的同事搞好关系,这也是寻找能替代你的代表人的过程。

拓展阅读

建立起自己的可信度

姆·史密斯是某大型零售业银行的最高经营主管。虽然他新担任这个职务,但是他却很想让银行高层管理团队明白该银行有严重的问题。他认为,该银行的一般管理费用过高,这会影响其在本行业的地位,因为银行业已经进入竞争更加激烈的时代。但是,多数同事都没有看到这种情况的潜在严重性。因为近年来该银行已经取得了巨大的成功,因此,他们相信行业中的变化对本银行影响很小。除了是新上任外,史密斯还有另一个问题:他过去的职业一直是在金融服务业,因此在这个零售业银行中被视为是外行。在这种情况下,他几乎没有什么可以利用的个人关系,人们也不认为他应付市场突发事件的知识特别丰富。

史密斯想要建立起自己的可信度,他的基本做法是:

第一步,他聘请了一位获得该银行信任的外部顾问,这个顾问证明,该银行的确不能被定位为低成本的生产者。在对银行高层管理人员进行的讲座中,该顾问介绍了该银行的主要竞争对手如何采取有力手段压低成本的情况,阐明如果不大力压缩成本,该银行很快就会大大落后于竞争对手。这些结论分别写进了整个银行传阅的报告中。

第二步,史密斯确定,该银行的分行经理们对他的活动至关重要。争取得到这些受人尊重、见多识广的人的支持就可以向银行里的其他人说明,他的担心是有根据的。而且,史密斯还相信,分行经理们可以增加他对市场发展趋势的专门知识,并帮助他检测他的设想。因此,在接下来的3个月里,他访问了每一个分行,总计135个。在每次访问中,他都同分行经理们谈话,听取他们对银行优势和弱点的看法。由此他了解到了有关该银行的经营情况及顾客倾向的第一手信息,还征求了他们有关改进银行服务以及使成本最小化的建议。在史密斯结束访问时,他对银行的未来有了一个开阔的视野,甚至该银行高层管理人员中都很少有人具有这样的视野。在这个过程中,他还与很多人建立了良好的关系。

最后,史密斯举办了一些小型而明显的创新活动以证明他的专业知识和能力。例如,他注意到该银行的抵押业务发展缓慢,使从事信贷工作的人员士气低落。于是,他设计了一个让新的抵押顾客头90天不付款的计划。这个创新取得了显著的成功。在短时间里,史密斯就变得像个有头脑的零售银行家了,超出了所有人的想象。

(本案例改编自杰伊·康格:《必不可少的说服艺术》,《人员管理》,中国人民大学出版社,2000年版,第240~260页。)

二、寻找共同范围

即使你有很高的可信度,你的主张也必须有很强的吸引力。最强的吸引力莫过于你的主张所带来的共同的利益。

在精神分析理论中有一个重要概念——"认同"(Identification)。认同是指一个人把外界事物的特点,特别是其他某个人的特点,纳入自己的人格中。对于那些具有与我们相类似特点的人,我们总是倾向于把自己同他们等量齐观。认同作用促成了同一团体中成员的紧密联系。只要人们之间有共同之处,大家就可能看成是等同一致的。这共同之处可以是生理上或心理上的特征,可以是一种兴趣或价值观念,也可以是他们都拥有的某种东西,如都是同一俱乐部的成员,如此等等。

用物理学的比喻来说,当两个等频的音叉放在一起时,拨动其中的一个,那么未拨动的音叉也会发出声音,这就是所谓的"共振"。它要求两个物体间有相同的共振频率。人类有相似的心理共振频率。我们与我们最亲密的朋友或亲人之间的相互影响是最大的。在沟通中,当发信一方与听众一方对事物的思考有着共同的方式和利益时,讲话人似乎就说出了听众想说的话,带给了他们想要的东西。

为了使对方接受你的主张,怎样找到与他们的共同点呢?有时,共同利益是明显的,你只要选择适当的角度向对方说明你的目标的价值就可以了,这是比较容易的。但是,经常的情况是,自己与他人的共同利益并不明显,或者共同利益并不大。在这种情况下,沟通者必须调整自己的立场。

首先,你必须充分理解你的听众,甚至在开始对话和说服之前,就要非常细致地研究与听众有关的问题。

其次,利用谈话、会议以及其他对话方式倾听他们的心声和收集信息。

再次,与能够推心置腹的朋友一起检测听众的思想。

最后,向那些日后要说服的人提问。

这些步骤有助于你透彻地思考自己的整个观点、论据以及将要提出的要求,这些步骤也能使你在开始进行说服之前修改或折中自己的计划。

拓展阅读

一项新计划的通过

有一位在喷气引擎制造厂负责处理工程的经理,他重新设计了一种能大大缩短航空公司回航检修时间的日常维护工作流程。在向公司总裁提出这个构想之前,他咨询了本公司的一位好友——主管工程的副总裁,因为此人非常了解总裁。这次谈话使该经理了解到,总裁的主要关注点不是速度或效率,而是收益率。这位副总裁建议说,要想得到总裁的认可,这个新系统必须能降低操作费用,在短期内改进公司的收益率。

这个信息使这位经理感到很棘手,因为在此之前他将策划的焦点集中在效率上,他甚至还打算申请追加经费以启动这个流程。但是,与副总裁的谈话使他改变了自己的主张。他必须做到不仅不再要求追加新的投资而且必须降低成本,他重新修改了这个工作流程,详细论证了他的新计划会带来的成本节省和收益率的增长,然后将修改过的新计划提交给总裁。这个重新修改后的构想说服了总裁,使该项目获得了批准。

三、感情联系

假如你想说服人们你是对的,人们应当按照你的意见去做,那么,只是向人们提出良好的建议还是远远不够的,必须首先让人们喜欢你和你的讲话,否则,你的意图就会遭到失败。一般而言,听众对于他喜欢的讲话人所讲的观点,接受起来较快也较容易,而对他所讨厌的讲话者的观点却本能地加以批判。在组织和工作中,尽管我们希望理性决策,但事实上,常常是感性在起作用。沟通时信息的真实性、确切性和逻辑性往往不是充分条件,也远不是沟通效果的保障。有效沟通的取得往往取决于沟通主体的心理需求,而有效的沟通者也知道感情是第一位的。亚里士多德说,言语只有在挑动了人们的情绪后才算完成了说服工作。听众可以把讲话人的“表现”与他们的思想或内容分开,他们不一定非得同意他们的思想才会喜欢他们的演讲。

因此,有效的沟通必定有感情的投入。比如带有感情地介绍自己的思想和主张,表明你对问题的思考不仅是基于理性的,而且还是感情和精神上的。如果没有这些感情示范,人们可能会怀疑你是不是真的相信你自己的主张。

但是,也许更重要的是,沟通者对听众的感情状态要有比较准确的判断,要使自己的热情程度与听众所能接受的能力相匹配。因为,如果你表现得太有感情,人们可能会怀疑你头脑是否清醒。

怎样恰当地与听众建立感情联系呢?一些擅长说服的经理,通常会先游说那些对被说服对象情绪和情感有很大影响的关键人物。问一问这些人:我的主张从感情上将如何影响那些同事?实质上,这是在测试一下说服对象可能的反应。或者在一些非正式的场合与人们的闲聊中获得相关的信息,然后确定自己在沟通过程中所表现的情感强度与听众所期望感受的强度是否一致。在讲话时,有效的沟通者会根据听众的情况来调整自己的声调。他们对要强调的观点用比较强的声调,而在其他的时间里,则用比较低的声调。

没有感情,任何说服都不能成功,但是表现得太多的感情与表现得太少的感情一样没有用。重要的是,沟通者必须将自己的感情与听众的感情相匹配。

拓展阅读

感情匹配的意义

一个航空制造公司的总裁坚信,其竞争对手的维修成本和回航返修时间比他的公司要少得多,这正是他的公司失去顾客和利润的原因所在。他想与他的高级经理交流他的担心,以及他急于变革的愿望。于是,在一个下午,他把他们叫到会议室。大家看到,投影屏幕上放映着一个画面:一位面带微笑的人驾驶着一架老式复翼飞机在飞行,他的围巾在风中飘动;画面的右半部被遮盖着。所有人都落座后,总裁说,如果目前公司在走好运,他的感觉就与这个飞行员相同。但是,本公司毕竟刚刚结束了历史上最成功的时代。深深地叹了口气后,他宣布,他的幸福也在消失。这时,他揭开盖在投影胶片上的东西,投射出的是这个飞行员正在直接向一面墙壁飞去。然后,总裁面对他的听众,用低沉的声音说:“这就是我所看到的我们正在发生的事。”他断言,如果不迅速采取行动的话,本公司就将走向坠毁。然后他向与会者讲解了对付这种威胁所需要采取的步骤。

结果,与会者的反应直接而消极。会议一结束,经理们就三五成群地聚集在走廊上谈论总裁的“恐惧战术”。他们觉得总裁对情况的描述言过其实,感到很不满。经理们看到的是,那一年他们做出极大的努力,打破了本公司的销售和收益记录。他们为他们的成绩而自豪。实际上,他们在走进会议室的时候期望能得到总裁的认可。但是,使他们极其惊讶的是,他们受到了指责。

这位总裁怎样做会更好些呢？首先，他应该与部分高级经理探讨全体高级经理的情绪状况。通过这种探讨，他就会知道经理们正处于需要感谢和认可的状态。然后他应当单独开个会表彰整个高级经理团队的成绩。此后，在第二次会上，他可以阐述他自己对将来的担忧，而不是责备高级经理们都忽视了未来。他可以冷静地描述他所看到的本公司越来越明显的威胁，然后要他的管理团队一起帮助他设计新的构想。

建立了可信度，确定了共同构想和利益，并在沟通过程中发挥感情作用的同时，另一个重要方面就是组织信息、提供证据。我们发现，有效的沟通者用一些独特的方式使用语言，他们在提供数字的时候，还补充一些例证、事实，他们擅长使用比喻、类推，使其主张变得生动活泼。有关信息组织和语言使用的内容我们将在后面的相关章节中论述。

思考题

1. 个体的个性、沟通风格如何影响了沟通的过程和效果？
2. 认知在信息处理中有何作用？
3. 根据“约哈里之窗”，应该如何提高沟通的有效性？
4. 如何与他人建立沟通的心理基础？

沟通体验

与性格员工的沟通

一些性格独特的下属是管理上较为棘手的一环。他们的工作习惯、态度和对人生的看法不仅影响他们本身的工作绩效，而且很容易影响其他同事的士气。因而，身为管理者，你不该忽视下属性格上的问题。诚然，你无法改变所有其他人性格上的问题，一些极端的个性问题应该让训练有素的心理医生去解决，但是，管理者是可以在可能的范围内和他们更好地进行沟通的。

员工A：感情脆弱，容易受伤型

假设你在公司的高级系统部门担任监督工作，属下共有5个程序设计师。管理上的政策是将旧的作业转换成电脑作业，你发现进度无法配合总经理的需要。他要求你和每位程序设计师私下会谈，就他们在进度上的落后提出批评和检讨。这时，你面临的难题是下属A。A感情脆弱，别人的批评很容易让她有受伤的感觉。上个星期她就因为你针对她的工作提出质疑而几近流泪，现在你该如何面对她？

员工B：暴躁易怒型

员工B在一家化工厂修理部门担任机械修理工作，他的技艺卓越但不太合群，容易为一点小事动肝火。上个星期他再三以有人偷了他的工具为由，要求主管出面解决，否则他要如法炮制拿走别人的工具作为补偿。

员工C：特立独行，难以捉摸型

员工C从事撰写广告方案的工作，他颇具创意，但特立独行的作风常使他和传统的工作规范格格不入。C虽然能将自己分内的工作圆满完成，且创造出令人耳目一新的风格，但他迟到的次数频繁，并经常以私事为由请事假。你也不喜欢C和客户接触时那种吊儿郎当的行为。其他广告人都穿着公司规定的服饰，并依照规章办事，而C的穿着和举止却是随兴而至，自行其是。

员工D：消极悲观型

员工D在你管理的质检部门已任职3年之久。他虽然手艺不错，但生性悲观，凡事总以悲观的态度看待，诸如举出各种理由来证明目标无法完成，新的构想无法推行，对于新的观念不抱希望。他墨守成规，认为保持原状才是明智之举，因而很难让他对工作产生热情。你一方面很难确定他是否肯在提高工作品质上花心思，一方面又担心他凡事消极的态度会影响到其他同事，因而不愿意让别人和D共事。

对于上述不同类型的员工，你应当如何和他们进行沟通呢？

参考答案：

A类员工的沟通方法。你在措辞上要力求小心、谨慎，尽量少以个人的立场发言，而强调"我们"和"公司"。小心不要让对方有被轻视的感觉，更不可伤害对方的自尊心，把握机会称赞她在工作上的表现。对于感情上容易受伤害的下属，主管必须再三地加以鼓励。同时你也应该让对方知道，执行公司决策而发生差错和个人的能力不一定有关，不必因此丧失自信。

B类员工的沟通方法。你应该让他知道乱发脾气不妥当。不懂得节制自己的情绪，经常大发雷霆的人在感情上通常是不够成熟的，同时也有强烈的自卑感。公司的纪律虽然无法改掉一个人的坏脾气和蛮不讲理，但至少要让他知道公司并不姑息乱发脾气的行为。当一个人情绪激动时，你应该仔细聆听，而不要发言。

C类员工的沟通方法。从各方面来看，你或是任何人都改变不了他的处事态度。他的出身和背景造就了他目前的习性，他对自己和所从事的工作都很满意，因而才会形成漫不经心的态度。你应该从不同角度去观察C，而后再决定是否以个人的喜好，或者是从实际的观点来处理双方的关系。假如他从事的工作在质、量两方面都不会因为不良的工作习惯而受到影响，而客户也没有不良的反应，那就另当别论。

像C这样富有创意和才华的员工，不适合用寻常的规则来处理。这种人颇具自我观念，独立性强、不易驾驭。公司可正视他的才能和表现，针对他的个性设计出一套适合他的管理方式，不能排斥他。才华横溢的人需要更多的自由，公司可设法提供更开阔的园地让他孕育和施展新的构想。他的创造力会因为不断的挑战而日趋成熟、茁壮。反之，一成不变的工作只会扼杀他的天赋。他喜欢从事一种别人力所不能及的工作，并以取得突破性的成就为骄傲。身为主管的你，或许会为了这种特立独行的下属而感到左右为难，因为你很难衡量他的行为是否触犯了大忌，甚至危害到公司的利益。大多数情形下，你只需认清自己所面对的问题，善加处理即可。等你对他的作风司空见惯之后，就不会把他当作问题员工加以对待了。

D类员工的沟通方法。你可以要求他不要一味地否定，应该提出积极且有建设性的意见。假如他表示某件事行不通，你就让他找出可行的方法。这样做可以帮助他尊重那些在工作上有建设性意见的人。想让D成为一个积极乐观的人并非易事。你不要奢望他脱胎换骨，因为一个人的习性总是根深蒂固的。但是只要借以适当的时机，让他了解到凡事采取消极的看法不一定妥当，这时他就会变得与他人能够比较和谐的相处。当你面对他时，必须维持一贯乐观进取的态度，尤其是接受一项艰巨的任务时，更应该以肯定乐观的态度让他知道你深具信心，如果他一向尊重你，就会因此而信心倍增。

（摘自张春安编著：《管理中国人》，中国经济出版社，1996年版，第59页。有改动。）

第三章

沟通内容:信息的组织

管理沟通之所以不同于一些其他类型的沟通,在于它是为了达到一个具体的结果。它更像是走进一个商店下订单而不像告诉一个朋友你一天的生活。

——(美)迈克尔·哈特斯利①

我们把沟通视为信息的传递和理解的过程,一个人所拥有的信息或观点就好像是沟通的支点。在管理活动中,尽管存在着单纯地通报某种信息和不加解释地描述某些事实的沟通活动,但更多的沟通是为了明确自己的立场以影响人们。在沟通中如何组织和设计信息,如何以适当的方式影响听众呢?除了要考虑沟通主体的特征,他们的立场、思想、观点、态度和个性,考虑选择什么样的传播方式和手段外,另外一点就是面对受信者的信息内容本身,其结构应是完美的,其内涵应是与沟通目的相符合的,其表述应是通俗易懂、简明扼要、富有逻辑性和感染力的。

---

① (美)迈克尔·哈特斯利,林达·麦克詹妮特:《原理与实践》,李布,赵宇平等译,机械工业出版社,2002年版,第36页。

第一节　信息表述:理性还是情感

一、理性与情感

适当地唤起情感和理智的力量是沟通的一个重要问题。乍看起来,似乎这个问题不需要专门分析,显然理性水平越高、情绪作用越强,对沟通效果的影响就越大。然而问题并不如此简单。问题在于情绪活动与理性活动往往是互相妨碍和互相制约的。众所周知,当人处于强烈激昂的情绪中时,他很难完成理性的工作;相反,当人处于紧张的理性活动中,他就没有强烈的情绪体验。这一事实提醒我们,在成功有效的信息沟通过程中,应当利用什么样的心理过程,是情绪过程,还是理性过程?如果需要将两者结合起来的话,那么,又应当在什么水平上或用什么样的程序加以结合呢?在什么情况下又必须侧重其中的一个方面呢?

人们常说,情感推动人去行动,而理智抑制人的活动;激动人心的语言对人的行为所起的作用要比理智所起的作用大得多。但是,当理智抑制住一定的情绪活动时,也会有另一种行动产生。显然,偏重哪一个都不行。

拓展阅读

情感号召与理性号召

在20世纪40年代,美国心理学家哈特曼结合政治选举进行的一项实验,被认为是一个经典的研究。实验者把情感和理性诉求在选举中对人们行为的影响进行了对比。

选举前,实验者准备了两个不同的宣言,虽然两个宣言都是劝说选民选举某一政党,但是一个宣言力图用逻辑论证来说明该党失败后所造成的局面,另一个宣言则带有强烈的情感色彩来描述该党失败后的凄惨后果。实验者把进行实验的城市分成三个自然部分,然后向一部分选民散发情感色彩的宣言,向另一部分选民散发逻辑论证的宣言,而在第三部分选民中什么也没有散发。结果,在散发情感色彩宣言的地区,该政党的候选人获得的选票大大超过了前一次选举,在散发逻辑论证宣言的地区获得的选票次之,在没有散发宣言的地区获得的选票最少。由此,哈特曼得出的结论是:在选举时,情感的号召比理性的号召作用大。众所周知，在第二次世界大战前，德国法西斯就曾大肆滥用情感号召。不过，后来的研究又发现，有时纯理性的号召优越于情感号召。

事实上，是受众的特性，如文化水平、固有态度、判断能力等，决定着情感号召优越，还是理性号召优越。

理性作用的效果取决于受信者的某些特性，其中特别值得注意的是受信者的理性水平和对所分析的内容的兴趣和需要。一方面，对于有较高理论水平的人来说，从理性上组织信息比提供情绪色彩的材料能起到更大的作用。另一方面，理性诉求能否成功，在很大程度上取决于理性诉求的内容，即所传达的信息与受众的需求是否相符合。有时发信者着重于自认为重要的论点和论据，而不努力从对方的实际需求出发寻找可信赖的信息，其结果是不能切中要害，影响了沟通的效果。举一个众所周知的例子，当雀巢速溶咖啡刚刚问世时，生产厂家和广告创作人员深信，速溶咖啡的方便和价格，一定能赢得消费者的青睐。然而，事与愿违，这种速溶咖啡上市后，备受消费者的冷落。后来的调查表明，广告所宣传的产品特性和好处并不是消费者所要的。可见，你的信息再科学、再合理，但它不是听众所需要的，那么沟通仍是失败的。

而当听众对你所分析的问题没有兴趣或漠不关心时，信息的情绪叙述则能起到好的作用。

二、信息的情感力量

情感体验是影响沟通效果的另一个强有力的因素。如果说理性诉求是试图沟通有关信息，通过影响听众的逻辑、认知过程而形成或改变其观点和态度，使听众从中获得特性、原理、利弊等“硬”信息的话，那么情感诉求则试图通过直接作用于听众的情绪和情感，如喜悦、恐惧、爱、尊敬等体验，使听众形成或接受某些观念和态度，听众从中获得的是感性认识和情绪体验这样的“软”信息，它能在无形当中将信息注入受众的意识中，潜移默化地产生作用。情感诉求的基础是人们有着各种心理需要，在沟通中通过激发人们的各种情感，以达到诉求的目的，如表3－1所示。

表3－1　情感诉求的基础

情感性需要	社会性需要
安全、爱、幸福、怀旧、悲伤、骄傲、恐惧、自尊、愉快、幽默、舒服、抱负、成就	归属、拒绝、接受、赞许、尴尬、尊敬、认可、地位、赏识

在心理学中,人的行为的强化规律是公认的:伴随一定活动的任何愉快的情绪体验,都能使这种活动巩固下来,而否定的情感则使这种活动削弱或受到抑制。在商业心理学中,很早就证实了,在交易时"同顾客共进早餐"会具有明显的效果。宴会、盛大的招待会、午餐等对于通过某些贸易项目的协议常常起着促进的作用。这条规律也使我们能够解释,为什么具有很强的情感倾向的中国商人习惯于在酒桌上谈判和签协议。

如果在沟通中能够成功地创建一个促进人们产生愉快情绪的情境,那么,你所期望发送和形成的信息就能够有效地被对方接受。反之,焦虑不安、心绪不定、烦躁不堪或其他消极情绪体验,则会引起人们对沟通内容的反感和表现出否定态度。

例如,在沟通中恰当地使用幽默会产生极为有效的作用。这是因为:①幽默能更有效地吸引和保持人们的注意力和兴趣;②幽默还能提高对信息的记忆,有助于对方理解信息;③幽默给人以快乐,正是这种快乐使人们对所接受的信息产生好感。

尽管幽默有许多优点,但幽默能否使沟通更有效,还取决于如何使用它。首先,幽默应当含蓄深沉,浅显、庸俗的笑话只能引起人们一时的哄堂大笑,之后回味时就会渐渐变得索然无味,幽默也就失去了影响作用。其次,并不是所有的沟通内容都适用于幽默表达。再次,幽默应与所传递的信息融为一体,要有助于人们对信息的理解。貌合神离的幽默,虽然使人们记住了故事,但可能却使对方根本没有注意信息本身。最后,幽默表达要视受信者的情况而定。一种文化下的幽默在另一种文化下可能不被接受,一个人认为是幽默,另一个人可能认为是愚蠢的表达甚至会因此被激怒。

恐惧是另一种促使人采取行动的情感力量。唤起一定的恐惧感,是试图使人确信某事而采取某种行动的一种说服方式。心理学中关于说服理论的研究表明,在各种诉诸人们情感的说服力量中,恐惧唤起是最容易促使说服对象采取某种行为或改变某种行为的方法。例如,在电视的公益广告中,常常采用这种方式来宣传环境保护、戒烟有益健康、安全驾驶等信息。

恐惧诉求要成功,必须在沟通中向受信者说明四个方面的信息:①所描述的危险是很可能发生的;②如果危险发生,结果将是严重的;③所倡导的行为能排除这种危险;④受信者能够做到所倡导的行为。

恐吓虽然是一种有效的诉求方式,但必须谨慎和适当唤起。如果恐惧程度太低,就不能引起人们的情感反应,也不能引起人们对问题的重视;如果恐惧程度太高,人们过于害怕,就会采取某种防御机制,而一旦人们战胜了恐惧,就可能会回避、拒绝或歪曲信息。

综合运用情感诉求和理性诉求的方法很多情况下效果很好。其具体要求可以概括如下：开头应具有情绪色彩，而后的部分应具有较多的理性。情绪色彩的开头可以引起人们对信息的兴趣，并使他们的头脑积极活动起来；然后，再向有了兴趣和积极起来的人们进行逻辑论证，分析有意义的问题，使人们对所接受的信息形成稳定而积极的态度。

此外，为了在较短的时间内培养和形成现阶段所必需的观念，可采用情感号召的方法。不过采用这种方法所获得的观点和态度是暂时的，很快就会减弱和消失。为了培养和形成比较稳固的倾向和观念，采用理性诉求与情感号召相结合的方式是适宜的。

三、根据沟通目的和对象进行表述

基本信息由一个对你的目标的清楚陈述所构成。你的每一个听众都必须理解了那个目标后才能与你交流。德鲁克告诫说，沟通不是你说什么，而是别人怎么理解。因为你的目标的实现对不同的听众有不同的后果，所以必须要对信息加以调整。

例如，一个打算休假的经理在表述这一信息时：

对他的上司——"我已对我的工作作了安排，我的同事们会替我去作。在休假前以及休假后我会多投入一些时间，我能在工作上继续领先。"

对他的下属——"我们可以重新安排一下日程，以及这项工作的最后期限。我会报答大家对我的支持的。"

对每一个人——"得到大家的体谅很重要。其他人已得到过这样的体谅。"

所有这些次要信息都是你对主要信息——打算休假——的解释，你如何表达这些信息，怎样才能达到目标，以及听众怎么才能支持你，都与此密切相关。

通常，商务沟通要比上面这个例子复杂得多。你常常拥有大量的资料，所有这些资料都能用于论证你的论点，但不是所有这些资料都必须让每一个听众知道。一般情况是，你应消化这些资料，从中整理出特点鲜明突出的观点，然后决定哪一种观点对某些听众最重要。与此同时，你需要准备用证据支持任何笼统的观点并证明为什么一些特定的资料导致你得出了一个特别的结论。

当你与下属沟通时，明确说明你的立场非常重要。要想成为一个更好的管理者，你应确切地知道你的下属与你的观点的分歧之处在哪里及产生这些分歧的原因。也许他们是对的，你需要修正你的前提；也许他们是错的，你需要解释原因；也许你们之间存在着根本分歧。无论如何，你必须明确表明你的观点，确定你的立场并使整个局势向行动方面推进。

在你与上级沟通时，明确立场同样重要。这就需要精心组织你的信息。如在提建议时，预先陈述你偏爱的解决方案将有助于听众把注意力集中于你的主张的优点上。即使你的老板最后不同意你的行动建议，这样组织信息的方式也有利于你与他的讨论进程。许多缺乏力度的报告、演示和信件都未能做到这一点。人们往往忽视了“有力的建议能抵一千条原始信息”这样一个现象。

第二节 具有说服力的信息组织

当你采纳某一种观点时，你获得赞同与遭到反对的可能性是一样的。个人特征及组织特征所造成的观点冲突在管理沟通中是很平常的事，你的观点也许根本不同于另一个人的观点。能为自己的观点进行辩护和论证是一种能力，但一个管理者也必须明白为什么其他人可能反对你。如果你能把你的观点与其他人的合理主张融合在一起，你的说服力就会具有最大的分量。在这一节，我们将讨论关于信息论证——具有说服力的信息组织的方法。

一、听众分析与材料的组织

通常，好的论证的前提是对听众进行了充分的分析，你必须获得主要听众的支持，减轻次要听众的忧虑，承认反对意见并使之中立化，你还要解释你的方法为什么比其他可供选择的方法更可行。听众分析是一个找出听众对这个论证内容已经知道了什么、可能对什么感兴趣、拥有什么样的态度和信念以及听众是谁的过程。在进行论证和说服的准备工作时，听众分析是最为重要的部分。

（一）听众的知识和兴趣

考虑听众对一个题目可能知道多少，这是听众分析的一个重要方面。如果你选择的内容与某种专业领域有关，而面对的是一群外行人时，那么在从一定深度讲解和论证题目之前，必须解释和定义某些基本术语。如果听众有一般性的知识基础，但不了解细节，或者对题目的内涵有点模糊时，你必须要花一些时间来解释题目的背景知识，这样接下来的论证就比较容易被理解。

有些题目本来就是听众感兴趣的，比如你的老板的工作目标是提高产品的市场占有率，而你提出一个在短期内扩大市场份额的计划，他当然会十分高兴地倾听。但是经常是人们对你的计划没有兴趣，或者他们的兴趣与你的要求相去甚远，这时需要你寻找恰当的方法去唤起人们的兴趣。引起人们的注意，使他们感兴趣的一种方法，是指出题目对听众的重要性或者相关性；用提问和有趣的例子让人们参与到这个题目中来，也是一个吸引听众的办法。如果这个题目是你自己感兴趣的，那么花一些时间说明为什么自己对这个领域感兴趣，它的哪些方面首先吸引了你的注意，用自己对它的热情来打动和激发听众的热情。

（二）听众的态度和信念

你可能面对的是与你的信念和态度一致的听众，也可能是一些对论证内容没有任何特定的态度和信念的人，他们还没有足够的信息来形成自己的看法。有时，你的信念可能与对方的信念相左，如果听众有可能反对你的观点，那么你就必须仔细地计划和组织你的论述。假设有两个经理考虑筹建一个合资项目，经理 A 的观点是公司需要节约成本，而经理 B 担心如此会阻碍资本增长和新技术的采纳。经理 A 必须使经理 B 相信降低成本比采纳新技术更重要；经理 B 必须使经理 A 相信跟上科技发展的步伐最终将能有效地节省成本。除非这两个经理清楚、系统地阐述和交流他们的观点，否则他们将无法说服对方，更难以形成联合的行动步骤。

由于听众的知识兴趣和态度信念在很大程度上影响着你的论证，因此，在设计论证时，考虑和分析这些内容十分必要。

二、信息论证

如果你已作了一个很好的听众分析，那么，富有说服力的信息设计将取决于逻辑和证据的有效运用。我们一般都很熟悉这两种逻辑论证：演绎（即从一般到个别）和归纳（即从个别到一般）。

（一）演绎逻辑

从大前提（我们需要一个安全的工作场所）和小前提（我的建议将使我们的工作场所变得更安全）得出结论：因此必须采纳我的建议。在运用演绎逻辑方法之前，要对你的前提进行内部与外部的真实性检验。

1. 内部检验：逻辑上的一致性并不必然等于是真理。也许你的大前提是错的，其他人并不认为这个工作场所不安全。也许你的小前提是错的，你的建议不会真正使工作场所变得更安全。在一个演绎论证能够被用来说服你的听众之前，你的两个（或全部）前提必须得到他们的承认，要做到这一点，你必须能提供足够的论据来检验这些前提。

2. 外部检验：你的前提是否全部真实？它们是否是相互关联的？也许要使工

作场所更安全将牺牲你的公司的关键的赢利率。也许一个不同的建议将使这个工作场所更安全。

当然,大多数演绎推理论证可能会包括两个以上的前提,但每一个前提都必须通过这些检验。

(二)归纳逻辑

论证者将所有的证据收集起来,然后找出最简单的解释或结论。这是西方自然科学研究的主流方法。在商务沟通中,归纳推理论证通常是罗列出一系列问题,然后提出一个总的解决方案。例如:我们的推销人员允诺的产品,生产部门无法提供。没有人想买已经设计生产的产品。会计告诉我们获利能力正在下降。因此,我们必须建立一个高水平的战略规划委员会来解决这些问题。

同演绎推理一样,归纳推理论证只有当每一个证据都通过了关键检验之后才能奏效。所有的问题都是真实和客观的吗?——我们是否从一位抱怨的顾客处收到过一封投诉信,或者一片抗议声?是否已包括所有相关事实——是否销售与制造间的紧张关系已把我们推向一次重要的技术突破?是否考虑了所有这些事实后,这个解决方案还恰当?我们也许需要的是一个新的首席执行官而不是一个机构,我们也许需要对所处的这个行业进行重新界定。

(三)论证的结构

演绎和归纳论证有着相同的基本结构,这种方法的精髓可以描述为三部分:大前提、小前提、结论。

大前提:我们在这个基本问题上意见一致(演绎)或我们收集了全部资料(归纳)。

小前提:这个问题会使我们获益(演绎)或这些资料证明了以下趋势或原则(归纳)。

结论:我们应采取以下行动步骤。

这个三部分结构类似一个三段论。三段论是苏格拉底哲学的核心,他对理性论证的发展自从公元前五世纪就在西方思想中占据着统治地位。运用这个工具来展开你的主要论证时,要牢记以下的原则:

1. 应把你的说服对象看成是自己的合作者。提出太简单或太多的论证都会令你的合作者厌倦或疏远;提出的论证太复杂或太少会令他们沮丧。

2. 在检验整个论证时,确保你已强调了对听众最重要的部分。

3. 一旦你自己列出论证大纲,你就应思考听众能否接受它,以及如何接受它。

通常先提出你的"结论"会更好，这样能使你的听众知道你将从哪里开始。

4. 你常常会发现在你自己和他人的论证中，"小前提"时常被隐蔽起来，是最难识别的。这是因为对一个见多识广的人来说，"结论"似乎总是"大前提"的必然结果。记住，听众一般并不拥有你所拥有的全部信息并且没有仔细思考过这些信息。澄清"小前提"，这将会扫除不必要的障碍，使你的合作者更容易接受。

（四）论证的角度

演示导致你得出结论的过程，这对于帮助你的听众得出同一结论是很关键的。以下分别举例加以说明。

1. 从"原因"和"影响"方面进行论证。

大前提：我们的顾客正流向 A 公司。

小前提：A 公司通过掠夺性定价增加其市场占有份额。

结论：我们必须降价。

这个典型的管理论证既有内容又清晰明白，但还必须要能证明"降价不会削减我们的盈利能力"这类的结论。

2. 从"经验"方面进行论证也较常见，它意味着相同的情况将产生相同的结果。

大前提：在过去，银行贷款的高利率大大降低了购房者的热情。

小前提：现在利率正在上升。

结论：我们将面临住房销售量下滑的局势。

在依据经验进行推论时，容易落入"过去的历史可以适用于将来"的陷阱。在19 世纪初，约翰·马尔萨斯称营养及医疗的提高将导致人口的激增，而这种增长将会因饥饿而告终。然而自从他的预测发表以来，地球上的人口已增长了 5～10 倍，今天真正的饥荒也远没有 19 世纪前半期那么普遍。这是因为，当时马尔萨斯没有考虑到农业的发展在速度上会超过人口的增长。上面的例子同样也忽略了利率提高的同时，购房需求也可能提高这一事实。即使利率正在上升，但市场对房屋的需求仍可能很大。在此，我们仍需运用在上面讨论中所谈到的规则——进行真实性、客观性和历史性的检验。

3. 从"同一性"方面进行论证。

大前提：我们的产品质量与我们的竞争者们的产品质量是一样的。

小前提：当他们开始宣传他们的产品质量时，他们的市场占有份额上升了。

结论：我们必须宣传我们的产品质量。

当论证依赖同一性时，必须保证相比较的两个情景所产生的相同结果的确是出于同一原因,因为也许有其他因素在起作用。比如你的竞争优势是因为有更低的价格。

4. 用类比进行论证。

大前提:我们的雇员很不安。

小前提:“沸腾的锅可能会爆炸”。

结论:我们必须立即关注他们的忧虑。

类比论证旨在给听众一个鲜明的印象,并且可以被有效地运用来强调某一行动步骤的积极或消极的后果,但它更多的是情绪化的而非逻辑的。

(五)论据

正如上面的论述所表明的那样,演绎和归纳论证都依靠论据。在管理沟通中,论据包括以下内容:

1. 事实和数字。这些资料是大多数商务论证的核心,例如:我们的销售量正在下降;我们的雇员调查显示了以下态度;我们的成本与我们的利润有以下关系。这种类型论据的最大特点是精确,但光精确还远远不够。一些经理相信事实和数字总是有用的。数据库、决策树、回归分析或经济计量模型也许能提供一些有用的资料,它们可用于经理们对某一行动步骤的论证。但计算的正确性是一回事,证明它们与你正在处理的问题之间的联系则完全是另外一回事。记住,这些事实和数据是为了证明你的观点和建议的,事实不会自己说话,每一个管理者都遇到过统计数字被操纵的事。重要的决策需要拥有不同数据、不同专门知识领域以及利益的人们的相互作用。要记住:只引用对听众有说服力的事实和数字,并小心解释它们与你的论证的关系。而且还要确保你提供的这种论据足够详细,以使你的听众能够信服,但不要太多,应以他们能消化为限。

2. 常识和经验。用常识和经验作为论据,有时是有效的,但更有可能产生偏见。如“每一个人都知道销售部门总是在计划中提出我们不能提供的产品”,对有些部门的人来说这可能是共识,但对销售人员来说也许是新闻。人们也倾向于与有相同职责、背景和观点的人交往,并由此形成他们的偏见。因此,不要引用建立在普遍认同的“真理”基础上的论据,除非最不可能同意你的听众也认同这些论据。

3. 个案或轶事论据。例子能为你的论据提供有力的支持。如这里有一个顾客拒绝购买我们产品的例子;这是一个有关现行的人力资源政策伤害了我们的雇员的例子。当你运用个案和轶事论据时,要确保它能符合两项规则:其一,具有较大的代表性;其二,与你的听众所关心的事相关。

4. 求助于权威。权威通常来自权力和知识(上司和专家)。求助于权威构成的论据有时可以压倒任何事实和数字、常识或轶事，这是因为传统上，上级指示在决策的制定过程中是一个重要的客观因素，而专家的权威性也很容易被大众接受。

逻辑和论据的运用有助于论证的形成，当你发送 E-mail、校订你的文件，或检查你的发言稿时，试问自己如下问题：

第一，我的读者或听众接受我的大前提吗？

第二，如果不能，我能提供什么以使他们接受呢？我是否需要论据来证实我的大前提？

第三，我的小前提是否是大前提与结论之间的令人信服的纽带？如果不是，重新创作一个小前提。

第四，什么样的反驳（"除非"）强大得足以动摇我的小前提？我能否通过增加一些论据来避免这一局面？

第五，我是否必须在一定范围里限定我的结论，因为我的听众中可能存在相反观点，或者因这个结论并非是必然的事？

第六，我的论证中是否有些部分太浅显以致对它们作过多说明会显得啰唆和不礼貌？

这些问题你如果都能满意地加以回答，那你提供的信息会更具有说服力。

三、单面传播、双面传播与沟通的说服力

无论是口头报告信息，还是书面写作，发信者常常面临一种选择：是只向受信者介绍有利于沟通目的的论据和事实，还是同时介绍与自己对立观点的事实和依据呢？也就是说，是只提供积极信息，还是积极信息和消极信息同时提供——即所谓的单面传播和双面传播。

如何选择，首先必须弄清沟通的任务和某些具体的沟通条件：

第一种情况——取决于现实的客观条件。如果不期望对立观点的维护者发言，而且所诉求的思想只有一个，那么，在这种情况下单面传播更为合适。此时应当对所表达的观点加以论证，论证的程序有助于使人形成你所传播的观点。此时如果广泛地分析和研究对立观点，往往会引起听众的极大兴趣，甚至会导致听众对对立观点形成肯定的态度。

如果听众对对立观点有一定的了解，那你就必须从两个方面讨论问题，即采用双面传播。沟通者提出对立观点的论点和论据，同时强调自己观点的长处。这样，一方面可以在对立观点面前证实自己观点的优越性，另一方面也使听众对消极信息具有一定的免疫力。正如实验研究结果所证实的那样，在辩论的情境下，从两个方面有目的地分析问题，对人们接受信息和观点的作用比单面传播和讨论问题的

收获要大[①]。

第二种情况——取决于受信者的态度。当受信者对所接收的信息持有肯定态度时,采用单面传播方法的效果特别明显。如果此时夹进去一些对立观点(即便是从批判的角度加入),不但不能加强沟通效果,反而会在某种程度上削弱其效果。

当听众有对立情绪和抱有对立态度时,听众会拒绝从一个方面讨论问题,发信者必须双面传播信息。如果此时只强调有利于自己的观点,听众会不由自主地夸大你的观点中的缺点,置正确观点于不顾,专门寻找与你的观点相对立的论据。甚至,部分听众还会大声喧哗,扰乱会场,阻挠其他人接受你的观点。

在上述情况下,双面传播信息会使听众产生一种复杂的态度。他们对听到的信息一部分是同意的,一部分是不同意的,在单面传播时所产生并固定下来的否定态度,此时会被这种复杂的态度所代替。听众开始更加注意报告内容,与报告人的接触也会更加密切。

第三种情况——取决于沟通的任务。任何沟通都有其预定的目的,不能实现目的的沟通也就失去了价值。如果沟通的目的是使受信者采取一定的行动,需要立即解决某一问题,那么最好采用单面传播;如果为了使受信者对某个问题形成固定的信念,那么采用双面传播会比较好。

对前者,发信者应阐述那些能加深他的观点的见解和论据。因为,在一定场合下,当人们必须形成一定的定向行动时,与行动不一致的信息会给人们造成很大的困难,人们会犹豫不决,推迟产生相应行动的时间。此时双面传播只能给听众带来心理上的疑点和模糊,甚至会使他们丧失行动的信心。

当沟通的目的是使受信一方形成某种观念时,双面传播则最为合适。这样做能更深入地说明这种观念的优越性和价值,也能给听众提供更多的理由去思考和选择。

综上所述,当受信者对所传播的观点持肯定态度,如果这种观点在当时的情境下是唯一的,而发信者又需要立刻影响对方的话,那么,最好从提供肯定信息、积极的方面来分析论据;如果受信者的观点和态度是对立的,如果情境是论战性的,并且出现了反面的观点,或者沟通的目的是培养稳定的观念,那么,就必须从正反两个方面来论证,并使你的论据与对立观点的论据相比具有更大的优越性。成功地运用单面传播和双面传播,才会使你提供的信息更有说服力。

---

① (苏)纳季拉什维利:《宣传心理学》,王玉琴译,辽宁人民出版社,1984年版,第38页。

四、提供信息的程序

用一个什么样的程序来提供和分析信息，例如：是先讨论对方所不同意的观点，再分析他所赞同的观点呢？还是先阐述个人的观点，然后再来分析对方的观点呢？这是一个很复杂的问题，有许多论述这一问题的原理。心理学的相关研究告诉我们，当一个人准备分析两个以上的观点时，这些观点在其论述中处于什么样的地位，关系到其说服力的强弱。

由于首因效应和近因效应，在开头和结尾所阐述的观点比在中间所阐述的观点具有更大的作用力，因为听众比较容易接受这两个部分的信息。因此，发信者应把有利于自己观点的信息放在演说或报告的开端和结尾。

这个规律也同样适用于委员会、理事会等的小组讨论和会议程序的安排。小组成员在研究问题的开始和末尾时所提出的建议往往具有较大的影响。对于一些富有经验的会议主持者来说，可以凭直觉察觉到这个规律，他会尽可能在讨论的开始或结尾时提出自己的建议。

另外一种情况，开始的部分和结尾的部分，哪一个更有说服价值呢？在讨论两个观点时，是第一个分析的观点更有说服力，还是第二个分析的观点更有说服力？从一些实验研究的结果看，可以把首因效应和近因效应两个规律统一起来加以应用：当发信者需要表达两个对立的观点时，他应当首先阐述他所宣传的观点，然后批判地分析对立的观点，最后再回过头来讨论自己的观点，这样，就能体现出自己的观点比所分析批判的观点具有优越性。接着，再用未曾讲过的新的论据来充实自己的观点。采用这样的方式就可以做到：

第一，把所宣传的观点既提到了报告的开头，又放在了报告的结尾；

第二，首先分析自己的观点，让"首因效应"发挥作用；

第三，在报告的末尾再次说明自己观点的特征，用新的论据充实自己的观点，让"近因效应"发挥作用。

由此可见，合理安排信息和论点的阐述程序，也可以大大提高论证和说服的效果。

第三节　叙述结构与沟通的有效性

一、叙述的戏剧性

我们讨论了最有效地运用论证，在这一节我们力图启发你构建一个令听众敏感的结构。当我们回顾那些论证时,会发现它们枯燥乏味,缺少戏剧性。而抓住听众注意力的最古老的手段就是戏剧性的叙述。叙事的戏剧性效果似乎应属于文学范畴,但在商业和管理场合,也能并且常常有戏剧性的叙事成分和效果。对问题的生动鲜明的描述,也许正是解决一个严重问题的第一步。一旦你确定了论证的基本结构,你就必须考虑如何使情况显得真实和有趣。你经常会在鼓舞人心的场合或仪式上发言,这时候,叙述远比论证更能激起人们的兴趣。

最初的人类沟通与深夜讲给孩子们的鬼故事具有相同的情况和结构。一种文化的价值观及行为模式以寓言的形式流传下来,如《圣经》讲述了好人与坏人发生冲突的冒险故事,从而确立了人类行为的标准。《伊利亚特》反复灌输的行为方式和伦理道德,正是古希腊惊人的思想文化成就的基础。在同一时期,儒学及佛教也以寓言的方式宣扬着同样不朽的世界观。

所有这些对现实的诠释都被包装成难忘的故事,通过口头流传下来。几千年来,这些故事被一代一代地讲述着。最初是被老人们储存起来,以口头语言流传着,稍后由部落首领传诵,再后是行吟诗歌和哲学小册子、课本、科学研究、历史记载、电影、连环漫画、电视剧以及录像节目。它们都是通过以下几个方面来吸引听众的:

第一,界定对某一群人或团体至关重要的利益;

第二,运用生动、具体的比喻;

第三,用新视角来解释已为人熟知的信息;

第四,确定明确的方向和前进路线;

第五,制造悬念;

第六,展示相关人物;

第七,制造一种论证结束的坚定感;

第八,珍惜听众的时间;

第九,结尾意味深长;

第十,论述随后的行动步骤。

这些好的叙事文特征不仅在历史上产生过影响,而且在今天也仍然是进行有效商务沟通的基本结构原则。我们可按照“开始战略”(Opening Strategies)、“展示战略”(Building Strategies)、“结束战略”(Concluding Strategies)对它们进行讨论。

二、开始:赢得注意

叙述的开场陈述,这是听众或读者对你产生第一印象,介绍你的题目,并且吸引和鼓励他们倾听的过程。开始很重要,如果一开始不能引起听众的注意,你可能就再也不能引起他们的兴趣了。在大多数情况下,你首先要叙述自己将要演讲或论述的主题、目的及中心思想,此外,一个重要任务是唤起听众的注意和兴趣,使听众觉得“这听起来像是个有趣的题目”,或者“我乐意听下去”。

(一)表明存在至关重要的利益

任何沟通都有目的。你必须在一开始的句子里就明确说出这一目的,以及它与听众的关系。你越明确地强调达到你的目标的重要性(不可过分夸张这种重要性),听众就越会密切关注你的论证。必须特别注意,一定要说明为什么这一利益对你的听众是至关重要的。

(二)以生动、具体的比喻开始

如果你能找到一个例子将你的论证浓缩为一幅难忘的图画——用语言或图表——就能吸引你的听众的注意力,此外还能帮助你将听众的注意力集中于你的中心论点上。有时它意味着让听众相信自己身在其中;有时它意味着当前问题的严重性;有时它意味着一个抽象的情形是如此真切。这样一个开头成功的关键是构思一个具体而感人的图景,然后使你的听众置身其中。

(三)用新视角解释已为人熟知的信息

通过唤起你的听众熟悉的事,然后让他们换一个新的视角来看待这一情形,你能立即获得他们的尊重和注意。如证明一个问题是一个机会、一个神圣的传统不再适用,或让听众觉得他们正处于一个完全不同于他们所认为那样的环境。

请注意下面的例子,看看康柏计算机公司的董事长兼首席执行官埃克哈德·普费弗在电子产品展览会上是如何抓住听众注意力的。

“大家早上好。我相信五岁小孩也能跟在车轮和驱动器之后,他们会在奇异的海洋生物之间驾驶微型潜艇,他们可以到遥远的行星上旅行。

现在你们可能以为,我不仅丢了钱,而且在赌桌上也失去了理智(这次演讲在内华达的拉斯维加斯举行)。但是,当我在康柏考虑计算机问题时,我不仅考虑数据和图像的传输能力,也考虑头脑和想象的传输能力——特别是小孩子的想象力。”①接着,普费弗继续介绍一系列他希望听众购买的、被他称为奇妙工具的新计算机产品。

---

① (美)桑德拉·黑贝尔斯,里查德·威沃尔:《有效沟通》,李业昆、何辉译,电子工业出版社,2016 年版,第 293 页。

三、展示:保持注意

上述所有的开始战略都有一个共同特征:每一个都能引起听众对将发生的事的兴趣。当你已达到这种戏剧效果时,不要放弃。有几个技巧对保持住听众的注意力是至关重要的。

(一)表明你的主要观点及论述思路

一旦你在开头已界定了你的中心论点,你就应说明要得出结论所必须论述的问题。换句话说,就是提出论述的简短的提纲。这将会使听众对你的叙述有一定的思想准备,以便跟上你的思路,并且能使听众更密切地注视你。当每一个新标题出现,都要清楚地说明它如何配合并推进了你的论证。

(二)保留悬念

我们想一口气读下去一本书,是因为我们想知道下面将发生什么。一个债务再融资计划如同一个精彩的侦探小说,你可以生动地解释一个个挑战,你也能制造关于如何解决它的悬念。

(三)提供相关人物的经历

听众对人的认同甚于对抽象信息的认同。有时,根据对某一特定的人的影响来描述一个建议或一种形势,最能给人以深刻印象。有时那个人就是你。例如,你可以描述你是怎样取得顾客的信任的,或你自己怎样改变了原来的态度,而接受了现在这个你希望你的听众也能接受的观点。有时,你叙述中的主人翁应是某一些听众中的代表人物,或是将会因你的建议被采纳而受益的顾客。

在商务沟通中,所有这些吸引注意力的战略很少必须同时使用。而且,就其本身来说,没有任何一个技巧可以单独构成令人信服的论证。一般而言,如果是口头的发言,听众只能听到一次,因此要求使用更引人注目的技巧。而书面形式的信息,如报告或文件,可以被多次修改和阅读,所以可以较少使用此类技巧。一个听起来生动的比喻或情形当读上几遍之后就会显得累赘或令人厌倦。一旦你已确定了你的信息的主要结构成分,首先应检查一下,以确保它们能包容必要的信息,然后考虑恰当地使用戏剧性的结构,使你的听众就像那些围坐一圈听故事的孩子,不想让你停下来。

所有这些展开战略计划将引导听众的注意力,使他们保持兴趣,并将注意力集中于你想传递的主要信息上。

四、结束：付诸行动

有关研究证实，有结束语的演说比没有结束语的演说更有说服力，其宣传和鼓动的作用更大，效果更明显。如果听众对报告人持极其对立的态度，那么演讲者的说服力则会大为降低。如果听众与报告人仅仅是在观点上有一定的分歧，那么，在阐述得非常清晰并附有明确结论的演说面前，听众便有可能不再坚持自己的观点了，因为有效的结论能够再次影响听众。

书面信息——文章、报告和书籍也是一样。如果所报道的信息有明确的结论，它的说服力就比没有结论的信息强得多。在阅读文章时，读者可以先阅读结论，然后再阅读其他部分，这样，就能为确信和接受这个结论找到依据。

一个成功的结论让人感到是必然的、完整的和在预料之中的。它是从先前的信息及形象的描述中提出的清晰的解决方案以及可信的行动步骤，但不应该引导出任何新的观点。下面是一些构成能产生最大影响力的结论的基本原则。

（一）坚定而可信地结束论证

当听众意识到演说或文章即将结束时，他们的注意力就会上升。要利用这一点，就需清楚地表明你的结论。这一点在书面表达中较易做到，因为从文体格式上可以明显看到，而在口头表达中就没这么容易了，你必须更明确地指出结论。

（二）尊重听众的时间感

在人们成为你的听众时，他们已读过、听过和看过数以千计的叙事文和报告，不管多么有趣的叙述，时间过长都会令人厌烦。你很容易对自己的文章或声音着迷而开始变得漫无边际，因此要确保你已将自己的论证压缩到最少字数。在结尾时要发出叙述结束的信号，像“最后……”，“我想说的最后一点是……”在这样的表达之后再提供一些补充或证实材料，将会把听众的注意力引向最高点。

（三）引出教训或寓意

要利用听众的高度注意力使你的主要论点被接受。不要仅仅概括你到目前为止已说到过的东西，要为专心的听众们强调重要的后果。

（四）鼓励随后的行动步骤

大多数的商务沟通都有一个行动的倡议。一旦你已使听众相信了你的建议的优点，你就应向他们展示实现你的目标所必要的具体行动。这能使他们确信你所希望的不仅值得向往,而且能够实现;同时也会使听众相信,他们在你的计划中拥有一个重要位置,并相信你是合格的领导他们向前进的人选。因此,可以在结尾确切地告诉听众他们应该做的事情。

思考题

1. 信息表述的理性或情感取决于哪些方面?

2. 如何根据沟通目的和对象进行表述?

3. 如何使你的信息更具有说服力?

4. 怎样改善叙述结构,以增强沟通的有效性?

沟通体验

1. 逻辑和论据的运用有助于论证的形成,当你发送 E－mail、校订你的文件或检查你的发言稿时,试问自己如下问题:

- 我的读者或听众接受我的大前提吗?
- 如果不会,我能提供什么以使他们接受呢? 我是否需要论证来证实我的大前提?
- 我的小前提是否是大前提与结论之间的令人信服的纽带? 如果不是,重新创作一个小前提。
- 什么样的反驳("除非")强大得足以动摇我的小前提? 我能否通过增加一些论据避免这一局面。
- 我是否必须在一定范围里限定我的结论,因为我的听众中可能存在相反观点,或者因这个结论并非是必然的事?
- 我的论证中是否有些部分太浅显,以至于对它们作过多说明会显得啰唆和不礼貌?

2. 在一个雨夜,你驾车到药店买药,药店附近的停车场上停满了汽车,刚巧在旁边商店前有两个空位,但被一辆车占用了,那个司机把车停在了两个车位的中间。区分车位的白色线明显可见,真是不明白这个司机为什么不把车子停在框线内,好让别的车也能停在旁边。正在这时,你看见那位司机从药店里匆匆出来,朝他的座驾走去。请问,那位司机是否是个缺乏公德意识的人? 你对他的做法有何感受? 如果你有机会走过去跟他说话,你会说些什么?

第四章

语言沟通

语言有三美：意美以感心，音美以感官，形美以感目。

——鲁迅

第一节　语言的特性

自从人类创造了语言，语言交际便成了人类沟通中最重要的方式，这是因为语言是一种相当复杂、严密，而又弹性极强、容量极大的音义结合的符号体系。它的表达手段丰富纷繁，表现内容包罗万象，使用范围广阔无边，在沟通功能上是其他任何方式都无法比拟的。为此，我们首先需要了解语言的一些基本特性。

一、关于语言应用的研究

我们都有学习语言的经验，无论是母语还是外语，在学习它们时你必须知道词语的意义，即它代表什么，也就是必须知道它的外延和内涵。你也必须知道怎样把词组成词组、短语和句子，以表达它们之间的相互关系，即语言的语法。词是一种符号，与随意发出的无意义的声音有本质区别。一个具体的、中性的词，如“电脑”，通常能得到高度准确的解释，因为绝大多数人会对其外延做出反应。而那些能唤起强烈情感的抽象的词,比如“爱”、“自由”,则很容易被错误理解,因为它们有很多内涵,而且每个人都会对这些概念拥有自己的情感联系。引起沟通问题的常常是对语言内涵的不同理解,试想一想,人们对“动物的权利”、“公平的管理”这些词组所表达的含义会有多少种不同的反应?

在讨论语言理解和语言表达等特点之前,我们先说明几个语言学上的基本概念。人类的语言,无论在形式上如何变化,基本上都离不开三大特征:语音、语意和语句。构成语音的基本单位称为音位(phoneme)。各种语言的音位都是有限的,如英语有46个音位,汉语则有37个音位(注音符号)。音位的结合形成各种语音,专门研究语音的学科,称为语音学。

构成语意的基本单位称为词位(morpheme)。词位主要由单字表示,在汉语里,一个方块字表示一个词位,比较清楚明确;而由两个字组成的词,其词位数则视情形而定:如“信纸”有两个词位(由两个意义合成的),而“桌子”、“尾巴”则只有一个词位。在英语中,除了一个单字表示一个词位之外,其变化较多,如字头、字尾、时态、人称、单复数以及冠词、介词、系词等,与单字联结之后即改变其原意,故而称为语法词位。专门研究词位的学科,就是语意学。

由多个单字按一定法则排列,用以表达一个完整的意义,称为句子(sentence)。如果句子中语法改变或者顺序改变,其语意就会截然不同。如“我正在电脑上打字”这个句子,8个单字按一定规则组成,如果打乱顺序——“正电我上脑字在打”,虽然每个字的语意没有变,但这个句子却无法被人理解。专门研究句子语法的学科,称为语法学。

在20世纪60年代,应用语言学兴起,而应用语言学的研究又分出两个分支,即社会语言学(sociolinguistics)和心理语言学(psycholinguistics)。社会语言学主要研究语言行为与社会因素的关系,如方言、语言的时代感的研究等;心理语言学的研究,主要是以心理科学的观点与方法,研究人们如何使用语言,从而达到人际沟通的目的,即如何通过语言了解别人的意见和思想,如何通过语言表达自己的意见和思想。也就是说,心理语言学的研究,主要是探讨语言理解与语言表达方面的问题。

二、语言是符号

(一)约定俗成的语言符号

语言是一种符号集——符号系列或符号集合。在录音设备发明以前,人类使用语言往往受到时间和空间的严格限制。于是人们用另一种符号,即文字,把语言的声音符号记录下来，这样就可以打破时空的限制。巴甫洛夫（Ivan Petrovich Pavlov）在研究人类高级神经活动的过程时，把语言归入第二信号系统。他认为，我们关于周围世界的感觉与表象，对于我们来说，乃是现实的第一信号——具体的信号，而语言，首先是那种从语言器官达到大脑皮质的动觉刺激物，乃是第二信号，即信号的信号。

一切符号所代表的意义常常取决于创始者的主观意志，这里的主观不完全是个人的意志，它包含了时代、地域等因素，也包括社会习惯。采取一种符号代表一种意义，一经交换信息的社会群体的公认和使用，它就只能表达特定意义而成为一种公众准则或社会准则了。不论是有声语言还是书面语言，或者代表一定意义的其他符号，都是这样。

因此，如果没有约定俗成的含义，任何符号都不能达到传递信息的目的；如果人们都不遵从这种社会公认的符号意义，那么，社会生活就会出现混乱；当这些公认的符号失掉自己的意义时，它就在社会生活中完全不起作用了。

（二）在一定的社会语境里，语言（文字）要被其他符号所代替

社会生活的某些情景，不能使用或不满足于只使用语言来作为沟通工具，而经常使用能直接刺激人的感觉器官的各种各样的符号来代替语言，以便使沟通更直接、更有效，并能使人迅速做出反应。我国古时候，在一些路口或重要地方的出入之处，常竖立一块石碑，上面写着“文武官员，到此下马”。当官员们骑马坐轿来到时，见到有如此字样的石碑就要下马，走着去他要去的地方。现在不同了，如果要步行人停下，使用这种石碑来传递信息尚且可行，但如果要使驾驶汽车、开火车的人看见小小的石碑和上面的文字才停下来，则是不可能的。高速度的交通工具，不可能随时停下来，让司机慢慢阅读路旁的“指令”——那样做完全不符合现代社会的节奏。因此，人们用了一个圆形，中间用红色或黄色画一道杠杠的图形，表示“禁止通行”的意思。这是现代社会公认的符号，在高速行驶中的受信者从远处便能认出这个符号，这个符号直接刺激他的视觉器官，并传到他的大脑，使他停下来。

作为符号集的语言，在一定的社会语境里，常常要被非语言的象征性的图形符号所代替。在有声语言不能发挥它的沟通作用时，它往往会被另外一种符号系统所置换。对于符号的定义，一般有两种情况。一种情况是根据几千年来人类社会积累起来和保持着的社会习惯形成的各种符号；另一种情况则是随着社会生活的现代化和国际化，只靠某一种语言不能有效和迅速地传递信息，这时不得不借助于

各种符号[①]。

这些符号可分为3种，第一种符号往往代表一种抽象的概念，而这些概念常常超越了民族和国家的范围，成为国际社会公认的“习惯”。在表4-1中列举了一些人们熟悉或应该熟悉的符号及其含义。除此以外，国际社会公认的符号集里，还有数学符号、化学元素符号、度量衡计量符号，等等。

表4-1 常用符号及其含义

- 十字架是基督教的符号
- 新月是伊斯兰教的符号
- 红十字是救护组织的符号
- 张着翅膀，拿着箭要发射的赤身小孩，或者一支箭射进一颗心，是“爱情”的符号
- 骷髅头是死亡和危险的符号
- 蒙着眼睛，手里拿着天平和剑的女人头像，是“公正”的象征
- $是美元的符号

第二种符号是国际社会公认的代表公众生活含义的符号。例如：刀叉和茶杯的标志，表示这里是餐厅；电话的图形代表这里是电话间；一架飞机的平面投影图，表示是飞机场或有关空运的问事处、办事处；还有各种路标和交通指示符号等等。这类符号不胜枚举。

第三种符号是特定社会集团或组织制定的符号，这在商业组织中尤为常见。人们意识到，信息可经由视觉标志迅速而正确地传递。因此许多公司都设计出了一种能让人易于辨认该公司或公司产品的符号，希望这样的符号能深深印入人们的脑海和记忆中。例如：NBC花100万美元设计了自己多色彩的鹦鹉标志；EXXON公司用100万美元和3年的时间，开发相关性的名字和标志。

三、语言的模糊性

语言的模糊性同语言的含混性不是一回事。人们在沟通中要尽量消除语言的含混性，提高语言的精确性。但语言的模糊性是客观存在的，在很多场合下的沟通，不但不能或不该消除这种模糊性，有时甚至还要利用这种模糊性。

比方说：“外面正在下大雨。”日常生活中所说的“大雨”，实际上就是一个模糊

① 陈原：《社会语言学》，学林出版社，1983年版，第158页。

概念。谁也不知道说话人是如何给“大雨”定义的，但这种模糊概念并不影响人们的交往和沟通，它完成了语言的社会功能，传达了信息——外面没有太阳，不是阴天，也不是密云不雨，也不是小雨，而是“下大雨”。沟通双方了解这个模糊概念的实际意义，听者知道，他要出门必须穿雨衣或打雨伞，即便如此，也可能会被淋湿……《辞海》对大雨的解释是“降水强度较大的雨。下雨时，雨落如倾盆，模糊成片，能见度大减，雨落地四溅，高达数寸，屋顶雨声如雷。”在这里，几乎句句都是模糊语言。

当日常沟通满足于这种语言的模糊性时，科学工作的需要却不能满足。科学语言要求精确，精确度越高的概念其信息量就越大。因此气象科学上把“下雨”进行了人工分类和准确定义。《辞海》对“大雨”进一步解释说：“我国气象上规定：①1 小时内的雨量为 8.1 ~15.9 毫米的雨；②24 小时内的雨量为 25.0 ~49.9 毫米的雨。”这样的定义消除了一般语言的模糊性，增加了科学语言的精确性。

无疑，科学语言必须强调精确性，但精确的定义往往不能扩大到我们的日常生活和沟通的各个方面。比如要你到会场找一个人，给出的特征是：一个中年男子，个子不高，戴黑边眼镜，灰白头发，穿黑色皮夹克。应当说给出的信息全是用模糊语言表述的，但这并不影响你轻松找到要找的人。如果给出的特征使用的是精确语言，如“找一个 52 岁的男子，身高 165 厘米，体重 59.5 千克，戴黑色化学镜框、树脂镜片、直径为 4 厘米的眼镜，头发 5% 全白、25% 灰白、70% 黑色，穿黑色皮夹克，用料是 70% 天然皮革、30% 人造皮革”。这样的语言精确度可谓高矣，但你按此到会场去找人可要遇到很大的麻烦。首先你得把会场的人的身高、体重都要量一遍，或者你要挨个询问当事人，这不仅没有可能，也完全没有必要。因此，到会场找一个陌生人，你只需要模糊语言，或者说，宁愿按照模糊语言去寻找，也不能按照精确语言去完成任务。

那么，这是否说沟通中只需要模糊语言，而不需要精确语言了呢？当然不是。即使是一般的交流，在许多情况下也必须使用最精确的语言。如召开会议，通知必须是精确的：2002 年 8 月 8 日上午 9 点，地点本公司四楼 401 号会议室。招待会的时间是：10 月 1 日下午 7 时至 9 时，地点是人民大会堂。众所周知，计算机语言和网络搜寻都需要极为精确的指令，一切文件，特别是条约、契约、协定、合同、议定书等对双方有强烈约束性的文件，使用的语言也要求特别明确和精确，不能有半点含糊，一字多义和能作歧义解释的语言要尽可能排除。

新闻报道、调查报告、文件等等，首先要求准确。准确性是“文以载道”（传达信息）的根本条件。准确不等于精确。准确性在一定情况下要求更大的精确性，在另一种情况下也可以容忍一定的模糊性。“准确”表达的是真或假的问题，按逻辑推理说，是表达真值还是假值的问题。因此，信息准确性是沟通价值的保证。如果说受信者得到他早已知道的信息，沟通信息量为零的话，那么，受信者得到的完全没有其事的假信息，其信息量就是一个负值。那么，为什么可以在沟通中容忍一定的模糊性呢？因为生活是复杂的。波兰语言学家沙夫曾写下耐人寻味的一段话：

“沟通需要语词的模糊性，这听起来似乎是很奇怪的。但是，假如我们通过约定的方法完全消除了语词模糊性，那么，正如前面已经说过的，我们就会使我们的语言变得如此贫乏，就会使它的交际的和表达的作用受到如此大的限制，而其结果就是摧毁了语言的目的，人的交际就很难进行，因为我们用以交际的那种工具遭到了损害。”①

一些场合，适当地使用模糊语言是委婉表达的一种有效方式。应用模糊语言增加了沟通的灵活性，并可使干巴巴的场面变得活跃起来，或者避免冲突和不愉快的发生。当一位同事兴冲冲地问你她新买的一件衣服漂亮不漂亮时，尽管你不喜欢那个款式，也不认为那是件漂亮的衣服，你会回答她说：“还好。”这是模糊的表达，买新衣的同事也许会嫣然一笑，说：“是呀，不见得特好！”这也是一句模糊语言。一场谈话圆满结束了。如果你换一种精确的用数量表达的说法，90%的难看，或者80%的不漂亮，那你的同事会怎样反应呢？她会觉得很扫兴。当然她不会责怪你，也不能责怪你。但这不是原则问题，何况衣服漂亮与否经常带有强烈的主观成分，只能用模糊语言来表达，而不好用精确数值来表示。

因此，我们完全有理由说，在沟通中既需要精确语言，又需要模糊语言。

四、语言变化与社会生活的关系

(一)流行语汇

当社会出现了新的东西，不论是新制度、新措施、新思潮、新物质、新观念、新工具，这些新的东西都会在语言中体现出来，否则这些新事物就无法在社会生活中传递。就这个意义而言，语言是有生命的，是活的和不稳定的。自从互联网诞生的那一天开始，网络词汇就应运而生。每年、每月甚至每个星期都会有很多全新的网络流行词汇产生。“大虾”、“斑竹”、“菜鸟”、“灌水”、“美眉”等成为在网络上十分流行的网络语言。2006年度10个网络最流行用语分别是：做人要厚道（电影《手机》里的台词）；沙发（指论坛上第一个回帖的人）；汗或寒（尴尬的意思，源于卡通画）；百度一下（用搜索引擎找东西）；潜水（表示在论坛只看帖不回复）；顶（支持）；出来

① 沙夫：《语义学引论》，罗兰，周易合译，商务印书馆，1979年版，第67页。

混，迟早都是要还的（电影《无间道》的台词，报应的意思）；弓虽（强字拆写，还表示强的意思）；偶稀饭（我喜欢）；FB（"腐败"拼音缩写，吃饭聚聚的意思）。网络媒体的高度互动和参与性，促进了网民之间的人际交流，在这种新型的人际交流空间里，形成了具有独特形式和规则的网络语言，并随着网络的普及迅速流传开来。然而网络语言变化迅速，几乎每天都有新词在聊天室诞生，但大多数网络语言只能在网上昙花一现，便被淹没在语言的滔滔洪流中①。

流行语是社会中一种独特的流行现象，它们所传递的信息往往具有新颖、流变和丰富的特征，流行语也在一定程度上反映着社会心理的日益开放、多样和理性的发展方向。新词的出现是社会生活变化的结果。

（二）语言的相互接触（借词）

语言既是人类最重要的沟通工具，同时又是思想的直接实现，当它作为一种信号系统履行它的社会职责时，各个民族所固有的语言就不能不互相接触。凡是活的语言、有生命力的语言都不怕同别的语言接触，也不怕被别的语言取代，而且也不可能被取代。尽管有时发生一种语言"压迫"另一种语言的现象，但被"压迫"的语言总是千方百计保存自己，虽然有时也会遍体鳞伤（或叫作"语言污染"），却仍顽强生长和发展。现代社会由于全球化的趋势加强，国际接触比以往任何时代都要频繁，沟通的技术和条件比过去任何时代都更便利，因而语言接触比人类任何时期都更经常和更必要。

语言一经接触，就必然会产生相互影响。大约 80 年前，语言学家萨丕尔在论证语言之间的相互影响时，令人信服地提出"语言很少是自给自足的"的论点。他写道：

"语言，像文化一样，很少是自给自足的。沟通的需要使说一种语言的人和说邻近语言的或文化上占优势的语言的人发生直接或间接的接触。沟通可以是友好的或敌对的，可以在平凡的事务和交易关系的平面上进行，也可以是精神价值——艺术、科学、宗教——的借贷或交换。"②

任何语言都不能自给自足，因此需要借词，也称"外来语"。现代汉语外来语的形成主要有以下几个途径：

一是转写或音译。比如"咖啡"、"沙发"、"雷达"、"逻辑"、"杜马"，较近的音译词如"黑客"、"伊妹儿"、"酷"等。

---

① 佚名：《网络词汇尴尬的流行》，21 世纪健康网络心理，2006 年 4 月 24 日。

② 转引自陈原：《社会语言学》，学林出版社，1983 年版，第 286 页。

二是音译后加一个“指类名词”，表明它的属性。比如“卡车”，“卡”是音译借词(car)，“车”是指类名词；“霓虹灯”也是这样的结构，“霓虹”是转写的音译借词(neon 氖)，“灯”则是指类名词。其他如“因特网”、“艾滋病”等。

三是半音半译，即将原文的一部分按读音转写，另一部分却按语义翻译成汉字。如“冰激凌”一词即英语的 ice-cream，“冰”为意译，而“激凌”则是音译。

四是意译组合，即把原词的部分意译后组合成新词，例如：“足球”，即 foot(足)与 ball(球)的组合；“世界杯”，即 world(世界)与 cup(杯)的组合；“软件”，即软(soft)与件(ware)的组合。其他的词如“香槟酒”、“迷你裙”、“迷你车”等等均是如此。

五是纯粹的意译，即完全按照原词的语义译成汉语。如“民主”、“钢琴”、“电视”、“电脑”、“激光”等等。

政治经济的发展，科学技术的发达和教育的普及，都会使某一种语言在特定的方面显得不足，都需要大量的借词。这是必然的，只有僵化的头脑才拒绝借词。在繁荣昌盛的社会里，必然有新的创造供其他社会所借鉴，必然会通过“出借”语词来与其他社会和群体接触和交流。当然，当借词达到超饱和的程度，语言就会发生某种程度的污染，这时就需要净化。

第二节　语言的理解和运用

古语云：“言为心声，文如其人。”然而，在运用语言进行沟通时，要注意你对一件东西或者一个概念的想法永远不会与另一个人的想法完全相同，因为每个人都有不同的经验。对于语言的理解最终是由人而不是词语决定的。为了使听者明白，说者必须对所说的内容有清楚的认识，如果某种思想和感情在说话的人那里是模糊的，那么，说出来的内容也会令听者困惑和感到模棱两可。理解是沟通的核心，而理解也是一个双向的过程，即说话人有责任把思想表达清楚，听者也有责任设法准确地理解它。

一、书面语言

与口头语言相比，书面语言有着另外一些不同的特点，写作者与说话者所面对的问题也不同。当你说话时，信息一发出人们就会立刻做出反应；对于写作者来说，来自读者的反应不能马上获知，他们无法知道自己所写的东西是取悦了一些人还是冒犯了一些人,甚至也无法知道他们是否传递了自己的思想。因此,写作者在写的时候,都会非常仔细地选择词语,当然,他们也有时间去检查语法、润饰修辞。而读者也有更多的时间去阅读,一遍不行可以两遍、三遍。写作不像口语那样能够借助于副语言(语气、语调等),但能够使用更加丰富的词汇来表达,如果所选择的词汇没有起到作用,那么,书面沟通可能会归于失败。

在一家公司里虽然没有目不识丁的文盲,阅读错误或不善阅读却会经常发生。作为一个信息的接收者,从个人利益出发,应该学会阅读备忘录和其他文件。对大多数材料,人们都可采用快速浏览的方法,但要仔细阅读重要的备忘录、文件和信函,将重点记录下来以做参考之用。在你作为经理的生活里,你所拥有的和将要获得的有关管理趋势的信息中,有许多都来自报纸、杂志和在线阅读。学会迅速而批判性地阅读这些材料是一件很重要的事情。

在阅读中给自己提出下列问题,可以帮助我们提高自己的阅读能力:

第一,这篇文章讲的故事或论点是什么?该文章是在为某个观点辩护,还是在不同的观点中搞平衡?该文章是否有明显的或者隐含着的因果模型?是否有什么原因产生什么结果的假设?

第二,该文章使用了哪些证据?如果它大量引述"权威们"的话,那么,这些权威是谁?信息源会怎样影响该文章所介绍的那种信息?常被引述的"权威"是公司的高层经理们,商业报纸杂志有一种对高层经理的强烈偏爱。而在一些学术性的文章中则经常引述组织顾问和大学教师、研究人员的资料。前者的引述使得文章读起来生动而有用,因为高层经理们看起来是与组织成功方面有很直接的利害关系的人物,但读者要从中得到有价值的信息,还必须超出具体事例去仔细审视他们的观点。

古人云:"读书千遍,其义自见。"读书有三到,谓心到,眼到,口到。心不在此,则眼看不仔细,心和眼不能专一,则很难记住,即使记住了也难以久远。此外,要注意的还有,不要仅仅阅读与你的工作和专业相关的材料,要扩大阅读范围,因为你读过的小说、人物自传以及有关其他企业或行业的文章都会激发出你的新思想,而这些新思想对你的沟通能力以及工作绩效可能会有意想不到的帮助。

二、口头交流

哪里有人们聚居,哪里就会发展出一套彼此交谈的系统。即使在最原始的社会里,人们也使用口头语言(言语)进行沟通。实际上,语言能力是我们从动物界分离出来的少数几种能力之一(另一种能力是制造工具),而且,语言能力同抽象思维的能力是密切相关的。

口头语言为什么如此重要呢？一个原因是：人类文明发展之所以可能，在很大程度上是由于人们具有借助口语去分享经验、交流思想和世世代代传承知识的能力。也就是说，人类具有互相交流和沟通的能力。人类的相互沟通有许多方式，例如：烽火台的狼烟，百米短跑的发令枪，鸡毛信，聋哑人使用的手势语，莫尔斯电码，以及各种各样的书写体系。而这些只不过是人类发明的各种沟通系统的部分例子。与之相比，口头语言无疑是人们所能找到的远比其他沟通系统更为有效、更为方便的一种系统。我们还可以进一步论证：口头语言对文明的发展比书写有更基本的影响，因为许多人类社会群体在没有书写系统的情况下也能发展和繁荣。还有，比较一下盲人和聋哑人对社会的态度，也是说明口语重要性的最好例证。盲人尽管有种种缺陷，但仍然愿意跟他的伙伴们一起生活，因为他们彼此听得见；但聋哑人虽然能看书写字，却经常感到自己被排除在社会之外。

语言作为日常生活中必不可少的一种沟通工具，通过频繁使用而发展成一种极为有效的交流思想的手段，它能适应千变万化的生活环境。语言的这种适应性表现在，尽管使用一种语言的人有千百万，他们各具不同的嗓音、不同的说话方式和习惯，乃至不同的方言和口音，但是语言的交际功能并不因此而受影响。同时，这种普遍适应性还表现在它有惊人的抗噪声、抗畸变和抗干扰的能力（参阅下面的阅读材料），即它有着主动处理信息的特征。

拓展阅读

人对语言的理解

Ladefoged & Broadbent 于 1960 年所做的实验：在录音带录好的句子中，选出其中一个音位，擦去后改以咳嗽声取代，然后播放给被试者听。即使在播放前，告诉被试者咳声难免影响对语音的辨别，但结果发现，被试者不但理解句子的意义，而且根本未听到咳嗽的声音。按实验研究者的解释，被试者在聆听句子时，只靠句子中几个重要的音节，就立刻能形成一个假设：假设出该句子说的是什么。句子听完后，只要在要点上符合他的假设，他就肯定知道句子所表达的意义；对无关紧要的咳嗽声，他自然予以忽略。

这个实验发现，人们对语言的理解，并非只是由声音到单字，再由单字到句子依次去理解其意义。事实上，这其中带有相当成分的主观意识作用。

［资料来源：张春兴：《现代心理学》，上海人民出版社，1994 年版，第 309 页。］

我们常常在嘈杂的环境中听别人讲话，噪声会以不同的方式影响各种语音的可理解度。当语言强度比噪声强度大100倍时，噪声不会影响语言的可理解度；当语言和噪声的平均强度大致相当时，可获得50%的单词清晰度。可是，在日常生活中，甚至当语言的强度比噪声的强度还要低时，我们还是能听得懂语言①。

那么，人们是如何得到良好的识别率的呢？一方面，当噪声和语音来自不同方向时，我们的听觉机构能够设法把二者分开，这就使我们能在有噪声的情况下——如在嘈杂的街道上与别人交谈。另一方面，语言声波的声学特征并不是用于语言识别的唯一有效的根据，而总的语言环境——上下文关系——更能影响对语言的识别。当听某句话时，我们具有某种预测的能力，它使我们能预料将要听到什么词。当我们倾听那些互不相关、各自独立的单词时，由于缺乏上下文作线索而使辨别能力大为降低。

日常经验也告诉我们，在某种嘈杂的场合仔细倾听谈话者的讲话，你要是熟悉谈话内容，比你不熟悉它时更容易听懂。换句话说，同样一段语言的声学特征，对于熟悉这段语言内容的人来说，可以通过足够的预料来辨认，而对于不熟悉这段语言内容的人来说，能对其中的单词所做的预测就比较少。正是这种预测能力，使我们能更加容易地听懂我们比较熟悉的人所讲的话。更为重要的是，我们通晓别人所讲的那种语言，了解它的音位、词汇和语法。

总的上下文关系使我们甚至在未听到某个词之前，就能够确切地知道讲话人要说的是什么了。这种情况也说明了，为什么在讲话者经常变换，还可能有噪声存在或发生畸变的情况下，语言仍能保持惊人的可理解度。

口头交谈在人类社会中是如此普遍、平常而又变幻无穷，语言的优劣直接影响着交谈效果的好坏，所谓“一句话惹人笑，一句话惹人跳”，“酒逢知己千杯少，话不投机半句多”。导致交谈效果好坏的原因固然复杂，但交谈的技巧是一个重要的、不可忽略的因素。

管理有口耳相传的传统。许多学者的研究都强调这一点，他们证明了口头交流在管理工作中所起到的重要作用。如明茨伯格、斯图尔特等发现，管理者的一半或3/4的时间是在做着非书面形式的信息发出和接收工作。管理是个有声的世界，人们以亲身交往而不是书面往来的方式进行着指导、帮助和劝说的工作。许多人也认为“亲耳聆听”的收获要远远大于阅读书籍的收获，所谓“听君一席话，胜读十年书”。

---

① 张春兴：《现代心理学》，上海人民出版社，2016年版，第309页。

三、语言沟通的风格

(一)语言风格

语言风格(style)是我们选择和安排词语和句子的方式。人们会选择不同的词语和句子来表达自己的思想,因而每个人会显示出自己独特的语言风格。不仅语言表达的风格因人而异,而且每个人也会用不同的风格去适应不同的情境,也就是说,因为语言环境、沟通角色的不同,人们可以运用不同的语言风格。例如:一名经理在部门工作会议上的发言,可能使用一种严谨、正规的风格,然而在员工餐厅与同事们的交谈中可能是风趣和随意的风格。

有时一个沟通者的语言风格能影响到人们对他的判断。对个体的印象常常与语言风格联系在一起。当你认为某人有冷漠和正统的特点时,你的这种印象部分来自这个人的讲话风格。语言风格是非常重要的,以至它能影响人们对你的看法,赢得人们对你的友谊和尊重,或者促使人们接受你的观点。有时,由于语言风格的影响,使得对方愿意或者不愿意接受说话人的思想和观点,即使你有恰当的信息、适当的场合和对你的信息感兴趣的听众,但是如果你的语言风格不恰当,所说的信息也可能无法被接收。

(二)性别与语言风格

有许多研究者认为,男女使用不同的语言风格进行交流①。例如:社会语言学家戴博拉·坦南认为,男人和女人拥有几乎完全不同的说话风格,以致他们可能来自于不同的世界。按照坦南的观点,女性在交谈时使用的是联系式交谈(rapport-talk),用这种语言来促成与别人的亲密关系、交流经验或者建立相互关系。而男性使用报告式交谈(report-talk),在这种说话风格中,说话者的目的是维护身份、显示知识与技能、建立自己的中心地位。

由于男人和女人的语言风格不同,他们在进行沟通时会存在着一些差异和问题:

1. 男性发送信息,女性则寻求相互影响。

2. 对男性而言,沟通可能是为了解决问题;而对女性来说,她更需要交谈过程中的被理解和被同情。

---

① (美)桑德拉·黑贝尔斯,里查德·威沃尔:《有效沟通》,李业昆译,华夏出版社,2002年版,第77页。

3. 在男人和女人一起交谈时，男人更有可能打断对话和下命令，比如："咱们改一个话题吧！""为什么不写下来？"而女人使用更多的人称代词和更强调语气的副词，如"她真是太美啦！"研究者也发现，女人在交谈中有更多的提问和辩解，"我这样说是因为……"

虽然这些关于男女语言风格的研究和观点有其科学合理的一面，但在现实生活中也仍然存在有些男人讲话更接近于女性的风格，或者某些女性在讲话上更接近于男性风格的现象。也有一些人交替使用两种语言风格。美国前总统克林顿经常使用一种与妇女语言更有关联的逸事性风格，这也成了他受女性选民欢迎的原因之一。女性也交替使用语言，有的研究发现，当女人处于权力位置时，她们基本上使用与男性同样的语言风格。可以说，语言强烈地反映出我们在社会中所扮演的角色，当我们的角色变换时，我们的语言风格也会发生变化。

四、语言与沟通障碍

一位主管对其部属说："我们正向目标努力，我们已经设计完成，可工程处的人尚未准备好，我们拭目以待看看这两者会有什么关联。"第三者可能听不懂这些话的内容，但交谈的双方都能清楚地理解，因为他们都与这项工作有关。语言既是沟通必不可少的工具，也是造成沟通困难的常见障碍。沟通者必须时常分析谈话中的字句以了解对方想表达的意义。

语言作为指示和符号，标志和代表着世界上的各种事物。众所周知，在大多数的语言里，不论是汉语还是英语，都存在着大量的同义词、多义词。由于语言的复杂性，有时我们会听到这样的抱怨："假如一个字只有一个意义，沟通的问题可能会少很多。"但有时词也没有意义，例如："冥王星"是太阳系的第九颗行星，在被发现之前已被命名，天文学家之所以知道它的存在是因为太阳系必须有这个行星的存在才能对其他天体运行的轨道给出合理的解释。

有时候文字具有"欺伪"的功能，意指似乎是传达信息，但实际上是要隐瞒真意，使人产生困惑。例如：美国国家英语教师委员会 1991 年颁奖给美国国防部，美国国防部用"武装状况"代替战争，把轰炸攻击伊拉克称为"成果"，飞机是"武器系统"或"武力装备"，轰炸任务是"突击"，是驾驶员"造访现场"，建筑物是"硬目标"，而人是"软目标"，"服务目标"是歼灭敌人，而非故意地杀害平民是"附带的伤害"。

对同一事物的专业性术语和非专业性语言在使用和理解上也有很大的区别。专业术语"氯化钠"的定义空间很小，但它的非专业名称"盐"则可以有很多的用法和意义。语言文字强烈地反映着社会文化，而许多公司在经过数年后会发展出一些专门用语，并反映着该公司的组织文化，有时候这些用语是管理者设计出来作为拉近下属关系或者显示他们自己地位的方法。有时为代替具有负面作用的用语,企业也创造出许多专用的语言。在 IBM 公司,“hipo”是指一个具有高度潜力的员工,“alpo”是指具有低度潜力的员工。在迪士尼公司,专门术语很多并能自然地融入主题公园服务中。员工在工作时是在“舞台上”,工作前后和休息时间是在“后台”。

良好的公司总是用简单的用语来表达所做的事情,而沟通较差的公司则用陈腐的表达和婉转的字句来描述他们的行动。有一家公司,讨论“组织的改造以及人员减少的预测”问题,高层管理人员似乎强调改造并不总是意味着解雇,但两天以后他们改造的结果却是数百个人失去工作。

有时候,由于企业选择了错误的用语而引起了接收者强烈的负面感情。比如,1988 年索尼公司推出 Sony SLV - 50VCR 进入美国市场。使用手册上以“December 7,1988”作为解释机器上日期的功能,同样这个日期也用在手册中的其他图案上,包括如何设定定时开关。许多美国人看到这个日期后感受到了巨大的情感信息,因为 1941 年 12 月 7 日日本偷袭了美国的珍珠港。虽然索尼公司为此而公开道歉,但这一情感信息加强了许多美国人对日本的负面认知。

另一个信息传递和接收错误的例子是,1969 年,4 架英国皇家空军喷气机正进行编队飞行演练,后边的飞行员发现前方飞机有火苗蹿出,便急忙用无线电通告:“你飞机着火了,跳伞!”结果前方 3 架飞机中的两架的飞行员赶忙跳伞,结果这两架飞机坠毁了,但实际上只是其中的一架着火而已。之所以出现这样的问题,是因为当事人认为他们清楚地知道这些字眼的意义,但却没有思考和解读他人话语中的特殊含义。错误就在于人们常常以为“文字都有其意义”,但是文字的意义在于人们的理解。管理者必须记住,具体的人具有真正的意义,人们运用语言作为他们沟通的手段,文字有时与它所代表的事件是不同的,它只不过是我们经验的产品。

第三节　语言沟通的技巧

一、换位思考

换位思考是一种语言风格,也是一种技能。它要求发信者既要表达出自己的思想,又要顾及受信者的需求——从对方的角度出发,重视对方的需要,尊重对方的聪明才智,保护对方的自我意识。

基蒂·洛克概括了应用换位思考语言风格的6种技巧①：

其一，不要强调你为对方做了什么，而要强调对方能获得什么或能做到什么。以正面的或中立的立场，强调对方想要知道的内容。

其二，参考对方的具体要求或指令。

其三，除非你有把握使对方感兴趣，否则尽量少谈自己的感受。

其四，不要告诉对方他们将有何感受。

其五，涉及褒奖的内容时，多用“你”而少用“我”；褒奖的内容与你和对方都有关系时，尽量用“我们”。

其六，涉及贬抑的内容时，避免使用“你”为主语，以保护对方的自我意识。要用被动语态或无人称表达法，避免有归咎于人之嫌。

在表4－2中，我们将对换位思考风格加以举例说明。

表4－2　换位思考风格的举例和说明

非换位方式	换位方式
1. 我与××公司已达成协议，同意你在租车时享受20%的折扣。（强调说话人做了什么而不是对方能得到什么）	作为ABC公司的雇员，如果你从××公司租车，便可享受20%的折扣。（强调的是对方享有的权利而不是说话者给了他什么好处）
2. 你的报告……（泛泛表达显得生硬）	你在报告中所提出的资金问题……（具体指明内容会显得友善）
3. 我很高兴给予你5万元的研究资助。（其实对方并不关心你在这件事上是高兴还是不高兴）	你的项目得到了5万元的资助。（受信者关注的是事情本身）
4. 你会很高兴地得知，你……	祝贺你！你……（告诉好消息，直截了当更好）
5. 我们为所有的员工提供健康保险。	作为我们公司的一员，你会享受健康保险。（涉及褒奖内容时，强调对方，多用“你”）
6. 你在发表任何有关以本机构为背景的文章时，必须要得到主任的同意。（谈及不利内容时，用“你”会令对方有受攻击或受侮辱之感）	本机构的人员在发表任何以本机构为背景的文章时，都必须得到主任的同意。（使用第三人称、无人称或被动语态，对方不会感到是单就针对自己而言的）
7. 你在预算中没有考虑……因素。	……因素的影响未被考虑在预算中。（被动式） 预算中没有考虑……因素的影响。（无人称）

① 基蒂·洛克：《商务与管理沟通》，梁皎洁译，机械工业出版社，2000年版，第27页。

二、表达积极期望

研究发现,商人对积极的语言反应更积极,更有可能对措辞积极的要求加以承诺①。

心理学中的皮格马利翁效应也验证了积极的心理期望和暗示所产生的强大影响。

在希腊神话里,皮格马利翁是塞浦路斯的国王,他雕了一尊少女的象牙雕像,并爱上了这座少女雕像,后来女神被他的真情打动,赋予雕像生命,使皮格马利翁美梦成真,有情人终成眷属。英国剧作家萧伯纳以这个故事为蓝本,创作了喜剧《皮格马利翁》。剧中,一个教授以期望和耐心改变了另一个人的行为——艾丽莎从一个邋遢、粗鲁、大嗓门的卖花女变成一个优雅的、轻声细语和吸引人的淑女。"淑女与卖花女之间的区别,不在于其行为举止如何,而在于人们如何对待她",这句话成为流传很广的至理名言。心理学里,把这种在有目的的情境中,个人对自己或别人对自己的期望在自己以后的行为结果中应验的现象,称为"皮格马利翁效应"(Pygmalion effect)或自验预言(self-fulfilling prophecy)。

那么,怎样做到语言表达的积极呢?

其一,避免使用否定字眼或带有否定口吻的语气。双重否定句不如用肯定句来代替,必须使用负面词汇时,则尽量使用否定意味最轻的词语。"我希望"、"我相信"这两种说法有时表明你没有把握,或者传递出有些盛气凌人的信息;而赞扬现在的行为时可能却暗示对过去的批评(见表4-3中1,2,3,4例)。

其二,强调对方可以做的而不是你不愿或不让他们做的事情。注意换位思考——以对方的角度讲话,如表4-3中的例5。

其三,把负面信息与对方某个受益方面结合起来叙述。

其四,如果消极方面根本不重要的话,干脆省去。比如,对方决策时不需要这方面的信息,信息本身无关紧要,或者你以前已经提供了这方面的信息。

其五,低调处置消极面,压缩相关篇幅。信息所占篇幅越大,表明越是被强调。既然不想强调消极信息,就尽量让它少占用篇幅,更不要多次重复,只出现一次就够了。

---

① Positive emphasis and you-attitude: an empirical study. Journal of business communication, 32 no. 4 (October 1995): 303 ~ 327.

表4-3　变消极为积极的语言举例

消极表达	积极表达
1. 我们这次的任务失败了。	1. 我们没有完成这次任务。
2. 别忘了在下班前把货送到!	2. 记住在下班前把货送去。
3. 我希望你对此满意并继续订货。	3. 当你有什么需要时就请打电话给我。
4. 这次的报告写得好多了。	4. 这次的报告写得更好了。
5. 我们不允许刚刚参加工作就上班迟到。	5. 对刚刚参加工作的人保证按时上班很重要。
6. 免费早餐仅限于20元以内,超出部分请自付。	6. 你可免费享用20元以内的早餐。
7. 如果您对我们的服务不满意的话,可终止续约。	7.(完全可以省略)
8. 外派工作本身就是不确定的,困难会比较多。	8. 外派工作非常有利于你职业生涯的发展,但也的确需要克服一些意想不到的困难。

三、使用礼貌、友善的语言

(一)礼貌表达

礼貌规范和语气的选择对于语言表达十分重要,它既表明发信者的修养,也暗示着发信者对待受信者的态度。礼貌规范是受文化差异和时代变化影响的。某个群体能接受的语言,在另一群体可能就无法忍受;上级对下级显得友善的语言,用于下级对上级时就会显得盛气凌人,有失礼貌。比如"谢谢你的合作",通常是上级对下级说的话,反过来就不适用。

在一般工作环境下的沟通中,语气应是专业但不僵硬,友善但不虚伪,自信但不傲慢,礼貌但不卑微的。以下是一些注意事项:

1. 用礼貌头衔称呼上级和你不熟悉的人士。在中国,对于上级习惯的称呼是姓氏加头衔,如"王经理"、"张校长"、"李主任";在称呼中可使用的头衔还有"教授"、"博士"、"工程师"、"检察官"、"医生"、"秘书"、"会计"等。而不确知对方的职位和身份时,最礼貌的称呼就是"先生"或"女士"、"小姐"了。

2. 不同的请求方式可以表达不同程度的礼貌。通常,请求的事情很小、很普通,礼貌用语不必太多。如提出的要求会给对方带来不便,但对你却有很大好处或者十分重要时,便要更加注意礼貌。

3. 如果采用的语气对表达效果影响不大时,直截了当表达比拐弯抹角更好。过于婉转会显得不负责任和虚伪。

4. 不使用歧视性语言。歧视性语言是指以性别、年龄、种族、身体特征或其他任何标准为依据表示歧视的语言。

表4－4中列举了一些避免使用歧视性语言的实例。

表4－4 避免使用的歧视性语言

失礼或歧视性语言	礼貌用语
1. 去问坐在那边的那个女的。	1. 请去问一下坐在那边的王女士(称呼名字或头衔)
2. 劳动力……	2. 员工……
3. 那个腿有毛病的人说……	3. 王先生说……

在商业关系上，称呼的正式程度传递了重要的信息，从尊敬、友好到轻视。这些做法有时并不是故意的。正式程度可以从姓和名的用法，“你”的说法，以及头衔的使用上看出来。例如，在称呼时只用名，可能是要试图创造一个友好的气氛来进行非正式的讨论。但是欧洲人可能会对表现出来的过于亲密或有意的谦卑感到厌恶。在许多国家(包括中国)，只有在家人之间或只对孩子才称呼名字。

对于“你”的用法也有正式和非正式之分，正式场合、表示尊敬和客气时称呼“您”，而非正式场合、表示亲密时称呼“你”。在一些国家的文化里，对于“你”和“您”的用法不仅区分了长幼，还有力地暗示了对于一个小圈子来说，谁被接受而谁是外人或被排斥在外。

(二)委婉表达

诚实是人最可贵的品质之一，但是无论表达什么信息都要实话实说吗？我们来看以下的两个例子。

有个古代国王做了个噩梦，梦里他自己衰老患病，牙齿脱落。于是，他叫来巫师为他解梦。只听第一个巫师对国王说：“殿下，这个梦很不吉利。它意味着您会在一年内死去。”国王听罢大怒，将这位巫师逐出宫廷。国王转向另一位巫师，这位巫师说：“尊敬的陛下，这是个好消息，而且非常好。它意味着您有生之年建立的丰功伟绩身后将万古流芳。另外，您的儿女们将青出于蓝而胜于蓝。”年迈的国王深知自己时日不多了，听了这番话很满意，重奖了这位巫师。

传说有张三、李四两个猎人，各猎得两只野兔回家。张三的妻子看见后冷冷地说：“只打到两只吗？”张三心中不悦，说：“你以为很容易打到吗？”第二天他故意空手回家，让妻子知道打猎不是件容易的事。李四回家后则遇到另一番情形，他的妻子看见两只兔子，欢天喜地地说：“你竟打到了两只！”李四听了十分高兴，说：“两只算得了什么?”他十分自豪,第二天他打了四只兔子回家,向妻子证明他是多么能干①。

在人际沟通中,恰当的委婉表达和赞扬语是一种密切人与人之间的关系,增进双方亲近感的奇妙的“润滑剂”,是激励别人进步的有效方式。有的心理学家称其为“仙人的魔杖”和“点石成金术”。

四、妥善处理推论与事实的关系

通常在观察外界的时候,人们在获得所有的必要事实之前就开始进行推论,推论的形成相当快,以至我们很少仔细地考虑它们是否真的代表事实。

一位先生和他的太太将自己的房子重新装修。下午5点装修师傅离开了,这位先生和太太清理房子,将橱柜上锁,因为橱柜中锁着银器,然后也离开了。次日早晨,他们发现一扇窗户开着,橱柜也开着,里面的银器不翼而飞。警察来了以后,在窗台上发现了一组指纹。这些指纹被送往警察局对比指认,警察局的答复是:窗台上的指纹正与声名狼藉的大盗的指纹相符。

问题:1. 银器被偷。

2. 大盗拿了银器。

3. 大盗将其指纹留在窗台上。

在上述问题中哪些与故事有关,哪些是推论,哪些是事实?

诸如此类的陈述或推论在日常工作中经常会遇到。“他未完成工作,因为他偷懒”,“如果您听了我的建议,您就了解我的意思了”,这些语句表示的并非是事实,而是推论。因此不良的沟通就产生了。有六种基本方法可以分辨事实陈述和推论陈述(见表4－5)。

表4－5　推论和事实的区别

事实陈述	推论陈述
1. 根据第一手资料下断言	1. 在任何时间下断言——根据事前、事后、事情发生中的经验
2. 根据观察下断言	2. 根据任何一人的经验下断言
3. 必须根据自己所经历的经验	3. 超出自己所经历的经验之外
4. 根据经验的陈述	4. 无界限地根据经验推论陈述
5. 达到最大的可信度	5. 仅有很小程度的可信度
6. 得到具有相同经验的人士的认同	6. 有此经验的人士不认同

① 肖沛雄编著:《交际、推销、谈判语言艺术200题》,中山大学出版社,1993年版,第33页。

为了避免妄下推论,管理者应当注意:

第一,学会区分哪些是事实,哪些是推断。

第二,当根据从别人那里得到的信息做出决策时,要评估推断的准确性,必要时要获得更多信息。

第三,听取别人的汇报时,让其陈述事实而不是听取他个人的评价。

第四,在说服别人时要使用具体的事实而非个人的价值判断。

第五,使用文字沟通时,要表明你的推断以便别人了解你的看法。

第六,意识到事情的复杂性,不要将其简单化。

第七,每当你只看到两种选择结果时,有意识寻找第三种甚至更多种的可能出现的情况。

第八,意识到你所得到的信息是经过过滤的,你并没有得到所有的事实。

第九,尽量向别人提供背景信息,以便别人能够准确地解释你的观点或看法。

第十,以具体的证据、事实和事例来支持笼统的陈述和评价,避免诸如“这个人的素质很不高”这样的论断。

第十一,检查自己的反应,保证自己的决策建立在合理的证据之上。

五、用好闲聊语言

(一)开始和结束交谈

绝大多数人开始交谈时,都会闲聊几句,即就不重要的话题进行社交性的交谈,这些话题并不需要交谈者承担很大的责任。我们经常碰到站在那里不交谈就不自在的情景,因此,存在各种闲聊时的语言。学者们发现,闲谈也有一些常规,许多常规的交谈是以提问为基础的。一些问题的目的是去发现信息,而另外一些提问则为了建立一种共同的谈话基础。当然在一些特定情况下,我们提问只是为了打发时间,或者为显示善于交际。绝大多数人喜欢回答关于自己的问题,在有人表现出对他们有兴趣时,他们会很高兴。

下面是沟通顾问提出的一些关于开始交谈的建议:

1. 用一种使他人很容易对你做出反应的方式来介绍自己。这种办法会给他人找到你们之间的共同之处的机会,或者会引起进一步的交谈。例如:“我叫×××,是山东人。”

2. 让人们有办法记住你的名字。比如,中国人在介绍自己姓氏的时候常常会说:“免贵姓陈,耳东陈。”“我姓章,立早章,不是弓长张。”

3. 使你的问候个人化。如果你知道有关某人的某件事,可设法把它融入你的问候中。例如:“我喜欢你上周所做的发言。”

4.尽可能得体地结束交谈。例如,“很高兴与你交谈”就是一个简单得体的结尾。

因为闲聊中的话题和提问通常能创造一种安全的会面背景,为我们提供一种与他人轻松接触的机会,也使我们能通过他人的眼睛发现自身更多的内容。虽然在闲聊中个人信息是表面的,但我们在他人心目中的形象能通过他人对我们的反应方式折射出来。

(二)语言上的冒犯

闲聊虽然轻松,但要注意不要说一些不应该说的话,因为这些话可能会冒犯对方,使沟通无法有效进行下去。冒犯的话是一些使人遭受心理痛苦、自尊心受到打击的语言。在中文里诸如“傻帽儿”、“土鳖”这样的贬义词语,或者“你永远也做不成任何事情”,“你总是把事情搞砸”,“你可真够蠢的”,“有你这样的孩子真倒霉”这样的用语。这种冒犯的话有使接受者感到不舒服、尴尬和愤怒的作用,如果父母把它用在孩子身上,由此产生的负面效果可能会影响孩子一生。

由于有这样的不良影响,冒犯的话在任何情况下都是不恰当的。冒犯会招致进一步的冒犯。遭受这种情感虐待的孩子长大为人父母后也会这样对待自己的孩子;当饱受冒犯的新兵被晋升为军官后,他们可能会反过来也那样对待新兵;而经理对员工的冒犯,则可能导致上下级之间关系的紧张,使公司的计划实施起来变得困难。

虽然语言冒犯不好,但并非是说人们不应该批评或者抱怨他人,问题是应努力在不伤害他人的情况下做到这一点。

(三)后悔的话

在与他人的闲聊中,所有的人都有说过后悔话的经历,这种令人后悔的话可能会使自己和他人尴尬,它可能伤害了某人,也可能是透露了一个不该透露的秘密。

研究者发现,75%令人后悔的话可分为5种。最普遍的一种是疏忽性错误,如忘记了某人的名字或说错了名字;第二种是直接攻击,如对他人或其家庭、朋友的一般性批评;第三种是负面提及相应的群体,例如对种族、少数民族或外省人的诽谤;第四种是直接和具体的批评,如说“你总是邋里邋遢的”、“你不该和那个人来往”之类的话;第五种是透露或解释得太多,包括透露秘密、传递了对别人有伤害的话。

77%的人说他们能立即意识到所说的令人后悔的话,并感到不舒服、内疚和尴尬。一些人做出非言语的反应,如退缩或捂嘴。进行演说时,人们通常对自己所说的话进行道歉、更正或重新表达,有些人则通过掩饰或否认自己的话来降低不良影响。

而听到这些话的人最通常的感受是受到了伤害,但当说话者承认失误时,听者经常通过解释来帮助其掩盖失误。那么,令人后悔的话是否对相互关系具有消极影响呢?当问及这个问题时,30%的人回答说在长期关系里存在着消极的影响,39%的人说总的讲对相互关系没有影响,16%的人则说影响是积极的——使相互关系变得更牢固了。研究者得出的结论是:令人后悔的话是我们与他人相互反应的一部分,虽然在当时可能对他人造成伤害,但它们的影响可以克服,而且可能在相互关系中产生一种继续发展的好机会。

六、让批评和抱怨更易被人接受

许多人都说过,只要批评是建设性的,我们都愿意接受。然而,问题的关键在于什么是批评?什么是所谓的建设性批评?

批评是对他人的行为方式或所持有的观点、态度等的消极评价。在一般的人与人之间的关系中,批评通常来自身份较高的一方,指向身份较低的一方,比如父母批评孩子、老师批评学生、上级批评下级。如果双方是平等的,如同学之间、夫妻之间,批评可能来自任何一方。大多数人认为,对他们不太了解的人没有权力批评他们;如果在争论的情况下,好朋友应该站在自己这一边,而不是站在批评者一边。

研究者发现,在社会交往中,通常人们批评的内容包括一个人的能力、处理人际关系的方式、外表(如身体、衣着、气味、姿势等)、态度(如观点、生活方式等),以及个性特征。更重要的是批评方式,好的批评会导致积极的后果,当接受批评的人不感到威胁时,就能够认真地听取意见,并且做出改变;相反,差的批评可能会引起消极情绪,接受者如果认为批评是不准确的,甚至会引起逆反心理。

怎样才能让批评更积极地被接受呢?批评时的语言沟通应注意以下几个方面:

第一,批评的时空环境很重要,也就是批评应选择恰当的情境。不要在别人面前而要在私下里批评,避免伤害受批评者的自尊心;批评也应是及时的,当时不说,过后指责,不容易让人接受。

第二,批评语言应是对事不对人,避免侮辱和评判性词汇,如"笨家伙"、"没能力"。工作中好的批评集中在人们做错的事情上,而不是指责人们的品质或缺陷。

第三,明确和指出应如何改进的批评,能更好地被接受;如果批评者能帮助被批评者做出改进,那么批评的效果将更好。

第四，让被批评者能够看到改变后的行为和观点更符合自己的最大利益。

第五，批评免不了一些消极语言，但好的批评是把消极的评论放在一个积极的语境中。例如："如果你按时交了报告，就会大大提高我们下一阶段工作的效率。"

工作中的苛刻和不适当的批评会破坏工作关系，增加进一步冲突的可能性，妨碍人们把工作做好。同样，工作中更容易被接受的批评是明确具体的、适时的。研究发现，当上司把不满积聚起来然后突然把它们全都集中说出来时，常常会引起被批评者的愤怒反应。

在工作中，如果看到对方不容易接受某些正面意见时，采取声东击西、言于彼而意于此的方法，在保留对方面子的前提下达到劝说对方的目的，是中国文化背景下常见的批评方式。

据《晏子春秋》记载，齐景公喜欢打猎，并喜欢养老鹰来帮他捉兔子。有一次，烛邹不小心让一只老鹰逃走了，齐景公大怒，当即下令将烛邹推出去斩首。晏子见状，立即上前拜见齐景公，说："烛邹有三大罪状，哪能这么轻易杀了呢？请让我一条条数出来后再杀他，可以吗？"

齐景公说："可以。"

晏子指着烛邹的鼻子说："烛邹！你为大王养鸟，却让鸟逃走，这是第一条罪状；你使得大王为了鸟的缘故而要杀人，这是第二条罪状；把你杀了，天下诸侯都会责怪大王重鸟轻士，这是第三条罪状。"

齐景公听后对晏子说："不杀了，我明白你的意思。"

在这段对话里，晏子的本意当然是要救烛邹，但他深知齐景公身为一国之君，如果自己直言劝谏，触怒龙颜，不但救不了烛邹，反而会惹来杀身之祸。采用这种声东击西的批评语言，没有伤到齐景公的面子，既救了烛邹，也纠正了齐景公的错误。

思考题

1. 言为心声，文如其人。在运用语言进行沟通时，应当注意哪些问题？

2. 简述换位思考风格，并举例说明。

3. 语言沟通的技巧有哪些？举例说明其实际运用。

4. 收集今年的流行语汇，分析它们有什么特点。

5. 大学生们的日常交流语言有何特点，请描述一下（或者，请描述一下本公司高层管理人员的语言特点）。

6. 你正在为某公司进行"大学生校园服饰调查"活动，调查采用即答即收问卷的方法。作为调查员,你要说服正在上自习的同学协助自己完成任务。填写调查表是义务的,而调查时间正值英语四级考试前夕,你应用怎样的语言和行为来表达自己的情感,说服对方帮助你填写调查表?(限时5分钟,可用角色扮演的方式进行,作为被说服者,不被真情打动不要轻易允诺)

第五章 非语言沟通

子曰："听其言而观其行。"

——《论语》

第一节 非语言沟通的特点

一、为什么非语言沟通很重要

非语言沟通是个体沟通的又一个主要形式，它包括副言语、表情、姿态、动作和人际距离等类型。非语言沟通以其精妙的形式提供着隐蔽的信息而对沟通过程和沟通的结果有着深刻的影响。

例如，美国某汽车公司总裁莫瑞要求秘书给他呈递的文件放在各种颜色不同的文件夹中。红色的代表特急；绿色的要立即批阅；橘色的代表这是今天必须注意的文件；黄色的则表示必须在一周内批阅的文件；白色的表示周末时必须批阅；黑色的则表示是必须由他签名的文件。

进行沟通活动的最重要的工具当然是语言，但是沟通工具绝不只是语言，还要依靠很多非语言的符号。实际上，沟通过程常常混合了语言和非语言两种工具。

当我们与他人沟通时,特别是面对面交谈时,会伴随着大量的非语言形式,这些非语言有时比语言本身更具意义。甚至,当面对面交流时,无须语言,你就可以通过对方的表情、姿势、装束等非语言信号得到许多有价值的信息和做出评价。在一项关于交流的研究中,梅拉拜恩(Mehrabian)测算出一般观众把他们注意力的50%投向讲话者的说话方式,42%的注意力投向讲话者的形象,只有8%的注意力投向讲话的内容①。“身势学”的杰出研究者伯德惠斯戴尔(R. Birdwhistell)曾估计,在两个人的互动场合中,有65%的“社会含义”是通过非语言方式传递的。

非语言沟通之所以重要,另一个原因是非语言行为在很大程度上是无意识的,因而它能更真实地表明人的情感和态度。当你与他人交谈后,会很清楚地记着谈话的内容,因为这些话是通过你的思考、选择,有意识地表达出来的,但在谈话时你做了哪些动作、用过什么样的姿势,却难以说清,因为它们是自然而然的流露,你并没有意识地去选择在说哪些话时应采取哪些姿态。例如,我们会不自觉地接近自己喜欢的人,而与自己不喜欢的人谈话时站得则远些;当反对某些意见时,可能会把双臂交叉在胸前,而对某人的话题感兴趣时会把身体倾向对方。面部表情、手势、形体动作和使用目光的方式,都向他人传递了我们的情感和情绪,别人能从我们的面部表情上发现愉快、悲哀、恐惧、愤怒和是否有兴趣。绝大多数人也能通过说话的声音(而非语言本身)准确地识别说话者的情绪。

有研究证明,在工作的早期阶段,老板对新员工身上的“敌意”、“烦躁”等不良特性,就是通过面部表情和身体语言获得的。而一旦老板获得了这样的印象,就很难改变。

当然,在沟通过程中,非语言沟通是无法独立担当起沟通功能的,它往往起着配合、辅助和加强语言的作用,但二者结合以后,往往是其中的非语言沟通更为准确地反映了讲话者真正的思想和感情,起到了传播和交流信息的作用。弗洛伊德也认为,要了解说话人的深层心理,即无意识领域,单凭语言是不可靠的,人的动作比理性语言更能表现出人的情感和欲望。

在许多娱乐节目中,我们都会看到有一种大众游戏,就是表演者不可以说话,但可以通过动作或者表情来表现一个成语或是一句话给另外的参与者。有时参与者回答准确,我们会欣喜异常,而有时参与者由于错误地理解了表演者的意图而说出了毫不相干的意思,又会令我们忍俊不禁,这就说明非语言沟通在表达准确的时候的确可以真实地传递信息,而这个信息传递的过程又会受到动作、表情、理解等众多因素的影响。

---

① Mehrabian, A. Communication without words, Psychology today. vol. 2. 1968. 53 ~ 55.

留意沟通中双方的非语言信息十分重要,在倾听语言信息时,非语言信息提供着重要的线索。一个经理每天要花费大量的时间来开会和与人谈话,他选择开会的地点是怎样的环境,与人谈话时有什么样的形体语言,这些不仅是沟通的附属物,它们本身也承载着信息。实际上,在一些情况下,它们本身就是信息。

二、非语言沟通与语言沟通的关系

英国学者阿盖尔曾提出非语言交际有3个用途:一是处理、操纵直接的社会情境;二是辅助语言交际;三是代替语言交际①。语言和非语言沟通各有其作用。有时语言交流起主要作用,有时是非语言交流起主要作用。但是研究也表明,当人们发现语言和非语言所表达的信息不一致时,人们通常依赖非语言信息。比如"快点儿走开"这句话是以快乐的娇嗔的语调说出来的,那么字面上的消极意义将被忽视,信息将被理解为是积极的。如果你的上司说他很想听听你的想法,但他心不在焉的表情、不停敲打桌上文件这样的非语言信息却使你察觉到现在并不是谈话的时候。

概括而言,非语言和语言行为在沟通中的相互影响有以下几个方面:

第一,非语言行为"重复"和"认可"语言信息。当你问你的同事某个文件放在哪里时,她可能会一边说"在左边书柜第二层上",一边转过身来指着那个方向;两个交谈着的情人,当小伙子的回答体现了姑娘的意思时,她不仅说"是这样",同时她的眼睛开始闪亮,身体前倾了一点,而且嗓音非常有生气。她们的这些非语言行为认可了她的语言信息。

第二,非语言信息可"代替"和"调节"语言信息。课堂上老师提出问题后,学生们举手表示"我想回答";你的同事在走廊的另一头向你招招手;生日那天,爱人将一束玫瑰放在你的房间。所有这些非语言的表示都代替了语言信息。

第三,非语言信息能起到"加强"语言内容的作用。比如,上司用有力而坚定的声音向下属规定工作的时限;一名顾客向经理诉说着自己的不满,他的眉头紧锁、表情严肃,不时地挥舞着双臂。不论何时,人们传递自认为重要的一些事情时,都可能用非语言信息去强化它们。

第四,非语言信息"否认"语言信息,并使人困惑。你的嘴里说"不",可你的眼中闪烁着"是的"——姿态、面部表情和语气声调否定了语言信息的真正含义。两个人发生了冲突,其中一个说:"我真希望您没生气。"另一个迅即回答说:"我才没生气呢!"不过声音是高调的,带着不屑的眼神,或者嘴角紧绷,握着拳头。当语言

---

① 转引自孔令智等编:《社会心理学新编》,辽宁人民出版社,1987年版,第287~288页。

和非语言信息相冲突时,最常被接受的是非语言信息的含义,或者说非语言信息揭露了真相。

三、非语言沟通与文化

我们的许多非语言行为是在儿童时期,从父母和其他相关群体那里学到的。在某个特定的社会环境中成长,人们的行为方式不可避免地具有自己所在文化群体的特性和风格。下面是不同国家的一些非语言信号:

美国人每天用于交谈的时间是日本人的两倍;

北美人喜欢用谈话来打破沉默,而日本人常常听任沉默的局面持续下去,他们相信他们能更好地了解别人,而且日本人通常认为如果两人必须通过交谈才能达到沟通,那就意味着双方相互了解得还不够;

美国人经常用拇指和食指作圆圈表示"OK",这在巴西、新加坡、俄罗斯和巴拉圭则是一种粗俗的举动;

在佛教国家里,头是神圣不可侵犯的,你绝对不可去摸别人的头;

在穆斯林文化中,不能用左手碰食物或用左手拿东西吃,这会被认为不干净;

将脚踝交叠在一起,在印度尼西亚、泰国和叙利亚是举止粗鲁的表现;

在德国和瑞士,用手指指自己是侮辱他人的行为;

中国人用抓耳朵和脸颊来表示高兴;

希腊人听到夸奖时会用嘴喷气;

洪都拉斯人把手指放在眼睛下面表示他们不相信;

日本人在受窘或表示反对时会发出嘶嘶的吸气声;

越南人低下眼睛看着地面表示尊敬;

地中海和拉丁文化的人际沟通中更多地用手势,身体接触也比较多;

巴西人比美国人更喜欢插话,阿拉伯人说话声音大,东亚人则喜欢沉默。

非语言沟通有极大的文化差异,我们以常见的三个手势——跷起大拇指、V字形手势和"OK"为例,来说明它们在不同国家和文化背景下的含义。

跷起大拇指的手势,在美国其起源似乎与飞行员有关,他们用大拇指表示起飞前的"一切就绪(all clear)"。后来,这一动作表示任务将圆满完成的希望。而在德国,跷起大拇指表示点一份啤酒,在日本则表示你会得到五份啤酒。在中国,当一个人向另一个人跷起大拇指则表示对他的夸奖。

第二次世界大战期间,丘吉尔以中指和食指做出了著名的代表胜利的V字形手势,随后联军以它代表胜利。而在20世纪六七十年代,人权组织和和平工作者用它来代表和平。但在英国和澳洲,用手背向他人做出V型手势则指对方猥亵好色。

“OK”的圆圈标记,即用拇指和食指圈成,其他手指向外指。在美国文化里,它代表完美或“正中靶心”;在日本,它是金钱的象征;对法国人而言,表示“零”;在某些阿拉伯国家,则是诅咒的符号;在德国、澳洲、俄罗斯和巴西,却是猥亵手势。当年,当尼克松总统离开巴西时,做出了这个手势后才意识了最后这一个含义。后来尼克松的这一照片在报纸上广为出现,使他困窘不已。

空间利用在不同的文化中差异也相当大。在西方的公司,那些有许多窗户和最好风景的办公室都是特意留给地位比较高的人的。而在日本却恰好相反,坐在窗户旁边你是不会感觉很好的。“坐在窗户旁边”暗示你已经从主要工作组中被排除出来,或者是已经被放在一边了。那些不得不坐在窗户旁边或者公司走廊的职员一般都是新来的①。

另外一些设计和安排,也反映着组织文化的特征。如工作餐厅、电梯、盥洗室和保留车位的数目,都暗示着在某一个公司或国家中级别和地位的重要性。这些也会通过汽车、办公室家具、植物这些物品而再次被强调,这些都清清楚楚地传递出关于排名顺序的信息。

进入一个组织,最易被观察到的是建筑物和建筑物的内部设计。在日本,一个公司经常会寻找一个很大的、开放的,但是很拥挤的办公室,包括老板在内所有的人都坐在这里。日本的商务办公室一般是不分割的。一个小组的低级职员面对面坐在成行的桌子前。小组的领导在这一行端头的桌子前工作。而一个部门的领导会坐得稍微分离一点,视察着若干个小组。

对于不习惯这种结构的其他国家人来说,这样的办公室看起来就像银行里的交易室:开放、吵闹、狭窄、过于密集而相互影响,每个人都知道别人在干什么。在中国,开放式办公也很流行,但这些空间大部分是被隔板分隔开。这些单独的小格子间有着个性化的装饰,彼此不能看到,从而保持了一种私密的感觉。

在德国,办公室是另一番情形:一些单独的办公室,紧闭的门上写着这个办公室主人的名字。德国人很难在一个敞开的大办公室里工作,因为自己的谈话能被别人听到显然是一种缺乏隐私权的表现。

这些不同导致了一些跨国公司联合企业中的问题。日本人感到很不愉快,他们希望敲开那些阻止非正式交流的隔板。德国人抱怨说,没有朝外的窗子让他们看到外面,而且他们对于那些能让别人看到他们自己办公室内部的窗子感到不舒

---

① （瑞士）苏珊·施奈德,（法）简－路易斯·巴尔索克斯:《跨文化管理》,石永恒译,经济管理出版社,2002年版,第34～42页。

服,他们把自己的大衣挂在窗子上,希望由此得到隐私权。

四、非语言沟通的模糊性

一家大型航空公司的项目领导人召开了一个高层管理人员会议,这些人员都支持他的研究项目。这位项目负责人希望高层管理人员能全力支持一项新产品的开发,并给予资助。会议前期,当他描述该项目所涉及的相当大的成本时,他从与会的高层管理人员的面部表情和身体姿态上感到了他们的反对情绪。他的直觉告诉他:如果要求他们对项目进行直接决策,该项目将会被否定。于是,他改变了讨论方针,开始强调项目的外部资助而不是内部资助的可能性。并且,他决定一定要避免进行关于资助的表决。

这种非语言沟通和调整发生在每天的工作中,但却经常被我们忽视。因为非语言信息是模糊的、微妙的,一个人可能比较容易重新解释它们或者对其完全视而不见。一些人主张消除身体语言的模糊性,他们为许多面部表情和身体姿态提供了一种简单的解释。例如,双臂交叉于胸前意味着听者已经对说话者关上了思维的大门。这种简单化的翻译是对非语言沟通研究的一种不幸的滥用。没有哪一种姿态拥有一种单一的、不变的含义。大多数的研究者均强调,任何姿态和动作的含义都依赖于文化规范、个人风格、客观环境、前面发生的事情和双方对未来的预期。

甚至,当非常了解对方及其背景时,一个人也应该慎重地解读身体语言。我们应强调的是,非语言沟通是管理沟通中十分重要的组成部分,但这并不意味着在沟通中,当语言不可靠时,就完全依赖于表情动作等非语言所传达的信息。对非语言信息的解释具有很大的情境性,必须将其放置于一定的环境和文化中进行检视,因此对于它的结论应十分慎重。

在下面两节中,我们将检视三种非语言沟通的方式:环境沟通——建筑设计、办公场所、房间布置、空间距离和时间含义;身体语言——表情、动作、姿态、服饰以及身体接触;副语言——语气、语调等有声的但是非语言的沟通。

第二节　环境沟通

一、空间和距离

回想一下你购物的某些商店和你最近曾造访的某些办公室,你从那些环境中接收到了什么信息？是否有的环境比较舒适诱人？而有些则不是？每一活动领域都传达着其使用者的信息，对某些地方你可以感到整洁有序，某些地方传递着专业水准。你从一间大的转角办公室（有落地窗和上好的家具）中，可以得知办公室主人的身份；而用小格子间区分的大办公室，内置电脑和椅子，通常为员工所属。

有关周围空间的使用方式、与他人保持的距离的研究，也称为空间关系学（proxemics）。一进教室，你就面临一个怎样使用空间的决策，即你必须坐在哪里。如图5-1所示，你坐在哪里的选择取决于你打算与老师发生多大程度的相互影响。如果你在“行动圈”里，可能表明你要参与到课堂活动中；坐在深色座位上的学生更有可能与老师交流，然而，如果你坐在后面或角落里，你可能是在向老师传递不想被牵扯进去的信息。可以说，人们通过对空间、场所以及距离的利用，表达着自己的愿望。

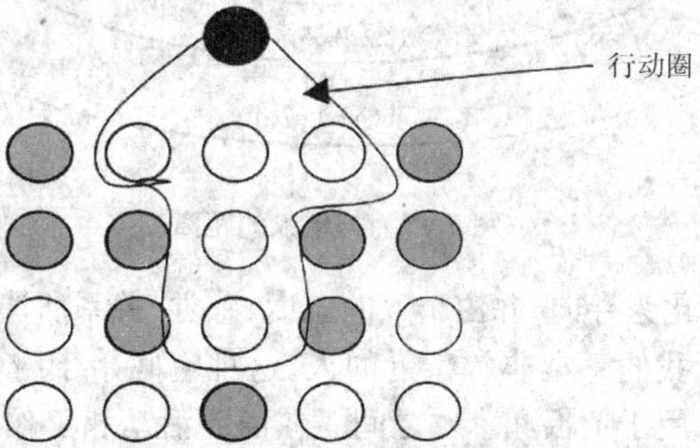

图5-1　传统教室的排列

首先，空间场所代表了领地。动物们在自己的领地边界上做上标记并守护着它，以防入侵者。人类也是如此。围墙、门以及其他作为隔断和边界标志的东西，把某个人的领地或东西与其余世界分割开来。领地边界代表了安全和隐私，保护一个人不受他所不希望的、来自他人的侵犯。对人们而言，拥有一种“自己的”或者“家”的感觉似乎相当重要。因为家是熟悉的、可预期的和属于自己的。英国的一项研究表明了拥有个人领地的重要性，那些拥有自己院子的家庭比那些与人共享公共院子的家庭更友善。

其次，空间与距离是亲密程度的标志。观察人们在自己与他人之间保持的距离，我们可以发现哪些人处于密切的关系中，哪些人处于更为正式的关系中。如果你走进总经理的办公室，他继续坐在自己的办公桌前，可以预见你们的谈话将是正式的；如果他请你在房间一角舒适的椅子上与他并肩而坐，他则安排了一种更为亲切的情景,那么谈话将会是非正式的。爱德华·霍尔(Edward Hall)通过观察和访谈,发现北美人在与他人沟通时有4个层次的空间距离:亲密距离、人际距离、社会距离和公共距离[①]。我们在这里描述一下这些距离的含义,供读者参考。见图5-2。

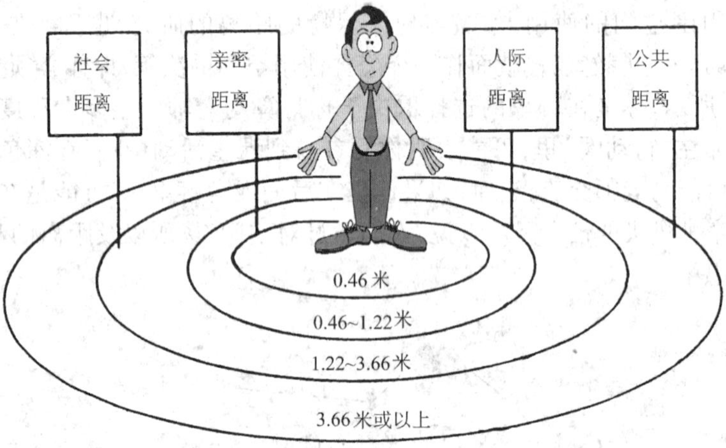

图5-2　与他人的距离

这些距离以文化为导向,并由个人的态度、感觉、关系所决定。亲密距离(Intimate Distance)用于我们感觉非常亲近的人,这种空间始于身体接触,向外延伸约0.46米(18英寸),用于情侣和挚友之间。在商务活动和工作场所,很少使用这种距离。虽然某些时候,一个人向另一个人耳语,握手、拥抱也很常见,但这样的接触通常在数秒内结束,当事人会立即回复到人际距离或社会距离。

相距0.46~1.22米(18英寸到4英尺)之间,是人们在进行非正式的个人交谈时最经常保持的距离,即人际距离(Personal Distance)。这个距离近到足以看清对方的反应,远到足以不侵犯亲密距离。这一空间通常被说成是看不见的气泡,将每个人团团围住,它的大小可根据交流情形膨胀或缩小。

当对别人不很熟悉时,最有可能保持一种1.22~3.66米(4~12英尺)的社会距离(Social Distance)。非个人事务、社交性聚会和工作访谈等都是利用社会距离的例子。在一个有许多工作人员的大办公室里,办公桌是按社会距离摆放的,这种距离使每个人都可能把精力集中在自己的工作上。在一些重要人物的办公室,办公桌也大到足以使来访者保持恰当的社会距离。

---

① Edward T. Hall. The hidden dimension. New York: Simon & Schuster,1976.

公共距离(Public Distance)由3.66米(12英尺)延伸至听觉距离,这一距离大多用于公众演讲中,因为它不适合人与人之间的沟通状况。在公共距离下,人们说话声音更大,手势更夸张,同时人们相互影响的机会也更少。

另外,空间和距离也能表达身份。

在组织里,得知身份地位信息的最好方法是头衔,然而,非语言信息,如"空间的运用"亦显示着个人身份地位的高低和权力的大小。以下三个有关空间运用的特征很好地说明了组织中人们的身份地位:

第一,在组织中,你的身份地位越高,你就拥有更多更好的空间。公司的高层人员往往拥有大而漂亮的办公室。

第二,在组织中,你的层级越高,你的领域就越受到较好的防护。有较高身份地位的人,通常都有秘书或助理以资差遣,他们的工作是保护老板的时间,并过滤老板不想见的人。

第三,在组织中,你的地位越高,你就越容易进入较低地位的员工的领域。经理可以随意地走进任一位下属的办公室,即使下属办公室的门是关着的,但是下属对经理却不能如此行事。

二、环境布置

人们常常受到环境设计和陈设的影响而浑然不知。管理者应了解3个有关环境布置的因素:办公室空间的设计、房间颜色和桌椅摆设。

(一)办公室空间的设计

当你凝视着某个写字楼或者正在施工的现代化的建筑时,可能你没有想到,关于办公室空间设计的传统观点和开放式观点一直争论不休。在美国,传统的办公室通常是具有四角的空间,在四周有若干办公室,中间是大厅;中间的公共部分被称作"牛栏"(Bullpen)。波斯纳(Posner)曾描述传统办公室有如下特点:周边的大办公室供老板使用,有两扇窗户的办公室是资深主管的势力范围,而转角办公室——两面墙上带有窗户的房间,通常是高级主管或合伙人的办公室。建筑物内侧的办公室属于资历较浅的主管的办公室,那里没有窗户,但有一扇门,一个可以称为自己小天地的地方。而"牛栏"是属于低层职员和临时工的地方,这里就好像把你的桌子放在走道里,没有隐私,要在那里咒骂或抱怨实在困难,因为你被置于众目睽睽之下。

开放式办公室的概念源自德国,于20世纪60年代传到美国。开放式办公室包括自由形式(Free-form)的工作群。拥护者声称,开放式的观念建立了民主的气氛,增加了同事之间的沟通和弹性,甚至有研究认为,开放式的办公环境提高了员工的生产力。

开放式办公室的概念已获得大部分公司的青睐。20世纪90年代,半数以上的美国公司都采用开放式这种大部分空间为员工而非经理所用的办公室。近年来,随着办公室功能的整合,办公室变得更为简单和方便,以符合不断进步的科技要求。流线型的办公桌吸引着员工,而且员工们越来越多地掌控着他们自己的工作场所,如办公桌下的暖气、小型的个人空气供应设备、个性化的工作灯和音乐等。

(二)房间的颜色

研究显示,办公环境的颜色影响着员工和顾客的心理和感情。颜色能被看见,也能被感受到。红色、橙色、黄色产生侵略性的激动和刺激,人们所处房间的地板、墙壁、天花板和家具如果是鲜艳的色彩,会使人血压增高,有较快的心跳,并增加脑部活动。清凉的颜色中,人的生理功能正常活动。如蓝色是冷色,它清晰而庄严,具有镇静的效果;而淡绿色则使人安详平和。

(三)办公室陈设

某些家具能决定你将在此停留的时间。比如,有一种专为餐馆老板设计的椅子,它设计成不舒服的样子,使坐在上面的人的后背能感觉到压力,使人不能坐得太久,"迫使"餐馆老板进行走动管理。而高级轿车的座位设计则正好相反,按照驾驶人的背部曲线,甚至有腰部的特殊设计,以防止长途开车所导致的疲劳。

办公桌的大小、外形以及摆放位置,都在影响着主人给来访者的印象,而且能决定这个办公室开放性沟通的程度如何。

有四种桌子的摆放方式,每一种方式都表现出参与者互动的情形(见图5-3)。

A型——这是一种标准的陈设,房间主人坐在桌后,控制着整个办公室的空间。这种位置强调权力,给来访者很少的自主性。一个下属很可能感到在这里老板占有绝对的主场优势。这是建立秩序和纪律时不可或缺的陈设。

B型——椅子放在较为接近的位置,把成为障碍的桌子移开,使双方有更多的个人沟通;互动关系仍是社交性的,房间拥有者仍掌握着全局。

C型——桌背型摆设,它完全去除障碍,将来访者和房间主人置于相同的地位,通常这样的安排是给那些关系比较密切的人用的。

D型——办公室的中立位置。这是办公室中非正式的地方,可能是长沙发、长椅,或围绕咖啡桌,或者以适当的角度来摆放椅子。这种布置表达了一种不看重等级的意图,鼓励更为自由的交流和更为友善的会谈。

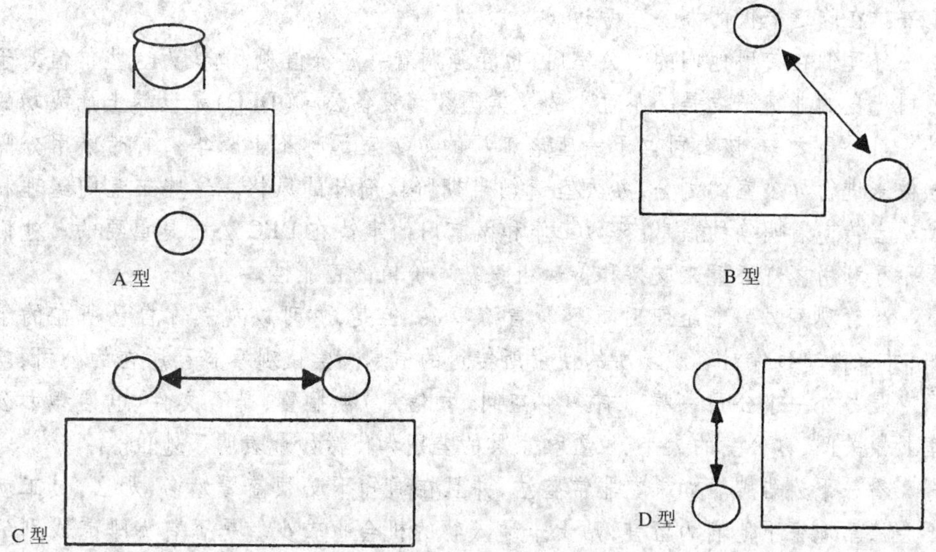

图 5－3 办公桌的摆放形式

恰当的陈设和选择要与沟通的目的相呼应，比如在给员工提供好消息时，使用标准陈设或许不合适，但在告诫、批评员工时，则相当适宜。中立位置很有利于设定目标和获得对方对目标的认同，任何有关个人问题的商讨也适合于中立位置。如果你希望很快拉近与陌生来访者的距离，那么就采用 B 型位置。C 型很适合于同事间工作问题的探讨以及一般性的谈话。当然，作为管理者，如果希望了解下属或想以其他方式进行谈话，就应该考虑把谈话安排在下属办公室，因为这能体现对下属的认同，不强调等级和权力，鼓励不同层级间的沟通。

拓展阅读

经理传递的隐含信息

麻省理工学院的托马斯 · 艾伦研究了 R&D 部门内部的沟通模式，他发现，如果超过了 18.3 米（20 码）或 27.4 米（30 码）的距离，人际关系就会显著下降。这表明一个经理应该将组织中最需要在一起相互讨论的人从空间上安排在一起。如果你要建立一个新团队，就应将核心成员紧密地安排在一起，即使这意味着牺牲一些成员的空间。较为年轻的经理理解了接近的力量，他们会尽可能将自己的办公室安排在临近老板的办公室旁边。

经理们在使用他们的办公室时,也在强调着一些价值观,他认为这些价值对于公司优良的业绩来说是必不可少的。美国数字设备公司(DEC)是世界上最成功的计算机公司之一,该公司位于一座老工厂的办公室远称不上豪华。有时候用分隔挡板来进行办公室的划分,办公室遵循早期阶段简朴的风格。这些布置向经理和参观者传递着明确的信息:努力工作和做有用的事情在DEC公司是重要的。他们展示了利用客观环境来支持和传达组织基本价值的可能性。

尽管观察另一个组织时更容易看清事实,但是,你可以观察你自己所在的组织,并审视通过你对客观场所的使用所传达的信息。尝试观察自己所在的公司,就像它是另外一个公司一样。有多少空间(和信息)被搁置,是否文件、电话和办公室紧紧关闭,办公室的大小、位置和家具的差别如何微妙地表明了地位。

看一下公告牌。如果它非常整洁,并且在通知下必须签署姓名,那么,员工就不会潦草地留下他们的留言,贴上卡通人物的机会也较少。是否有咖啡壶或别的什么地方作为饮水间,人们是否被办公室的布局相互隔离。对场所有见地的解读可以展示许多东西,这些东西是关于公司有多么严格?等级化如何?对规则的意识如何?是否鼓励个人的表达以及公司推崇什么?

(节选自迈克尔·麦卡斯科:《经理传递的隐含信息》,原文发表于《哈佛商业评论》1979年11/12月号。)

第三节　身体语言和辅助语言

在非语言沟通中,最个人化的、通常最不自觉的、但是最容易表现我们非语言信息的就是身体行为以及伴随语言的语气、语调等辅助语言。面部表情和目光交流、身体姿势和动作、衣着和外表、副语言是四个基本的个体非语言信息传递的线索。

一、面部表情和目光交流

(一)面部表情

人类的面部表情是非常有效的沟通工具,嘴、眼睛、眉毛能敏锐地传达出特殊的感情、想法和目的。人的脸部能够表达生气、快乐、恐惧、伤心、幸福、惊讶、关心、担忧、窘迫、不屑一顾等各种感觉。事实上,人们可以有超过 250 000 种不同的表情,尽管我们只用有限的字来描述一般的面部表情。

面部表情还是传达意义的最快的方法之一。其他非语言因素,比如手势、动作等,需要花时间去改变和运用。而面部表情能立即变换,其速度甚至连眼睛都无法察觉。虽然人们经常运用面部表情,但是它们所表达的情感并不易被解读。面部能传达多种感情,同时也能轻易地隐藏感情。在一些社会文化下,人们被教育成不要轻易表达情感,对受伤的感情或失望要伪装起来。

解读面部表情是一个复杂的过程,面部经常迅速显示几种感情的组合。提高一个人对面部表情解读的最好方式是观看人们说话时面部表情的无声录像,观看眉毛的扬起或紧皱,瞳孔的变化,鼻子的张合,嘴唇的绷紧与放松,牙齿合上或紧咬。例如,瞳孔放大可能意味着听者对你正在讲的内容感兴趣,瞳孔缩小说明他或她不喜欢你所说的内容。

没有表情并不等于没有感情(或者没有信息)。无表情是表示要对方知道自己内心的不满或反抗的情绪。例如,有些职员不满主管的言行,可敢怒不敢言,只好故意装出一副无表情的样子。事实上,不管如何压抑那股愤怒的感情,内心的不满依然很强烈。倘若紧迫感进一步增加的话,他的眼睛会瞪得很大,鼻孔显露皱纹,或者脸上出现抽搐。如有这种现象,那就表示在他的深层意识里已陷入激烈的不满与冲突之中。面对此情此景,主管最好不要直接去指责他,或者当场给他难堪。因为这样的面孔至少暗示上下级关系处于低潮,这时候,不要多说话,而应该另外选时间开诚布公地交换意见。

(二)眼神传达的语感

眼睛是心灵的窗户,通过眼神可以表达出喜怒哀乐等各种丰富的思想内涵和信息。社会学家和心理学家做过很多实验,认为眼睛是脸部最有表现力的器官,因此对人际沟通有着极大的影响,能够表达更多的"无声的"语言。眼睛传达出一个人的喜怒哀乐,可以确知一个人说话的倾向性和感情。甚至可以说,眼睛所传达的感情有时比有声的语言还深刻。比方说,望你一眼,常常包含着很复杂的语义,不是一、两句话能表达清楚的。英国诗人这样说,"Drink to me only with eyes"(饮我以君目)。中国古语说"眉目传情",不止眼睛,连眉毛也有语感。中国绘画有"画龙点睛"之说,画人也好,画龙也好,最后要把眼睛的瞳孔恰如其分地"点"上去,点得好,这人或龙就生机盎然;点得不好,就死气沉沉。眼睛是神采的表现。

一天中,眼睛大约睁闭一百万次,而被研究的较多的眼睛动作是"目光接触"(或称"目光交流")。在正常情况下,人们之间的目光接触可能会占整个面对面谈话时间的30%～60%。在不同文化中,目光接触的习惯有所不同。美国人视那些回避目光接触的人为不可靠、不友善、不值得信赖,或者不专注、不客观。但是过多的目光接触显得专制独裁,过少则是软弱的表现。而在波多黎各人中,直接注视他人的眼睛,被认为不礼貌。日本人认为直接的眼神接触是种威胁,并且,当他们与一位长者说话时,一般低垂眼睛,这是尊敬的表示,因此,在日本的学校里,教育小孩注视老师的喉结或领带的位置,而回避直接的目光接触。阿拉伯人通常直接看着对方的眼睛,他们相信眼睛是心灵的窗户。拉丁美洲和非洲的文化鼓励长时间的目光接触,但身份较低的人这样做则被认为是对身份高的人的不尊敬。

在大多数的文化中,目光交流可以有以下几种功能:

1. 表现兴趣和专注。在与别人说话时,人们都希望对方能看着他们。缺少目光接触的听者会被认为是心不在焉,甚至不尊重他人。同样,缺少目光交流的说者也会造成听者对信息的消极理解。一般两个对话中的人的目光接触(双方对望)只能保持31%的时间,而两人每次对视的平均时间仅有1.18秒;而更多的时间是一方(说者)望向对方,另一方(听者)却把目光转向别处,这种单向的凝视平均也只能持续2.95秒[①]。

一些关于目光交流和凝视的研究也告诉我们,如果你的凝视能够长久些,对方就会更加喜欢你,左顾右盼或躲躲闪闪的目光让人感到不诚实;在面试时怯于直视主考官的求职者容易被评价为缺少自信。一般的规范是谈话中的讲话者应该设法停止过多的目光接触,并看向旁边,听者通过相对较多的时间看着讲话人来表现注意力的集中,在倾听时如果能够望着对方,并经常点头回应,对方就会更多地讲述。了解这一点,可以帮助我们来表明希望讲话人讲多久。例如,老板希望倾听下属的意见,他就应该在下属说话时集中精力、点头、偶尔应和,以鼓励下属更好地说下去。即使没有说话,他也是在传达关于他的理解深度和入神程度这样的非语言信息。

2. 表现参与的愿望。想要参与交流的人一般都会用目光和微笑来暗示自己的愿望(Burgoon & Hoobler,2002);反之,回避目光接触就表明你没有参与的愿望。回忆一下,当课堂上老师提出问题请大家回答时,你有过类似的经历吗?当你的目光跟老师的目光对视的那一刻,你意识到他(她)会叫你来回答问题吗?

3. 表现愤怒和敌意。与人进行较强的目光接触通常被理解为表达喜欢、兴趣和积极情感,但这一原则也有例外。不顾接受者反应并持续注视他人目光的接触

① Burgoon,J. K.,& Hoobler,G. D.(2002). Nonverbal signals. 摘自切莉尔·汉密尔顿著,李斯平等译:《实效传播》,暨南大学出版社,2005年版,第111页。

形式,被称作瞪视。瞪视经常被理解为愤怒和敌意。

4.控制沟通的进程。在讨论会上领导可以用目光暗示谁该发言了,没有得到这种暗示的人则不会开口。而中止目光交流,是向对方暗示谈话该结束了。比如来你办公室谈话的人,久久没有离开的意思,此时你可以告诉他你必须继续工作了,或者用无声的方式——把目光移向办公桌上的文件——来结束谈话。如果你选择后一种方式,你的同事大多会自动停止谈话,然后离开,但有时他也可能没有意识到目光交流(目光中止)在这里起的作用。

在餐饮、商店等服务场所,服务人员与顾客的目光交流能使排队的顾客走得更快,同时他们仍感受到自己享受着个性化的服务。在一家餐馆,顾客进门时和离开时都能听到热情地招呼声音"欢迎光临","欢迎再来",可是顾客们并没有感到满意,一个重要原因是服务人员在招呼顾客时没有看着对方,而是低头忙着手头的工作。

二、身体姿势和动作

人的姿态常常能"说"出很多话来,表达种种不同的信息。比如,直挺挺地站着,还是斜靠着门站着;是坐得端端正正,还是随随便便,跷着二郎腿、交叉着腿,或并排着腿。总之,各种身体的姿态,都传达着一定的信息。有的研究者认为,至少有1 000种不同的体态语言。为了加重语气而点点头、微微一笑,可表达赞许、满意、欣赏、礼貌地拒绝或者欣然承诺,等等。至于这些无声的动作究竟是哪一种信息,要视具体的语境而定。在大多数场合下,通常对多种动作姿态综合理解才能获得较为准确的信息。当一个管理者训导下属时,他的头高昂,肩膀后倾,而眼神直接与下属接触,这些姿势显示出:"我是老板,我要你听话";而下属如果是肩膀下垂,眼睛下视,一副接受调教的样子,显示出对经理权威的接受;相反,对申斥持逆向反应的下属,则是和上司一致的姿势,头高昂,肩后倾,脸上的神情在说"我不服你"。

(一)手势和触摸

许多关于他人内在情感的特殊信息通常用手势表示。手势分为好几类,但也许最重要的是象征性的手势,即在某种文化中带有特殊含义的身体动作。你一定会用一只手的五个手指来表示数字吧?你也一定知道,在我们中国文化中跷起大拇指的含义是怎样的。

其他的象征性手势还有双手插在上衣或裤子口袋里,但伸出两个拇指,显示高傲态度;将双臂交叉胸前(有时双拇指还翘向上方),这既显示防卫和敌对情绪,又显示十足的优越感;若伸出食指,其余的指头紧握,指着对方,表示不满对方的所作所为而教训对方;如果将双手手指架成耸立的塔形,表示有发号施令和发表意见的欲望,若成水平的尖塔形则表示愿意听取别人的意见。有地位的人都有背手的习惯,当他们站立或走路时,双臂背在背后并用一只手握住另一只手,表示的往往是一种优越感和自信心。不仅如此,背手还可以起到镇定作用,双手背在身后,表现出自己的胆略。

人类感觉的发展顺序是触觉、听觉,最后是视觉,但是当我们长大成人后,使用的顺序正相反:视觉、听觉和触觉。心理学家强调人类有触摸的重要需求,在婴幼儿时期,适当的触摸满足感,对一个人日后健康行为的发展有着重要的作用。身体接触不仅对健康发展重要,而且在商界,触摸产品是喜欢和接受的重要表现。在沟通中,两个人的面谈,在背上的一记轻拍能传达明显的感情支持,而这样的情形,用文字是不易传达的。

一种许多文化都接受的触摸陌生人的方式是握手。在中世纪的欧洲,如果两个人相遇,只要不是敌人,人们会立刻放下武器,伸开双手,一面表示毫无秘密,一面走向前去握手招呼。因为一般人都有用右手的习惯,所以,如果对方伸出右手向你握手时,就不必担心对方会拔刀刺过来,握手至少有解除武装的意思。在现代,握手表示解除心理隔阂。大众心理学和一些礼仪书籍认为,握手能揭示人们的许多东西,如个性、身份地位,而且,紧紧地握手能给人留下良好的第一印象。

那么,握手这种非言语线索真能揭示这些东西吗? Chaplin 和他的合作者所设计的精巧的实验研究表明事实确实如此①。研究者首先训练四位心理系高年级的学生在几个特征上对握手进行评分,如握手的力量、紧握度、温度、持续时间、活力等。然后,让这些评分者与男女大学生们(被试)握手两次,一次是刚进入实验室时,一次是离开实验室时。在两次握手之间被试要完成人格特征的测量问卷。此外,评分者报告他们对每个被试的第一印象。结果显示被试握手的各个指数与他们的一些人格特征有较强的联系,被试握手的指数越高(即力量、紧握度、活力、持续时间等),他们越外倾,较少害羞,给评分者留下的第一印象越好。另外,对于女生,握手的指数越高越受人欢迎。

根据握手的力量、姿势和时间长短的不同,可将握手分为以下几种类型②:

1. 支配性与谦恭性握手。握手时手心向下,传递给对方的是支配性的态度。

① Chaplin et al. (2000). Handshaking, gender, personality, and first impressions. Journal of personality and social psychology, 79: 110 ~ 117.

② 亚伦·皮斯,芭芭拉·皮斯著:《身体语言密码》,王甜甜,黄佼译,光明日报出版社,2015 年版。

研究证明,地位显赫的人习惯于采用这种握手方式。掌心向上与人握手,传递一种顺从性的态度,表示愿意接受对方支配,谦虚恭敬。若握手双方都想处于支配地位,握手则是一场象征性的竞争,其结果是双方的手掌都处于垂直状态。研究表明,同事之间、朋友之间、社会地位相等的人之间往往会出现这种形式的握手。

2. 直臂式握手。直臂式握手即握手时猛地伸出一条僵硬挺直的胳膊,掌心向下。事实证明,这种形式的握手是最粗鲁、最放肆、最令人讨厌的握手形式之一,所以在日常生活中应避免这种握手方式。

3. 死鱼式握手。一方伸出软弱迟钝的手,有气无力地让对方去握,像一条死鱼,给人一种很不情愿的感受。这种握手使人感到无情无义,受到冷落,还不如不握。

4. 双握式握手。采用这种方式握手的人是想向对方传递真挚友好的情感,常常是先用右手握住对方的右手,再用左手握住对方的手背,双手夹握,西方称之为"政客式握手"。这种握手包括两种形式:一是"手握式握手",即用两只手紧紧握住对方的一只手并上下用力摇动。另一种形式是用右手抓住对方的右手不放,左手同时做出各种"亲密"动作,如抓住对方的手腕、手臂、肩头等。左手触及别人身体的位置越高,就表示越热情、越亲密。

5. 折骨式握手。这是一种用力过猛的握手形式。握手时用拇指和食指仅仅抓住对方的四指关节处,像老虎钳一样夹住对方的手,让别人感到疼痛难忍。很显然,这种握手方式会让人感到畏惧和厌恶。

6. 蜻蜓点水式握手。这种握手方式不是满手张开去握住对方的整个手掌,而是轻轻地捏住对方的几个指尖,给人十分冷淡的感觉,其用意是要与对方保持距离。女士同男士握手时往往会采用这种方式。

(二)姿态

1. 开放式姿态和封闭式姿态。开放式姿态通常包括:伸展一下双手,松一下衣服扣子或领带,还有放松一下四肢等。相反,紧缩双臂、夹紧双腿等动作则表现出一种自我防御的封闭式姿态。在人际沟通过程中表现出开放的姿态非常重要,这样你会给其他人一个这样的信号:我真诚努力地表现出自己真实的思想。开放式的姿势常引起对方同样的开放式的姿势①。

2. 表示喜欢与否的姿态。希望被别人喜欢的愿望人人皆有,你可以通过适当的形体暗示语汇将自己的意思表达出来。例如,不期而遇时有向前的倾向,身体和

① (美)查尔斯·E. 贝克著:《管理沟通》,中国人民大学出版社,2003 年版,第 65 ~ 66 页。

头直接面对对方，肯定性的点头，活泼的动作，减少个人距离，适当的放松，主动接触，保持目光接触，微笑等。如果对方流露出以下信息，则是表示他不喜欢你。例如，短时间的目光接触，白眼，不高兴的面部表情，相对较少的动作，身体僵硬，神情冷漠，漠不关心，封闭的形体姿态等。通过解读对方所表现出来的上述形体暗示，你可以了解到别人是否对你感兴趣。当然，当一个人希望得到别人的喜欢，但自我表现过了头，则会适得其反。例如，那些挥手过于夸张、盯着人看、点头过度的人，常常会引起别人的反感。又如，那些坐得太近的人虽然希望传递他们表示喜欢的暗示，但事实上，这些粗俗、过分的形体暗示常常也会引起他人的反感。

3. 表示权力的姿态。具有一定权力的人，无论权力大小，都希望被别人认可。在人际沟通过程中，一些表示权力的姿态对于了解对方的偏好、情绪或权力地位等信息具有重要作用。你可能见过一些政治家或有一定权势的人，这些人的言行举止常给人一种居高临下的感觉，造成大权在握、强劲有力的印象。表示权力与地位的形体暗示主要有：放松的姿势，昂首直立的身姿，果断有力的手势，持续而又直接的凝视，相对夸张的动作，适当地瞪眼，适当地打断，适当地接近别人。不过，一般说来，那些有一定官职却并不渴望得到别人认可的人，多数不会是一个强有力的人物。在这类人身上常常会显出一些没有权势感的形体暗示，如：身体紧张，过度微笑，别人发言时一直不注意，不直接看别人，频繁地向下看，开会时很早到场，坐在会议桌的最后，经常移动脚，注意力分散，动作僵硬等。当然，通过形体语言的解读，虽然可以初步判断信息传播者的个人喜好、权力地位，但是若需要获得确切的信息，还要综合其他言语和非言语的沟通。

身体动作和姿态可能比面部表情和目光交流更与文化相关联，所以孤立地看待一个身体动作或姿态，并给它一个普遍性定义是很容易造成误解的。但是，应当记住的是，不管你愿不愿意，别人都会注意和揣摩你的身体动作和体势语的含义。作为专业人士或者管理者，可以通过观察自己有意识或无意识的动作、姿态来提高自己的沟通技能，也可以向同事、好友或家人征求反馈意见，或者通过会议、演示的录像来观察自己。

三、衣着和外表

（一）款式和色彩

服装会使人们对其主人产生非常强烈和直观的印象，它可以表示一个人的社会地位、身份、遵循的规范和职业性质。我们也可以从衣服的颜色、款式和风格等来探讨穿着者内在的心理特点和性格，甚至可信和可靠的程度。衣服能透露出着装者感情和行为的信息,常常是你如何感觉的,就会如何穿着,而穿着如何,又会影响你的感觉。例如,穿着制服,会让你感觉更专业化些,甚至用不同于平时的语调说话。当然,富有个性的衣着还让我们感到与众不同。

一般服装可以分成制服、职业装、休闲装。制服是最专业化的服装形式,它表明穿着者属于一个特定的组织。在制服上存在着极小的选择自由,甚至被告之什么时候穿,能不能佩戴装饰品。最常见的制服是军装,军装告诉人们着装者在军队等级制度中处在什么位置以及在这个组织中与他人处于什么样的关系。

职业装是要求雇员穿着的服装,但它不像制服那么刻板。职业装表现的是一种特定的工作行为,它的设计是要表现顾主期望的一种特定形象,穿职业装的雇员也有一些选择空间,如飞机乘务员被要求穿专门的服装,但他们可以按自己的爱好进行搭配。一个公司可能要求其雇员穿西装,但雇员既可以选择西装的颜色也可以选择西装的样式。一些学校为教职员工制定了衣着准则,但在大多数的学校里,教职工的穿着是完全自由的。在一项研究中研究者发现,那些衣着随意的教师——褪色的牛仔裤、T恤衫和绒布衬衫,得到了学生最肯定的评价。

休闲装是工作之后穿着的服装。因为这种服装的选择权在个人,所以一些人通过穿它来表现自己的个性。

关于服装的颜色值得注意。在西方社会,黑色是丧服的颜色,同时庄重和严肃场合也着黑色或深色服装;但在东方,丧服往往用白色。在欧洲,紫色一般是权力的象征,而在中国,黄色才是不可侵犯的权贵颜色。皇帝的龙袍是黄色的,在唐朝以后甚至规定非天子不得穿黄袍,但紫色也代表权贵。在正式的工作场合,第一颜色为黑和白,其次是灰色、褐色系列。上班便装色彩还包括绿色、金色和黑色等。Molloy(1996)发现,在讲究高品位着装的企业,男女员工都是服装颜色越深,职位越高①。

在求职面试的时候,服装的色彩和款式十分重要。许多研究都发现,面试官通常会认为穿深色衣服的人比穿浅色衣服的人能力更强。因此建议参加求职面试的男性,最好穿深蓝色西装,配白色衬衫,而女士最好穿套装,配浅色外套,或者浅灰色套装配深蓝色外衣。尽管 Molloy 认为西服套裙是职业女性最理想的工作服装,但连衣裙或裙子配深色西服上装,也能有很好的效果。

(二)规范着装还是随意着装

人们常常根据衣着和外表来判断你的身份地位和人格品位,因此得体的着装

① Molloy, J. T. (1996). The new women's dress for success book. New York: Warner.

十分重要。然而一个公司应该规范着装还是随意着装,存在着不同的看法。

在过去,许多国家商界的着装标准是非常清楚的,但现在,着装标准越来越不规范,从传统到随意,五花八门。上班族的着装风格有活泼的、花哨的、时髦的、粗俗的、华丽的、休闲的,数不胜数。以至于有人评论说,各个层次的员工都患上了"便装混淆症",在任何场合都穿便装,不知道什么才是得体的着装。随意着装的另一个消极影响是员工工作效率下降、举止不雅和缺乏时间观念。另一项研究发现,44%的没有严格着装规定的公司,其员工都有做事拖拉和旷工的现象①。有着具体的着装规范或统一服装的企业或行业都在实践中体会到,员工的外表和着装是组织氛围的一个重要组成部分,而组织在公众中的形象则部分地取决于组织的整体氛围。想想当我们走进有统一着装的餐厅、商店、医院时的感觉,如果没有规范的着装你会觉得怎样?员工工作时的着装是一个视觉标志,它展现了工作人员对客户及其他人的尊重。

当然,以上关于着装的建议不一定适合于所有组织和专业人士,例如,在时尚行业,人们都要穿着最新款式的服装;在医疗、法律等行业,从业者都身着制服以显示权威性;而建筑工人、卡车司机等职业者,也有着自己的着装要求。如果你的工作单位没有具体的要求,或者自己把握不好尺度的话,最好穿得保守一些。另一个着装的黄金原则是根据不同的场合选择不同的着装风格。

四、辅助语言(副语言)

辅助语言是指发出的有声的但无固定语义的副语言(paralanguage),像音质、音调、音高,讲话的速度,以及诸如停顿、叹息或嘟囔的声音。副语言虽然有声音,但是非语言的。讲话的辅助语言特征提供了另一种理解他人感情的有效方式。我们可以将辅助语言看作是沟通的声音,来观察一个人的声音在困难的段落如何变得生硬或中止,在情绪高涨的时候又是如何得流畅而激昂。

非语言沟通研究者估计,使用英语沟通时39%的含义受声音暗示的影响,即不是词语本身,而是词语的表达方式在影响双方的沟通。在其他语言中,这个百分比甚至更高。

(一)语速

人们说话的速度影响着听者对信息的接收和理解。人们说话的速度通常在每分钟120~261个音节之间。研究发现,当说话者使用较快的速度时,被视为是更

① (美)切莉尔·汉密尔顿著:《实效传播》,李斯平等译,暨南大学出版社,2005年版,第115页。

有能力的表现;当然,如果说话太快,人们跟不上,其语言的清晰度也可能受到影响。

(二)音调

音调指声音的高低。音调决定了一种声音是否悦耳。有些人认为,高音没有低音悦耳,然而研究语速的人也发现,如果说话者使用较高且有变化的音调,则被视为更有能力;用低音说话的人似乎是气量不足,可能被认为对所说的话没有把握或者害羞。但是也有研究证明,当人们撒谎时会比平时的音调要高。

(三)音量

音量即说得多么响亮。如果合乎说话者的目的,并不是不分场合地在任何时候都使用较高的音量,只要适合环境的要求,声音响亮是美妙的,柔和的声音也有同样的效果。

(四)音质

一个人的音质是指由其他所有声音的特点,即速度、节奏、发音特征等构成的。声音质量是非常重要的,因为研究人员发现,有吸引力的声音的人更被人们认为有影响力、有能力和更为诚实。许多人对自己说话的声音没有一个明确的认识,当有些人在录像中看到自己和听到自己的声音时,总是对自己听起来的样子比看起来的样子更不满意。当然,声音是可以通过努力和专业人员的帮助来改变的。

(五)声音补白

这是在搜寻要用的词时,用于填充句子或做掩饰的声音。像"啊"、"呀"、"这个"、"你知道"等这样的短语,都是表明停顿以及正在搜寻正确词语的非语言方式。声音补白其实也是一种信号,事实上它保护讲话者讲话的权利,因为它有效地表明"不要打断,我仍在讲话"。我们都在使用声音补白,但是如果不停地使用,或者它们已经分散听者的注意力时,就会产生沟通问题了。

(六)暂停和沉默

暂停和沉默同讲话速度一样值得注意。沉默可能有很广泛的含义。在一种极端的情况下,人们用沉默作为一种武器或者策略来结束沟通活动或寻求某种赞同。在谈话中暂停一下也是一种有价值的能力,这种能力给他人以时间来仔细考虑自己的想法和感受。

思考题

1. 非语言沟通有哪几种方式？和语言沟通的关系是怎样的？

2. 环境沟通中应注意的问题有哪些？

3. 如何利用身体语言来实现更有效的沟通？

沟通体验

1. 角色扮演

A. 来访与接待

来访者（请从来到该公司时开始扮演你的角色）：你是某公司的一名超级业务员，大家都认为你是个能干而又十分讨人喜欢的人。可是你这两天为一桩背景十分复杂的生意弄得焦头烂额，昨天又因为孩子同妻子吵了架，心情很不愉快。这不，今天来到一家公司，同一星期前预约好的该公司的经理见面，没想到等了近半个小时还没见上。而这位经理的秘书在接待上也很失礼，令你心生不快。当然，你是谦谦君子，不会有失风度地与她计较的，你将礼貌地处理这件事。

接待者（请从来访者进来时开始扮演你的角色）：你是某家公司副总经理的秘书。这几天因与男友发生不快，多少有些影响到工作中的情绪。今天早上上班后，发现老板交给你一大堆临时的任务，并且态度很生硬，好像你犯了多少错似的。交代完后也没跟你说明去向就无影无踪了。刚才公司一个重要会议来电通知他去参加，可你却说不出老板去向而吞吞吐吐，令对方十分不满，费了半天劲儿才搪塞过去。心里真是窝火：“怎么这么倒霉！”这不，这会儿又闯进一个人来问你老板在不在。在接待这人时，由于心情不好有些失礼，把一些怨气撒在他身上。没想到对方彬彬有礼，很有风度，你的情绪也有所好转，被对方的耐心所打动，于是向他道歉，并答应帮助他再与老板约定见面的时间。

B. 来访与接待

来访者（请从来到该公司时开始扮演你的角色）：你是某公司的业务员，工作很努力。由于昨天晚上加班，睡得很晚，今天早上差点睡过头。急急忙忙洗漱、刮脸，饭都没来得及吃就赶往市中心去见你的客户。路上由于塞车，等你到了的时候，离约定的时间仅差1分钟。见到秘书小姐递上名片后，请她通报一声。可是秘书说，我们经理不在，请稍等。你舒了一口气，坐下来等。没想到已经过去20分钟了，还见不到经理的踪影。你不断地询问“经理什么时候回来”，可那位秘书小姐看也不看你一眼，自顾自地忙着，漫不经心地应付着你，她甚至连去看也不看经理回来没有，只是要你等。你不禁生起气来。联想到这两天吃不上睡不好地工作，还要看这位小姐的脸色，不禁又委屈又愤怒，于是和秘书吵了起来。

接待者（请从来访者进来时开始扮演你的角色）：你是某家公司副总经理的秘书。这几天因与男友发生不快，多少有些影响到工作中的情绪。今天早上上班后，发现老板交给你一大堆临时的任务，并且态度很生硬，好像你犯了多少错似的。交代完后也没跟你说明去向就无影无踪了。刚才公司一个重要会议来电通知他去参加，可你却说不出老板去向而吞吞吐吐，令对方十分不满，费了半天劲儿才搪塞过去。心里真是窝火："怎么这么倒霉！"这不，这会儿又闯进一个人来问你老板在不在。在接待这人时，由于心情不好有些失礼，不禁把一些怨气撒在他身上。本想跟他道歉，没想到他却申斥起你来。你心想："我还一肚子怨气呢，我奉陪到底！"

2. 测验你对身体语言的理解力

下面有几道试题，测试一下你对身体语言的理解力。

① 你与你的老板谈到加薪的事，当你解释加薪的理由时，你的老板歪着头，两眼注视着你，两手托腮。他在告诉你什么信息？

A. 他赞成加薪

B. 他不会给你加薪

C. 他正在左右为难，难下决定

② 你在公司向管理层作简报，其中一位委员心不在焉地听着，她的脚不断地打着拍子，眼睛看着她的手表。她正在告诉你什么？

A. 她不相信你所说的

B. 她对你所说的内容兴奋不已

C. 她不耐烦了

③ 你与一家公司的董事长安排会面，你希望能在该公司工作。当你进入他的办公室时，他抓住你的手，用双手与你握手，请你坐下，然后拍你的肩膀。这位董事长在告诉你什么？

A. 他嘉许你的机敏

B. 他想雇用你

C. 他正在强调他的身份和地位

这些问题的确切答案都是 C。第一例中的老板可能对你所表达的事实有些迷惑，但是他想仔细地听你的解释；第二例中的委员或许有另一个约会，她需要离开去参加另一个会议的压力导致她那些身体动作；最后一例中，公司董事长可能是个非常谦和的人，他这样做只是想让你觉得放松些。

第六章

沟通媒介

互联网的核心究竟是什么？它为何催生了如此丰富而深刻的创新变革？我认为其核心要义在于连接。

——龙永图[1]

第一节　组织沟通媒介

沟通媒介的变化与选择，与现代传播技术的发展分不开。试想一百年来工作场所中的沟通渠道发生了多么巨大的变化。一份简单的文档经历了从手书到打印再到电脑文字处理的过程；这些文档的备份也经过了手抄、使用复写纸、高速复印机和数字化、网络化的演变；而这些文档的存储介质则从盒子、文件柜、软盘到光盘、电脑以及移动硬盘。文档远距离的传送历程则是：马车、火车、航空邮政、邮政快递到传真、电子邮件；远距离交换信息的途径则经历了邮差、电报、电话、语音邮件、移动电话和互联网。集体讨论的发展从正式的会议室会谈到电话会议、视频会

① 中国管理模式杰出奖理事会著：《互联网转型》序二“领航互联网大时代”，2015 年 6 月。

议、网络会议。陈述观点的方式也从通过图表帮助解释发展到借助幻灯机、电脑和投影仪，以及网络自媒体等。简言之，今天的工作环境已经迥异于百年前的条件，其中许多办公场所的变化都是技术创新的结果。然而，无论电子和网络沟通媒介如何发达，似乎都不能代替人们面对面的交流。

一、沟通媒介的类型

沟通媒介是发送者把信息传递到接收者那里所借助的手段，如面谈、电话、会议、计算机网络、政策条例、计划、工作日程等。哪种媒体能把信息最有效地传递给每个重要听众？也就是说，是写信、发电子邮件，还召开会议、发传真、做录像，或是举行记者招待会？我们都知道，实际上“媒介本身就是信息”，你在做出媒介选择时就已经在传递着相应的信息。例如，你给办公室同事一份备忘录，可能表示你不愿与他（她）面对面交谈。

（一）口头语言的媒介

口头语言的媒介包括面对面交谈、讨论、会议、通电话、演讲等。口头沟通的优点是有问有答，可以马上收到反馈；受信者能够感受到发信者的情绪和情感。但口头沟通也有缺点：它可能是没有充分考虑和准备的沟通，即兴而发的信息也许缺少一点理性；除非我们专门去记录，否则它也无法永久记录以备复习使用；口头传递的信息常常有过滤、扭曲发生。

哪里有人群聚居，哪里就发展出一套彼此交谈的系统。实际上，言语是我们从动物界分离出来的少数几种能力之一，而且，言语能力同抽象思维的能力是密切相关的。口头语言为什么如此重要呢？一个理由是：人类文明发展之所以可能，在很大程度上是由于人们具有借助口语去分享经验、交流思想和世世代代流传知识的能力，也就是说，具有互相交流和沟通的能力。人类的相互沟通有许多方式，例如烽火台的狼烟、百米短跑的发令枪、鸡毛信、聋人使用的手势语、莫尔斯电码，以及各种各样的书写体系。而这些只不过是人类发明的各种沟通系统的部分例子。与之相比，口头语言无疑是人们所能找到的远比其他沟通系统更为有效、更为方便的一种系统。我们还可以进一步论证：言语对文明的发展比书写有更基本的影响，因为许多人类社会群体在没有书写系统的情况下也能发展和繁荣。比较一下盲人和聋人对社会的态度，也可以说明言语沟通的重要性。盲人尽管有种种缺陷，但仍然愿意跟他的伙伴们一起生活，因为他们彼此听得见；而聋人虽然能看书写字，却经常感到自己被排除在社会之外。

口头交谈在人类社会中是如此普遍、平常而又变幻无穷，语言的优劣直接影响着交谈效果的好坏,所谓“一句话惹人笑,一句话惹人跳”,“酒逢知己千杯少,话不投机半句多”。这说明,交谈的技巧在沟通中是一个重要的、不可忽略的因素。

管理有口耳相传的传统。许多学者的研究都强调这一点,他们证明了口头交流在管理工作中所起到的重要作用。如明茨伯格、斯图尔特等发现,管理者的一半或3/4的时间是在做着非书面形式的信息的发出和接收工作。管理是个有声的世界,人们以亲身交往而不是书面往来的方式进行着指导、帮助和劝说的工作。许多人也认为“亲耳聆听”的收获要远远大于阅读书籍的收获,所谓“听君一席话,胜读十年书”。

(二)书面语言的媒介

书面语言的媒介包括备忘录、信件、报告、文件等。与口头语言相比,书面语言有着另外一些不同的特点,写作者与说话者所面对的问题也不同。它的优点是发送的信息可以经过不断修改直至满意和准确,写作者在写的时候,都会非常仔细地选择词语(当然,他们也有时间去检查语法、润饰修辞);而读者也有更多的时间去阅读,一遍不行可以两遍、三遍,受信者可以有更多的时间分析和回味信息;可以作为永久记录保存下来;信息经多人转手也不会走样。具体来说,书面语言具有如下特点:

- 可以是正式的或非正式的,可长可短。
- 可以使写作人从容地表达自己的意思。
- 词语可以经过仔细推敲,而且还可以不断修改,直到满意表达出个人风格。
- 书面材料是准确而可信的证据,即所谓“白纸黑字”。
- 书面文本可以复制,同时发送给许多人,传达相同的信息。
- 书面材料传达信息的准确度高。

书面沟通的缺点是:发送者无法控制受信者的阅读,不能立刻得到反馈信息;对于写作者来说,来自读者的反应不能马上获知,他们无法知道自己所写的东西是取悦了一些人还是冒犯了一些人,甚至是否传递了自己的思想;受信者不能完全理解信息时,也不能得到发信者的解释;写作不像口语那样能够借助于副语言(语气、语调等),但能够使用更加丰富的词汇来表达,如果所选择的词汇没有起到作用,那么书面沟通可能归于失败。

采取口头方式还是书面方式,必须权衡各自的利弊,然后根据沟通的目的和条件来选择。在组织沟通中,也会把口头和书面沟通结合使用,例如在会后发一个备忘录,在面谈前先写封信给对方。作为一个信息的接收者,应该学会阅读备忘录和其他文件。对大多数材料,人们都可采用快速浏览的方法,但要仔细阅读重要的备忘录、文件和信函,将重点记录下来以做参考之用。在你作为管理者的生活里,你所拥有的和将要获得的有关管理趋势的信息中,有许多都来自报纸、杂志和在线阅读。因此,学会迅速而批判性地获取这些媒介所传递的信息是一件很重要的事情。

有关运用面对面交谈、会议、演讲和书面材料等各种媒介的沟通技能,我们将在后面的各章中仔细讨论,这里不再赘述。

二、网络沟通媒介

近年来引入工作场所的技术是令人目眩的。这些技术在组织生活中的用途极为广泛。通过互联网既可以向确定的个体发送简单信息,也可向一个大的组织团体"播发"复杂信息;可以与国内外的合作者进行交谈,也可以交换甚至修改复杂的文档。信息网络技术能够用来搜集相关的技术或者政策信息,了解合作伙伴或竞争对手的动态,随时获得最新的消息;也可以以一个令人喜爱的形象与客户在鱼龙混杂的网络上交流。通过这些信息搜集和传播的功能,以及诸如视频会议、计算机会议、集体决策辅助系统等团体设备,必然大大加强沟通的效率和决策的科学性。

(一)计算机网络沟通媒介的类型

1. 电子邮件。电子邮件使用因特网来收发由电脑生成的文本和文件。它的发展速度极为惊人。今天,大多数的白领员工把使用电子邮件当成日常工作和生活的一部分,而组织也把电子邮件当作发送信息和工作指令的重要途径之一。

2. 内部网和外部网。内部网是组织范围内使用的、只有组织内部的人员才可以进入的信息网络。内部网迅速成为一种令人喜爱的沟通媒介,组织内部的员工可以在内部网上在线聚会,相互交流。它可以使分散在世界各地的组织成员就每一件事情交换看法,大大提高了信息交换的速度。另外,组织还建立了外部网使内部员工与确定的供应商、顾客、战略合作伙伴保持联系。外部网还成为组织面向社会和公众的窗口,对树立组织形象、扩大组织影响等起到越来越重要的作用。

作为人际和组织沟通系统的一部分,你可以通过组织的内部网和外部网去询问他人关于问题解决的信息,或者使用系统去查找关于某个特定技术的文献。一些公司在他们的内部网上采用黄页的形式,使人们能够找到那些对特定任务很有经验的人,从而实现知识共享。

3. 电子会议系统(Electronic Meeting System,EMS)。电话会议和视频会议是组织内部网或外部网的延伸,它使得组织中的员工可以和处于不同地点的人们一同开会。现场的音频和视频形象可以使与会者相互看到、听到,并进行交谈。电子会议使人们完全可以不必赶往同一地点而进行彼此的交流,从而使会议的召开更及时,费用更低。

20世纪90年代末,电子会议基本上还需要在一间装有摄像设备的特殊房间里进行,通常是公司的附属办公地点;近来,随着个人电脑中配备摄像镜头和微型电话,使人们可以离开办公桌或特定会议室而参加电子会议。由于技术成本的大幅下降,电子会议的方式越来越可能成为昂贵而耗时的商务旅行、出差的替代方案。

近年来,电子会议系统一直用于在面对面的环境中提高团体互动和决策的效率。随着其效果的不断增强,开始用于相同时间、不同地点的远程会议。电子会议系统的使用要求每一位组织成员都配有装载特定的电子会议软件的计算机,并且还需要专业的协调人员安排会议进程,协调整个会议,使电子会议软件发挥重要作用。电子会议系统适用于产生创意、分析问题、投票、总结提纲、解释等各种不同类型的任务,并且它与各种不同类型的软件都相兼容,如文件处理、图表、展示、项目管理软件等。随着情况的变化,组织成员可以反复交叉使用应用软件和电子会议系统。如果他们需要一些信息以助于决策,就可以从其他应用软件中获取信息,以便于所有的组织成员都能浏览、探讨、投票并进行修改,在制定决策之后就会传回最新数据和信息。电子会议系统还可以与其他系统进行整合使用,例如,桌面视听会议系统,这样,当他们在浏览会议产生的信息的同时,还能在屏幕上看见其他成员的眼神、手势或身体语言,这有助于提高会议的效率和效果。

4. 即时信息。即时信息是一种基于智能手机进行的网络沟通形式,在中国具有代表性的就是微信。通过微信平台可以即时、快速发送语音短消息、视频、图片和文字,也可以借助微信"公众平台""朋友圈"等服务插件共享流媒体信息。企业也可以基于微信平台建立互联网营销网络,或为客户提供网络即时咨询服务。微信不仅作为个人通信、即时交流的一种便捷方式广受青睐,而且在企业管理沟通的过程中也得到日益广泛的应用。

5. 博客。博客是一种按逆时间顺序显示信息的在线日志。也就是说,博客上的文章通常根据张贴时间,以倒序方式由新到旧排列,与其他互联网页面不同的是,博客是动态的。个人可以轻松随意地更新自己的博客,增加内容或重新开始一个新的内容。一个典型的博客结合了文字、图像、其他博客或网站的链接及其他与主题相关的媒体,能够让读者以互动的方式留下意见,这是许多博客的重要组成要素。博客可为公司提供直接了解顾客意见和建议的途径,一旦企业在博客中获取了关于读者或客户的意见,便能快速做出反应,及时更新博客内容或者跟评论区的读者互动。

(二)网络沟通媒介的应用

无论是远程同步互动技术还是对远程非同步互动技术来说,最基本的要求是人们必须要有使用的意愿并且能够共享信息,只有这样才能发挥其应有的作用。如果人们主观上不愿意或者没有能力使用这些技术,那么这些技术就没有任何价值可言。对虚拟组织来说,使用网络沟通媒介意味着组织成员必须有必要的硬件和软件,知道如何使用并且愿意使用它,以最大限度地发挥其作用。另外,在组织中要培养起一种支持组织工作的文化,因为技术本身只是提供了条件,只有运用得当才能提高组织管理沟通的效率。伯尼·戴柯文在《管理者的整合》一书中提出:"人们必须清楚不能单凭一种媒体来建立有效的沟通和联系,每种媒体适合于不同的信息种类。"所以,要想通过现代通信技术进行有效的远程沟通和合作,必须考虑影响通信技术选择和使用的因素,对每一种技术的特征以及使用时应注意的问题有全面的了解,才可能选择和使用正确的技术,提高虚拟组织在沟通管理方面的绩效。

1. 网络沟通的优点。网络沟通有很多优点。在公司内部,计算机网络沟通可以使大家共享更多的信息;信息传递速度快而提高了沟通的效率,尤其是把一些消息传给很多而且分布在较广大的地理区域的人时;它的成本较低,在北京一份快递约 15 元左右,而通过电子邮件只需几分钱;利用电子设备召开会议,可以省去人们用在路上的时间和金钱。一项研究表明,在一个大型办公设备公司里,由于使用电子邮件使人们打电话的时间减少了 80%,办公室之间的信件减少了 94%,复印件减少了 60%,备忘录减少了 50%。当然,不同的人、不同的工作单位,会选择不同的电子媒介作为沟通的渠道。例如,工程部门可能更多地使用电子邮件,设计小组可能主要依靠语音信箱或传真而不用电子邮件。

2. 网络沟通的缺点。网络沟通的缺点是难于解决那些需要面对面交流的复杂问题,不能采集沟通内容的微妙的、非语言的线索。电子邮件最适合发布那些不需要大量复杂交换的日常消息。它不太适合传递机密信息、解决冲突以及谈判。电子邮件不可避免的消极后果还包括:侮辱他人现象,发送肮脏信息,向老板告密,破坏人们达成的协议等。人们用电子邮件可以说他们不愿意当面说的事情,但这也许会导致怨恨和后悔。电子邮件的另一个缺点是它可能被那些不应该看的人看到。删除邮件也不彻底。收件人可能把邮件转给那些不应该知道的或未经原发件人许可的人。电子邮件信息是个人的,但它却属于系统的拥有者而不是发件人。

沟通实践

用电子邮件沟通

用电子邮件交流时,请注意:

- 在生气的时候不要发电子邮件。
- 不要写任何你不想公开说的话。
- 反复斟酌自己要说的话,因为发出去的邮件都是无法收回的。
- 由于没有情境的铺垫和非言语行为的缓冲,你的批评会显得比实际要表达的更为尖锐。

(三)管理网络信息过载

网络沟通媒介已成为当今社会的基本沟通手段,人们不能想象没有它工作会成为什么样子。与此同时,人们又被迅猛增长的信息量所压倒。在有的大公司里,每天的电子邮件超过100万份。传真机、因特网、万维网以及其他一些系统合起来使人们面临信息过载。各种信息从各个方面——可以共享的数据库、合作者、供应商、顾客等各处蜂拥而至。许多经理每天要收到50~100封电子邮件,有时甚至达到500封。

一些经验性的原则有助于你适应和使用好网络沟通。

1. 选择一种你和你的听众都使用的媒体。当信息要发给许多人时,选择一个大家都了解的媒体应该是优先考虑的。更好的办法是采用多种媒介。

2. 如果信息很重要,要让人们清楚地认识到它的重要性,或者你要求人们接收到信息后要采取行动,就不要过于依赖电子媒介。其他媒介,尤其是面对面谈话的方式能更好地达到目的。

3. 应对电子信息过载的挑战,重要的是把有用的信息从大量的常规信息中识别和挑选出来。优秀的经理总是把时间用在经营决策等重大问题上,不使自己陷于处理那些貌似紧急但并不重要的琐事泥潭里。因此,从战略角度出发,确定你的目标,进行时间管理。另外,还可以寻求技术的解决方法,例如一些软件可以使你免受电子信息"轰炸"之苦。

4. 一些公司也采取措施,对没有必要的电子信息加以限制。如费城一家制药公司根据发送电子邮件的数量和长度对业务部门收取费用;计算机协会每天关闭电子邮件系统两小时。许多公司和个人每天划出一定的时间,不接任何邮件和电话，集中精力处理主要工作。

5. 互联网沟通是一种不断增长的组织沟通模式，所以管理者必须制定在组织内使用即时信息的政策。例如，所有进出的信息都应该存档。即时信息不应该用于高度敏感的沟通。员工必须接受教育，了解使用即时信息可能会给公司带来什么潜在的法律责任。不应该在没有认真考虑的情况下禁止即时信息。

三、不同沟通媒介的比较

有些人认为使用单一的沟通媒介可以达到最高的沟通效率。但是，对于重要而且复杂的信息来说，多种媒介可能是更好的选择。不同沟通媒介的比较如表 6 – 1 所示。

表 6 – 1　不同沟通媒介的比较

沟通媒介	举　例	优　点	缺　点
口头	交谈、讲座、讨论会、电话	快速传递，快速反馈，信息量很大	传递中经过层次越多，信息失真越严重，核实越困难
书面	报告、备忘录、信件、文件、内部期刊、布告	持久，有形，可以核实	效率低，缺乏反馈
非言语	身体动作、语调、空间、距离	信息意义十分明确，内涵丰富，含义隐含、灵活	传递距离有限，界限模糊，只能意会不能言传
计算机网络	传真、闭路电视、计算机网络、电子邮件、即时信息、博客	快速传递，信息容量大，一份信息可同时传递给多人，廉价	单向或双向传递，可以交流，但看不到表情

我们可以看看花旗银行是如何就公司的一项弹性福利计划同它的 56 000 名雇员进行沟通的。公司通过软件、工作手册、录像带、研讨会和其他教育工具、电话热线等向雇员宣传公司的计划，而且派了几百名经过培训的人力资源部门员工向雇员们当面解释公司的计划，公司为此总共花费了几百万美元。该公司这样做的原因是，它认识到不同的人对不同的沟通渠道的注意力不同，对不同渠道所传递的信息的理解力也不同，而公司希望它的全体员工都能对这一新的福利计划有全面的了解①。在这个案例中，尽管花费了不少的时间和金钱，但公司的每一个人都对

① (美)托马斯 · S. 贝特曼等著:《管理学——构建竞争优势》，王雪莉等译. 北京大学出版社，2001 年版，第 499 页。

公司的福利计划有了充分的理解，可以避免将来出现大问题。因此这种在沟通上的努力既有效率又收到了很好的效果。

表6－2为媒介选择的范例。

表6－2　媒介选择的范例

情　景	好的选择	差的选择	理　由
1. 一个中等规模的公司想宣布一项新的员工福利计划	小组讨论	备忘录	备忘录不能解释含糊的信息，也无法提供及时反馈；员工可能会有文化水平上的差异。小组讨论可以让参加者有机会提问，主持者可做解释。
2. 一个经理想和10名雇员确认开会时间	电子邮件或即时信息	电话	对如此简单的信息，不必使用丰富度高的媒介。
3. 一个公司想激发来自不同部门的员工投身于一个项目团队的热情	面谈、电话	电子邮件、语音信箱	在需要做说服工作时，信息必须使受信者迅速接收到，并应付可能的抵制。这不是电子邮件和语音信箱的特点。面谈可以发挥发送者灵活应变的能力，电话是次优选择。
4. 分散在各地的工程师们想互相交换设计思想	传真、网络会议	电话会议	电话会议会影响大家自由交换思想。传真和计算机网络可以保证交流的质量，快速反馈也可以实现。
5. 向分布在各地的员工描述一个新版的软件系统的技术细节	录像带、网络视频	简报	如果员工已经了解新系统的优点，可以用发简报的办法。但录像带可以显示有关新系统的说明，更好地帮助人们掌握操作过程。

第二节　沟通媒介选择

为什么人们会选择某种沟通媒介而不选择其他，比如采用打电话的方式而不进行面对面的交谈？选择正确的渠道，对于沟通的有效性来说是重要的。在沟通媒介的选择上我们能够提供一些原则和建议吗？回答是肯定的。沟通媒介的一些理论观点有助于我们解释管理者和员工们对沟通渠道的选择。

一、媒介丰裕度模型

面对各种、大量的组织任务，管理者将如何在诸多的媒介之间做出取舍，达夫特和伦格尔（Daft & Lengel）在20世纪80年代提出的媒介丰裕度模型，可作为理解组织成员对沟通媒介选择的理论框架。

媒介丰裕度是指媒介的信息负载能力，如果某种媒介传达了大量的信息，它的丰裕度是高的；如果它传达的信息很少，其丰裕度则是低的。可以使用四个标准来评价媒介的这种信息传输能力，能够满足四个或多个标准的渠道被称为丰裕（rich）媒介，而不具备或只具备上述特征的渠道则被称为匮乏（lean）媒介：

第一，是否能获得及时反馈。有的媒介可以立刻获得受信者的反馈，如面谈、电话，有的则很慢，如信件。

第二，是否能在同一时间利用和处理多种信息线索。有的媒介能够通过听觉、视觉等共同提供信息；如会议，有的则仅限于视觉或听觉，如电子邮件、电话。

第三，使用的语言是否有多个来源，包括语言和身体语言。

第四，是否关注个体。比如，是人际的沟通还是非人际的沟通。

据此，所有组织沟通渠道都可以根据“媒介丰裕度连续坐标”而加以排列。面对面交谈的丰裕度最高，因为它在沟通过程中反馈是即时性的，传递的信息量最大，也就是它提供了大量的信息线索和使用丰富的语言类型（语言的、体态的、面部表情的、手势的、语调的），以及“就在面前”的个性化的人际接触。而非私人化的书面通报、公文等，其丰裕度最低。见图6－1。

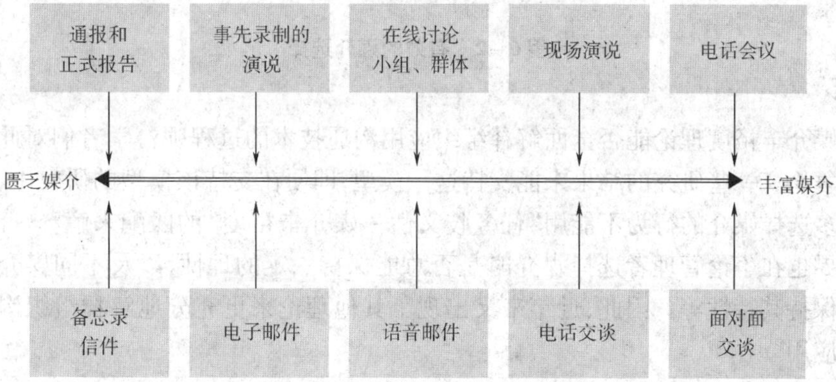

图6－1　媒介的信息丰裕度

资料来源：改编自［美］斯蒂芬·P. 罗宾斯．组织行为学［M］．孙建敏，李原译．北京：中国人民大学出版社，2012：（324）．

根据这一理论，对沟通媒介的选择还取决于沟通任务的歧义性。所谓歧义性，就是指对某一问题多种相互矛盾的理解和认识。常规信息通常简单明了，其模棱两可的程度最低，不易产生歧义；非常规信息较为复杂，存在着产生误解的潜在可能性，即容易产生歧义性。

媒介丰裕度理论把任务的歧义性和媒介丰富度两个概念加以结合，然后指出管理者应选择与歧义性任务相匹配的媒介。也就是说，当处理歧义性高的任务时，管理者就应该选用丰裕度高的媒介（如面对面的互动），而处理歧义性低的任务时，选择丰裕度低的沟通媒介则比较合适（如海报或者备忘录）。达夫特和伦格尔还进一步指出，如果管理者针对当前任务选用了合适的沟通媒介，他们的工作就会更有效率。现在，你可以应用这一理论对图 6－2 的沟通情景进行分析，为什么这样的媒介会比那样的媒介沟通效果会更好些？

	歧义性低的任务	歧义性高的任务
丰裕媒介	失败的沟通： 数据过剩，过多的提示信息导致混乱和多余	有效的沟通
匮乏媒介	有效的沟通	失败的沟通： 揭示信息不足以表达复杂的任务

图 6－2　有效的媒介选择

媒介丰裕度理论能否全面解释组织应用沟通技术的过程呢？学者们对此仍有很大争论。一些研究的结果未能支持这一模型，即便在支持该模型的研究中，也仍有许多选择媒介的行为不能用“任务歧义性－媒介丰裕度”的匹配来解释。而且，学术界也在争论管理者选择媒介时是否总能保持一定的理性，以及不同媒介是否总是保持其特性等。因此，近年来又出现了其他理论来更充分地解释组织沟通技术的应用。

二、社会信息处理模型

对管理者选择特定沟通渠道的解释，不能不考虑组织所处的环境。社会信息处理模型认为，组织中人与人的沟通互动本身也会直接影响人们对于媒介的态度和使用媒介的行为①。

举例来说，一名经理在与客户的交往中遇到了障碍，他很想把这种情况向上级口头汇报，以取得上级对此项工作在时间上的宽限。他同一个曾遇到类似问题的同事说起此事，那位同事告诉他，老板是不会因为这个原因而给你宽限的，他一直都对项目完成的期限要求很严。这一信息影响了这位经理找上级面谈的想法，他改变了初衷，尽管面谈与他的沟通任务的歧义性相符，他还是选择了给上司发封电子邮件，暗示了自己所遇到的问题，对延期的事则只字未提。

可见，人们并不总是按照任务歧义性与媒介相匹配的原则选择沟通渠道的。社会信息处理模型把沟通技术的应用看作是四个方面内容综合的结果，即：任务和媒介的客观性、以往知识和经验、个体差异、社会信息。任务和媒介的客观性，就是指任务的歧义性和媒介的丰裕度，它们是影响媒介选择行为的因素之一，因此这个模型可视为是媒介丰裕度模型的发展和延伸。社会信息处理模型揭示的是，人们对媒介的选择更主要的是受到他人态度等社会信息的影响，而不是受地理特征或者沟通技术本身性能的影响。到目前为止，有许多研究论据都表明既有的沟通方式确实会影响技术的应用。

三、双重能力模型

除了社会信息处理模型，学者们还提出了媒介丰裕度理论的第二种替代模型，即组织媒介选择的双重能力模型。西特肯(Sitkin,1992)与他的合作者发展并完善了这一理论。双重能力模型认为，沟通媒介并不是只有简单的“丰裕”与“匮乏”之分，因为任何沟通媒介传输的都是两种信息：“数据、资料”和“意义”②。

双重能力模型指出，每一种组织沟通媒介都有传输这两种信息的功能。一是媒介的数据信息传输能力(data-carring capacity)，指“媒介能有效并且高效率地传递与任务相关的数据和资料的程度”。数据信息传输能力类似于媒介的丰裕度。换言之，丰裕度高的媒介(如面对面交谈)，其特性就是有很强的数据传送能力，而丰裕度较低的媒介(如海报、公告牌)的信息传输能力相对较低。西特肯强调指出，媒介传送数据的性能相对稳定，不会因使用者的不同而有所差异，如对所有人、所有的组织，电子邮件、语音邮件、会议等的传送信息的能力几乎是一样的。

另外，组织沟通媒介还有传递象征意义的能力(symbol-carring capacity)。这种

---

① (美)凯瑟琳·米勒著:《组织传播》,袁军等,译.华夏出版社,2000年版,第252~253页。
② (美)凯瑟琳·米勒著:《组织传播》,袁军等,译.华夏出版社,2000年版,第253~255页。

能力表现在许多方面。首先,媒介能够或多或少地传送构成组织文化的核心价值观和各种构想,如在一个重视人际和谐的组织里,可能会更多使用"个人化的接触"方式传递信息,而不是发一封公函给接收者,因为"个人化的接触"方式与组织文化一致。其次,在实际传输的信息之外,沟通媒介可以起到某种象征的作用。如,借助投影机表达观点时,投影机的应用似乎也象征着陈述者观点的新颖、对这次演讲的充分准备,以及对相关媒介技术掌握的熟练程度等信息。

根据双重能力模型,沟通渠道的选择必须兼顾媒介的数据传输能力和它本身的象征意义两个方面的能力。例如,通知下属开会的沟通任务,是一项相对明确的任务,按照媒介丰裕度理论,完成这一明确的任务的管理者可以选择丰富度偏低的媒介来通知(如备忘录或电子邮件、手机短信);然而,如果组织的文化是非常重视日常的个人化联系,或者管理者希望与会者重视这个会议,那么他就会选择象征价值高、信息丰富的面对面的媒介——在经过下属办公室时亲自提醒他们。

以上三个模型很好地解释了组织沟通技术的应用过程和媒介的选择依据。媒介丰裕度模型所提出的假设是,有效率的管理人员应根据任务的歧义性来选择不同丰裕度的媒介。社会信息处理模型考虑到沟通本身对媒介的认知与选择的影响,而双重能力模型则关注沟通媒介的隐含意义和象征价值。需要强调的是,后两种理论是建立在第一种理论的基础之上的,是对第一种理论的补充,并使其更为完整合理。因此,对媒介的选择很有可能取决于我们所讨论过的所有因素的综合作用:媒介的丰裕度、任务的歧义性、媒介的象征意义,以及来自组织中其他人员的社会信息。

第三节 组织沟通媒介的效能

针对沟通媒介技术上的创新,需要回答的另一个重要问题就是,它对组织沟通产生怎样的影响。应该说,媒介技术本身并不能决定特定的结果,而且任何媒介技术的效能都取决于它被使用的方式和使用的频率。下面我们将通过探讨技术对沟通内容、沟通方式、沟通互动结果以及组织结构等诸多方面的影响来解答上述问题。

一、媒介技术对沟通内容的影响

我们已经在前面提到过,许多沟通媒介会"过滤"出面对面式互动中可以得到的各种提示信息。例如,通过电子邮件进行沟通时,互动中就不能获得声音信息和非语言信息。这些提示信息的滤出对沟通内容会产生了怎样的影响呢?

有可能的后果是:第一,由于不能传递和获得许多相关的提示信息,电子邮件会抑制社会和情感的内容的传播。比如,许多人更常用不同的表情和语调来传达不同的情感,而不是通过语言,电子邮件无法传递这些非语言提示信息,从而使沟通的社会情感内容受到了限制。因此,有人认为虽然信息技术对知识的沟通起到十分积极的作用,可以大大丰富知识和信息的沟通容量,但由于虚拟组织应用的电子媒介沟通的非人际性和不能面对面(face to face)地进行,因此反而导致了人与人之间情感的隔阂和疏远,由此反而不利于激发人的一种团队精神和共享知识的激情,制约了沟通的效果和内容的扩大。有研究并不支持这一观点,电子邮件中的社会情感性内容其实是比较普遍的,人们发展出网络语言符号来表达非语言的提示信息,因此电子邮件并没有限制社会和情感信息的沟通。这些网络语言符号有:

: -) ,☺善意的微笑
8 -)同样是微笑,但微笑者是眼睛很大的人
: -Q 抽烟
: - @大喊大叫
B -)戴眼镜的人在微笑
: - D 开心大笑
: - P 吐舌头顽皮地笑
: - >嘲笑
; -)眨眨眼睛的笑
: -(,☹皱眉、沮丧的心情
: -X 闭嘴
: ~(不愉快的时候
: -O 噢! 喔! 不!
: w 嘟嘴
X 或 # 闭嘴的意思

第二种情况,如斯布鲁和凯斯勒的研究认为,由于电子媒介具有远距离和匿名性,使用者传播社会情感性信息反而更加不受限制[1]。比如,以计算机为媒介的沟通内容中有许多用谩骂、讥讽、脏话和情感喷发的方式宣泄私愤的情况。

另外,对沟通内容有更大影响的是知识和信息过量引起的负面问题。由于以

① OEDD:《以知识为基础的经济》,机械工业出版社,1997年版,第63~65页。

信息技术为基础沟通的沟通内容大大增强,可以数倍增加,因而也带来信息量及知识量过剩的问题。如果通过信息技术传输的大量知识和信息不能及时得到处理,它们就像垃圾一样,产生信息和知识的沟通拥堵问题。如申克(Shenk)在其研究中谈到的"信息浓雾",就是指人们被电子邮件、寻呼机、移动电话、网络、传真机以及各种大众媒介资源所提供的纷繁信息和知识包围的状况。

二、对沟通方式的影响

网络媒介重新塑造了组织中的沟通方式。具体来说,它使得员工不再非要到达工作地点或办公室、办公桌前才能工作。通过手机和其他个人通信设备可以找到他们,而无论他们是在开会还是吃午饭,也无论是在拜访客户还是在健身房。员工的工作与生活之间的界限不再那么明显了。从理论上说,在网络时代,每个员工可以每周 7 天、每天 24 小时"随时待命"。

沟通技术对组织内沟通方式的影响首先表现在,新技术进一步增强了对现有技术的应用而不是取代它们。所以,但凡采用了新的沟通技术,组织的信息传播量就会出现全面的上升。例如,视频会议技术产生后,它作为传统的面对面会议方式的补充(而不是取代了传统的会议模式),提高了组织沟通的整体层次。

另外,研究也发现,计算机信息系统的使用大大增加了组织中上行沟通的可能,方便了基层员工直接向上层进行信息传递。沟通技术使得传播和联系更为多样化,同时也会提高掌握相关技术的组织成员的地位。最后一点是,计算机的应用有助于提高团体互动中的平等性,不过,持这一论点的研究者多数都是基于在互不认识的团体间进行的实验室调研,因此关于这一点存在着争议。

三、对沟通结果的影响

沟通技术对沟通结果有什么影响,对这一课题的研究大都从团体的情境开始。例如,人们很早就发现,在团体互动中占支配地位的个人常常会成为团体的领导者,然而某些沟通技术的应用所带来的平等性就很可能阻碍了团体中领导者的出现。另外,也有研究发现,在视频或音频会议方式下,会比面对面的会议方式更容易结成联盟。最近有研究发现,团体制定决策的质量会受到它们所使用的集体决策辅助系统的影响,特别是借助于集体决策辅助系统,组织虽然决策过程中的效率更高,但对可选择解决途径的全面性、批评性的讨论会少于往常。这很可能是因为决策者把部分原本应该用于评估各种解决方法的时间都花到了了解和使用新技术上了。

四、对组织结构的影响

越来越明确的一点就是技术可以改变今天组织的规划方式、工作安排。因为技术使远距离和非同步的沟通成为可能，所以，一起工作的人通常不必在同一场所也能一起办公。有学者（Granthham，1995）用“分布式工作”（distributed work）的概念探讨了这一问题。如果同时考虑工作时间和地点的因素，可以由以下四种工作分布方式：

- 集中式办公（central office）。员工在同一时间、同一地点共同完成工作。
- 远程办公（telecommuting）。这是在相同时间、不同地点工作的办公方式。
- 弹性工时（flextime）。这是在同一地点、不同时间的工作安排。
- 虚拟办公（virtual office），即通过多种信息和计算机技术的应用，员工在不同的时间和地点协调工作。

一些新的观念和工作方式为个人和组织开辟了新的途径，一方面在提高生产率、缓解工作压力、平衡工作－家庭生活等方面有积极的作用，但同时也带来更多的困扰，如工作行为监控、人际合作与交往、自动化与员工失业、员工低能化等问题。

网络沟通技术的应用使得组织的界限变得越来越不重要了。员工可以跨越纵向层级而传递信息和工作，也可以全天在家里或在其他地方工作，更可以与其他企业的员工保持不断的交流。一个基层员工想同比他所在层级高出若干级的副总裁讨论某个问题，他就可以越过中间级直接给副总裁发个电子邮件。如此一来，传统的地位等级就变得名存实亡。有研究表明，计算机技术的应用有助于提高团体互动中的平等性。如果员工的电脑与供应商和用户的电脑相联，那么，划分组织的界限也就模糊了。比如，某供应商公司与某零售商业公司联网，供应商就能够监控自己在零售商那里的库存量，并在需要的时候随时更换商品。这两个组织之间的界限在日益淡化。

思考与练习

1. 组织沟通媒介主要有哪几种？
2. 不同沟通媒介在使用中有何优缺点？
3. 如何选择沟通媒介？
4. 沟通媒介选择理论主要有哪些？
5. 沟通技术对沟通内容、方式和结果有何影响？

沟通体验

“绿园”的管理信息系统工程

阅读下面的案例，假设你是“了解人的专家”，你对老彭有何建议？他该怎样做才能让员工和顾客使用这两套系统？媒介丰裕度模型、社会信息处理模型以及双重能力模型对提高上述系统的使用率有什么解释和不同的建议？是否有办法能够结合三种理论来帮助老彭摆脱目前的困境？

“绿园”是城区西部的一家拥有12个连锁店的苗圃，老彭是“绿园”的老板。“绿园”办得非常成功，在当地占有最大的市场份额。老彭很满意他的苗圃，他经营着品种丰富的树木、花卉等植物，还有各种园艺供应品。他的店员都精通园艺并且对顾客周到耐心，这为他们赢得了大量的回头客。然而老彭不是那种因此就止步不前的人，他也不沾沾自喜于已有的成绩，他仍然想方设法改进服务质量并全面提高整个“绿园”的利润。

老彭有一个好朋友盛利，是个电脑专家。近来，盛利一直在大力鼓动老彭使用计算机和信息网络系统，告诉他技术的非凡力量可以让他的生意更加兴隆。老彭决定引进两套电脑系统以改善绿园的经营。

首先是网络系统。老彭希望通过它来促进各店之间的联系。几年来，各分店都使用电脑进行库存统计管理、薪金发放以及记录销售。但是老彭觉得用网络系统连接各分店一定可以提高苗圃整个系统的生产效率，它有助于各分店的经理和员工及时掌握销售动向、库存需求、人事需要等情况。盛利帮老彭安装了必备的调制解调器，又选择了一套易学易用的软件系统。老彭一共花了十几万元来配备这个系统所必需的软硬件设施。

第二套系统是专门用来改进对顾客的服务的。他给每一分店都配备了触控式屏幕的电脑以及相应的软件，这样顾客就可以根据他们特定的需求来选择合意的植物了。例如，如果顾客需要耐干旱、喜强光的小型开花灌木，计算机就可以列出所有符合条件的花木名。此外，电脑还会显示每种植物的彩色图片，顾客可以真实地在屏幕上看到可能使他们合意的各个品种。触控式屏幕电脑的菜单驱动程序十分简单易用，而且对顾客的实验调查显示，他们都认为新设备不仅实用，而且非常有趣！老彭为每一分店支付了上万元来配备这一电脑辅助系统。

老彭耗资不菲，但他相信这种投资一定会有回报。由于可以将信息轻松地传达到各个分店，每一个部门也能够毫不费力地发送数据和信息，网络系统将有助于整个连锁店更加高效地运作。而电脑辅助系统也使得绿园在竞争中更加具有优势,这一地区再也没有哪家苗圃能够让顾客手指一点就得到这样详细的信息和建议了。

然而,两个系统运行了一段时间后,出现了两个问题。第一个就是管理人员和员工们都没有使用那个网络系统传递信息的习惯,相反,他们仍然沿用电话、书面文件与各店之间相互联络。第二,顾客也没有使用新的辅助系统。有些人只是出于好奇尝试一下,但多数都没有超过查阅的阶段。很明显,两套系统都未能物尽其用。老彭为新的系统已经投资几十万元,他当然难免忧心忡忡,甚至感到恐慌了。再次见到盛利时他几近狂怒地说:“盛利,我该怎么办?大家都不用这个系统,顾客也不理会那个辅助系统。怎么办?用更多的规定、培训、广告?还是发奖金来刺激大家使用?招聘新员工,争取新客户,还是我应该彻底打消使用新系统的念头,回到原来更好?”

盛利靠着椅子,摇着一条腿说:“哎,老兄,我只懂系统。我知道你已经有了最好的技术装备,现在你需要一个了解人的专家,看看怎么能让你的员工使用并用好新技术。”

技能篇

管理者必备的沟通技巧

◎口头沟通能力：面谈、会议和演讲

◎书面沟通能力：公文写作

◎倾听和反馈

◎处理人际关系

◎谈判

第七章

口头沟通能力:面谈、会议和演讲

当人们之间存在上下级关系时,他们的对话就会不自觉地显现出下级对上级权威的承认……出于这种考虑,在对话中下级不会自由和坦率地发言,他们会自觉不自觉地以一种精心安排的方式参与讨论,以获取上级的赞扬。

——乔治·普林斯①

第一节 处理面谈

在一位管理者的工作中,与下属谈话或向上司请示及汇报是再常见不过的沟通了,会谈(Interviewing)是一个极为普遍而又十分重要的管理技巧和沟通活动。例如:当一位员工提出辞职,准备离开公司时,他所在部门的领导会同他进行谈话,以了解这位员工离开的原因;有的员工可能觉得受到了挫折而需要指导;有的员工

① 乔治·普林斯:《通过权力分享创造性地召开会议》,原文载《哈佛商业评论》,1972 年 7/8 月号。《哈佛商业评论精粹译丛——有效沟通》,中国人民大学出版社,2001 年版。

则未能达到公司的期望和要求而受到批评。此外,为了获得某些专业信息,管理者可能需要与一位专家会面;为了维持完整和有效的工作群体,他需要同3个求职者面谈,为录用决策提供最为重要的信息等等。

不夸张地说,一个没有会谈能力和技巧的管理者是在浪费组织的资源。但是,我们所指的面谈绝不同于闲聊,作为一种正式的沟通方式,面谈通常是指组织中与工作有明确关系的、有目的的和受控制的两个人或多个人参与的面对面的沟通方式。由于面谈是面对面的即时沟通,它需要比书面沟通更快的反应,在信息的组织和表达上也更灵活,对受信者的及时分析技能也要求更高。

一、为面谈作准备

面谈的准备包括三个步骤:

(一)确定面谈的目的

清楚的面谈目的会有助于计划和行动,面谈的目的往往是非常具体的,如"找出生产率降低的原因,以及寻找在特定的时间内达到公司要求的解决办法","解释某个政策的制定,以消除人们的误会","对某位员工的进步表示肯定,并提出希望"。一次面谈的目的不宜过多,否则,你的会谈者将要花相当多的时间来判断你需要什么,从而无法认真聆听你的问题。

当目的确定以后,就要考虑如下问题:你要如何进行面谈?在哪里进行?谁该出席?应该避免什么问题?

(二)确定和分析面谈参与者

为了决定谁该参加这个面谈,可以回答以下问题:

1. 谁有所需要的知识或信息?
2. 谁了解这个问题(决策、项目)的历史?
3. 谁将涉及这个问题(决策、项目)的解决?或者谁是以后的执行者?

面谈的参与者通常很容易识别,因而大多数的管理者常常忽视这个步骤。实际上,在许多问题上,面谈效果的好坏和效率的高低与参与者有最直接的关系。有时,由于必要的参与者的缺席而导致时间和资源的浪费;而且,基于态度、信念、经验、地位和需要等的差异,每个参与者可能都会有自己的观点,面谈成功与否取决于他们对问题的警觉性和讨论它的意愿,因此,管理者对参与者进行必要的分析以决定采取什么方式进行面谈,就显得十分重要了。

（三）设计面谈的结构和形式

任何一个面谈都要大致经历一个基本的过程：开始、主体和结尾。

1. 面谈开头的任务。在面谈刚开始时，要做到如下方面：用一个简单的欢迎仪式与面谈参与者建立良好的关系和面谈气氛；在问题解决或者获取信息上，与参与者建立共同的立场；最后，必须让你的参与者清楚地了解并认同面谈的目的。

2. 面谈主体。面谈的大部分时间用于这一阶段，借由提出问题、分析问题、提出解决问题的方法、讨论和选择解决问题的方法、最后达成一致行动等过程来进行。在制订计划时，适当为自己提出一些备用问题并预见对方的反应会有很大帮助。

3. 面谈结尾。面谈结束时要对此次面谈的主要内容进行概述，强调所达成的协议和将要采取的行动，最后管理者应暗示面谈结束，并向参与者致谢。

不同形式的面谈有着不同的目的，例如招聘面谈的目的是评估应聘者是否适合某一职位；绩效评估面谈则是一个评价与改善员工生产力的重要行动。显然，为了实现不同的目的，管理者需要对不同形式的面谈进行充分的准备。

二、招聘面谈

（一）面谈在员工招聘中的主要功能

面谈在这方面的主要功能是：①经由面谈可获得应聘者的某些客观资料。②在面谈过程中，面谈者可以对应聘者的某些特征做出主观评估。③面谈者可以通过自己对应聘者的判断做出人事决策。

一般说来，面谈是应用最广的选拔方法，比起心理测验的方法，面谈显然更简单，也更有弹性。尽管当今以计算机作人事决策的风气很盛，但面谈功能是计算机无法完全替代的。在面谈中，面谈者必须坦诚而详尽地回答应聘者提出的关于公司的工作环境、财务状况和发展前景等问题。面谈者必须有技巧地将公司介绍给应聘者，使应聘者能选择比较合适的工作。面谈是应聘者与公司代表双方进行意见交流的双向沟通。

（二）面谈的步骤和方法

招聘面谈有以下几种方法：

1. 结构式或模型式面谈。这种面谈有详细的表格，表格上列出应提出的问题，并有记载答案的空格。面谈后，必须填写是否选择这名被面谈者。这种方法有显著优点——简单明了,而且在一定程度上降低了面谈者的主观性,但较缺乏弹性。

结构式面谈一般可基于招聘目的提出相应的问题,例如以确定求职者在特定工作情景下的反应的情景问题,以考察求职者基本职业水平或能力的工作方法问题,以确定求职者是否适应、是否有意愿的工作要求问题等。此外,结构式面谈也可模拟具体工作场景,或者采用关键工作内容模拟,要求求职者实际完成工作任务,以考察其在实际工作中的综合表现。

2. 无方向面谈,也称开放式面谈。该方法源于心理治疗与辅导方法,它给被面谈者以充分的权力去选择他喜欢的主题。面谈者可以引导出应聘者更多、更详细的资料,尤其是关于情绪、态度方面的信息。但有时谈论的内容与公司所需要的资料毫无关联。

3. 复式和团体面谈。这是两个或两个以上的面谈者共同与同一应聘者的会谈。这种面谈的效率相当高,因此被广泛采用。在面谈中同时使用结构式的评估表格,可以增进决策或评估的效能。最后的决策需经所有面谈人员讨论之后才能决定。这种面谈的缺点是人力、时间上的消耗很大,成本较高。

不论采用上述何种面谈方式,其最终目的是对应聘者做出全面而客观的评价。"STAR"技巧有助于你提高面谈的有效性,即背景(situation)、任务(task)、行动(action)、结果(result)。首先通过提问了解应聘者取得工作业绩的背景(situation),可以分析其取得优秀业绩的前提,从而判断在多大程度上是个人因素、环境因素或其他原因所致;然后要详细了解应聘者都完成了哪些具体任务(task),每项任务的内容是什么,以确定他所从事的工作与获得的经验是否适合所聘职位;接着继续了解应聘者为完成这些任务所采取的行动(action),即了解他是如何完成工作的,都采取了哪些行动和方法,这些行动和方法是如何帮助他完成工作的,通过这些,可以进一步了解其工作思维、工作风格、方法手段、行为方式等;最后,关注工作的结果(result)如何,并分析工作效果好与不好的原因。

表 7-1 列出了招聘面谈时招聘方常提出的问题,供参考。

表 7-1 招聘面谈的参考问题

1. 你以前的工作经验是什么?(能力)
2. 你最近的工作是什么?(能力)
3. 在你以前的工作中哪些成就是你感到骄傲的?(能力)
4. 你觉得什么工作是困难的?为什么?(能力与个性)
5. 在你过去的工作里你特别不喜欢的事是什么?(偏好)
6. 你从前的工作需要你时常与人们一起工作吗?你以前的同事有很不容易共事的吗?(人际关系)

续表

7. 你为什么要离开目前的工作呢？（动机）
8. 你个人职业生涯的目标是什么？（动机）
9. 你如何衡量你在工作中的成功与失败？（自我评价）
10. 你从前的主管怎么样？（人际关系）
11. 你对你过去主管的组织管理方式认同吗？（人际关系）
12. 你觉得你的主管对你的工作表现评估如何？（自我整合）
13. 你表现最好/最差的工作项目是什么？（自我整合）
14. 教育对你有何意义？你自己能提供教育和培训方面的投资吗？可提供到什么程度？（学习和自我提高）
15. 你喜欢独自工作还是与他人一起工作？（合作）
16. 你觉得自己适合这个组织吗？（组织的认同感）
17. 你能对这份工作做出什么贡献呢？（自信）
18. 你要强调你背景的哪些方面？为什么？（能力和动机）

（三）招聘面谈的自我检查

以下提供了自我检查的一些项目，供参考：

1. 是否建立友善的气氛

□欢迎应聘者，介绍面谈者

□建立共同的立场，获得大家的认同

□叙述目的：约谈未来的员工

□提供会谈程序的概观

2. 尽可能地采集信息

□从容易讨论的问题开始，如从前的经验和兴趣

□重阅介绍信，解释组织的目标和政策

□注意倾听求职者的背景和态度方面的内容

□使用探索性问题来了解求职者与工作相关的兴趣、特殊领域，特别是弱点

□用解决问题的方式了解求职者对可能发生的情况的处理

□避免提到年龄、性别、宗教、身份或残障的问题

3. 结束会谈

□求职者已经大概了解了这份工作

□澄清任何误会

□告知求职者你何时将作决定

□表达对求职者的谢意

拓展阅读

谷歌的招聘面试①

谷歌首席人才官拉斯洛·博克在《重新定义团队——谷歌如何工作》一书中告诫说,不要相信你的直觉,因为依靠本能无法成为优秀的面试官。从2007年起谷歌在万名员工和数百万未聘用的应聘者中,寻找到了预测某个人能否在谷歌成功的4方面特性:一般认知能力、领导力、"似谷歌人一般的"和业务知识。确定了这几个特性后,谷歌要求所有的面试反馈意见中都要有针对每个特性的评价。不需要每一位面试官对所有特性进行评估,但是每个特性都至少需要两名独立的面试官做评价。要求他们在书面反馈意见中必须要提供对某一特性的评估、所问的问题、应聘者给出的答案以及面试官对答案的评价。这种反馈意见能够保证后续评估人独立地对应聘者进行评估,审核人可以根据这些记录来综合判断应聘者,而且在某种程度上给应聘者第二次机会。还有一个好处是,可以评估面试官们是否善于评估,如果发现某个面试官持续"犯错",就会对其进行培训,或者停止其做面试工作。因此,几乎所有谷歌的面试都是由面试官询问:"你介意我做笔记吗?"开始的。

三、适应面谈

适应面谈是指主管与尚未完全适应和熟悉组织环境的新员工所进行的面谈。最初几天的工作对新员工会产生深刻而永久性的印象,在他们心中最重要的问题是"我能达到老板的期望吗?"一般新员工有着很高的积极性,但缺乏特别有效的信息。许多主管未能花时间来清楚地说明这些期望,也常常未能及时提供新员工所需要的工作资源和信息。

适应面谈的目的是使新员工熟悉组织,为其提供完成工作的信息,在雇主与员工之间建立一个积极的态度,创造良好的工作气氛来提高新员工的工作效率。这是一个复杂而必要的工作,糟糕的适应性面谈可能会产生被动的员工和较高的流动率。

① 拉斯洛·博克:《重新定义团队——谷歌如何工作》,中信出版社,2016年版,第85-87页。

（一）适应面谈的准备工作

有效地适应面谈需要有效的计划，下面的工作有助于主管准备一个成功的适应面谈。

1. 给员工一份工作说明书。
2. 做好基本的工作安排，如办公室、工作所需设备和用品、保险、作息时间等。
3. 提供公司政策、组织结构和工作程序的资料。
4. 安排新员工与其工作中的重要任务见面，以帮助新员工定位和学习。
5. 提供一系列有意义的工作来训练新员工。
6. 在老员工眼里一个新的成员可能被视为威胁，因此要向群体成员介绍新员工，强调新员工将为组织带来的益处。
7. 安排新员工与每位成员相识，组织聚餐，缩短新老成员之间的心理距离。

（二）处理适应面谈

处理适应面谈主要要做以下工作：

首先，身为管理者，应鼓励新员工来与你讨论各种问题，不要让一本新员工手册上的法则和程序代替了你个人的管理行为。利用与新员工面谈的机会，清楚地表达你的期望。

其次，了解新员工是否已经明确在这个工作领域中的主要关系，如他（她）在工作上有问题吗？他（她）是否有足够的工作信息和资源？

最后，新员工是关于组织印象的最好的信息来源，他们没有复杂的人事关系，因而对组织的感觉往往最真实。试着找出那些让他们在工作中感到舒服和不舒服的东西，询问他们对新公司的看法和与原来的公司进行比较。

一个适应良好的新员工，能很快投入工作并有较高的工作满意度。

（三）适应面谈的自我检查

1. 建立友善的气氛

□欢迎会谈者
□建立共同的立场
□说明适应面谈的目的
□提供面谈的概观

2. 阐述新职位

□与新员工一起重阅工作说明

□解说组织结构
□解说员工职位与组织结构的关系
□提出并说明对新员工的工作期望
□分配特殊任务
□向员工介绍工作中的重要角色
□倾听员工对新工作的感受
3. 结束面谈
□员工已经基本了解这份工作了
□澄清模糊问题和误会
□获得员工对接下来的工作的认同
□宣告新员工是组织里重要的一分子

四、绩效评估面谈

绩效评估面谈常常是公司绩效考评的最后环节——绩效评估反馈阶段的主要任务。这一阶段的目的更多地在于上下级就工作状况进行坦诚沟通,而非上级将绩效评估结果简单地通告给下属;更多地在于澄清导致员工工作优劣的原因,并树立下一步工作的目标,而非笼统的表扬与批评。在员工的绩效上给予正式的反馈十分重要,管理者应该营造和保持一个开放的氛围,避免年度评估给员工造成的不安和恐惧。下面的故事说明没有正式的评估反馈(绩效评估面谈)而使员工受到了很大的挫折。

拓展阅读

带给人挫折感的评估

“我刚拿到我的绩效评估,我现在想做的是哭。”

王珍流着眼泪对她的丈夫林杰说:“我不知道我的老板对我有什么样的期待。你自己看看他对我工作的评语。”林杰拿起这个评估表读起来:

“王珍,你与医生和患者之间都有很好的沟通,而且有非常热情与关注的态度。我对你愿意承担特护病人的工作、加班加点和任劳任怨印象深刻。你的判断力与工作效率都是很高的。你有良好的工作态度和人格,与其他同事相处良好。”

“我不明白,”林杰说,“怎么了? 他似乎真的对你的表现印象深刻。”

“他的评语很好——但是他们并不认为我合乎工作准则的要求。读下去。”王珍回答。

林杰看了评估表的其他部分,王珍的主管按等级在为她的工作技巧接受度上打分并不高,如在“总是在所分配的时间内完成指定的工作”一项上给了“一般”的记录,而在“工作知识”下,他勾了“需要改进”。

“我知道我的主管是个很忙的人,但是怎么可以没有人和我谈一谈,或者给我一个机会来听听我的想法就评估我的工作绩效呢?我做了很多事——从以前的工作中学到的工作方法,可以改进这里的工作效率,我试过这些方法,其他的护士也学会了这些方法。不仅如此,我的主管还将我们对轮班工作的改善归功于他自己。我不能相信他居然在‘工作知识’的项目上给我‘需要改进’的评价。我比我们同级的任何一位护士都更有知识。平时他大谈每个人的价值,如果我们每个人对组织这么重要,为什么他们不听我们说,并且对我所做的给予应有的评价呢?”

“哇!我没想到你从这个小小表格里得到这么多的信息!”林杰回答。

“如果能为一个会表达期望,并且让我能了解他的主管工作,该有多么幸运!”

(一)面谈对象和目标的分析

在绩效评估面谈中,面谈对象(被评价人)大致可分为四种,因而针对不同类型员工的面谈,其目标也应不尽相同(见表7-2)。

表7-2 面谈对象和目标分析

工作绩效评估面谈对象	工作绩效评估面谈目标
令人满意,可以提升	制订开发计划
令人满意,不能提升	维持现有绩效
不令人满意,可以改善	绩效改善计划
不令人满意,无法改善	不需面谈(解雇或放任自流)

资料来源:(美)加里·德斯勒:《人力资源管理(第六版)》,刘昕等译,中国人民大学出版社,1999年版,第357~359页。

1. 令人满意,可以提升。在这种面谈中,被评价人的工作绩效是令人满意的,并且即将被提升。这是四种面谈中最为容易的一种。面谈者的主要目标是与员工讨论其职业发展规划,以及为此人进入新的工作岗位制定教育和职业发展方面的行动计划。

2. 令人满意,但不能提升。这种面谈对象是那些工作成绩令人满意,但暂时不能得到提升的员工。不能得到提升的理由可能是他们已经达到了自己能力的限度,也可能是组织中暂时没有较高一级的职位空缺,或者是雇员自己不愿提升。

在这种情况下,你进行面谈的目的就不再是对此类人员的工作绩效加以改进或者进行职业生涯的开发,而是设法使他们维持现有的工作业绩水平。要做到这一点并非易事,你必须能够找到对这些员工来说较为重要的东西,以此来激励他们继续保持令人满意的绩效水平。这些激励措施是建立在你对他们的观察和了解上面的。它们可能是:休假、一笔奖金、更大的工作自主权,也可能是由衷的称赞:"干得好!"

3. 不令人满意,但可以改善。当员工的工作绩效不令人满意,但有改善的可能时,工作绩效评估面谈的目的就是制定一个行动计划,来改善当前这种不令人满意的工作绩效。

4. 不令人满意,无法改善。对这一类型的员工,通常就不需要进行面谈了,因为这种人的工作绩效已经无法再得到改善了。

(二)准备绩效评估面谈

绩效评估面谈的准备工作包括以下内容:

1. 要对工作绩效评估的资料进行整理和分析,对即将接受面谈的员工的工作进行研究,将员工的实际工作绩效与绩效标准进行比较,并对其原来的工作绩效档案进行审查。

2. 给接受面谈的员工充足的准备时间。应提前3~7天通知员工,使其有时间对自己的工作进行审视,分析自己工作中存在的问题,考虑需要向主管提出的问题和意见。

3. 选择面谈时间和地点。应找一个对双方都比较方便的时间进行面谈,应为面谈留有充足的时间。一般与办公室人员、普通工人等低职位的员工进行面谈时,不应超过一个小时,而与专业人员和管理人员的面谈则需要2小时甚至更多的时间。面谈地点应安静,不被打扰。

(三)进行绩效评估面谈

在进行面谈时,应牢记以下5个要点:

1. 谈话要具体。交谈要根据客观的、能够反映雇员工作情况的资料进行。这些资料包括缺勤、迟到、质量记录、检查报告、残次品或废品率、订货处理、生产记录、使用和消耗的原料、任务或计划的按时完成情况、成本控制和减少程度、顾客投诉、产品退回、库存水平及其精确度及事故报告等等。

2. 批评时对事不对人。例如，不要对雇员说“你递交报告的速度太慢了”之类的话。你应当试图将他的实际工作绩效与绩效标准进行对比，如说“这些报告通常应在10天内递交上来”就比较好。类似的还有，不要将雇员个人绩效与他人的绩效进行对比，如不要说“他递交报告的速度比你快多了”。

3. 鼓励雇员多说话。多提些开放性的问题，停下来听雇员说些什么，也可以要求被评价人“继续说下去”，“请再告诉我一些更多的事情”等等。

4. 说话不要绕弯子。要确保雇员明白他或她到底做对了什么，又做错了什么。因此，要给他们举出一些特定的例子，使他们在对工作加以改善之前，确实对问题已经搞明白，并且你们确实已经达成了共识，然后制定出某种行动方案。

5. 在制定目标和行动计划时要注意哪些是雇员“不能做”和“不愿做”的。雇员“不能做”和“不愿做”的事是有本质区别的。如果问题所在是较高的工作要求，或者是缺乏资源，那么，这是员工不能做的。而如果是报酬太低而不值得工作，或者完成工作的阻力太大，则这是员工所不愿做的。对“不能做”的员工进行面谈时，内容在于提高其工作技能，在一些客观条件上为其提供必要的帮助，而对于“不愿做”的员工，面谈内容应主要以激发其动机为主。下面所列问题可供管理者参考。

(1)员工做得适当吗？如果不，分析情形。

(2)员工了解该做什么吗？如果不，提供方向。

(3)员工知道如何做吗？如果不，提供训练。

(4)员工想尝试做这个工作吗？如果不，评估原因。

(5)员工有能力做这个工作吗？如果不，考虑调换岗位或重新分配工作。

(6)员工有心理上的问题吗？如果有，压力与争执可以减少吗？

(7)员工有健康上的问题吗？如果有，提供帮助。

(8)员工的不良绩效影响到他人了吗？如果是，提供更多的训练。

(四)绩效评估面谈的自我检查

1. 建立友善的气氛

□欢迎面谈员工

□建立共同的立场

□说明绩效评估面谈的目的

□提供一个面谈过程的概览

2. 对工作绩效提供评价

□检视工作需要与目标

□陈述工作绩效的重要内容

□让员工观察和审视自己的绩效:成绩、问题或障碍

□建立对未来的绩效期望和目标

□制定达到这些目标的行动方案,提供所需要的帮助

3. 结束绩效评估面谈

□要求员工概述对未来工作目标的理解

□澄清任何关系到绩效的误会

□对行动方案达成共识

□感谢员工对组织的贡献和对评估过程的参与

五、面谈中的询问技巧

面谈是人际沟通的常用形式。与别人面谈是科学也是艺术。在交谈陷入僵局的情况下,有的人能以高超的谈话艺术扭转局面,有的人则越谈越不可收拾。因此成功的面谈技术是不能忽视的。在面谈中,要特别注意以下几点:

(一)注意问话的方式

每个人在面谈中都会提出一些问题,如果对方对你提的问题没有什么反应或反应不佳,那么很有可能是你提的问题本身不好回答,或是措辞方式不合适。

通常封闭式问题是有价值的,尤其当你想从别人那里得到明确的事实时,这类问题用处最大。但是,过多使用封闭式问题会使谈话变得枯燥和僵硬。回答一连串的封闭式问题让人感觉好像正在受到警察盘问一般,谈话的气氛不会是轻松愉快的。

如果你希望谈话能够继续下去,并更富有趣味和深度,那么应该使用开放式的问题。开放式问题所要回答的是进一步说明和详细叙述。当你向你的交谈者表示,你对他的话很感兴趣并希望听到更多时,对方多半会感到愉快和被信任,会更加乐意与你交谈。

封闭式问题和开放式问题用词不同。封闭式问题的用词多半是:谁?什么时候?在哪儿?是不是这样?开放式问题的用词多半是:怎样?为什么?什么方式?

(二)提供反馈,鼓励进一步的讨论

要对面谈者的话做出反应来扩展谈话内容。例如,一个求职者可能说:“我的

上一个工作有些困难，因为我的老板太过关心工作中的人际关系。”一个反应性的问题可以鼓励他更进一步地讨论这个话题：“你说你觉得从前的老板太过关心人际关系吗？”

有时，在面谈时对方口若悬河、滔滔不绝，有时候对方却不切主题，漫无边际地说些无关紧要的事情。如果你不能对他的谈话及时提供反馈和进行控制的话，那就是在浪费时间。这时，你可以暗示对方跑题了，也可以围绕主题提些问题来引导面谈的进程和方向。

（三）避免过多使用暗示性问题

你可能听到过这样的话：“你不这么认为吗？”大多数时候，这样的问题已经向对方提供了肯定的回答，提问的人显示出赞同并在引导你也做出和他一样的反应。暗示性问题的目的是影响回答者给出一个被期望的答案，但是事实上，这类问题常常产生无效的回应，这在推销员以这样的问题来影响顾客时尤为明显。

第二节 发挥会议的功效

会议是商业管理上不可或缺的部分，同时它们也常常是组织笑话的主角，比如有人说“会议的目的是决定下一个会议何时举行”。调查研究的结果显示：管理决策者有 25% ~75% 的工作时间用于会议，而大约有 1/3 的会议是毫无用处的。除了正式的会议之外，管理者每个星期花掉相当一个工作日的时间用在非正式的会议和向其主管询问事情上。《财富》杂志所评选的 500 家大企业中 71% 的总裁每星期有超过 15 小时的会议。

正如有人说的那样：“问题并不是因为在管理中有太多的会议，而是会议的管理。”会议是最有效率的沟通方式之一，会议允许一个人或几个人在一段很短的时间内提供信息或将信息给其他人，但重要的一点是要使会议有效进行。

一、会议的功能和类型

安托尼・杰伊（Antony Jay）描述了会议的 6 大功能①，这些功能将有助于我们

① （美）安托尼・杰伊：《如何召开会议》，原文载《哈佛商业评论》，1976 年 3/4 月号。《哈佛商业评论精粹译丛——有效沟通》，中国人民大学出版社，2001 年版。

理解会议的意义。

第一，会议通过最简单和最基本的方式界定了团队、群体或单位。那些出席者属于这个会议，而未出席者则不属于。当每个与会者环顾四周，感知整个集体时，能体会到那种属于该集体的认同感。

第二，会议为群体成员共享知识和经验提供了场所。聚集在一起的一群人经常可以比单一个体或一定数量但各自独立工作的个体提出更好的想法、计划和做出更好的决策。当然，如果是一个糟糕的会议的话，也可能根本没有结果或产生更坏的结果。当用几个人的经验、知识、判断和想象一起来解决问题时，可以更有效地改进计划和决策。最初的想法，经过大家的讨论，可能被测试、扩充、提炼并成型，进而能满足更多的需求，说服更多的反对者。

第三，会议帮助每个人去理解该群体的集体目标，去理解通过什么方式个人的工作能够有助于群体的成功，从而帮助群体找到实现目标的最佳途径。

第四，会议也使所有出席者为最终制定的决策和追求的目标而承担义务，即使是不同意见者，他们可能会遗憾他们的意见未能被采纳，但是，他们会接受结果。而且，正是由于群体的决策约束了集体中所有的成员，所以，会议所制定的决策往往比单一经理做出的决策具有更高的权威性。

第五，在一些工作群体中，团队的领导通过他的出席来指导团队，即会议更好地体现领导者的角色和作用。在管理界，十分通常的情况是，会议是团队或群体实际存在并作为群体工作的唯一场合。

第六，会议上能更好地发现成员的地位上的差异。回避成员之间地位上的差异这样的问题是不现实的，这是人性的一个侧面。通常，会议往往是其成员获得机会、明确相互立场和工作关系的重要时间。

尽管会议可以拥有所有上述 6 个功能，但并不能保证会议在任何情况下都能实现这些功能。任何一个会议都可能成为一种对时间的浪费、一种导火索或一种影响实现组织目标的障碍。

如果按照会议的规模，可以将其分为集会、讨论会和委员会 3 种类型，在不同规模的会议上，与会者的参与度有很大的不同。

委员会是规模最小的会议，与会者不多于 10 ~ 12 人，在一位主席的引导和控制下，这些人平等地、或多或少地发表意见。这里所指的委员会，可能是一个研究群体、一个工作团队、一个董事会或者任何其他的称谓。这是世界上最为普遍的会议。

讨论会有较多的与会者（可能是几十人），这些人基本上是倾听主要的演讲，但是他们可以提出问题或建议。在讨论会上，他们也常常被要求提出自己的想法和观点。

集会则是有100人甚至更多的人参加的大型会议，与会者除了倾听主要演讲和报告之外，没有被要求做更多的事。

除了规模的区分，还可以从会议召开的频率、与会人员的性质等方面划分会议类型。如日、周、月及年度以及不定期的会议等，这些不同的召开频率也深深影响着会议的属性。总的来说，会议的频率决定了与会群体的一致程度和集中程度。

由于会议的目的和与会群体的身份不尽相同，可以把人们在工作和组织生活中的会议分为若干种形式。以下是各类组织中常见的会议形式。

（一）员工会议

最常见的组织会议之一是员工会议。与会者由管理者与一个特定范围的全体员工组成。因为组织是由众多阶层和不同性质的成员构成的，因此这种会议是公司中最常见的。通常这种会议的目的是分派工作，给予下级群体指导，传播组织资讯和政策，调查员工问题和决定这些问题的解决方法。员工会议有时是员工们唯一的正式地集合与交谈的机会。要使员工会议运作成功，没有混乱的情况，就有必要设立有效的会议推动者，使用一个开放且诚实的沟通程序。员工会议可以促进组织中的上行、下行及平行沟通。

（二）生产或业务会议

当不同的部门在工作中因一个共同的计划或项目而合作，或者使一个方法、项目也能在其他部门工作中应用时，所召开的会议就是生产会议或业务会议。生产会议由各部门主管和被指定的员工参加。会议的主题可能是产生新的、并要发送到公司其他部门的信息，讨论程序和建议，或者是关于解决预算、产品或产量等问题的内容。

（三）委员会议

委员会议是由一些代表其他人的成员所参与的会议。这些人通常来自组织中各个不同的部门，拥有不同的信息、不同的看法和不同的需要。因此，在委员会议上建立一个在主题上的共同兴趣就显得很重要。一个组织可能有种类繁多的委员会，其职能与问题的解决、发现事实、制定策略等有关，一个委员会议被认为是一个民主决策的群体，因而常常使用严谨的会议程序。

（四）销售会议

随着市场经济的推进，企业各个层面越来越重视市场和销售。销售会议是为了发布或解释新产品、分析顾客的接受度、说明销售趋势和促进员工对公司产品市场的关注而举行的会议。

(五)专业分享会议

由于技术的突飞猛进,专业技术员工需要越来越多的沟通和技术交流。在专业分享会议中,不同部门、不同领域的员工可以获得最新的资料,分享不同的技术成果。通常参加这类会议的人是同事,他们有着相近的身份、知识或技术。

(六)咨询性会议

如果一个管理者接到一个"紧急命令",他或她可能会把一些关键人物召集起来,以"为了完成这项任务,我需要你们的一些意见"、"你可以告诉我,如果……会发生什么……"或"我们怎么做才更好……"等作为咨询讨论的开场白。

(七)年度会议

在企业的经营管理中,年度会议扮演着重要角色。年度会议由公司的高级主管、董事会的董事和股东参加。在年度会议上,股东有机会向董事和高级主管询问公司的任何问题。通常会议议程包括重选董事、批准外部会计事务所的任用、改善公司的津贴制度和分红计划、认可股权和股利的分配等重大问题。

(八)董事会

一家公司的董事是基于他们的知识技能、背景、继承性和期望而选出的。他们通常是通才,而不是企业日常管理所需的专才。董事长并不直接处理公司内部事务,而是对整个企业负以道德和法律上的责任。董事会通常每年召开 2 ~4 次的会议,需要作决定时可能会更多。会议可以在公司的会议室召开,也可在其他地方的会议场所召开。董事会通常不对外公开,尽管有时会有管理者或员工出席和回答问题。公司的总经理通常是会议主席,主席并不提出意见,而是领导会议议程。董事会的开始和结束时间有严格的控制,有严密的会议议程和组织。

(九)座谈会和讨论会

座谈会也是结构性的会议,会议参与者之间有一定的互动。每个参与者要准备一段简短的演讲或是报告,向听众发表。会议主持者介绍每一位与会者,在每一个演说之间串场和组织,之后要感谢每位发言者。在演说之后,其他人可以发表评论并可直接对演说者提问。与座谈会相比,在讨论会上,与会者的互动机会更多,可随时提问、回答和对发言者做出反馈。

专业会议的安排已成为组织中的一件大事，了解会议组织秘诀的管理者可以为公司节省大量的资金，并提高工作效率。一个成功的会议需要很多事前的准备工作，以及会议进行中的维持工作和会后的追踪检查工作。

二、会议的准备

许多人都有过这样的经历，在繁忙的工作中抽出宝贵的时间去参加了一个让你感到完全不需要的会议，或者这个会议没有明确的目的，主持人没有准备，或者只是因为这个会是个惯例而已。因此，作为管理者，在会议召开之前，要问问你自己，这个会议是否能使大家的时间得到最佳的利用。

为重要的会议作计划需要对目标有一个基本了解。目标会影响会议室的布置、会议时间的长短、休息时间和活动的顺序。一个进行顺利的会议应提供完善的设备和能满足与会者沟通的要求。专业会议的计划者知道细节是很重要的，可借助一个系统的清单来达成每一个目标。没有人愿意在一个浪费每个人时间的无聊会议中从头坐到尾，每个出席会议的人都希望会议具有价值。因此，在举行会议前，要着重考虑以下几个方面：

（一）这次会议的目的是什么

当会议结束时，如何来判断这次会议成功还是失败，最好的标准恐怕就是召开会议的目标是否能实现。如果事先对会议没有一个清楚的目的和要求，召开的会议就存在着很大的风险，最直接的是浪费与会者的时间和组织的资源。

如果仅仅是传递某些事实或信息，那么召开会议就是一种浪费，因为通过文件等书面媒介可以更好地发布信息。但是，如果所发布的信息需要从一个特定的人那里听到，或者，需要进一步澄清和解释这些信息，或者这些信息对于会议成员有着深刻的含义，那么会议就十分必要了。

还有的会议的目的是希望获得建设性的、创造性的成果，如制定一项新政策、新的销售目标、一个新的市场计划、一个新的产品等等，这样的会议目的要求与会者贡献其知识、经验、判断和想法。其他如会议的目的是进行决策还是分派任务并激发大家的责任感等，不同的目标决定了与会者的规模、性质、议程和气氛。

（二）谁该参加会议？这个会的规模应该多大

最该被邀请参加会议的人是那些确实有必要参与而且能贡献自己的智慧来达成会议目标的人。

确定谁该参加会议已经帮助你决定了会议的规模，其他的要素还包括会议讨论问题的复杂性如何及会议的设备可接纳多少人。研究显示，大多数的委员会议平均有8个成员。一项研究认为，委员会议的规模以5人参加为最佳："从主题来看，这个规模的群体（即5人）在理性思维方面最为有效，包括对信息的收集和交换，对信息的整合、分析和评估，以及在这些工作之后应采取何种行动的决定。"会议每增加一个人，就意味着每个人参与时间的减少、更多冲突的可能、更多人说话和倾听。

有时应该参加的人不愿参加，他们不乐意为会议服务，而更多的情况是会议领导者必须排除一些希望参加的人，以保证某些会议达到可以有效管理的规模。对于前者，需要说服和激励，而对于后者，领导者可能需要加以巧妙的协调。可以尝试这样一些办法：分析会议议程，看是否每一个人都必须参加每一过程，适当调整议程，使得一些人在会议一半的时间里离开，让另一些人能够进来；是否用两个更小型的会议代替一个大型的会议；是否可以要求一些团队提前讨论问题，然后请他们只派代表带着团队的意见前来参加会议。

（三）会议应该何时举行

何时召开会议可能对决策过程有影响。贝尔科（Berko）对这个问题提出了一些见解：会议在一天过早或过晚的时间举行会引起一些问题。如果人们觉得不方便的话，他们的反应会很糟，他们会草率且不合时宜地做出决定，甚至拒绝参加会议。会议时间的长短也会有影响。当会议时间拖延太长时，人们会变得不耐烦、分心而且无聊。短时间的会议比一个长时间的会议更受欢迎。在一个很长的会议期间，安排一个喝咖啡的休息时间常常是非常适宜的做法。一个简单的动作，比如起立，对消除焦虑和心不在焉有积极的作用。一个群体的领导者应该注意一些口语或非口语的信号，如叹息，或是心情恶劣与坐立不安，这些都可能表示"会议的时间太长了"。为会议确定时限也很重要，会议应该准时开始、准时结束。

（四）会议应该在何处举行

场地的选择可能帮助也可能阻碍会议的进程。很多人认同在远离工作场所的地点举行会议，因为新的地方和环境使人们对会议产生一种重要感，而且与会者不用因为接电话或是其他人干扰而离席。

当然，房间应该有很好的光线，没有使人分心的东西，而且有足够的座位容纳所有的人，温度要令人舒服。座位的安排能便利人们的沟通，也可能阻碍人们的沟通，房间座位应该根据会议的性质来安排。私人性会议可以围着桌子，拉几把椅子，随便就座，或是找出其他更舒适和便于沟通的方式。工作会议通常使用一张会议桌来彼此接近，有时一端坐着被指定的领导者。专业分享会议通常围坐成一个大圆圈，而销售会议常采用一个说话者坐在其他与会者之前的礼堂模式（见图7－1）。

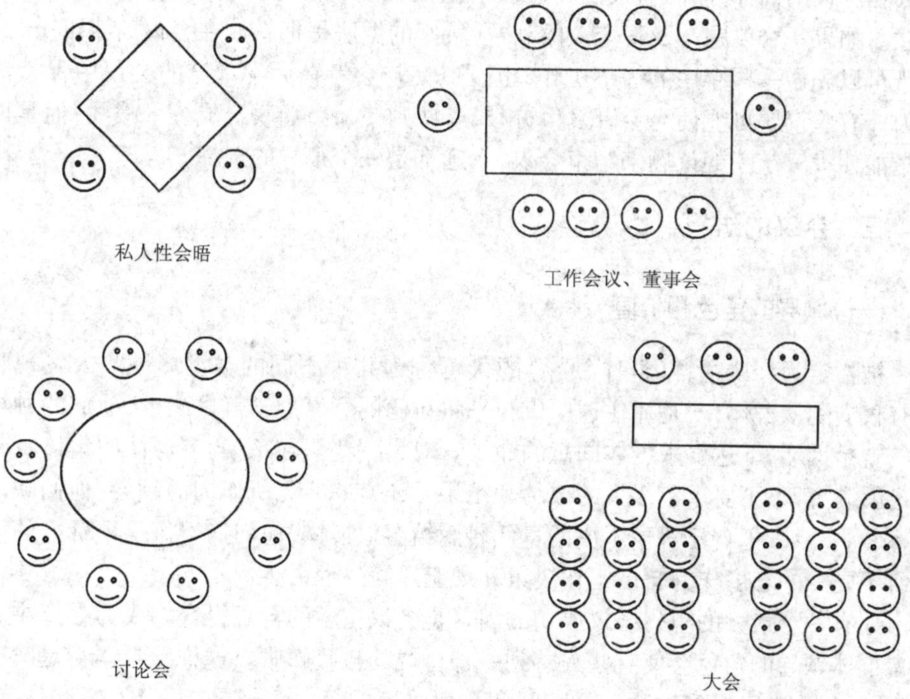

图7－1　不同会议的座位安排

（五）会议议程是什么

会议议程即会议如何进行的计划，它包括会议所涵盖的主题、规则、时间安排、会议的角色安排等。无论何时，只要可能，一份议程应该在会议召开之前准备好，如果来不及准备，在会议开始之前花几分钟来建立议程。议程可以帮助主持者避免会议中的一些漫谈而从容地把大家带回到议程所列的诸项目中。

会议的议程是会议最为重要的文件之一，议程本身就会使与会者很好地理解会议的目的。为此，议程的撰写不应过于简洁和含糊不清，比如“成本控制”给人以太少的信息，而“讨论由于目前市场的变化和竞争的加剧而制定2003～2004年度生产成本的控制提案”则有助于与会者形成一些看法，他们也可以提前查询相关的事实和资料。在议程中各项议题上加注"信息"、"讨论"、"决策"的小标题,以便使参加会议的人知道他们努力要实现的每个议题的目的是什么。

议程的顺序安排要注意:把需要集中注意力、需要好的创意、重要和紧急的议题放在会议的前部分,因为人们在会议的前面较之后面更具有创造力和更能全神贯注。如果一个议题涉及每个人的利益,较好的做法是把它放在会议后半部分,这样既可以先做一些有用的铺垫工作,也可以使与会者在后半部分的会议中保持注意力。有些议题可能使与会者发生分歧,有些则使与会者联合成统一战线,但是以一个能使大家统一的议题来结束会议,永远都是一个很好的选择。

三、会议的进行

(一)领导的角色和价值

被指定为会议主席(群体领导)的人可分为几种不同的类型。一些人发现自己有权支配该群体,于是抓住这一机会来将自己的意愿加于群体之上,他们的领导身份就是训话,下达要求群体同意的命令。对另一些领导来说,有群体的集体行动就足够满意了,不要求有多大的成绩和结果。还有一些无所作为的领导,他们缺乏效率和主动性,把自己犹豫不决的责任转嫁给会议群体,他们捕捉每一个疑问的表情或不同意的态度作为自己不作决策和规避风险的理由。

还有一个最大的阻碍会议成功的因素是会议主席的自我纵容。成为会议主席或者群体领导的角色会使有些人感到一种喜悦的自我膨胀。这种感觉本身是没有过失的,过失在于纵容这种感觉。因此会议主席的第一责任是意识到自我纵容的诱惑和对这种诱惑的屈从,最明显的信号是主席在会议中谈论得太多。

如果会议主席希望会议取得有价值的成绩,他应该把自己视为群体的服务者而不是发号施令者。他的作用是辅助群体,以尽可能有效的方式得出最好的结论或决策。他的行为是:表达或阐述;促进讨论;推动会议前进;促使会议最终形成每个人都理解和接受的决定,即使个人不一定赞同该决定。

安托尼·杰伊说:"实际上,处在主席职位上仅仅有一种合理的快乐理由,那就是来自会议成绩的快乐,并且这种快乐要想合理,它必须为所有的出席者所共享。"因此主席的真正权威来自"他所意识到的对成员们的整合目标的责任,以及他帮助和引导会议成员取得成绩的技巧和效率"①。一旦成员认识到领导者是被群体共

---

① (美)安托尼·杰伊:《如何召开会议》,原文载《哈佛商业评论》,1976 年 3/4 月号。《哈佛商业评论精粹译丛——有效沟通》,中国人民大学出版社,2001 年版。

同目标的责任所驱动的，领导者将不需要很大的力量来控制会议。有效率的领导不是利用职权，而是通过明确表达这种责任来控制会议。例如，他可以说："现在我们没有时间去考虑一个特殊的设想，没有时间进行长篇演说，会议必须通过这项议题以便进入下一个内容。"

拓展阅读

影响会议成效的主席行为

什么样的会议是有成效的？是什么在干扰会议的成效？

- 不事先计划，只是让会议自己进行。
- 不告诉任何人关于这个会议的目的，领导者不提供任何机会，生怕别人胜过他。
- 不准时到场，因为你是老板，让他们知道会议没有你就无法开始。
- 不注意会议的后勤和补给，或者会议设备坏了，无法使用。
- 说话声音慢且低沉，用这样的声音吸引听众且让他们知道谁是老板。
- 用一些信号来强调你的地位：看手表，打哈欠，打岔，让与会者知道你有更重要的事要做。
- 大概地给出信息，不讨论细节，因为你是决策者。
- 支配讨论，讲一个长长的故事来展示你的经验与知识。
- 绝不承认你不明白，对问题打太极拳，讲一个逸事，或者换主题，就是不承认自己的疏忽。
- 显示自己正在"控制"会议。

（二）对会议主题的引导

第一，在开始讨论任何议题时，主席应该明确该议题所要达到的目的。他要确保所有成员理解所讨论的问题以及为什么讨论这个问题。所讨论的问题可能是大家以前经历过的，也可能不是。如果不是，主席或者主席指定的人应该给出一个简单的介绍，包括该议题列入议程的理由、问题的来龙去脉和目前的状态、已经建议或调查研究的路线、需要的行动方针、争论的焦点等。

第二，避免误解和混淆。对于不明白的论点或者难以理解的论证，主席应该要求发言者加以澄清；如果发言者使用了错误的概念，他应该进行干预。

第三，引导会议走出毫无结果的争论或者与议题毫不相干的领域。有时人们在还没有澄清问题的原因时，就开始讨论行动方针了；或者在某一个问题上争论不休而又无法得出结论；或者离题太远。主席必须仔细倾听，以便采取措施使会议继续进行。

第四，做过渡性的总结。用几秒钟对发言或议题做一个过渡性的总结，这样会帮助与会者理清思路，把握要点。

第五，不要拖延会议，按时结束讨论。在会议已经达成共识时，主席要及时结束讨论。遗憾的是，有时主席没有迅速地结束讨论，有时主席没有意识到已经达成了共识，而使讨论又延续了一些时间。一旦主席发现会议出现以下情形时，就应该及时采取措施结束会议：①更深入的讨论需要更多的事实和依据；②讨论表明，需要一些没有出席本次会议的人的看法；③与会者需要更多的时间来思考议题，并可能需要同其他同事探讨；④情况正在发生变化，需要进一步解释决策的理由；⑤本次会议没有足够的时间来充分审核该议题；⑥该议题可以由两三个成员在会议之外处理，而不必占用其他人的时间。

第六，在每个议题讨论的最后，领导者就已经达成一致的内容给出一个简短、清晰的概括。它可作为实际会议中的口授内容，这样不仅有助于进行会议记录，也有助于人们理解已经在会议上所取得的有价值的东西。如果在概括中包含了某一会议成员的行动，则应要求他确认自己在行动中所要承担的责任。

（三）成员行为的控制

作为主席，要使会议更为有效地进行，就必须对会议加以控制，避免某些与会者牵制和拖延会议议程、阻碍会议目标实现的行为。

第一，对付迟到行为。准时开始会议会使迟到者汲取教训，使他们意识到，即使没有他们，会议还是照常进行了。另外将迟到者和早退者列入会议记录，这种做法不仅表明在制定某项决策或讨论某个问题时他缺席了，而且在提醒他缺席的信息可能会公布于众，而人们通常不希望关于自己的这种信息被公开，因此这种做法能很好地强化未来会议的准时性。

第二，控制喋喋不休者。喋喋不休的人是指在会议上花很长的时间讲很少的信息的人。作为主席，你可以建议他最好写个报告来详述观点。或者，选一个他讲到的词（什么词无关紧要）来打断他，并对其他人说：“‘资金的投入’，这很有意思。老王，你同意必须有资金的投入吗？”

第三，引导发言。在大多数会议上，多数人在多数时间里是保持沉默的。沉默可以表示同意，或者没有什么建议，或者在更多地倾听与等待，对这些沉默不必担心。但是如果是缺乏自信的沉默或者对抗的沉默，则需要主席来加以引导。有人想提出建议和意见，但是担心所提出的意见是否有价值，是否会遭到反对，因而保持沉默。引导这样的人表述自己的意见时，主席应表现出兴趣和喜悦来鼓励其发言，尽管你可能不必非要同意这些意见。对抗或敌意的沉默，尤其是对主席的敌意或是对会议本身和决策过程的敌意，常常蕴藏着某种轻蔑的情绪，预示着某些事情的爆发。事实上，有些事情爆发要比不爆发更有利于问题的解决，因此主席要适当引导人们理性地表达自己的意见和感受。

第四，保护下级。参加会议的下级人员可能招致他们上级的反对，这是很自然的事情，但是如果这种反对发展到下级成员没有权利来发表自己意见的地步，会议的作用和功能就被削弱了。所以，主席必须尽力维护下级的权利，就其所谈内容的价值来肯定他们的观点，或者对他们的观点进行书面记录，来强化和鼓励他们的行为。

第五，鼓励思想碰撞，避免个体的冲突。好的会议不是与会者间的一系列的对话，而是伴随着领导者的引导、思考、激励、概括，以讨论、争辩的方式进行交流，最终产生有价值的结果的过程。然而，会议必须是观点的争论，而不是人的冲突。当两个人开始变得激动时，主席应该向中立态度的成员征询意见，扩大讨论，要求他们提出纯粹的、现实的答案。

第六，提防对建议的压制。往往与会者提出的建议比阐述的事实和观点更容易受到嘲笑，如果会议中有排挤现象，就更容易形成对某人的建议加以压制的现象。如果人们感到提出的建议会招致嘲笑、会被压制，他们会不去提出任何建议。尽管所提出的建议不一定都会有什么结果，但是应该给所有的人以提建议的机会。当有人提出建议时，主席要特别关注和表现出足够的热情，尽可能避免其他人压制该建议的做法。比如你可以从建议中挑出最好的部分，让其他成员加以补充和讨论；要求嘲笑者或压制者就该问题提供更好的建议等。

第七，把资深人士的意见放在最后。虽然这不是一条规则，但一个具有高度权威的人的发言，极有可能使资历稍浅的成员受到抑制。让与会者按照资历由低到高的顺序发言，比由高到低的顺序更有利于传播信息。

第三节 掌控演讲

管理者日常工作中的一个重要方面就是传递信息。当向许多人传递大量信息时，演讲无疑是最为便捷、有效的方式之一。在当今的商业环境中，管理者们已经意识到了演讲的重要性并在进行着各种演说。比如为销售某种产品或服务、解释一种新产品的变化以及出席一些重要的宴会或商务会议等。演讲日益成为与多数人进行交际和沟通的有效方式，也是企业与社会沟通的一种重要渠道。

演讲作为一种重要的正式沟通方式和一项重要技能，并非每个人天生就能轻松自如地驾驭。现实情况是，很多管理者发现，进行一场有效的演讲是一件困难的事，尤其是做一场别开生面的、精彩的、令观众印象深刻的演讲。为此，管理者有必要掌握一些演讲的知识和技巧，以培养自己在这方面的素质和能力。

一、演讲的功能和类型

演讲是沟通的一种方式，与其他沟通过程一样，它主要有交流信息、传授知识、施加影响等功能。演讲者通过口头语言的表达以实现其既定的沟通目标。对于管理者来说，最为重要的演讲目标是要反映所代表的组织的需要和目的，比如开展员工教育，进行工作报告，推销或展示某种产品或服务，对市场行情或新产品的未来进行预测，说服组织内外的一些群体（如董事会、股东们），为组织内部的某项错误行为道歉，等等。

根据不同的依据和标准可划分出不同的演讲类型。我们按照演讲目的不同把演讲分为四类：

第一，娱乐性演讲。娱乐性演讲主要是给人们轻松愉快之感，在演讲内容、措辞以及姿态语言的应用方面不需要受其他一些方面的限制和束缚。这种演讲的中心议题通常由一连串幽默的话语组成，偶尔也涉及一些真实可靠的消息。在欢庆胜利的宴会、员工生日宴会上，也许会有娱乐性演说，使大家感到轻松愉快，恬然自得。

第二，传授性演讲。传授性演讲主要用来传递信息，而不是为某个特定的观点辩护。演讲的主题应该是没有争议的，而且演讲的范围和内容是事先确定好的，演讲者和听众都已经作了比较充分的准备。如向委员会作的一些报告，发言者的责任不是做出什么决定，而是向委员会提供信息材料，以便委员会做出决定。

第三，说服性演讲。这种演讲是为了给某个特定的观点辩护，说服一些持有反对意见或者态度冷淡的听众赞同或支持演讲人的观点和主张。因此，在这种演讲中，要运用各种手段和技巧，既要从情感上打动听众，更要重视逻辑和事实，做到以理服人，驱使听众赞同演讲者的观点，接纳演讲者的建议。如，对顾客的说服可以归为这一类演讲。

第四，鼓励性演讲。这种演讲能鼓励人们的行动，其目的是说服人们为一定的目的采取行动——如募捐、为组织发展加倍努力等。这类演讲中常用激动人心的语言,通过与听众产生共鸣,调动其内心的激情和活力,激发听众的内驱力。

对于管理者而言,通常会用到的是后三类演讲,通过演讲向听众施加影响——说服或鼓动,以期达到预定目的。虽然从理论上来区分这些类型具有一定的意义,但并不是说这样的划分就是精确和科学的。在实际操作中,演讲的目的通常不是单一而是复合的,因而这些类型往往也是被交叉运用的,而且管理者也经常会依场合、时间、听众、自己的演讲风格等混合使用上述演讲类型。比如,在说服买家时,演讲者往往会把传授性演讲和说服性演讲糅合在一起,以达到更好的效果。

二、演讲的准备

中国有句古话,“台上十分钟,台下十年功”。对于演讲,虽不必达到如此境界,但事前做好准备仍是十分重要的。演讲者要想达到其预定的演讲目的,事前做好充分的准备是非常有必要的,毕竟并不是每个人都能做一场引人入胜的即兴演讲,即使经验丰富的演讲者也是如此。丘吉尔刚当议员时,英国议会有新议员不能发表演讲的传统,然而,丘吉尔认为,这是一个表现自我价值和塑造领袖形象的绝好时机,于是,进入议会第四天他就发表了演说。为了这个演说,他付出了巨大的努力,不仅对讲稿的内容、形式、语言等进行了全面而细致的准备,而且对态势语言也进行了反复细致的推敲,当议员们听完演讲热烈鼓掌时,竟忘记了他还是一个没有资格参加演讲的新议员。可见,事前准备在演讲中具有重要的作用。

(一)演讲的论题和选材

1. 演讲论题的选择。好的开端就是成功的一半。挑选论题是准备演讲最重要的步骤之一,是整个演讲的起点,它直接引领着整个演讲的范围和内容,直接决定着演讲是否能从一开始就满足听众的需求,吸引住他们的注意力。在演讲开端中占据重要位置的是一个好的选题。那么,如何拟订演讲题目呢？应该从以下几方面来把握:

(1)题目必须有意义。演讲题目应是大多数人都普遍关心的问题,必须指向观众的需求,满足观众的期望。而演讲者的神圣权力,也就是负有言之有理的责任。演讲者要切记:给你的发言权,并非是让你炫耀自己的知识或缅怀往事;你所进行的演讲,不能只是你自己的需要,而要符合听众及你所代表的组织的要求。

(2)题目要有建设性。在实事求是的基础上,标题要选择那些能给人以希望的、积极向上的、令人振奋鼓舞的文字。而在内容上,也要能带给听众新的信息、新的知识,以引起听众的兴趣,满足其求知欲望。

(3)题目要新奇醒目。“语不惊人死不休”,演讲的题目应能像磁石一样,一下子吸引住听众。鲁迅的演讲标题很是讲究,常起到先声夺人、振聋发聩的作用。但任何事物总有一个度的问题,题目的设计也要体现这个度,不能盲目追求新奇而显得庸俗不堪。尤其是管理者的演讲,更应注意和把握好这个度。

(4)标题之忌。演讲的标题忌冗长、忌故作深奥、忌空泛。选定了题目,演讲的主题也就确定了。演讲者的见解、观点、主张和意图都是通过具体材料,围绕着核心(主题的思想)来表达和体现的。演讲的主题应有针对性,对存在的问题有的放矢,而不是空对空地泛泛而谈。另外,主题还须是演讲者有创见的思想观念,切不可老生常谈,人云亦云。

演讲的题目确定以后,还应对演讲的论题进行凝练,以简练的几句话把它抽象出来。论题是演讲题目的简单扩充,应重点突出,与演讲题目紧密结合。

2. 取材。通常,演讲者平时已经积累了一些素材,但这些素材并不是每个都适合作为演讲素材,因此在写演讲稿之前,有必要对演讲所需材料进行收集和筛选。

(1)取材的依据。演讲的取材必须具有针对性,要按照材料典型、真实可靠、新鲜、具有时效性的原则进行收集和筛选。

首先,材料必须具有针对性,能反映主题。收集材料的目的是为了支撑演讲者的主题,以事实说服别人。面对纷繁复杂的大量材料,应分清这些材料中哪些是与演讲主题有直接关系的,关联程度有多大,是否适合在演讲的环境下用这些材料。

其次,选择材料要真实可靠。沟通的基础是信任与真诚,演讲也不例外。材料的真实与否直接影响着这个基础的牢固程度,如果没有这个基础,即使再幽默诙谐、生动感人的演讲也只能以失败告终。因此,必须保证材料的真实性,决不允许对材料进行虚构和杜撰,甚或轻微的篡改。

最后,要注意材料的新鲜感和时效性。使用材料要尽量避免千篇一律,经常被使用的材料不到万不得已决不使用,以避免听众的反感,迎合人们“喜新厌旧”的心理。当然,如果演讲者能从陈旧的材料中挖掘出新的信息,用之也无妨。有些材料要注意其时效性,因为并非所有的材料都能经受得住时间的考验,所以在取材的时候一定要甄别所选材料是否与当前的现实一致。

(2)材料收集的渠道。演讲材料的来源通常可以归为两类:直接材料和间接材料。

①直接材料。直接材料是演讲者自己的日常工作、学习、生活的经历,及自己在某方面的研究中所得到的心得和体会等。通常管理者在演讲时,所用较多的就是这种直接材料,尤其是当其演讲主题和自身工作关联程度比较高时,演讲材料的来源更趋向于直接材料。由于直接材料是演讲者亲身经历的,所以演讲者能保证

这些材料的真实性、准确性，并能很好地在演讲中驾驭这些材料。

②间接材料。间接材料也叫第二手资料，是演讲者从期刊、杂志、书籍、电视、网络等媒体上收集到的材料。间接材料的收集，范围广，内容丰富，避免了个人经历狭窄的不足。应该说，间接材料在演讲中是必不可少的，被演讲者广泛使用。比如，我们看到很多演讲者常以名人名言作为演讲开头，演讲中大量地旁征博引各种资料。通常情况下，如果间接材料引用得当，能增强演讲的可信度，取得事半功倍的效果。值得注意的是，由于间接材料并非演讲者亲身经历，因此应确认这些材料的真实可靠性。

（二）演讲的结构设计

确定了演讲的题目和主题后，接下来的工作就是如何安排演讲的主体内容，即进行结构设计。通常，演讲的结构设计可以采用以下6种可能的方式：时间顺序、空间顺序、原因—结果顺序、问题—解决方法顺序、激励顺序和标题顺序。按照演讲主题的不同，演讲者应选择最适合自己演讲材料的一种方式来设计结构。比如，一个管理者在员工培训课上以“企业管理发展历程概述”为题进行演讲，就可以采用时间顺序来安排演讲结构。

在这里，我们根据管理者通常会遇到的演讲主题，有选择地介绍其中几个方式。

1. 问题—解决方法顺序。使用问题—解决方法顺序的演讲者可以把演讲分成两部分，一部分谈问题，另一部分谈解决方法。例如，下面是以“如何提高员工工作效率”为标题的演讲纲要：

具体目标：使听众知道通过绩效考核与反馈、培训、奖惩等手段可以提高员工工作效率。

中心思想：管理者必须知道如何提高员工工作效率，因为员工工作效率的高低直接决定着组织效率的高低，决定着企业的生存状态。而现实是，组织内肯定存在效率低下的员工，而管理者却不知如何处理，甚至有些管理者根本拿不出令员工信服的证据来说明哪些员工的工作效率是低下的。

主要观点：Ⅰ. 很多组织中确实存在员工工作效率不高的问题。

Ⅱ. 很多组织没有制定一定的措施和程序来甄别哪些员工的效率是高的，哪些员工的工作效率是令组织不满意的。虽然有些组织能做到这些，但并不知道采取哪些手段来解决员工效率低下的问题。

Ⅲ.通过完善组织的人力资源管理体系,合理公正地对员工进行考核,可以科学核算出每位员工的工作效率,而通过奖惩、培训等手段可以解决员工效率低下的问题。

演讲者首先提出在组织运转中,在员工工作效率的核算与提高方面存在哪些现实问题和障碍,而后根据这些问题一一列出自己的解决方法。

2.激励顺序。激励顺序是1930年由阿兰·门罗教授提出来的,其实质也是一种问题—解决方法模式。该模式所设计的演讲结构顺序是劝说听众接受一种观点或产品,然后促使他们采取行动。整个模式有五个步骤组成:

(1)注意:演讲者把听众的注意力吸引到题目或者具体情景上。

(2)需要:演讲者引发一种对变化的需要,解释与听众相联系的需要。

(3)满意:演讲者提出自己的解决方法,并表明它如何满足所提到的需要。

(4)形象化:演讲者表明这些解决方法起作用时将会出现的结果。

(5)行动:演讲者指出要实现所要求的这种变化必须采用什么行动。

任何一种劝说性的问题—解决方法的演讲都可以采用激励顺序来进行演讲结构的设计。

3.标题顺序。当演讲内容不能按问题—解决方法和激励顺序来设计结构时,就可能会使用一种标题组织模式。当题目或演讲主题能够被逻辑地划分为若干小标题时,就可以采用标题顺序来安排演讲结构。

下面举一个例子来说明:某公司经理以"节约:你能做什么"为题进行演讲,以提高员工的节约意识,在演讲中使用了标题顺序,以说明大家能够做到的事情:

具体目标:使听众相信每一个人都能为节约资源做出贡献。

中心思想:节约意味着实施减少、重复使用、修理和回收。

主要观点:Ⅰ.减少不必要的消费和浪费。

Ⅱ.重复使用那些可重复使用的东西。

Ⅲ.修理那些能够修好的东西。

Ⅳ.回收那些能够回收再利用的东西。

三、发表演讲

发表演讲是演讲的核心,一个演讲能否取得成功,很大程度上取决于演讲者是否能掌控演讲,在演讲中沉着冷静,驾驭整个演讲过程。为此,演讲者有必要掌握演讲中的一些技能和方法。

（一）演讲的口语表达技能

演讲者进行演讲，主要靠有声语言来表达思想和感情，演讲者的声音美、吐字清晰、发音标准、表达准确生动，不但能给人以享受，也能使演讲获得最佳效果。可见，要达到理想的效果，口语表达技巧的运用是非常重要的。

1. 表达清晰、明白、准确。演讲的基本特征是“以音达意”，也就是说，演讲“表意”的主要手段是语音。这和以文字（包括标点符号）为主要达意手段的书面语不同。演讲者话一出口，首先考虑的就是“出语”、“表意”是否清楚明白。如果吐字不清、发音不准，听众就很难抓住演讲者的要旨，再加上语音具有不可重复性（不像文字可以重复再现），因此，演讲者在演讲中必须要注意自己的表达是否能被听众所接受和领会，否则只能是徒劳无功。

2. 音量控制既要响亮，又要适中。音量，是声音的强度。为了让在场的听众都能听清楚，演讲者的声音要有足够的强度，要把声音传递到每一位在场的听众耳朵里。同时，它也是体现演讲者自信的一个方面，是让演讲产生预期效果的必要条件。

响亮必以清楚圆润为前提，根据演讲内容适当调整自己的音量，以使听众能准确领会演讲者的意图和言外之意。响亮不能以牺牲必要的抑扬顿挫为代价，要有高亢激昂，也要有委婉轻柔，这样才能使演讲始终激越铿锵，娓娓动听，达到吸引听众的目的。即使是必要的喁喁低语，也要有足够的音量。总之，演讲中要把情感融入音量之中，通过音量的适度变化向听众传递尽可能多的信息。

3. 节奏。节奏是在一定时间内语音高低、语速快慢交替出现的有规律的现象，是由一个人思想感情的波澜起伏所造成的抑扬顿挫、轻重缓疾的声音形式及其回环往复。演讲节奏取决于演讲内容的总体要求，也受到演讲者的气质、性格、演讲目的等因素的影响。演讲中常用的一些节奏形态有：

（1）轻快型。这种节奏活泼轻快，可以减少演讲者与听众双方的拘束感，促进双方的情感交流。在致欢迎词、宴会祝词以及其他比较随意的场合，常用这种演讲节奏。

（2）持重型。这种节奏沉稳、凝重，具有庄严、镇定的色彩和气氛。在一些严肃的会议上，开幕词、工作报告、总结发言、理论报告等的演讲，常用这种节奏。

（3）高扬型。这种节奏高昂、洪亮、张扬，具有振奋作用。它既是性格外向、感情奔放的演讲者感情自然流露的节奏形式，也是鼓动性宣传、辩论性发言的节奏形式，也为誓师会、动员会等所采用。

（4）复合型。演讲的节奏形式随演讲内容和情绪而转换，表述有所起伏，这种形式适合内容复杂、费时较长的演讲。

(二)演讲者的心理控制能力

演讲者的心理控制能力包括两个方面:一是演讲者自身的心理把握,二是对听众心理的把握。

1. 演讲者要充满自信,很好地把握和控制个人心理。在一个熟悉的环境中演讲,演讲者通常遇到的心理障碍是无新鲜感。演讲者必须调整心态,激发起演讲的兴奋点和热情,把每一次演讲都看作是第一次,面带微笑、热情洋溢;也可以选择不同的演讲形式,比如配合多媒体的运用,以提高自己的新鲜感。演讲者充满热情的演讲,会给听众一个惊喜和情绪上的感染,听众的热情又反馈给演讲者,从而产生良性循环,把演讲推入佳境。

当演讲者在一个陌生的环境中演讲时,遇到的心理障碍通常是怯场或进入状态慢。怯场往往导致演讲者紧张过度、手足无措以至失去自控能力,影响演讲的顺利进行。要切实有效地克服怯场心理,演讲者在演讲前必须做到以下几点:

首先,要有强烈的成功欲。很难想象一个没有成功欲的演讲者能获得听众的共鸣,取得成功。只有具有强烈的成功欲望,才能激发演讲者对演讲效果的高度关切,进而引起对演讲内容的构成、演讲方法与技巧的运用、听众的反馈等一系列问题的关注,从而不断改进和提高演讲的质量。演讲者如果对成功缺乏强烈的欲望和追求,内驱力必然不足,在行动上就会表现出消极、冷漠,进而在演讲中难免会出现自信下降、怯场的情况。

其次,要有充分的自信心。充分自信,是演讲成功的前提,是演讲者重要的心理支柱。自信是演讲者对自我素质和能力的信任,演讲者的自信表现为对实现演讲目标持肯定性推断,坚信演讲会成功。自信可以发挥意志的调节作用,增强自制力,克服演讲带来的恐慌和不安,也可以促使智力呈开放状态,更有效地发挥演讲者的创造性,从而较好地进行临场发挥。

自信应是客观的自信,而非盲目自信。客观科学的自信应具备以下三个要素:熟悉演讲规律、原则和具体方法,有演讲的实际体验和感受;对演讲现场的实际状况以及听众的需求和水平有基本的了解;对自己的演讲内容和所涉及的基本知识有把握并确信能使听众受益。通过充分的准备可以使演讲者具备这三个要素,盲目的、毫无准备的自信只会给演讲带来负面影响,是不可取的。

再次,要有坚强的自制力。演讲所面对的情况纷繁复杂,很多因素都能引起演讲者情绪的波动。如果没有自制力,兴奋时就会忘乎所以,失去常态;受挫折时就会泄气灰心,意志崩溃。演讲者要有坚强的自制力,就是能根据需要,对自我情绪进行调节和控制，抑制和克服消极心理的影响，调动发挥积极心理的作用，以保障演讲者主动适应各种演讲环境，充分发挥自己的才能，保证演讲的效果。

2. 了解听众、熟悉听众。演讲前，必须要清楚是为谁做演讲，弄清楚这些听众的年龄构成、知识水平、职业以及他们对演讲的要求等问题，做到心中有数，有备无患。只有如此，才能使演讲更具有针对性，进而提高演讲的成功率。

由于了解了听众，就可以把演讲契合点主要放在听众中最具有共性的大部分人群中，择机与之交流。在演讲的过程中要始终保持灵敏的感觉，善于敏锐地捕捉到听众的反馈信息，然后马上应对，调整演讲策略，满足听众的需要，控制演讲的场面。

（三）演讲的身体语言沟通能力

身体语言是指演讲者把要传递的信息通过仪表、姿态、神态、手势、动作等输送到接受信息的一方。身体语言在信息传递的过程中，既可以与有声语言相互配合使用，又可以单独使用，是信息传递中不可或缺的重要手段之一。演讲中常用的身体语言主要有以下几种：

1. 演讲身姿。演讲者在演讲中常常采用站立或坐势两种姿势。采取何种姿势进行演讲，主要取决于演讲主题和内容、听众对象、演讲者的年龄和习惯等因素。

(1) 站立演讲。这种演讲形式能够容纳最为丰富的肢体语言要素，扩大演讲者的视野，易于观察了解听众的表情和情绪的变化，并根据这些情况随时调整演讲的内容、节奏、语气、表达方式等，从而增强演讲效果。为了调动听众的积极性，防止听众疲劳，加强同听众进行信息和感情的交流，可以根据情况的需要，不断变换演讲的姿势。如，将正立势、侧立势、移动势等方法配合使用。站立势演讲时，不要自始至终保持一种姿势，也不要过于频繁地变换姿势，更不能不停地在讲台上来回走动。如果总保持一种姿势，就显得呆板，也容易使听众感到疲劳。如果过于频繁地变换姿势，则会分散听众的注意力，影响演讲的效果。特别是要避免一些下意识的不良习惯，如不停地推眼镜，捋头发，搓手，摆弄茶杯、文具等。

(2) 坐势演讲。这种演讲形式能够给听众造成老成持重的视觉印象。由于这种演讲方式暴露的身体部位较少，演讲者可以不必过于苛求演讲的姿态。但是，坐势演讲存在着不足，一是容易造成演讲者与听众之间的距离感，为了消除这种距离，演讲者必须在演讲内容和其他身体语言上多下功夫，以增强演讲的感染力；二是由于演讲者暴露的身体部位较少，必然带来身体语言效果较差的问题；三是由于演讲者从头至尾都是端坐不动，听众的视野也就限制在比较狭窄的一个区域，使得听众易于疲劳和厌倦，为此，演讲者必须通过其他手段来弥补，以使听众始终保持听讲的兴趣。

2. 面部表情。面部表情是人的思想感情在面部上的显示,可以表达出人的异常复杂的内心世界,表露出一个人的喜、怒、哀、乐等极为丰富的情感。

在面部表情的使用上,要注意鲜明感、灵敏感的统一。鲜明感是指演讲者的面部表情伴随其演讲的内容而准确、明朗地表现出来。灵敏感是指演讲者伴随演讲内容,能够迅速、敏捷地反映出内在的情感。该喜则喜,该悲则悲,该怒则怒,该忧则忧,不能似是而非。

面部表情应与口语表达协调一致,做到言出色动、色动形随、相互为用、相得益彰,毕竟面部表情是辅助口语来表情达意的,目的是为了更好地烘托口语的表达效果。

面部表情要自然而丰富。演讲中要合情合理地根据演讲内容,采用适当的面部表情,要力求自然,切勿夸张和做作。同时,要注意面部表情的变化,要丰富,不能太刻板,更不能从头至尾都是一个表情。

3. 眼神。眼神是心灵的外在表现,演讲时的眼神就是语言。在演讲中,眼睛是非常有效的言语补充工具,因为在演讲中有些话语是不适合用言语来表达的。当演讲者走上讲台,目光巡视全场时,会使全场安静下来。演讲中,演讲者可以根据演讲节奏用眼神照顾到每一位听众,以表示对每位听众的尊重。演讲者一边讲,一边注视听众,可以及时接受听众发出的信息,若发现某处有小声说话或搞小动作的情况,只要用"专注法"或"虚视法",就会使那里很快安静下来,从而可以有效地控制会场。应该注意的是,演讲时目光应该是自然、温和、稳重的,这样能使人感到亲切,产生信赖。不要用轻蔑的目光注视听众,不要用眼睛长时间盯住一个听众的眼睛或身体的某个部位。

4. 手势。手势是通过手臂和手指活动传递信息的身体语言,它包括挥手、招手、摇手和手指的动作。手势应用方便灵活,表达内容丰富,是演讲中使用频率较高、表现力很强的一种态势语言,其在演讲中的作用不可低估。手势的用途广泛,表现的内容也很复杂,主要的有象形手势、指示手势、象征手势、情感手势等。

在运用手势时应注意以下几个原则:

(1)简单明快。手势虽重要,但毕竟是辅助手段,不可过多、过于烦琐,以免喧宾夺主,分散听众注意力。手势还要表意清楚、干脆利落,既不可使听众茫然不解,又不能拖泥带水。

(2)雅观自然。拘束低劣的手势,会有损演讲者的形象,尤其要避免有歧义或具有侮辱性的手势在演讲中出现。手势动作幅度大小要适当,应根据表情达意的需要、会场的大小、演讲内容和需要而定。手势既不能过大,令听众感到"张牙舞爪”;也不可过小,使听众觉得缩手缩脚,没有自信。

(3)协调一致。手势要与演讲协调。手势要与全身协调,不可手势向左,身体与脸部却向前;手势要与情感协调,不能感情强烈而手势动作小;手势要与口语协调,不要话未完就结束动作,也不能话完后又补做动作。

(4)突出个人特点。戴尔·卡耐基说过:一个人的姿势,应该像他的眼睛一样,完全是属于他个人的。所有人的眼睛不完全一样,那么,他们身体姿态的表现当然也不会相同,要表现出与众不同的个人特点。

思考题

1. 面谈前要做哪些准备工作？如何控制面谈的过程？
2. 招聘面谈、适应面谈和绩效评估面谈有什么区别,如何使这些面谈更有效？
3. 思考会议的功能,如何做一个合格的会议主持者？
4. 准备一个3~5分钟的演讲,主题是“改善我们的沟通状况”。

沟通体验

根据案例,思考你将如何针对会议效率问题和总经理沟通。

“开会了,各部门负责人马上到会议室。”总经理助理正在每个房间地通知开会。

“商老师,郭总说在会议室开个会,您是不是也参加一下？”助理敲开我的房门,对我说道。

“怎么又开会？不是刚刚才开过会吗？”

“不好意思,商老师,昨天开的会是总结会议,今天好像不是这个议题。具体的内容,您到会场就会知道了。”

“好,你先回去吧,我马上过去。”

这已经是我从这个项目开始到现在的第八次会议了,而我才刚刚来这里不到半个月。作为一个进行单一项目咨询的顾问,短短半个月我就已经因为这个那个的会议耗费了大量的时间,而我的工作甚至还没有完全开展。但作为咨询顾问,客户既然希望我出席他们的会议,我又不得不去。

“商老师好。”一进会议室,各部门的负责人都和我打招呼。一眼看过去,人还是那些人,天天开会见到的都是这些公司的中流砥柱。我一一和各位打过招呼,坐到自己的位置上,拿过今天的会议议题说明,构想今天自己应该说些什么。我看了一下议题,发现同我的工作职责并没有直接的关系,也同在座的很多部门没有直接的关系。这应当是一次部门会议,而不应当是一次全体会议。由此,我觉得我该同他们的总经理谈谈了。

第八章

书面沟通能力：公文写作

清晰、有说服力的论述，即使是拒绝和否决的理由，也会帮助读者接受现实。

——沟通学家基蒂·洛克

第一节　公文写作的特点与要求

书面沟通是借助于书面文字材料实现的信息交流，比如书信、计划书、调研报告等。管理工作中的沟通很多都是通过书面来进行的。基于不同的目的，书面沟通可分为各种具体形式，它可以是正式的，也可以是非正式的。尽管文件类型不同，不过蕴涵在其中的写作的基本准则是相同的。公文作为文字写作的一种特殊方式，有着与其他文字写作类型的不同之处和个性特点，而且它也是日常工作中比较常用的一种文字写作类型，故在本书中，我们重点介绍公文的写作。

一、公文写作的特点

公文是指社会团体、企事业单位在公务活动中形成并固定使用的各种文书材料，即公务文书。组织中常用到的公文有计划类文书、建议书、调查报告、工作报告、述职报告、工作总结、会议记录、销售信函等。公文有以下七个方面的主要特点:

(一)作者、读者的特定性

作者的特定性,是指公文的作者是特定的作者,即团体、企事业单位或其领导人(或不署名),其他人员不得充任。否则,公文就没有了既定的效力。因此,公文的署名并不是实际起草文稿的人员,这不同于一般文章作者的概念。以领导人个人名义发布的公文,也不是以该领导人个人的私人身份发布,而是代表他所在的组织发布,该领导人是作为职权的代表发布公文的。例如,某咨询公司关于产品市场状况的调研报告,尽管出自公司内分工起草的人员之手,但作者通常只署"某咨询公司"。

读者的特定性,是指公文的读者对象是明确的、特定的。例如,报告、请示是送给上级领导的,上级领导理应处理;指示、批复是送给下级的,有关的下级必须遵照执行。

(二)主旨的直白性

公文主旨的表述具有直白性的特点。主旨即公文主题,所谓"直白性",就是把作者的目的、观点、思想、意图,用简明的语言在文中直截了当、清楚明白地表述出来。例如,某公司《年终总结报告》的开头为:"今年公司的整体业绩不错,国内贸易稳步增长,国际贸易态势良好,大有来年再创新高的迹象,这和在座各位的努力和汗水是分不开的。"这样的开头开门见山,用一句话阐明目的,不绕弯子,不兜圈子,直入主题。

(三)材料的真实性

公文选用的材料必须是客观、真实的。公文通常是非常正式和严肃的文件,因而它所选用的材料,无论是现实材料还是历史材料,理论材料还是事实材料,都要有根有据,都必须是客观存在的事实,既不能夸大或缩小,也不能溢美或过分贬低。它不仅要求所写的人名、地名、时间、数字、引文等必须准确无误,而且要求所选用的事例、情况、背景等材料也必须真实可靠、符合实际,绝不允许进行虚构。例如,通报这种公文,不论是表彰性的、批评性的,还是情况介绍性的,都涉及对人对事的定性问题,因此,对具体的事实乃至细节都应反复进行核对,绝不能马虎从事。

（四）格式的规范性

公文在长期使用过程中，逐渐形成了比较固定的规范格式，被大家普遍接受和认可。例如，组织内部的工作安排，格式通常由"标题"、"正文"、"落款及时间"三部分组成。如果是政府公文，其格式要求就更为严格和规范。国务院办公厅发布的《国家行政机关公文处理办法》（2001 年 1 月 1 日起施行）第十条明确规定："公文一般由秘密等级和保密期限、紧急程度、发文机关标识、发文字号、签发人、标题、主送机关、正文、附件说明、成文日期、印章、附注、附件、主题词、抄送机关、印发机关和印发日期等部分组成。"涉及国家秘密的公文应当标明密级和保密期限，其中，"绝密"、"机密"级公文还应当标明份数序号；紧急公文应当根据紧急程度分别标明"特急"、"急件"。不同的公文文种，其习惯用语也不相同，如公告的结尾惯用语是"特此公告"，而通告则是"特此通告"，不能用混。公文的这种特定的规范格式是公文长期写作经验的结晶，同时也是公文权威性在形式上的体现。掌握和遵循这些规范的程式，便于写作，便于阅读，便于用它处理和解决相应的实际问题，有利于提高办事效率以及进行公文的分类、归档和查询工作。

（五）语言的严肃性

公文以传递严肃的信息为主要内容，具有很强的权威性，所以在语言的表达上具有庄重严肃的格调。这种庄重严肃的格调具体表现在公文语言的确切、简明和平实上。

公文用语确切是指语言要合乎事实、合乎逻辑、合乎语法，判断要准确，推理要周密，所用引语和数据应精确无误。在词语方面，要使用规范化的书面语汇，慎用或不用口语、方言，多用直言义，少用婉言义；在句式方面，多用完整句，少用省略句，注意修饰、限制成分的选用。

简明即简洁明快，用最少的文字表达最丰富的内容，杜绝一切空话套话。在了解意义和用法的前提下，要正确使用惯用语、简称和文言。

平实就是平易朴实，通俗易懂，自然无华。在行文时，一般不用抒情、描写等表达方式，不追求华丽的辞藻。

（六）效用的时限性

公文是为解决实际问题而写的，是为现行工作服务的，因此，公文的撰写、传递、办理都有时间限制，延误了时间，公文便会失去实用价值。

以上六个方面的特点，也是公文写作时的六个要求，缺一不可。总之，公文的写作旨在务实，解决实际问题。所以，公文的写作，在写作态度上强调客观性，抑制主观性；在主题的表达上，讲究一文一事；在选材中，讲究典型真实；在表达方面，叙事直截了当，议论就事论理，说明注重科学性、准确性；在语言上要庄重、规范。只有把握住公文写作的上述特点，才能达到公文预期的沟通目的。

二、公文的写作要求和技巧

公文写作虽具有其自身的特殊性，但究其根本，它也属于文字沟通的一种，在写作的时候也就必然要遵循一般的写作指导方针，与其他文体写作的基本准则是相同的。查尔斯·E. 贝克在《管理沟通》一书中，概括了写作的一般指导方针。

公文写作除了需要按照以上的指导方针外，还需要在其他的写作技能上多加注意，以使公文准确无误地传递信息，达到预期的目标。

（一）公文写作的强调技巧

强调技巧是把公文写得言简意赅、重点突出的有力保证。

1. 正反强调法。正反强调法就是对大家关注的重点问题重点论述，从正反两个方面进行双重强调，以使读者更为关注，令其读后留下深刻的印象。正面强调就是用“要……”、“必须……”一类的句式去强调；反面强调就是用“不要……”、“没有……”一类的句式去补充和加强。正反强调，相辅相成，利弊互见，有极好的强调效果，能引起读者特别的重视，是公文中经常使用的一种强调手法。不过，在应用正反强调的时候，要仔细推敲所强调的内容是否适合于用正反强调法，以避免给读者造成拖沓冗长、来回反复的感觉。

2. 影响强调法。影响强调法就是以揭示某项具体工作在全局中的广泛而深远的意义、作用或重要性，来实现其强调的目的。影响强调法能开阔眼界、提高境界，帮助人们更广、更高、更深地认识问题。在公文中，这种强调法的应用极为普遍。比如，某企业为增强人力资源部门在公司中的地位以发挥其更大的作用，下发了《加强人力资源管理在企业中的作用的通知》，在通知中就可以不惜笔墨地详细阐述人力资源管理工作在整个企业发展中具有哪些不可替代的作用，以此来突出加强人力资源管理工作的必要性，为后续各项具体措施的实施铺平道路。

3. 点面强调法。点面强调法就是把点、面结合起来的一种强调法。所谓强调点，就是在“要……”、“都要……”的句式中使用“特别是”、“尤其是”这样的词语来强调相关内容；所谓强调面，就是在发出号召或提出要求时使用“要……”、“都要……”的句式来强调相关内容。这样，就把一般和特殊结合起来强调，使人们既有全局意识，又能点面兼顾，全面认识和理解工作任务，促进工作的全面开展。

4. 数字强调法。使用数字是最具有说服力的一种文字表现方式。公文中也经常会使用数字，但使用的目的却不尽相同。有的很简单，纯粹是用来表示数量的多少，告诉人们一个现象、一个事实；而有的是用来强调，强调数字背后所隐藏的意义，以支撑作者突出的论点，这就是数字强调法。在数字强调法中，所使用的数字带有明显的强调意味，让人能读出数字背后的潜台词，从而更深地理解文意，起到特殊的强调效果。要使数字强调法发挥其预期的功能，其前提就是所使用的数字必须是真实可靠的，能经得起人们的考证，否则只会带来反面的作用，影响整个公文的可信度。

5. 多重强调法。多重强调法就是对被强调对象多角度、多侧面、多层次地进行限定，强调出特定背景下特定工作的规定性、条件性和不同寻常的重要性，使阅读者有清醒的认识和严肃的工作态度。

（二）公文写作语言的应用技巧

1. 句子要尽量精练。公文写作强调语言的简练。修改凝练句子、简缩句子结构是使公文简洁的一个重要方法和手段。成分共用和成分省略是公文中凝练句子、简缩句子结构常用的方法。

（1）成分共用。成分共用是把几个小句子集中起来，共用一个相同的主语和宾语，或者共用谓语、状语、定语等。因为采用了成分共用形式，因而节省了很多重复词语，使句子语意的表达显得非常简洁。这一方法在公文写作中被大量运用。

（2）成分省略。成分省略就是我们通常所说的省略句。撰写公文时，在保证文义明白晓畅的基础上，应正确使用无主句。

值得注意的是，修改凝练句子、简缩句子结构的目的是为了使语言简练，但是其前提基础是表意准确无误。切勿为了追求简练而简练，以牺牲表意的准确为代价，尤其是在使用成分共用和成分省略的时候，特别需要把握凝练后的句子是否有歧义，是否会让读者产生误解。

在公文写作中还多用陈述句和祈使句。公文是实用性极强的文体，为了直接说明情况、提出要求，便于读者理解和执行，要求在公文中常采用陈述句和祈使句。因为这两种句式能增强语言的表意功能，并且言简意赅，表意直接而明确，从而使得公文的文字简洁明白，干净利落。公文写作一般不用疑问句和感叹句。如："场内不准吸烟"表意明确，文字简洁。而感叹句"吸烟是一种多么不文明的行为"既不够精练，表意又不肯定，在公文中运用很不适合，不符合公文语体的要求。

2. 使用公文专用语。公文专用语一般都有特定的含义，它们是在人们长期的写作实践中形成的，具有言简而意丰的特点。这些专用语都是约定俗成的，为大家所认可和接受凝练简明，在公文写作中可适当运用。如一篇“请示”的结束用语常常是“当否（妥否），请批复”，这样就比“是不是妥当，请给予指示，我们好按照指示去办理”要简练得多。能起到简练作用的公文专用语汇大致有以下这些：

开头用语：兹……（兹有、兹经、兹定于、兹因、兹由……），据……（据悉、据查、据了解、据反映、据核实……），经……（经查明、经研究、经审查、经会议讨论通过……）

称谓用语：本……（本部……），贵……（贵店……），该……（该公司……），我……（我局……），你……（你社……）

表态用语：同意、照办、即办、当即执行、坚决贯彻等。

引叙用语：接……（前接、倾接、近接……），闻……（欣闻、倾闻……），悉……（欣悉、惊悉……）等。

谦敬用语：承蒙协助、承蒙惠允、不胜感激、不胜荣幸、大力协助等。

时间用语：在即、当即、即日、火速、从速、预期、如期、限期、届时、按时、不日、不时等。

总结用语：总之、综上所述、据此、对此、为此等。

希望用语：希……（希予、希将……），请……（务请、拟请……）等。

征询用语：当否、可否、妥否、是否可行等。

结束用语：此……（此令、此复……），特此……（特此通知、特此通报、特此函达……），希、望、盼……（希遵照执行、望贯彻落实、盼即妥善处理、盼复……），请……（请指示、请批复、请审阅……）

3. 正确使用模糊语言。在公文写作中，语言应该准确、简洁、生动。但在公文写作的具体实践中，在力求语言精确的同时，还经常牵涉到模糊语言的应用问题。模糊语言指那些反映客观事物或人的思维边界、意域不确定、内涵不明确的语言。尽管它的词语概念不明确、内涵不确定、表意范围不明晰，但较之精确的语言，有时能更恰当地表现客观事物的本质特征和发展变化过程，从而起到使公文的表述更加严谨周密的作用。

应当认识到，模糊语言的存在是有条件的。公文讲究精确，故精确性词语占主导地位，模糊性词语只起一定的辅助作用。只有把精确性语言和模糊性语言巧妙地结合起来，才能收到更好的表达效果。模糊性语言的存在源于认识对象本身的模糊性，它用于反映事物的模糊性特征，这与认识主体因无知、肤浅、持有偏见或态度不认真以似是而非、含混不清的语言反映事物有着本质区别。要用好模糊语言，就要准确把握具体语境。公文中该不该使用模糊语言、使用到什么程度，要视作者的身份地位及其与行文对象的关系、作者的行文意图以及所处的环境而定，总的原则是要做到和谐恰当。

（三）公文写作的修辞技巧

公文中修辞技巧的运用受到公文的性质、作用和语言风格的限制，与其他文体有着明显的区别。公文的语言要求明确、简洁、通俗、规范和庄重，这就要求公文的修辞必须做到准确鲜明、简明扼要、明白朴实、庄重严谨。因此，公文写作中大多采用消极修辞方法，或根本不采用任何修辞手法。但这并不意味着公文写作中不能运用积极修辞手法，积极修辞手法如果运用得当一样可以产生出奇制胜的效果。在公文写作中常用的积极修辞方法有以下几种：

1. 比喻。比喻是公文写作中运用较多的一种修辞手法。在公文中运用比喻，能够有效地揭示事物的特征，使表达更形象、生动、具体，使语言更具说服力和感染力。如果运用得当，会收到很好的预期效果；反之，就会与公文庄重严肃的文体特征相背离。因此，在运用比喻修辞技巧的时候需要注意：在法规性文件中不要使用比喻的修辞手法；不能使用过于含蓄、浪漫的文学比喻手法；比喻的内容要健康，不可粗俗油滑。概言之，比喻的运用，要以不破坏公文写作的六条要求为前提。

2. 排比。排比是把三个或三个以上结构相同或相似、语气一致、意思紧密相关的句子或词组排列起来，使语意得到加深，语势得到增强的一种修辞手法。排比用以叙事，可以把事件描述得更全面、更具体；用以说理，可以把道理阐述得更严密、更透彻。而且，运用排比修辞方法本身就符合公文语言简练的要求，是公文写作中经常使用的修辞手法。

3. 对偶。对偶是把结构相同、字数相等、意义相连的两个词组或句子成对地排列在一起的一种修辞手法。对偶句音节整齐匀称，节奏感强，表达凝练集中，概括力强，便于记诵。公文中对偶句的运用比较灵活，没有严格的规定，但是注意不能过多地使用对偶句，特别是要避免出现那种为单纯追求形式而滥用对偶句的现象。

在公文写作中，除了上面列举的几种积极修辞手法外，有时还会使用对比、借代、层递、设问、反复等修辞手法。不管运用哪一种修辞手法，都要恰到好处，不能脱离公文语体特点而随心所欲地使用，否则，不仅不能收到增强语言表现力的效果，反而会弄巧成拙，使公文显得不伦不类，失去应有的效力。

第二节 各种公文的写作

在当今这个科技高度发展的信息社会里,文字作为信息贮存、传播、交流的一种主要手段,在社会经济文化建设中起着日益重要的作用。随着现代科学技术进步带来的信息传播速度的提高,管理人员要高效率地工作,必须熟练掌握专业公文写作技巧。

一、计划类文书

计划类文书是经济管理活动中使用范围很广的重要文体,当组织或部门要对未来一段时期的工作预先做出安排和打算时,都需要制订计划。根据实际情况,计划可以分为许多不同种类,具体来讲,时间上长远、牵涉面较广的称为"规划";比较繁杂、全面的设计称为"方案";比较深入、细致,带有明显行动性的称为"计划";较为具体、直面一个现实问题的称为"安排"。这些文体都属计划类文书的范畴。尽管分类有所不同,但计划类文书在内容上的共同点是都涉及了"做什么"、"怎样做"和"做到什么程度"3 个部分。

写好计划既涉及具体工作业务的组织和安排,也是一个人综合能力的体现,这不仅仅是文字表达上的事。首先,写作者必须根据计划书的内容明确这个计划需要用哪一个具体的计划种类来表达,从而确定具体文种,即是规划、计划,还是方案、安排。然后,再根据该文种的具体要求进行撰写。举例来说,如果该计划历时较长、涉及总体战略性问题,就要用"规划"文体,因为规划没有必要写得太细,它的主要作用是明确方向,调动士气和激发热情。如果计划内容是一项具体的工作,则用"方案"或"安排"文体,工作内容比较复杂的用"方案",较简单的用"安排"。如果计划内容既不是单项工作,又不是很宏大,这就该用真正的"计划"了,因为狭义的计划是广义计划中最适中的一种。

下面介绍各种计划类文书的特征和写作特点。

(一)工作规划

工作规划具体有以下特点:时间一般都要在三五年以上;范围大都是全局性工作或涉及面较广的重要工作项目;在内容和写法上比较概括。规划是为了对全局或长远工作做出统筹部署,相对其他计划类公文而言,规划带有方向性、战略性、指导性的意味，因而其内容往往要更具有严肃性、科学性和可行性。这就要求写作者必须首先进行深入的调查和周密的测算，在掌握大量可靠资料的基础上，确定组织发展远景和目标，反复经过多种方案的比较、研究和选择，确定规划的各项指标和措施。

规划的具体写法：规划因具有严肃性，所以一般都是通过“指示性通知”来转发的，其格式都是由“标题”+“正文”两部分组成，一般不必再落款，也不用写成文时间。规划的标题是“四要素”写法：主体名称+期限+内容+“规划”二字。如《××公司2000~2005年战略发展规划》。规划的正文大致包括以下几方面的内容：

1. 前言，即背景材料，也就是制订规划的起因。这是制订规划的依据，因此应把诸多背景资料认真地加以综合、分析，而不能简单地罗列事实。这样才会使人相信规划目标是可靠和言之有据的。

2. 指导方针和目标要求。这属于规划的纲领和原则，是在前言的基础上提出的，因此要用精练的语言概要地进行阐述，使人读来坚定有力、鼓舞人心。

3. 具体任务和政策、措施。这是规划的核心部分，是解决“做什么”和“怎样做”的问题，因此任务要明确，措施要具体。这部分写作通常有两种结构：对于全面规划或任务项目较多的规划，因其各项任务比较独立，没有多少共同的完成措施，一般采用以任务为主线的“并列式结构”，措施都在各自的任务之后分别提出；对于专题规划或任务较单一的规划，因其任务项目较少而其项目之间的联系又较密切，一般采用任务、措施分别阐述的“分列式结构”。

4. 结尾，即远景展望和号召。这部分要写得简短、有力、富有号召力。

（二）计划

这里的计划是指狭义的计划，所计划的时间一般在一年、半年左右，范围一般都是以一个单位的工作或某一项重要工作为范围，内容和写法要比规划具体、深入、细致，要比方案简明、集中。

计划的具体写法：计划由于大多以一个单位的工作为内容范围，只在单位内执行，所以一般不以文件形式下发，因而除标题和正文外，往往还要在题下或文后标明“×年×月×日制定”等字样，以示郑重。计划的标题也是“四要素”写法，任何一个要素都不应省略。

由于计划是对一个单位的全面工作或某一项重要工作的具体要求，所以写作要比规划具体、详细得多。一般包括以下几方面的内容：

1. 开头。开头要通过概述情况来阐述计划的依据，要写得简明扼要，同时要明确表达目的。

2. 主体,即计划的核心内容。主体部分包括阐述“做什么”(目标、任务)、“做到什么程度”(要求)和“怎样做”(措施办法)3 项内容,既要写得全面周到,又要写得有条不紊、具体明白,全面工作计划一般采取“并列式结构”(任务、措施分说)。

3. 结尾。结尾或突出重点,或强调有关事项,或提出简短号召。有些情况下也可不写结尾。

(三)工作安排

工作安排是计划类文书中最为具体的一种格式。由于其工作内容比较确切、单一,不作具体安排就不能达到目的,所以其内容要写得详细一些,这样容易使人把握。

写作工作安排的注意事项有:

1. 发文方式。安排的内容由于涉及范围较小或是关乎单位内部的工作,所以一般有两种发文形式:一种是上级对下级安排工作,尽管涉及面较小,也要用“文件”形式下发,分为“标题”和“正文”两部分。另一种,如果是单位内部的工作安排,也可直接下发文件,格式由“标题”、“正文”、“落款及时间”三部分组成。但不管哪种形式,作为“安排”本身都不该有受文单位,如果必须有,则或者以“文件头”形式下发,或者以“关于……安排的通知”的名义下发。

2. 安排的标题可以是“三要素”写法(主体名称 + 内容 + 安排),也可以是“两要素”写法(即省略主体名称)。例如,《××出版社关于出版经济管理系列丛书的工作安排》,或者《关于出版经济管理系列丛书的工作安排》。

3. 安排的正文一般由“开头”、“主体”和“结尾”3 部分组成,也有的省略“结尾”,“主体”结束后正文即随之结束。“开头”部分同计划的开头差不多,阐述依据,概述要求简明扼要。“主体”是正文的核心,一般包括任务、要求、步骤、措施 4 方面内容。在结构上可按这 4 方面内容分别来写;也可把任务和要求合在一起,把步骤和措施结合在一起来写;还可以先写总任务,然后按时间先后顺序一项一项地写具体任务,每一项的具体要求及措施,要依据工作性质及具体内容来定。但不管怎样结构,其任务都要具体,要求都要明确,措施都要得当。

(四)工作方案

方案和安排有共同之处,即写作题材都是单项的工作,只对一项工作做出部署和安排。这也正是方案、安排与规划、设想、计划、要点的根本不同之处。但二者在内容范围上也有大小之分:安排的内容范围适合于上级对下级或涉及面比较大的工作，方案的内容范围则适合于单位内部或涉及面较小的工作，如《××公司关于新员工的培训方案》。方案和安排还有一种较为概要一点的写法，以便于下级具体实施时灵活掌握，叫作"意见"。方案大多称"实施意见"，如《人事部关于员工精神文明建设的实施意见》；安排往往称"安排意见"，如《×××系统关于开展增收节支活动的安排意见》。

二、建议书

建议书一般是要向组织或群体推荐某种解决问题的方法或某种思路。一般而言，建议书有两种分类，即竞争性的建议书和非竞争性的建议书。竞争性建议书主要是指其内容指向有限的资源，最终该稀缺资源的获得者只能是少数人或一个人的建议书。例如，很多科研项目的负责人会为争取到国家科研经费而撰写建议（申请）书，但国家规定只有一小部分的项目能争取到该经费，这样，不同的建议书之间就有了竞争性。非竞争性建议书则不存在真正意义上的竞争。例如，某个组织收到了很多关于提高组织绩效方面的建议，只要合理可行，组织便可以全部接受。

一份一般意义上的较完备的建议书应该包含对以下几个方面问题的回答：

第一，建议所要解决的问题是什么？你的建议应有的放矢，说明你对组织所面临的问题的了解。

第二，问题的解决方式是什么？针对具体的问题提出你的解决思路和解决方式，可以从人、财、物等要素方面及内部和外部环境方面证明它是可行的。

第三，这种解决问题的思路和方式将会给组织带来什么样的积极后果（利益）？包括直接利益和间接利益，或者短期利益与长远利益，或者经济效益与社会效益等。

第四，解决该问题所需的成本是什么？包括具体的现金流出及需要的无形成本。

三、调查报告

调查报告是为解决某项工作问题而调查分析实际情况、研究对策，然后向有关部门和上级领导所做的报告。调查报告有两种：一是主动报告。某项工作进展得如何，一个地区、一个部门、一个单位发生了什么大事件需要有关部门掌握、了解，这都要及时写出情况报告。二是被动报告。组织因工作需要，安排人员就某个方面、某个问题进行调查研究。调查报告的意义在于总结经验，发现、研究、解决问题。所以，调查报告反映的情况要有选择，要反映有意义的大事。

调查报告是对某些情况的真实反映，因此不必以正式文件的形式发出，也没有确指的受文单位,但却具有向上汇报、对下指导、平级交流这样3种功能和作用。调查报告既反映情况,又分析问题,而且还提出解决问题的意见。其写法多为报告形式,内容或信息量一般都较多。调查报告由于写作对象和目的不同,也可分成很多种。从内容性质上分,有研究社会情况的,有推广典型经验的,有反映新事物的,也有揭露某些问题的;从调查对象上分,有围绕一个大问题进行多方面调查研究的综合调查报告,也有就一个问题、一个对象或事件进行调查的专题调查报告。

调查报告的标题一般有两种写法。一种是一般文章标题式写法,如《××公司腾飞之路》;另一种是公文标题式写法,如《××产品市场状况调查分析》。调查报告的正文一般包括4方面内容:前言、事实、分析和意见(建议或对策)。

前言部分要简要地说明调查目的、调查时间、调查范围以及所要研究和报告的主要内容等。

事实部分,即所调查得来的主要内容或主要问题。这部分是调查报告的主体,容量较大,所以要进行归纳,或以自然情况为序,或以内容性质的逻辑关系为序,分条列项地进行写作。每一大条都要有一个中心,或用序码标明,或用小标题和提示的方式来概括,以使眉目清楚。具体内容的写法主要是叙述,多用事实和数字说明,做到材料和观点相统一;表达上则要灵活一些,提出论点并以充分的论据证明,或以调查材料归纳出论点。

分析部分或指出性质或找出原因。这是调查报告的研究部分,要有针对性,要揭示实质。

对策部分是在研究分析的基础上所提出的解决问题的建议和对策,有时可先展望一下事情的发展趋势,然后再提出对策。

调查报告容量较大,而且要对事物进行全面的分析、研究,从而提高人们的认识,指导实际工作,这就要求写作时不仅要具有科学的世界观和方法论,而且要深入实际,掌握第一手材料,同时还要具有驾驭题材、组织材料的能力。在具体写作时则应注意以下几点:

第一,要实事求是,即在调查所得的全部材料中找出能揭示事物规律的结论,不论是成绩还是问题,不论是经验还是教训,不论是建议还是对策,都应是实事求是的结果,并据此来选用比较恰当的报告结构方式。决不能先入为主地用事先拟好的结论来套用或改造事实,或者为了采用某种熟知的结构方式对号入座地去找材料甚至迁就某些材料。

第二,要突出本质。要在众多的由材料得出的观点中选用最能突出事物本质的观点来说明问题,并据此来选择恰当的具有代表性的材料来作为论据。

第三,要在观点和材料的表述上下功夫,做到既要有观点,又要多提供客观的依据。以下几种表述方法可以帮助达到这个目的。一是运用一组材料来说明一个观点；二是运用一种方法来说明一个观点；三是运用统计数字来说明一个观点。

四、工作报告

所谓工作报告，就是将最近发生、发展与变动的各种工作情况写出来反映给有关部门和上级领导的一种文体，属于组织内部反映情况的一种公文。工作报告的显著特点之一是时间要求比一般公文的要求要强，这是因为工作报告强调的是工作动态，所以如果不能及时地将情况反映出来，就不能及时地捕捉住工作状况等信息，撰写工作动态也就失去了意义。另外，工作动态一般是就一个事件或事情的某一个侧面、某一个部分进行及时反映，主要强调单一事项的进程。工作报告在写法上应注意：

第一，工作报告首先要遵循信息类公文的一般写法，即以发布信息为主。

第二，工作报告一般是一事一报，目的是将事件的进展情况说清楚，因此文字越简短越好。

第三，工作报告一般采用开门见山的写法，不对细节做多的描述，一般不加撰写者的认识和评论。

第四，因为工作报告强调"动态"性，所以在写作中一般多用动词。

五、述职报告

述职报告是管理者向所属部门和员工以及上级组织和领导对自己在一定时期内的任职工作情况进行自我评述性质的报告。

述职报告的种类很多，从时间上可分为任期述职报告、年度述职报告、临时述职报告等；从范围上分为个人述职报告、集体述职报告；从内容上分则有专题（单项）述职报告、综合述职报告等。

在写述职报告时要注意如下几点：

第一，标题有4种写法：一是只写"述职报告"4个字；二是用"××年任××职务期间的工作汇报"这样的公文写法；三是用"×××（姓名）×××（职务）在××会议上的汇报（或报告）"的写法；四是新闻标题式的写法。

第二，署名及日期。署名和日期可以写在题下，也可以写在正文后。

第三，正文。述职报告的正文包括3部分内容。第一部分是任职概况和述职评估，包括确定述职范围和基调、任职时间、工作变动情况、岗位职责、目标及个人工作的自我评估。第二部分是尽职情况，这是述职报告的主体，主要写工作实绩、经验和问题。对于核心内容，多数是按性质不同分成几个方面（可列小标题）来写，每个方面可先写实绩,后写认识和做法;也可先写认识和做法,后写实绩。但不管怎么写,都要体现个人的工作能力和管理水平,尤其是在处理敏感、棘手问题以及应对突发事件和重大事件方面,要写出表现自身素质、才能和领导水平的内容。此外,还要写出在具体业务工作中,组织的方针、政策和上级批示、部署的任务,是如何在自己分管的部门或单位得以贯彻实施的等等。第二部分是今后的设想和信心。要从实际出发,对今后工作在科学分析的基础上做出战略性规划,以表明尽职的态度。

述职报告在写作时应注意:要实事求是,严肃认真,客观公正;要论断准确,重点突出,有针对性,既不要脱离自己的职责范围和工作目标,又要分析概括,不能写成流水账;既要突出政绩,又要评价正确、适当,不能故意夸大或缩小成绩;工作中的缺点和不足之处也要分析透彻、表述充分。

六、工作总结

工作总结是组织、部门或个人对过去一个时期内的工作活动做出系统的回顾归纳、分析评价,并从中得出规律性认识用以指导今后工作的事务性文书。

从性质、时间、形式等角度可划分出不同类型的总结。从内容上分主要有综合总结和专题总结两种。综合总结又称全面总结,它是对某一时期各项工作的全面回顾和检查,进而总结经验与教训。专题总结是对某项工作或某方面问题所进行的专项总结,尤以总结推广成功经验为多见。总结也有各种别称,如个人自查性质的评估及汇报、回顾、小结等都具有总结的性质。

工作总结的基本写法如下:

(一)标题

1. 文件式标题。文件式标题一般由单位名称、时限、内容、文种名称构成。如:《××公司2002年度新产品开发的工作总结》。

2. 文章式标题。文章式标题以单行标题概括主要内容或基本观点,不出现总结字样,但对总结内容有提示作用。例如,某企业的专题总结《技术改造是振兴企业之路》和某高校的专题总结《我们是如何实行教学与科研相结合的》。

3. 双行式标题。双行式标题分别以文章式标题和文件式标题为正副标题,正标题揭示观点或概括内容,副标题点明单位、时限、性质和总结种类。如:《知名教授上讲台 教书育人放异彩——××大学德育工作总结》。

(二)正文

1. 前言。前言一般介绍工作背景、基本概况等,也可交代总结主旨并对工作做出基本评价。前言写作要力求简洁,要开宗明义。

2. 主体。主体应包括主要工作内容和成绩、工作目标及任务的完成情况、经验和体会、问题或教训等内容。这些内容是总结的核心部分,可按纵式或横式结构形式撰写。纵式结构,即按主体内容从所做的工作、方法、成绩、经验、教训等逐层展开。横式结构,即按材料的逻辑关系将其分成若干部分,各部分加小标题,逐一来写。

3. 结尾。作为总结的结束语可以归纳呼应主题、指出努力方向、提出改进意见,或以表示对今后工作的决心、信心等作为结束语。结束语要求简短利索。

4. 落款。一般在正文右下方署名。如是报纸杂志或简报刊载的用于交流经验的专题总结,应在标题下方居中署名。

七、会议记录

正式会议进行过程中的记录,通常在会后形成相应的文件。记录可以很简练,但应包括如下事实:

第一,会议召开的时间、地点及会议主持人。

第二,所有出席会议者的姓名,应出席但未出席者的理由。

第三,讨论过的所有议程和议题,制定的所有决策。如果就具体的行动任务达成了一致,应记录和强调负责该任务的人的姓名。

第四,会议结束的时间。记录会议的时间对于了解讨论是延续了15分钟还是3个小时具有重要意义。

第五,下次会议的安排,包括日期、时间、地点、主题。

八、销售信函

一封好的销售信函由3个要素组成:首先要有好的产品、服务及真实的风格;其次要注明合理的邮寄方式;最后要有适当的请求方式。好的产品或服务能保证推销信函所言属实;好的邮寄方式能保证信函收发便利、成本低;好的请求购买方式能在真实而详尽的基础上调动读者阅读销售信函的积极性,增加他们采取购买行动的可能性。而这种效果可能需要通过信函的用词、插图和广告等方面来取得。

需要再次提醒的是,写出一封好的、有效的推销信并使读者愿意按其中的信息行动,必须建立在两个前提下:你确实已经拥有了一项好的产品或服务;你有一份可能对该产品或服务感兴趣且有能力去完成购买行为的潜在顾客名单。

销售信函的组成部分有如下几个方面:

（一）开篇

信函的开头十分重要，在销售资料满天飞的今天，你必须在开篇的一分钟阅读时间内激励读者将该信函读完。对开篇的另一个要求是要在开始和正文之间有良好的过渡。要想在开篇就做到妙语惊人确实不是一件容易的事，这里推荐以下几种开篇方法以供借鉴：提问题、叙述故事和引用。

1. 提问题。试比较下面项目推销信函的两种开篇方式。第一种，你需要投资方面的信息吗？第二种，在房地产上投资还能赚钱吗？可以看出方式二将问题阐述得更为有趣，所以读者很希望得到答案，从而吸引他们阅读下去。

2. 叙述故事。这样做的好处是使读者认为信的内容会像开始的故事一样引人入胜。

3. 引用。请看一封为某芭蕾舞团通票作推销的销售信函的开篇部分，对象是有志于表演事业成功的演员们："我从来不对我的合作者声明腰酸背痛。不要向疼痛低头，继续表演。"这里通过引用基尔·莫非的话来激起推销对象群的共鸣。

（二）正文

信函的正文可以包括：该产品或服务的特点及将给读者带来的收益；该产品的开发或设计背景以及公司人员为之付出的努力；已经使用该产品或已接受该服务的用户的情况，尤其是他们的评价。要注意的是不要忽略那些非潜在顾客人群，尽可能给他们提供一些他们想知道的信息。

（三）结尾

销售信函的结尾应该起到以下作用：以肯定的语气告诉读者怎么做，避免使用"如果"或"为什么不"等诸如此类不肯定性的句子；尽量替读者考虑，简化他们可能发生的购买行为。

第三节　求职信和履历表

一、求职信的类别

求职信可以从不同的角度进行分类。不同类别的求职信，其内容、侧重点和行文语气也各有不同。

根据有无明确求职目标划分，一类是具有高度针对性的求职信，这是针对某单位的某一具体职位写的，表示希望面谈的要求。第二类具有普遍适用性，可以投向不同的单位，但不如第一类更具针对性。

根据有无实践经验划分，求职有毕业者求职（初次就业）与有工作经验者求职（跳槽或再就业）两种情况。

若从求职者是否获得了招聘信息的角度，可分为自荐求职和应聘求职两种情况。前者是指求职者在并未获得准确用人信息的情况下，主动向自己感兴趣的单位写的带有自荐性质的求职信，以投石问路；后者则是根据用人单位在新闻媒体上刊登或播发的招聘广告，有针对性地写给该单位以谋求某一特定职位及反映自身条件的求职信。前者可能会留给求职者更多展示才华的空间，因为竞争者较少；而后者则会面对众多的竞争者。

根据求职方式划分，有托人求职与求职推荐两种，与此相应的求职信也有托人求职信和求职推荐信两种类别。

二、怎样写求职信

要写好求职信，应特别重视如下方面：

（一）注意求职信的礼仪问题

1. 称呼要准确、得体。一般情况下，收信人应该是用人单位的人力资源管理人员，他们有权决定是否录用你。所以要尤其注意收信人的姓名和职务，因为他们第一眼从信件中接触到的就是称呼，他们的第一印象如何，对于求职行为的结果有着重要影响。

2. 问候要真诚。抬头部分的问候起开场白的作用。即使是素昧平生的人，信的开头还是应该有问候语，这是必不可少的礼仪。

3. 内容须清楚、准确。书信的内容尽管各不相同，写法也多种多样，但都要以内容清楚、叙事准确、文辞通畅、字迹工整为原则，即根据收信人的特点进行措辞。

4. “包装”要讲究。求职信的“包装”也是十分重要的，因为看信人最先看到的不是信的内容，而是信的外观形式。因此，一封书写漂亮、布局美观的信，会让人感到愉快和舒服。求职信的“包装”主要是指：

（1）最好选用标准尺寸（A4）、质地优良、白色无格的信笺。

（2）最好使用打字机或电脑将信的内容打印出来，如手写的话，墨水颜色以蓝黑为佳，忌用铅笔和红色墨水书写。

(3)信文要放在信笺的中间位置,书写格式要统一。

(4)信纸的折叠。这里推荐两种稳妥的折叠方式:其一,将信纸纵向三等分折叠,再换方向折叠时让信纸两端故意折成一高一低。采用这种折叠方法的人一般被认为是性格谦虚朴实、讲究礼仪的人。其二,将信纸纵向对折,然后在折线处再往里折一至两厘米宽,最后横扣对折。这种折法,表示发信者性格文静、有一定的文化修养。

(二)求职信的基本结构

求职信的结构一般由开头、正文、结尾3部分组成。一般说来,求职信以两页500字左右为好。否则,你煞费苦心所写的洋洋洒洒几页的内容,招聘人员很难去仔细看,但如果确实有值得一提的亮点内容的话,可以作为求职信的附件。求职信也不能太短,这样会显得仓促、没有诚意,自然也就缺乏说服力。

1. 开头。求职信的开头应开门见山,直截了当地说明求职意图,使信的主旨明确、醒目,以引起对方注意。如:"我是××大学即将毕业的学生,想在贵公司找一份工作。"切忌在开头写一些虚话、套话等与求职无关的内容。

2. 主体。主体部分是求职信的重点内容。一般写法是先讲自己求职的理由,说明自己之所以选择为该单位效力的理由,理由要合乎情理,合乎实际。其次要明确、具体地说明你的目标。接着要重点介绍自己应聘该岗位所具备的条件,做到有的放矢,尤其要注意突出自己的重要特点、特长、优势,阐明你会给公司带来的特殊价值,重申简历中已经提到的那些主要成就。对于应届毕业生来讲,可以提一下你与该应聘岗位相关的、大学期间的工作经历,尽量做到具有说服力。

3. 结尾。求职信的结尾部分主要是再次强调求职的愿望,可以表达自己的一个意向,如希望应聘单位能给予考虑、给予明确答复、给予面谈机会,或希望给予试用机会,以供招聘单位进一步考察。

(三)求职信写作技巧

一封好的求职信应该表达出你对该职位的诚意及愿意为事业而奉献自己才智的愿望。要写一封令人满意的求职信,必须注意以下几点:

1. 根据确定好的客观的求职目标,摆正心态。一个人客观地确定自己的求职目标并不容易,因为在人才被看成"商品"的今天,人才市场的供求规律也在时刻影响着这种"商品"的价格。这一规律决定了当你进入就业市场的时候,不要一厢情愿地认为凭你的学历就一定应该得到什么样的工作。参与竞争前,应先对自己的实力作一个明确的估价,然后再确定应聘哪个水平的职位。只有摆正了自己的位置，确定了合理的目标，你的求职信才能有的放矢，才能提高应聘的成功率。

2. 文字通顺，简明扼要、有条理。用简练的语言把你的求职欲望及相应的个人条件和特点表达出来，切忌堆砌辞藻。因为求职信的读者不会把很多时间浪费在阅读冗长的文章上。那种刻意的卖弄文采、想方设法堆砌华丽时髦辞藻的做法只会弄巧成拙，使人反感。

3. 稳重中体现个性。求职信不是你显示文学才华的地方，最好用平实、稳重的语气来写，但这并不排除以独特的思维方式给对方造成强烈印象的做法。一封求职信，无论内容多么完备，如果吸引不了对方的注意，就会毫无用处；对方如果对你的陈述不感兴趣，你将前功尽弃。

4. 要在信中流露出自信。把握好自我展示和谦虚间的平衡，要想求职成功就必须推销自己，强调你自己的价值，这就少不了自我展示一番，但是这种展示一定要避免浮夸。比如，对于经管类的大学生来说，在表示自己的能力时，可以这样说，"能用所学到的管理学知识为单位的人事管理制度的完善奉献自己的力量"，而最好不要说"把企业的经营带上一个新的高度"这样的话。

在中国文化里，谦虚是一种美德。但对于求职者而言，过分的谦虚可能会使人觉得你什么也不行。所以求职者应遵循"适度推销"的原则。在求职于外资企业时可多一些自我展示，而在应聘于国有企业时应多一些谦谦君子之风。

5. 尽量不用简写词语，慎用带"我"的字眼。求职信中太多的"我觉得"、"我认为"等表达方式很容易给用人单位留下你自高自大、处处以自我为中心以及不成熟的感觉。

6. 争取面试机会，莫提薪酬问题。求职信所要达到的目标是建立联系，争取面试机会。谈薪酬的问题为时尚早，应把它放在以后更适当的场合。求职信的最后，要特别注意提醒用人单位留意你的简历，并请求给你回音，以争取进一步联系的机会，获得面试的资格。

7. 诚信为本，动之以情。"诚信为本"就是态度要诚恳、诚实、不卑不亢，内容实事求是，突出优点的同时不隐瞒缺点，自信而不自傲。写求职信时怎样做到以情动人呢？这需要进行换位思考，揣摩招聘人员的心理，从而采取相应的对策。你要设法引起对方的认同进而得到对方的赞许。

三、怎样写个人履历

一份内容完整的履历，一般包括如下项目：个人资料、求职目标、任职资格、学历、工作经历、专长与成就、学术论著、课外活动、外语技能、社团职务、推荐人等。就具体的个人履历而言，项目的取舍应视求职者个人实际情况及履历用途酌情选用或增补，各项内容的详略应因人因事而异。以下对一些重要项目加以简要介绍。

（一）个人自然资料

履历表的第一部分是个人资料。一般应列出自己的姓名、性别、年龄、政治面貌、学校、院（系）别及专业、获得何种学位及概括自己的愿望等等。

（二）教育背景和培训

目前，随着教育体制改革的深入，学校及学科名称变化很大，适当地介绍学校和专业便于用人单位尽快地了解你的学历背景。专业包括自己所学的专业和业余所学的专业及特长；具体所学的课程；自己所受教育的阶段；各种证明材料、证书等及教育背景的陈述。此外，要突出与招聘工作密切相关的论文、证书与培训课程等。

1. 教育经历。列出你所接受的教育过程，提交你的主要学习成绩，你所得到过的各种奖励、荣誉，以及在学校曾经担任过的职务。注意，如果你的学习成绩并不优秀，或在校期间没有担任过什么职务，最好不要笨拙地暴露自己的缺点。

2. 有关课程和知识体系。这里有两种情况。如果你的简历并没有什么特殊的针对性，在这部分应尽可能列出你所学过的课程，包括主修课、辅修课及选修课，因为你不知道哪一门课是用人单位最感兴趣的；如果你的简历是有针对性的，就可以只列出学过的、能使用人单位感兴趣的课程。

3. 列出你受过的其他教育或训练，包括你在工作、生活及个人兴趣方面发展而来的能力。例如，现在一些大学生求职者都接受过汽车驾驶训练并获得了驾驶执照，或是有外语口语证书及计算机等级证书，或者曾获得某项体育比赛的冠亚军等，这些情况均可列入履历表。

（三）工作经历和社会阅历

履历表的第三部分可简述自己的社会活动和阅历、工作经历。这一栏是对你以前工作的记录，是履历表的重要部分。用人单位尤其是外商独资、中外合资企业非常注重求职者的工作经历。即使你工作的时间还不长，从事的工作也不多，也要把你的工作经历一一列出，写明受雇公司名称、工作职称、职能、业绩等。辞职的原因可以不写，但假如这个问题一定要谈的话，也最好延至面试时再提。你应懂得当你未来的雇主对你整个工作史感兴趣时，他将特别注意你最近的那份可能显示了你最高水平的工作。因此，最近的工作应介绍得最详细。如果你具有与应聘岗位相关的经历，那么无论时间长短，都一定要写在履历表上。

如果是应届毕业生，这部分内容应包括在学校和班级所担任的职务；在校期间所获得的各种奖励和荣誉；业余爱好和特长；社会实践和实习情况等。而对于有工作经历的求职者来说，这部分内容以说明自己的工作经历和能力为主，尤其是与求职目标相关的工作经历是最主要、最有说服力的。说明时语气要坚定、积极、有力，要提供具体的工作能力等证明材料。介绍工作经验时，一般是先写近期的，然后按照年代的逆顺序依次写出，因为最近的工作经验对于用人单位来说显然更为重要。在每一项工作经历中先写工作日期，接着是工作单位和职务。在这个部分需要注意的一点是，陈述了个人的资格、能力、职业经历之后，不要太多提及个人的需求、理想，应适可而止。

（四）求职目标

求职目标用于表达求职者的愿望、目的与动机。要将所申请的职位作为一个独立项目列出来。有人建议迟一些讲求职目标，甚至可延至面试过程中。事实是，如你连面试机会都没争取到，这种建议就没有什么价值可言。在求职信中提出一两个职位或求职倾向作为求职目标，可表明你求职的诚意和目的性，从而更有可能获得招聘单位的信任。

（五）结尾部分

履历表的最后多是提供证明自己资历、能力以及工作经历的材料。例如：学历证明、学术论文、获奖证明证书、专业技术和职业证书、专家教授推荐信等。这些材料可以列在附页上，如有必要，可以附加证明人一项。但需要说明的是，在证明人栏中要说明证明人的姓名、职务、工作单位与联系方式。当你同时向众多单位发出履历表，而难于提供许多对方熟悉且有说服力的证明人时，也可以在简历结尾处注明“一经需要，即提供证明人”的字样。

思考题

1. 公文写作的特点和要求是什么？

2. 请撰写一份个人的“职业发展规划”。

3. 履历表的写作过程中应该注意哪些问题？什么样的履历表更能吸引招聘者的注意？试写一份应聘某公司市场部门的简历和求职信。

沟通体验

ABC酒业公司正在招聘某些职位的合适人选。下文给出公司已经确认的两位候选人的资料，同时也说明了职位的要求和工作特征。假定所有候选人对这份工作都感兴趣，工作地点上的问题也将会得到解决。同时，对该公司来说，工资、待遇等方面的条件都不成问题。你的任务是对以下候选人的情况进行分析，做出录用决策(1人)的书面报告，并给未被录用的候选人一封反馈信函。

(1)任职要求。理想的人选是：

①具有组织行为学、心理学、社会学或人事管理学等学科的教育背景及相关学位；

②在人事管理方面技能全面；

③在商业管理方面有相当的经验；

④具有组织发展方面的实践；

⑤具有表演性“风采”；

⑥思维敏捷，善于倾听意见；

⑦善于处理问题而不引发冲突；

⑧在工作和私生活方面要成熟、有能力、稳定、自律。

公司方面认识到，要找到完全符合这些要求的人并非易事，实际上是在寻找一位最接近上述条件的人选。

(2)工作特点。招聘的职位是“对公司人力资源部长负责的组织发展与培训经理”。该公司主要从事酿造、储存、分销和直销葡萄酒和烈性酒的业务。公司有600名雇员。所招聘经理的工作是担负培训和发展任务，并负责对组织工作进行检查，监督高效率管理的运作。该公司所寻求的是一位持客观态度的“机构内部的顾问”，而不是一位只起“巡视员”作用的人事管理者。人力资源部的计划制定和出谋划策的工作也许有一天会交给他执行。这份工作和职位为潜在的人力资源部长提供了一个理想的锻炼机会。

(3)候选人。候选人有两位：

A 李德思

李德思曾在一家顾问公司任职，此后转至工程技术行业，在一家机械制造公司的人事部任高级职员。在此期间，他获得了人事管理专业的中级职称，其后，成为培训部的主管。自那以后，他有了接触许多不同文化和公司的机会，获得了许多有益的经验，并担任了公司组织和发展策略顾问一职。他个头很高，在面试时稍显冷淡。他声称喜欢与人打交道。他对假定紧急情况的处理手法似乎显示出他多少有些冲动的性格,但也证明他是一位理想的决策者。他口才出众,讲话有理有据。他对家庭生活的处理似乎有些问题。

B 马跃

曾就读于某综合性大学的社会学系,并获社会学学士学位,工作后在培训中获得研究生课程班的文凭,是本地人,对本地各种情况有相当了解。在过去的5年里,他一直在一家跨国公司里担任人事部的职员,在这方面可谓通才。他提升得较慢,但在稳固地上升。他在食品销售方面有一定经验,食品销售同酒类销售大同小异。他个头较矮,有些急躁,时常投出怀疑的目光。他的身体经常前后移动,似乎显示出一种神经质的气质。假定紧急情况的处理手段显示出他是一个谨慎的决策者,时刻准备"获利便走"。他能在集体活动中发挥主导作用。生活方面——单身,但四年来一直与一女性保持稳定的关系。

两个候选人心理测验的情况见表8-1。

表8-1 候选人心理测验项目及得分情况

测验项目	李德思	马跃
精力与首创精神	4	6
锋芒和武断	6	6
社交手段和圆滑程度	2	3
灵活性和适应变化能力	4	4
当机立断	5	4
用人的能力	2	3
发挥集体力量的能力	5	6
获上级好感的能力	4	2
推销自己和自己观点的能力	5	4
自信和沉着程度	3	1

分数说明:1,2分——低;3,4分——中;5,6分——高。

第九章

倾听和反馈

言语的有效性并不仅仅取决于如何表述，而更多的是取决于人们如何来倾听。

——沟通学家尼科尔斯

第一节 倾听与反馈的基本理论

一、倾听及其意义

国际倾听协会这样对倾听进行定义：倾听(listening)是接收口头和非语言信息、确定其含义和对此做出反应的过程。第一个关于倾听的研究，是1926年保罗·伦根(Paul Rankin)做的。他发现，人们在每10分钟里有7分钟用于听，即70%的清醒时间用于倾听他人。此后在对蓝领和白领员工、售货员、家庭主妇、大学生和其他一些人所进行的研究中，使该数据达到50%～80%之间的清醒时间。虽然人们把许多时间用于倾听，但大多数人的倾听效果并不理想。一般人仅能听懂对方所说的一半，理解该一半的1/4，而记住的往往更少。多数人仅使用了他们倾听能力的25%。

智者说,我们与生俱来有两只耳朵、一张嘴,因为我们想要倾听两倍于我们所说的。可惜的是,虽然倾听是婴儿所学到的第一种沟通技巧,也是成人使用最多的沟通方式,但是在听、说、读、写等沟通技能中,倾听也是最少获得教育和训练的技能(见表9-1)。

表9-1 四种沟通模式所占相对时间的比较

	听	说	读	写
习得顺序	第一	第二	第三	第四
运用时间	45%	30%	16%	9%
获得训练	最少	较少	较多	最多

在日常生活中,倾听保证我们能够与周围的人保持联系,失去倾听能力也就意味着失去了与他人共同工作、生活的可能。有人说:“会倾听的人到处都受欢迎。”对于管理者,倾听也有着特殊的意义,这是由管理工作的特点决定的。整体、复杂、多边、竞争的环境,决定了正确决策的困难,个人难以做出永远正确的判断。一位擅长倾听的管理者将通过倾听,从上级、同事、下属和顾客那里及时获得信息并对其进行思考和评估。松下幸之助把自己的全部经营秘诀归结为一句话:“首先细心倾听他人的意见。”

第一,善于倾听的管理者可以产生激励作用。认真倾听本身就是一种鼓励方式,能提高说话者的自信心和自尊心,加深彼此的感情,因而也就激发了对方的工作热情和负责精神。美国成功的企业家玛丽·凯·阿什要求自己的经理们记住倾听员工的诉说是最优先的事,她本人专门抽出时间来聆听下属的讲述,并进行仔细的记录。她对下属们提出的建议和意见十分重视,在规定的时间内给予答复。一些企业的管理人员常常在工作之余与下属雇员一起喝咖啡,也是给下属一个自由倾诉的机会。这样做的好处是沟通了彼此的感情,满足了倾诉者的自尊心,调动了人们的积极性。

第二,倾听也是获得信息的重要方式之一。交谈中有很多有价值的消息,有时它们还是说话人的灵感,这些会给倾听者带来很大的启发。“听君一席话,胜读十年书”,一个随时都在认真倾听他人讲话的人,无意中可能就成为一个信息的富翁。

第三,积极倾听可以帮助管理者做出正确的决策,对缺乏经验的管理者,倾听还可以减少错误。玛丽·凯·阿什的公司在创办初期只有9个人,但她善于倾听各种意见,很多产品都是由于销售部门听取了顾客的建议,按照顾客的要求制作的,所以无须大做广告产品销路也很好,这使得公司的效益处于同行业的领先位置。

第四,倾听也是给人留下良好印象的有效方式。许多人不能给人留下良好印象,就是因为他不注意听别人讲话。心理学研究表明,人们喜欢善听者甚于善说者。

在过去的数年里,倾听已被确认为一项重要的沟通技巧,而且是商业工作和管理者必备的沟通技能。在对《财富》杂志500家大公司的一项调查中,59%的被调查者回答,他们对雇员提供倾听方面的培训。一些调查研究也表明,多数公司的雇员把60%的时间花在倾听上,而经理们用于倾听的时间平均为57%,因此倾听技巧的培养是十分有意义的。

研究者还发现,在良好的倾听技巧和工作效率之间存在着直接的联系。接受了倾听能力训练之后又接受计算机训练的雇员,比没有接受倾听能力训练的雇员工作效率要高得多。

二、倾听的过程

听与倾听有很大的区别。倾听的过程可分为4个阶段:接收信息、选择性注意、赋予信息含义、记住信息。在理想的倾听情景中,人们经过所有这些阶段。然而,如果这个过程在任何一个阶段上中断,倾听都会是无效的。

(一)接收信息

每一天我们可能都会接收远远多于我们所需要或者所能处理的更多的信息,比如广告、走廊里的叫喊声、与朋友的闲聊等。当我们听时,听到的是声音或词语说出的方式。但在倾听时,我们则要做出更多的反应。似乎听只是一种涉及听觉系统的生理过程(感觉过程),而倾听是涉及对他人整体的更加复杂的知觉过程,包括口头语言和非口头语言所传达出的信息。

因此,倾听时接收的不只是来自听觉的信息,还有来自其他渠道的多种形式的信息。这样,在倾听时,我们还需要剔除无关的信息,而努力把注意力集中在重要的或有趣的内容上。

(二)选择性注意

人们有能力把注意力集中在某种特定的刺激物上。例如,你可能在房间里听到各种声音:说话声、电视中传出的声音、开门和关门声等,然而当激光唱盘放出你喜爱的歌曲时,你就会全神贯注,似乎这首歌曲消除了周围其他的声音。

人们的选择性注意力是很奇特的。当我们是孩子时,父母都会告诉我们,大声开着电视或音响是会干扰学习的。但确实有些人喜欢在音乐的伴奏下学习,而科学研究也支持了这种做法。在一项研究中,实验者坐在 4 个播放不同内容的喇叭中间,但被告之只注意倾听某一个喇叭所传出的信息。结果,听者能够很完美地回忆出那个喇叭的信息,而没有受到其他喇叭的影响。

虽然人们能按某种特定的方式集中注意力,但注意力集中的范围是有限的。一般情况下,人们对 20 秒钟以内的信息能完全集中注意力,之后,注意力将非常容易分散,当然人们也能很快重新把注意力集中在相应的信息上。事实上,注意力的范围是与厌烦紧密联系的。研究者发现,最好的听者是不容易厌烦和在获取信息方面有一些基本技能的人。因此,在课堂上容易厌烦的学生就必须在集中注意力上做出特别的努力。

(三)赋予信息含义

在倾听过程中,当你决定注意某些信息时,接下来的步骤就是理解并赋予它们一定的含义,使它们成为你已拥有的知识和经验的一部分。理解和赋予信息含义的过程基本上是一种选择信息并设法把这些信息与我们已拥有的经验联系起来的过程,人们对信息进行评价,用自己的信念衡量对方所说的话,或者质疑说话者的动机和观点。在对说话者所表达的词语理解的同时,也对他们的腔调、手势、表情赋予一定的含义。总之,此时听者的认知在起着重要作用。

(四)记忆信息

倾听的最后一个步骤是记忆。在决定了什么是重要的、什么是不重要的以后,尽可能地记住说话人的信息。虽然我们不可能记住所有的语言和非语言信息,但是在选择、理解并赋予其意义后,一部分信息是会存储在我们的大脑记忆中的,尤其是记笔记会帮助我们记住要点。

要使倾听有效,就要经过上述所有 4 个阶段。完成这些阶段的程度将取决于说话人对你的吸引力和那些话对你有多重要。当然,装作是在倾听、注意力集中而且饶有兴趣的样子,但实际上什么也没有听到,也不是什么难事,许多人精通这种技巧。

三、给予反馈

我们每个人每天都在要求别人给予我们反馈，也都在对别人做出一定的反馈。有效的双向反馈要求沟通双方投入、有责任感和期望。怎样反馈才有助于沟通和理解呢？

首先，反馈语言要表达明确，要使用具体明确、不笼统抽象和带有成见的语言。如"你的任务完成得很好啊"就不如"这次会展的组织工作非常好，达到了我们预想的目的"更好。有时人们只顾把自己的结论反馈给对方，却忘记了有义务和责任提供更多的细节和原因。如果我们接收到不明的反馈，可以采取措施引导谈话向更有利于信息交流的方向发展。例如，当你听到对方的反馈"你的任务完成得很好"这样的评价时，可以这样反馈："你认为这次任务成功在哪里？有什么需要注意的吗？"进行这样的有效反馈是双方共同的责任，也可使双方受益，能使我们在共同获得对事物的更深认识的基础上，改进我们的行动。

其次，反馈的态度应是支持性的和坦诚的。这一特点反映了反馈过程中人性化的一面，它有助于沟通双方建立起理解和信任的关系。反馈要明确具体，但不能不照顾对方的感受。真正的双向沟通和反馈，是一个分享信任、取得共识的过程，而不是其中一方试图主导交流或评审对方的过程。要达到沟通的目的，必须把对方置于与自己同等的地位，任何先入为主的、盛气凌人的做法都是不可能被接受的。例如：一位经理当着大家的面对一位下属的报告进行这样的反馈："你的报告提交得太晚了，不仅如此，字号像小鸡刨米一样，重新打印出来马上交给我！"反馈虽然具体明确，但却完全没有心理上的平等沟通，因而是无法与对方建立起信任和理解的关系的。

再次，营造开放的氛围，避免引起防卫性的反馈。如果谈话的气氛较为紧张，有些人会对他人的行为、语言产生防卫性反应。解决方法之一就是用开放性的、友好探询的问句代替"为什么"类型的问题。例如，"你为什么才交这份报告"会立刻引起防卫性的反应，对方会寻找各种理由为自己辩解，结果导致沟通向批判的、对立的气氛发展。

最后，把握适宜的反馈时机。一般情况下，应给予对方及时的反馈，及时反馈往往有利于问题的解决，否则矛盾逐渐积累，会越发不可收拾。但是及时反馈并不意味着立刻做出反应，还必须灵活地捕捉最佳时机。有时需要及时反馈，但有时反馈应在接受者准备接受时给予，如当一个人情绪激动、心烦意乱、对反馈持有抵触心理时，就应推迟反馈。善于反馈的人能识别对方言语中哪些是真情实感，哪些是表面情绪，而只对对方的真诚情感进行反馈。

第二节 倾听的失误

拓展阅读

主持人的尴尬

美国一位著名的新闻主持沃特·克隆科特(Walter Cronkite)多年前在乘船进入缅因州的中央港口码头时,很惊讶地看到一群人在岸上向他挥手。他隐约地听到他们呼喊着:"你好,沃特!"(Hello,Walter!)当他的船驶近时,大家的呼喊声更大了。克隆科特十分感动,他激动地向岸上这些人挥帽招手、打躬作揖作为回应。但出乎他的意料,几秒钟后,船卡住了,动弹不得。当岸上的人们呆呆地伫立望着他时,克隆科特才恍然大悟,原来那些人喊的并非是他的名字,而是"水浅……水浅……(Low water,Low water)"。

一、引发不良倾听的原因

人们似乎更倾向于彼此进行语言交流,而不是彼此去倾听。在倾听的过程中,听者与谈话人之间的信息反馈往往是自卫的、竞争的,或者是缺乏诚意、具有欺骗性的,而不是真诚、合作的。在这种联系中,好像倾听者总是不时地感受到来自谈话人的威胁——这也影响了有效地倾听①。

造成不良倾听的原因有:

(一)语意理解上的障碍

语言在不同的层次上影响到倾听过程:声音层次——这是我们听觉器官接收说话者信号的层次;语法层次——把声音转化成有意义的信息;最后是说话者所要表达的原意层次。由于环境噪音干扰、说话者语误、发音错误(带有你不懂的地方口音)以及听者自身认知、态度、需求、知识等问题的存在,使倾听这样一个简单的过程变得复杂。当意义不明时,听者便会做出一定的推论而曲解信息。另一个影

① Wendell Johnson. Your most enchanted listener. New York, Harper & Rothers,1956:184~186.

响语意理解的障碍是专门术语,它可能使不懂行的人的完全丧失理解能力。

(二)感情过滤

我们的倾听能力受到感情因素的影响。比如,在倾听时本能地排斥所不想听到的内容;相反,当某人说到一些我们想听的话时,我们会"竖"起耳朵,接收所有的信息——真理、部分真理,甚至是谎言和谬误。可以说,情感起到了听觉过滤器的作用,有时它会导致盲目,而有时它排除了所有倾听的障碍——你会很高兴从别人的口中证实了自己的思想,并由此感到快乐。如果一位倾听者运用感觉过滤,或先评估说话人,在听到全部信息之前就假设说话人无聊、令人厌烦或讲的话题并不重要,那么听者就无法正确地倾听并理解说话者所讲内容的意义。

(三)缺乏适当的教育

在如何使我们成为出色的倾听者方面,较之其他沟通技能,我们接受的教育和训练很少,结果我们养成了不良的倾听习惯和不适当的倾听技巧。

(四)心智时间差

正常人大脑的运转速度极高,每分钟它能处理500个字词以上,而普通人的说话速度是每分钟140个字词左右,这便产生了听者的心智时间差问题。为了填补这一段时间的空白,在听的同时,你的大脑很自然地会游走到其他的想法上去,但是当你回来时,才发现这段时间你走得太远了而遗漏了许多重要的内容。应该说,这是正常心理反应的结果,但为了更好地倾听,这一过程还是可以控制的。

(五)倾听行为的被动性造成的障碍

听,相对于说是一个被动的行为过程,加之缺少倾听技巧的训练,不能很好地控制填补我们的心智时间差的过程,使大多数人更加养成了被动倾听的习惯。听者坐在那儿,几乎呈恍惚状态,可以任凭信息在耳朵和大脑里进进出出。当某人说话时,我们可以将自己排除在外:让对方去说吧,我想或不想接收这些信息是我的事!

在组织中,许多资深主管喜欢发号施令,倾听被视为是一种被动的活动,是失去控制力或权力的表现。管理者的角色通常要求他们,要多说少听,而且说总是比听更具有导向性的行为。因此,不良倾听时常发生在组织上层针对下层的沟通上。

(六)性别差异也可能是障碍

语言学家得到了"男性和女性以不同的态度倾听"这样的结论。例如,女性在谈话时，身体状态常常是面对面坐，向前倾，有丰富的面部表情，直接的眼睛接触和鼓励性的声音（“是的”，“唔、唔”等等）。而男性在谈话时，以有角度的方式坐着，姿态比较随和，保持较少的目光接触和面部表情，他们通常期待对方安静地倾听。

于是，当男人和女人交谈时，可能会产生困难。如果女性在听时发出鼓励性的声音，男人不是认为她不专心倾听，就是认为她真的同意他所说的话。事实上，女性只是表示自己在听而已。而在交谈中，女人如果发现男人没有口头或肢体语言的表示，则认为他们根本没有在听。事实上，男人认为他们的沉默正表示他们的专心。因此男性和女性在交谈时，双方必须了解和包涵这种差异所造成的障碍。

（七）环境障碍

虽然我们把环境对倾听的干扰列在最后，但是环境因素是影响倾听最常见的因素之一。交谈时的环境千差万别，时常使人的注意力转移。具体来说，环境主要从两个方面影响了倾听的效果：一是干扰信息传递过程，消减、歪曲信号；二是影响倾听者的心境。抵抗环境干扰是很困难的事，需要倾听者耐心克服。在表9－2中概括了人们通常所处的倾听环境，主要从环境的封闭性、环境的氛围和沟通者的对应关系三个因素来分类，并指出不同环境中影响倾听效果的主要障碍来源。

表9－2　环境类型特征及倾听障碍源

环境类型	封闭性	氛　围	对应关系	主要障碍
办公室	封闭	严肃认真	一对一，一对多	不平等造成的心理负担，紧张，他人的打扰
会议室	一般	严肃认真	一对多	对其他在场的人的顾忌，时间的限制
现场	开放	可松可紧，较认真	一对多	外界干扰，事前准备不足
谈判	封闭	紧张，投入	多对多	对抗心理，说服对方的愿望太强烈
讨论会	封闭	轻松，友好，积极投入	多对多，一对多	缺乏从大量散乱信息中发现闪光点的洞察力
非正式场合	开放	轻松，舒适散漫	一对一，一对多	外界干扰，易走题

资料来源：王磊编著：《管理沟通》，石油工业出版社，2001年版，第232～233页。

环境的封闭性是指谈话场所的空间大小、有无遮拦设施、光照强度（暗光给人更强的封闭感）、有无噪音干扰等因素。封闭性决定着信息在传送过程中的损失概率及人们的注意力。环境的氛围是环境的主观特征，它影响着人们的心理接受定势，也就是人们的心态是开放的还是排斥的，是否容易接受信息，对信息如何看待和如何处置。环境是温馨和谐的还是火药味十足，是轻松还是紧张，是使人生机勃勃的野外还是死气沉沉的室内，这一切都会影响和改变人们倾听的情绪。而对应关系是指说话者和倾听者在人数上的差异，是一个人说话一个人倾听，还是一个人说话多个人倾听，或者多人说话多人倾听，对应关系的不同会导致沟通者不同的心理角色、心理压力和注意力的集中度。一对一的对应关系使倾听者感到自己角色的重要性，注意力自然集中。比如经理与下属两人之间的促膝谈心的情境；而在一人讲话多人倾听的情境中（比如听课时），听者的压力很小，所以经常开小差；而当倾听者只有一位，发言者为数众多的话，比如多家记者向新闻发言人提问，那么倾听者将是全神贯注，丝毫不敢懈怠。

在我们与别人一起工作时，知道人们的倾听方式是十分重要的。例如，当你与朋友交谈时，你或许只需要使用短期记忆，然而当你听课时，你就需要把所听的内容记住，并能在几天或几周后的考试中运用。如果你想在沟通中有所收获，你就要去认真倾听。在我们一天的工作中，我们每个人都可能遇到各种各样的倾听：职工大会、销售会议、上级训导、电话、与同事讨论、向下属咨询、向上级请示、作决定、听他人演讲。因为我们要花太多的时间用于倾听，所以学习好好倾听的技能是十分重要的。

二、不良的倾听习惯

许多人对别人的状况、处境或问题常常主观臆断，而且迫不及待地提出自己的主张。他们的目的是为了提出答案，从而表现自己，而不是为了了解对方。但是，如果我们耐心聆听，以了解为目的，我们便在提出自己的主张之前有充足的时间去了解对方。

在商务活动中，有几种不良倾听的类型。在下面的叙述中，或许你能找出符合某种类型的你所认识的人。

第一，假装倾听者。假装倾听的人做出认真听的样子，他们也会时不时点头表示赞同，皱皱眉头表示反对，甚至也会说些类似“我知道”、“真有意思”、“是吗”的短评，但实际上他们并没有把注意力放在说话者那里。

第二，连续说话者。这种倾听者似乎从来不缺少说话题材，他们在每一个问题上都喜欢听自己侃侃而谈。如果你给这样的人一个谈天的机会，恐怕你永远也无法插上一嘴。

第三，速记要点者。这类倾听者觉得应记下说话者所说的每一个字，在听的时候忙于记笔记，不幸的是，在说话者说到第三点时，他才给第一点画上句号。由于过于专注于摘记要点而忽略了完整地倾听。

第四，批评型倾听者。倾听者常常声称主题没意思，或者贬低说话者的风格和观点。这种个人的偏颇观念时常导致敌对情绪的产生，从而影响倾听。

第五，"我正在忙着"型倾听者。这种类型的倾听者从倾听开始就没有停下手中的事情，他或她可能在谈话中拆信、接电话或整理办公桌，因此，通常说话者都会尽快结束谈话并离开。

第六，手放在门把手上的倾听者。在听你讲话或者讲话快要结束时，他们可能从椅子上起身走到办公室门边，把手放在门把手上，意思是"时间到了"。

第七，打断型倾听者。在会议或会谈中，他们是第一个打断你并指出你的错误所在的人。尽管他们的信息很重要，你的错误也确实存在，但是当他或她运用这种中断对话的方法表达自己的意见时，常常使说话者产生很糟糕的情绪，而使对话变得非常不愉快。

第八，为你结束句子型倾听者。这种类型的人似乎缺乏耐心，忙于寻求事实或说话者的遗漏，好像他知道说话者下一句要说的内容。通常在说话者暂停或者喘口气时，他会立即介入；他还时常会帮助说话人结束句子。

第九，"我知道更多"型倾听者。这种类型的倾听者表现出高高在上的心态，说话人的每个话题都可能引起他自己的联想和经历，他有意无意地以自己生活中的事件做回应。比如他会说："那让我想起，我……"当然，他的故事总是具有更大难度、更有趣或者更差的情境和更好的成果。

我们所有的人都可能在不同程度地扮演着上述一种或几种角色。做到有效地倾听或者成为一个良好的倾听者，首先应试着改变这些不良的习惯。

第三节　改善倾听的技巧

一、有效倾听的要点

（一）试着在主题里制造兴趣

在演讲或会议的开始，当听到主题时，先在心里思考一下所有你想知道的有关该主题的问题。在倾听时持以开放的心胸和积极的态度,你会发现你很容易跟随演讲者的节奏。在整个倾听过程中,即使你对他所说的话感到失望,也要努力试着倾听正面的及有趣的信息。拉尔夫·尼科尔斯这样建议:他所言,有什么我可资利用?他哪些观念有价值?他正在报告可运用的什么方法?我能派上用场吗?我能运用这些信息并让我快乐吗?向自己提出这些问题能够帮助我们整合个人价值观,以便更好地倾听。记住:"没有无趣的主题,只有无趣的人。"①

(二)建立心理大纲,识别中心思想

注意倾听谈话的主题和支持主题的观点。主题或中心思想是贯穿整个内容的基本思想,识别中心思想是重要的,因为所有的演说观点都与它相关联,中心思想也能帮助记忆。

在心中以空白的轮廓开始,当演讲者说话时,将他的要点填写在你的心像图上——空白的大纲上,如表9-3所示。当你在描绘这个大纲时,你在主动地参与倾听过程,而且,当说话者演讲完时,在你的心中也保留了说话者所说的重点。

表9-3 倾听时的心理大纲

主题1:
- 要点1 ____________
- 要点2 ____________
- 要点3 ____________

主题2:
- 要点1 ____________
- 要点2 ____________
- 要点3 ____________

(三)经常回顾和思考心理大纲

充分利用大脑思考速度和说话速度的时间差所提供的富余时间,在倾听的同时回顾和思考说话者的观点。设法把所接收的信息与你以往的经验联系起来,这是主动倾听的重要内容。然后用一些关键词记录那些支持主题的材料,运用关键

① 拉尔夫·尼科尔斯,伦纳德·史蒂文思:《倾听》,《哈佛商业评论》,1957年9/10月号。

词可以帮助你高效率地记住演讲的重点。

（四）判断重要和不重要的信息

并非说话人所说的每件事都重要，甚至有关联性。我们可以对内容进行挑剔，但不能挑剔人。质疑是深刻理解内容的一种方式，它可以在自己头脑中进行，也可以在倾听后直接向说话者表达。

对观点进行质疑和提问是批判性倾听的重要组成部分。说话人从哪里得到的信息？它的来源可靠吗？在说服的情景中，说服者有时会忽略掉那些不支持自己观点的理由。如果你有与演讲者所说的内容相反的信息，记下来，以便你可以在以后提问。

（五）阻止分心

注意力分散是有效倾听的最大障碍之一，在倾听时使人分心的因素很多，一定的生理疲劳使我们感到厌倦，而其他的新异刺激也将我们的注意力转移到其他人或事上。除了周围的噪音，演讲者的口音和方言，也可能让你分心；不感兴趣的主题或组织得不好的演讲，也可能很快让你失去热情而分散注意力到其他事情上。但是，好的倾听者，常常保持着良好的弹性，他们会排除干扰，并努力倾听说话者信息中的要点。采用良好的坐姿，使自己保持在觉醒和兴奋状态，能帮助你在倾听时克服分心。另外，适当记笔记也是保持注意力集中的好方法。

二、改善人际沟通中的倾听

人际沟通中的倾听行为，发生在一对一的面谈中，这种倾听的技巧除了听和记住信息外，还有更多的要求。它要求人们试着对另一个人在心理层面上和物质层面上进行了解，而这些通常是在会议和报告之类大环境下倾听所经常忽略的。正如我们在前面所述，仔细倾听似乎是一个理解起来简单做起来也不难的概念，但是令人惊奇的是，竟有如此多的人会不善于彼此的倾听。总可以听到有人抱怨：“你没有仔细听我说！”当人们责怪对方没有好好倾听时，你也总能听到这样的回答“我听了，我可以重复你说的每一件事”，但对方的不满并没有因此消除。人们从关注和倾听中寻求的并不是你重复其语言的能力，录音机可以完美无缺地做到这一点。在人类的沟通中，人们要求的不仅仅是表面现象的呈现，还希望看到在心理上、情感上的共鸣或呈现。做到人际沟通中良好的倾听，要注意以下两个方面。

(一)创造良好的倾听环境

交谈通常是在一定的环境中发生的,如果你能适应和控制环境中的因素,就能够在一定程度上改善倾听的效果。

1.时间和地点。如果有可能,可根据沟通的需要,慎重选择有助于倾听的时间和地点。某些人最好的工作时间是早晨,于是他们会把重要的汇报安排在早晨。对多数人来说,一天中心智最差的时间是在午餐后和下班前,因为在饱食后很容易疲倦,而人们在下班前不愿被过多的耽搁。因此,应尽量避免在这些时间里安排重要的倾听内容。

谈话的地点也很重要,在自己的办公室里召开会议,可获得权力的象征,而选择在其他人的办公室里进行谈话,可以避免一些诸如电话的打扰。

2.避免时间限制。如果你只有几分钟的时间,而这个谈话又很重要或很复杂,需要更多的时间,那么最好把它定在另一个时间段。这样做需要你向对方解释,说明你需要足够的时间深入地与他探讨,对方一般会很乐意你重新确定谈话的时间表。

3.尽量排除所有分心的事。告诉秘书接听你的所有电话,或者摘下电话听筒,或者在门上挂一块免扰牌。

4.适当安排办公室的家具。家具的安排要使人便于行走。你坐在椅子上应能直接看到对方的眼睛,以传达你的注意力,且易于观察对方的非语言表现。

(二)关注人际沟通的心理层面

这主要有以下几个方面:

1.少说话。如果你意识到倾听不良是因为你说话太多,那么就停止说话。如果你的目的在于倾听,就请保持安静。

2.注视对方。有时,特别是在困窘的对话中,要直视他人的眼睛是很困难的。但是一位细心、敏感的倾听者,应适当注视对方的眼睛,而不是看窗外、看天花板,或者看对方肩膀后面。如果直视眼睛很困难,则可以弥漫性的目光注视对方的眼睛周围,如发际、嘴、前额、颈部。目光接触是一种非语言信息,表示"我在全神贯注听你讲话"。

3.倾听说出来和未说出来的信息。俗话说:"听话听声,锣鼓听音。"说出的话是重要的,因为它告诉我们他人在想什么。但是,好的倾听者在倾听中可以得到许多未说出的信息,他们也不仅听说出的事情,而且倾听某事是如何说出的。许多时候,人们的非语言行为透露出真实的含义,倾听时尤其要注意观察与语言表述相抵触的那些非语言行为。

4. 主动倾听并验证所获得的信息。可以适当重复对方的话,也可以换个角度说明对方的信息,这既可以帮助你获得正确的事实,同时也是对说话者的一种反馈。明确表示你理解对方之意的语句有:

据我了解,你觉得……

我感觉到你……

所以,我认为……

我想我听到的是……

我不确定是否听懂了,但……

你相当看重……

你现在的感觉是……

你当时一定觉得……

你的意思是说……

5. 提问。虽然作为一个倾听者的主要任务是了解他人所说的话,但是如果你能以开放的方式询问所听到的事,成为谈话的主动参与者,会增进彼此间的理解。可以问的问题如:"谁与您一起处理这项工作?""现在的情况如何?""您计划什么时候开始?""你怎么能够在这么短的时间内完成这个计划?"这些问题都要求的是基本信息,而不是给对方以威胁或施加压力。这类问题的回答会进一步澄清概念,增进了解,甚至对于容易紧张、爱脸红和缺乏组织力的说话者的沟通,也将大有帮助。

6. 接受和给予反馈。说话者会根据倾听者的反馈做出适当的调整,这样会更加有利于倾听,因此在倾听时对说话者的信息做出反馈是十分必要的。反馈可以是语言上的,也可以是非语言的,但注意反馈应清晰,易于为人所了解、所接受。比如,问问题,查验信息,或以其他感觉和反应形式表达。当倾听者做出反馈时,说话者能根据倾听者的反应来检查自己行为的结果,他们就会知道自己所说的是否被准确接收、正确理解,从而决定接下来如何说和做。非口语性的反馈是由身体姿态、动作、表情来传达的,当你站、坐、皱眉、微笑,或者看起来心事重重时,都是在反馈给对方某些信息。

拓展阅读

问的效力

有一天,弗莱德以"一个伟大的推销员"的身份被著名电视节目主持人迈克邀请,出现在迈克的节目中。接下来的事纯属偶然,却展示出弗莱德提问的独特能力。

迈克开始说:“弗莱德,你被誉为世界第一推销员,那就卖点东西给我吧!”弗莱德毫不犹豫,立即反应,提出第一个问题:“迈克,你要我卖些什么给你呢?”迈克这位有数百万年薪的主持人,听到这个问题时,已由攻势处于守势。他略感惊讶,随即环顾四周,回答说:“那好吧!就将这个烟灰缸卖给我吧!”

弗莱德又一次问道:“你为什么要买这个烟灰缸呢?”迈克感到很意外,皱着眉说:“喔,它很新,又很漂亮,还是彩色的。此外,我们正在一个新的演播室里,我不想人们随便扔烟头。当然了,我们也很想让抽烟的客人方便些。”

此时,弗莱德略思考一下,突然说:“迈克,你要出价多少来买这个烟缸呢?”迈克结结巴巴地说:“最近我没买烟缸……但是,这个烟灰缸又大又漂亮,我想,我会出18到20元吧。”弗莱德在问了三个问题后,说:“好吧!迈克,我以18元的价格把这个烟灰缸卖给你!”一场买卖到此结束。

三、改善商务活动中的倾听

如果你希望在公司管理中采取措施以提高倾听效果,那么,下面的14点建议可供参考。

第一,举行一次或几次行政研讨会,讨论一下倾听作为商务活动工具的角色和作用。

第二,利用现代管理培训手段,比如对录像片进行分析,让大家不仅听到表演者的声音,还看到他们的态度、姿势和行为等非语言信息。

第三,如果可能的话,找一些专家和权威人士,与他们共同讨论倾听在商务活动中的运用,这些人可以从那些将倾听作为交流培训课程内容的大学里选择。

第四,让雇员们在工作中就如何倾听做一次试验。让每个雇员把一天分成每4个小时一部分,每部分又进一步细分,并记录其在一天中用来听、说、读、写的时间。在交流结束后,讨论这些形式的作用,确定我们用来倾听所花的时间,以及提高倾听效果对改善工作效率的作用。

第五,就人们的听力进行标准化的测试并给出分数,分析个人所得分数的含义。

第六,提供一个包括文学名著、演讲以及与雇员工作有关的音像资料的图书馆,向希望在空余时间倾听的雇员外借。

第七,录下一些业务主管和其他人员所做的工作报告,当有新雇员加入时,把倾听这些内容作为必要的培训项目,用客观的方法考察他们的理解力,并强调倾听在日后工作中的重要性。

第八,用角色扮演的方法去评价管理者倾听下属抱怨的效果。管理者在倾听时是否掺杂了感情因素,是否采取了鼓励员工自由发表意见的方式。

第九,要求销售人员在记事本上为每位顾客分设一栏。每次拜访后,记录下所有听到的有用信息,在每次回访时,将这些信息作为参考。

第十,如果公司有许多忠实顾客,可邀请一些言谈思路清晰的顾客加入关于销售技能的讨论。了解他们如何看待销售人员的表述能力和倾听能力,找出顾客对销售人员倾听能力不足的看法。

第十一,如果在计划的会议时间外还有空余时间的话,举行一个倾听评价会。让每个成员评估一下他讲话时其他人在倾听方面的注意力,并报告他自己的倾听效果。

第十二,在培训课上,选定一个主题,设计并组织讨论,其间进行录音。然后播放录音带,就倾听效果展开讨论,看大家在倾听上是否表现良好。如果会议离题了,分析是否由于倾听不良而导致该问题的产生。

第十三,在就具有争议的问题而召开的管理会议上,采取欧文·李(Irving J. Lee)的"强行统一程序",即会议主席要求在一段时间内,争议中的一方可在不被打断的情况下自由发表观点;而反对的一方仅限于提出问题,澄清事实,及就所讨论的问题征求意见、询问信息。

第十四,为雇员及其家属和朋友举办一系列讲座。可以是人们感兴趣的学术或娱乐方面的话题,同时向雇员们指出这些讲座也是提高倾听效果培训的有机组成部分。

当然,以上建议并非适用于所有的情况。每个公司必须结合自己特定的需要采取适当的措施,但最重要的不是每个具体建议的操作带来了什么,而是人们在提高了倾听意识和效率后,能够为工作和商务活动所带来的好处。

四、移情式倾听

(一)什么是移情式倾听

许多人对他人的信息有习惯性的反应,比如批判式的倾听,这样的反应可能有效,但当你在倾听某人的情感时则无效,甚至,它们的效果是负面的。我们经常要与他人分享自己的感情,他人也经常希望我们为了情感而倾听。倾听他人的情感是给予其情感支持的一种方式,而这种能力也造就了我们与他人之间的亲密关系。如果没有与他人的世界接触,你就无法理解这个世界。移情式倾听以一种与沟通对方同在的方式进行，我们时常需要用这种方式来理解他人和他们的世界。

移情（或神入 Empathy）首先是人们相互接触的方式，尽管实际上进入他人世界并与他们同样地体验这个世界也许是不现实的，但近似地做到这一点仍然是可能的。我体验这个世界的方式与你的不同，但我们仍有足够的相似性。

所谓移情式倾听是在倾听中设法从说话人的观点来理解其感受，并把这些感受反馈给说话人的沟通方式。作为听者，你要做的是把你自己的情感放在一边而投入到对方的情感中。移情式的倾听表达的是对他人的关心，对他人所牵挂的事的关心。为了做到这一点，你需要识别情感，让说话者告诉你发生了什么，然后鼓励他们去发现问题的解决办法。

（二）移情式倾听的技巧

倾听时，你必须暂时忘掉自我意识，使自己沉浸在与对方的谈话中。要使对方可以发泄情绪，觉得自己真正被了解了，而不是被评判。运用非语言传达感受，运用语言真诚地给予回应。有效的移情技巧必须建立在关心他人及真心想了解他人的基础上，下面是倾听他人情感、表达关注的几个要点。

1. 面对（Squarely）你的交谈者。正面地对着另一个人往往被认为是一种投入的基本姿势，它似乎是在说："我同你在一起，你随时可以得到我的帮助。"你在一边与另一个人说话，一边却将身体转开，这可能会降低你与他接触的程度。即使当人们围成一个圆圈坐的时候，我们通常也会尽力以某种方式转向正在与我们进行交谈的人。"面对"一词可从字面上理解，也可以作象征性的解释，重要的是你所采取的身体朝向能够告诉对方，你正与他同在。如果正面相对使你或他有一种威胁感，那么采取一种斜角的位置也许更好，关键是你的关注质量。

2. 开放（Open）的姿势。双手双脚的交叉有削弱你给他人的关心感和愿意提供帮助的感觉。而开放的姿势可成为一个信号，显示你对当事人和他的信息持接纳的态度。开放的姿势通常被看作一种非戒备的姿态。"开放"一词同样可以作字面上或象征性的理解，并非是说双脚交叠就表示你不愿关心别人，重要的是问自己："我现在到底在多大程度上对说话者传达了接纳和协助的意思呢？"

3. 经常将身体倾向（Lean）对方。这是表达关注的可行方法。只要注意一下两个亲密交谈的人，我们就会发现他们都倚靠在桌子上向对方倾斜，自然而然地表现出关心。人们往往将轻度地倾向某人看作是："我对你所说的有兴趣。"往后仰，最严重的是斜靠，这可能表示："我的心没有完全在这儿"或"我有点厌烦了"。但是过于前倾，有可能吓着对方，这会被当作一种向对方要求得到某种接近或亲密的方式。

4. 保持良好的目光(Eye)接触。处于深谈中的人保持相当稳定的目光接触并非不自然,这同盯着别人看是两码事。两个深入交谈的人的目光接触数量之多令人惊讶。这种目光接触是以另一种方式在说:"我跟你在一起,我在认真地听你说的话。"当然,你偶尔将目光投向远处,并不违反这一含义,但是你的目光不断地飘向别处,你的行动便给出了不情愿与对方在一起或对他的事不感兴趣的暗示,或者,这也是你有些不舒服的表示。

5. 在上述行为中力图做到相对地放松(Relaxed)和自然而然。放松所含的意味是,其一是不要表现出局促不安或不自然的面部表情,否则对方会奇怪,是什么让你感到那么紧张。其二是指你的身体动作应显得轻松自如。当你轻松自如时,对方也容易变得轻松自如。

6. 移情倾听着重在使说话者被了解,因此要在倾听中恰当地表达出(Expression)你对他的理解。这种表达可以是重复对方的字句,只是重复字句,而不是表达自己的感受;也可以重复对方所说的内容,比如用自己的话总结大意。需要表达自己的感受时,一定要深入了解对方的含义,并捕捉对方通过身体语言及音调所表达出来的感受,用自己的语言来表达对方的意思和感受。

以移情倾听方式回应下面每一种情境

1. 主管要求两位助理小美和小华负责筹划本公司在一个贸易展上的展位。小美说:"让小华自己负责,我再也不想跟她一起负责任何贸易展,她从不做好分内的工作。"

主管对小美的可能回应是:

2. 经理于庆发起一个质量管理活动,旨在减少作业步骤和循环时间。另一位经理摇头说:"你去年已经搞过这个活动了,行不通的!"

于庆对另一位经理可能的回应是:

3. 父亲要求儿子不要在外面待得太晚才回家,16岁的儿子对爸爸说:"这是我的生活方式,我可以自己作决定。"

父亲对儿子可能的回应是:

(三)何时适合移情式倾听

何时使用此种倾听方式?有时候静默和容忍的方式比较有效,有时批评式的倾听更为重要,而在许多人际交往活动中,以己度人式的反馈也能发挥作用。在特定的情形下,移情式倾听才能发挥重要作用:

1. 当交流过程掺进强烈的情感因素时;

2. 当人际关系紧张或信任度较低时;

3. 当我们不确定我们是否了解情况时;

4. 当情况过于错综复杂或我们不是很熟悉情况时;

5. 当我们不能肯定对方是否明白我们想表达的意思时。

移情式倾听的本质不是说人云亦云,而是通过倾听,深入了解对方的情感与思想。"移情"一词源自希腊语,em 是"进入"之意,pathy 是由 pathos 而来,意思是"感受"、"承受",因此"empathy"也译成"神入"或"同理心"。当我们设身处地地为别人着想时,我们便具有了同理心。它不表示全盘接受(同情心),而是表示我们愿意去了解别人的观点。移情倾听的目的就在于,在深入了解对方的情绪和思想的基础上实现有效沟通。

(四)检查你的倾听

要改善自己的倾听效果,需要在倾听之前、倾听过程当中和倾听之后都能培养良好的倾听习惯。对照下面所列的要点,检查你在倾听中是否做得很好。

倾听之前

1. 确定倾听的目的
2. 了解自己
3. 认识影响倾听的因素
4. 停止讲话
5. 集中思想
6. 拒绝干扰
7. 提起兴趣
8. 使讲话者放松
9. 避免过早下结论
10. 控制自己的情绪

倾听过程中

1. 保持良好的精神状态
2. 集中思想,积极思考
3. 理解信息而非辩驳
4. 倾听主要内容
5. 倾听详细内容
6. 少讲多问

7. 注意讲话内容而不是讲话腔调
8. 注重讲话者的观点
9. 控制自己的情绪
10. 适当做笔记
11. 抵制内外的干扰
12. 把握思维速度
13. 归纳所获信息
14. 倾听话中音——没有说出来的内容
15. 掂量证据的确凿性
16. 避免急于下结论
17. 避免侵犯讲话者的个人空间
18. 保持良好的目光接触
19. 抑制插话的冲动
20. 表现出耐心

倾听之后

1. 积极思考所获信息
2. 如有必要可进一步提问
3. 归纳和判断信息
4. 尊重他人观点
5. 认识自己的情感
6. 记住重要的信息
7. 实事求是做出判断

思考题

1. 倾听和反馈在沟通中有什么意义?
2. 思考你在生活中有无遇到倾听失误的现象? 有效倾听的要点有哪些?
3. 举例说明管理活动中应如何给予他人反馈?

沟通体验

1. 从下面两位大企业家的做法上,你是否能体会到倾听、反馈、深入和及时沟通的价值?

松下幸之助被称为日本的“经营之神”，在他的管理思想里，倾听和反馈占有重要的地位。松下幸之助经常问他的下属：“说说看，你对这件事是怎么考虑的。”“要是你干的话，你会怎么办？”他一有时间就要到工厂里转转，一方面便于发现问题，另一方面有利于听取工人的意见和建议。在松下的脑子里，从没有“人微言轻”的观念，他认真地倾听哪怕是最底层员工的正确意见，非常痛恨别人对他的阿谀奉承。

另一位大企业家韦尔奇也是沟通理论的忠实执行者。为了充分了解下情，他喜欢在“把自己的职务地位抛到脑后”的前提下进行“深潜”和“打滚”。“深潜”指的是挑选一个感兴趣的具体问题，然后一个猛子扎下去，对此做出自己与众不同的判断和结论。“打滚”是指在各种不同场合与下属平等讨论问题，他的一个口号就是“让我们进去打滚吧”。例如，当发现某方面出现问题或有了一大笔交易，这时意见不统一，韦尔奇就到会议现场跟大家一起无拘无束地研究，中间甚至开玩笑或骂人。在无拘无束的“打滚”过程中，许多好思想诞生了。

2. 倾听练习

人物甲	人物乙
第一部分：做主讲者 你是这个练习的主讲者，在两分钟内向你的听众讲述你最开心的一次假期，其中包括曾度假或旅行的地点、同行者，以及你曾做过的事情。	第一部分：做倾听者 你是一个倾听者，请用两分钟时间用心倾听主讲者有关他的一次开心旅行或度假的经历。尝试用良好的聆听表现，例如，与主讲者进行目光交流，身体微微前倾，在适当的时候展现微笑，或做出适当的提问等。
第二部分：做倾听者 你扮演倾听者，请先用心倾听一分钟，接着以另一种心态去倾听主讲者的讲述内容，例如，四处张望、把玩口袋内的钥匙、喝杯水、玩弄指甲，或显得烦躁不安、双腿左右交叠、身体靠向椅背、装作没精打采的样子，或不时想起和自己有关的事情……	第二部分：做主讲者 现在你扮演主讲者，在两分钟内向你的听众讲述你最开心的一次假期，其中包括曾度假或旅行的地点、同行者，以及你曾做过的事情。

讨论：

(1)身为主讲者,你有何感受？为何如此？

(2)举出人物乙曾表现出的有效的倾听技巧和心得。

(3)你凭什么认为人物甲并非在倾听？

(4)哪些倾听技巧是你常用的？你是否有过对讲述内容不感兴趣的表现？那么你认为主讲者的感受会如何？

第十章 处理人际关系

与人处世的本领是无价之宝，我愿意牺牲太阳下的任何东西去获取它。

——洛克菲勒

第一节 情商和人际关系

一、情感智力

心理学家罗伯特·凯利和珍妮特·卡普兰对贝尔实验室工作人员的追踪研究很能说明人际交往对个人事业成功的重要性。在这个实验室工作的工程师和科研人员的智商都很高，可是几年过去后，一些人已经成绩斐然，另一些人却业绩平平。为什么会出现这种现象呢？答案在于前一种人有着广泛的人际关系网而后者没有。同样，经理们的人际关系也是同样重要。美国学者 20 世纪末的调查表明，40% 新任命的经理在岗位上待不到 18 个月，而主要原因就是他们没能与其他经理和下属建立起良好的人际关系(Fisher,1998)。积极的人际关系使人充满信心，受到信任，能与他人自如地交换意见、交流感情;而不正常的人际关系则使人满心猜忌,难以同他人沟通。

人际关系即人与人之间的心理关系,是一个人与他人相互接触和相互作用的结果。组织中的成员,不论其地位、职位高低以及工作性质有何差异,他们之间共事关系的好坏对组织的成功与否同样产生重要影响。良好的人际关系是高效率工作和优质服务的必要保障,对于个人、团队和组织的生存都是至关重要的。

1995 年,美国哈佛大学心理学教授丹尼尔·戈尔曼(D. Goleman)提出了情感智力(Emotional Intelligence)的概念,而情商即情感智力的商数(EQ)。从最简单的层次上理解这一概念,情感智力即理解他人和与他人相处的能力,主要是指人在情绪、情感、意志、耐受挫折等方面的品质。戈尔曼认为,情商是个体的重要的生存能力,是一种发掘情感潜能、运用情感能力影响生活各个层面和人生未来的关键性品质因素。戈尔曼认为,在人成功的要素中,智力因素是重要的,但更为重要的是情感因素,"情感潜能可说是一种中介能力,决定了我们怎样才能充分而完美地发挥我们所拥有的各种能力,包括我们的天赋智力"。他和其他研究者认为,情感智力大致可以概括为 5 个方面的内容:

第一,自我情绪认识能力,即对自己自身状态的感知力。

第二,情绪控制力,即针对具体情况以恰当的方式表达情绪的能力。

第三,自我激励,即抵制冲动,树立目标并努力去实现它的能力。

第四,认知他人情绪的能力,即正确地判断、了解和分享他人情感的能力。

第五,处理人际关系的能力,即能充满情感地与他人建立联系的能力。

一个人不可能独立地在社会中生活,人与人之间的合作与竞争是我们社会生存和发展的动力,把握好两者的关系,建立良好的人际关系网络是一个人事业成功的重要保证。心理学家罗伯特·凯利和珍妮特·卡普兰对贝尔实验室工作人员的追踪研究很能说明人际交往的重要性。在这个实验室工作的工程师和科研人员的智商都很高,可是几年过去后,一些人已经成绩斐然,另一些人则业绩平平。为什么会出现这种现象呢? 研究结果表明,答案在于前一种人有着广泛的人际关系网而后者却没有。

在美国企业界曾流行一句话:"智商(IQ)决定录用,情商(EQ)决定提升。"传统的 IQ 侧重对个人学业成就和学术成功的预测,而 EQ 概念更强调在社会现实情境下智力的社会功能,或者说,在社会性交往或非学术领域里一个人的成功与否更多地取决于 EQ。社交能力强的人一定善于控制自己的情感表达,能准确把握对方的情感,因而能随时对自己的表现加以调整和管理,以达到最佳的效果。从这个意义上说,一个人只有在良好的人际环境中蓄势、借势,才能奔向成功,而良好的人际关系是情商高的重要体现。

二、人际关系的发展阶段

大多数的沟通都是从表面的沟通开始的,然后如果人们相互喜欢,就会采取步骤进一步相互了解。研究发现,人际关系可以沿着预计的轨道发展。通常在建立人际关系时会经过5个阶段,每个阶段都有特定的沟通特点。

(一)第一阶段:选择或定向阶段

人生是有限的,我们不可能广泛地与每个人建立关系,因此,与之发生互动的对象都是自觉或不自觉地经过"高度选择"的结果。选择是建立人际关系的第一步,即人际关系的定向阶段。你可以从各个方面来评价对方,如服装、外表的吸引力、信念、态度、言谈举止。根据这些观察决定是否与之发展相互关系,以及了解对方是否愿意与自己发展关系。

(二)第二阶段:试验和探索阶段

在这一阶段,人们有意识地努力寻找彼此间共同的兴趣和经历。通过表达自己的观点、态度和价值观,观察对方的反应来进行试验。在相互关系的这一阶段,每件事情似乎都是愉快、轻松和非批评性的。许多人际关系都停留在这一阶段,沟通的双方喜欢这个水平的相互关系,但没有表现出进一步推进它的愿望。

(三)第三阶段:加强阶段

这是感情的进一步探索,双方要花更多的时间在一起,他们喜欢相互陪伴,也开始相互坦白,并相互信任。他们使用昵称,开别人不能理解的玩笑,谈话中出现共同的期望和假设。在加强阶段,开放是一种风险,因为自我袒露既可使相互关系加强,也可能使双方受到伤害。

(四)第四阶段:融合阶段

这是人际相互关系中双方个性开始融合的阶段,他们不仅相互包容理解,而且能很好地相互预测和解释对方的行为。只有当人们形成深入的、重要的关系时,才会达到融合阶段。达到这一阶段的人通常是最好的朋友、恋人或者亲人。

(五)第五阶段:盟约阶段

人际关系建立的最后一个阶段是双方做出某种正式的承诺,比如宣布婚约或者结婚。在其他情况下盟约可能不像签署一个合约那么正式,但无论什么形式,处于这一阶段下的人,任何一方想脱离这种关系都比较困难。所以这是双方对彼此关系有某种长期承诺时才采取的步骤。

人际关系可以建立在任何一个阶段上,是否从一个阶段发展到下一个阶段取决于关系的双方。只有双方都愿意时这种发展才有可能。由于大多数人只有有限的时间和精力去加强关系,因此我们愿意把大多数的人际关系保持在第二和第三阶段。在前三个阶段,人们建立友谊和正常的社交活动,而第四和第五阶段要求我们有更多的承诺,通常把它们留在非常特殊的相互关系中。

另外一种有益的观点是,在建立一个新的人际关系中,人们不应该过快地超越第一和第二阶段。在所有的人际关系中,一方对来自对方的反馈保持敏感是重要的。由于第三阶段首次出现自我袒露,因此,在第二阶段向第三阶段发展时要特别注意。如果一方坦白得太快太多,另一方可能会感觉不舒服,以致不愿意把相互关系推进到下一个阶段。

许多对人际关系的研究都认为,无论是配偶之间、家庭成员之间还是朋友之间,把人们联结在一起的共同基础是承诺和沟通。

所有的人际关系都需要彼此的承诺(commitment),这是双方对继续保持关系的愿望,是双方对相互关系中出现问题后承担责任的意愿。研究相互关系的作家玛格丽特·法利说,尽管承担义务的承诺是现在做出的,但它针对的是未来。这是一种"约束和受约束、给予和被要求的关系"。通常可以区分出无条件的义务和有条件的义务。无条件的义务是你自己在任何情况下,对另外一个人的承诺。如配偶间相互做出的承诺或者父母对孩子所承担的义务。有条件的承诺是预先设定承担义务的条件,即"只有在什么条件下……"这样的含义。例如,如果你肯花时间来投入,那么我就会和你合作。

通常友谊也可以是无条件的,但是有条件的更为常见。如果你的朋友出国定居了,你对你们之间相互关系的期望就可能会逐渐减少一些。工作关系常常也是有条件的,老板希望雇员做好他们的工作,但不能指望他们把自己的全部生活和时间都用于工作。所有的人际关系都有某种承诺作为基础,但有时双方对承担义务有不同的期望,这就需要双方做出改变和妥协,否则他们的关系就难以继续下去。

此外,处于人际关系中的双方必须不断地进行交谈和沟通,他们必须能够共同寻找一些减少冲突、调整相互期望、讨论任何可能影响他们关系的问题的方法和途径。当然这些沟通必须是以我们都说出自己的心里话,而且对方能按我们的意思理解这些话为基础。对于要继续某种人际关系的双方,必须找到有利于双方的沟通方式,尤其是当出现冲突的时候。然而许多人习惯于避开冲突,觉得不应该说别人不爱听的话，实际上，回避冲突对相互的关系伤害更大。

三、人际关系中的情绪管理

由于情绪在人际交往中的作用很大，因而对情绪的认知和调控具有重要的现实意义。一个人的情商高，也就意味着他善于识别和理解他人的情绪，并能有效地调节和驾驭自己及他人的情绪，这对于建立良好的人际关系是大有裨益的。下面我们从自我和他人两个方面来看看人际关系中情绪把握的方法。

（一）自我情绪的了解

可以通过自我省察和接受反馈两条途径来了解自己的情绪。

在多数情况下，我们每个人内心的情绪体验只有自己最清楚。因此，要真正了解自己的情绪，就要注意随时反省，看看自己此时此地的处境如何。有些基本的情绪，如快乐和悲哀，我们自己能够明确地意识到，但有些时候我们处于某种特别的心境，很难说出具体是什么。心理学的研究证明，人们对情绪的知觉一般取决于两个方面，一是自己体验到的生理唤起水平；二是认知判断，即人们对自己的行为和外部情境的考察。因此，在识别自己的情绪时，生理唤起可以作为内部线索，自己的行为和所处的环境可作为外部线索，要借助两个方面的线索来对自己的情绪加以判断。

接受反馈即通过别人的反馈来了解自己的情绪，有时“当局者迷，而旁观者清”。人们的情绪在与他人互动时会自觉不自觉地流露出来，当你处于忧郁、烦躁、愤怒、快乐等情绪状态时，你的言行举止都会染上相应的情绪色彩，别人会对此有所反应。通过观察别人对待你的态度、表情和说话的方式，可以帮助我们觉察自己的情绪。

（二）自我情绪的表达

在了解自我情绪的基础上学会恰当地表达情绪，对于缩短人际距离，消除彼此间的隔阂，增进人际关系具有重要意义。受传统文化的影响，迄今为止许多中国人在情绪表达上仍将“喜怒不形于色”、“含而不露”等作为自我修养的目标。殊不知，这种对自我真实情绪的刻意掩饰往往会带来许多不良后果。由于缺乏情感交流，会使夫妻间相互埋怨，觉得对方不够体贴；儿女认为父母只严不爱；同事或同学之间表面一团和气而内心的积怨越来越多。因此，应该承认自己的真实感受。喜怒哀乐是人之常情，要敢于承认，敢于在别人面前表达自己的真实体验。如果你因某事伤心，却硬要在别人面前装出若无其事的样子，那么很容易给人以误导，而失去得到别人帮助的机会，彼此之间就不易产生理解和沟通。另外，情绪的产生有很大的情境性，要注意及时将自己的情绪体验表达出来，使愉快的情绪与大家分享，某些不良情绪也得到及时宣泄与疏导。最后，在情绪表达方面，也要注意方式和环境，并非在任何场合下对任何人都可以随意表达自己的情绪。比如在大庭广众下，不顾对方的尊严直截了当地表达自己的不满，非但不能解决问题，反而会恶化彼此的关系。

（三）自我情绪的调控

自我情绪的知觉和表达固然重要，但更重要的是对自我情绪的合理调控。在情绪调控方面存在着明显的个人差异。在生活中，有的人总是和颜悦色，有的人则动辄发脾气。营造和谐气氛，需要学会调控自我情绪。首先，要学会弹性思维。每个人都有自己的意愿，我们不能要求别人完全按自己的意愿行事，因此无论对自己还是对他人，都不应要求“必须”或“应该”怎样，不应绝对地认为非此即彼。其次，要全面、客观、发展地看待事物，避免以偏概全、夸大后果。当你学会以积极乐观的态度、合理的方式来面对现实时，许多情绪都会在你的掌握中。再次，情绪调控有赖于积极的行动。倾诉、发泄和转移都是一些可行的调节情绪的方法。

（四）了解他人的情绪

对别人情绪的识别是一种复杂的认知过程，它包括观察、分析、判断、推理等思维过程。除了通过人们在交往中的语言表达来识别情绪外，人们的表情、体态和辅助语言等也是我们观察的重要依据（详见第五章）。心理学家认为，面部表情是最敏感的情绪发生器和显示器，把表情和体态语结合起来更能使你准确地把握他人的情绪。

心理学的研究表明，人的情绪变化会首先反映在瞳孔的改变上。当人的情绪从中性变得兴奋、愉快时，瞳孔会不自觉地变大。有人研究了人们打扑克时的瞳孔反应结果，发现如果抓到了自己期望的好牌，情绪兴奋性会陡然上升，人就会出现瞳孔放大的现象。而当人们的情绪由愉快转向不愉快，或突然出现令人不快的人或事时，瞳孔会不自觉地缩小，并伴随程度不同的眯眼和皱眉反应。

需要指出的是，正常成年人的情绪表现是可以随意调节的。在一定的文化背景下，社会规范会告诉人们在哪些场合下适合表现哪种情绪，不适合表现哪种情绪。另外，人们出于不同的动机，有时会故意隐藏自己的真实情绪，有时又会故意装出或夸大某种情绪。例如，你在上级面前提出了一个很有建设性的意见，即使上司当面表扬你,或同事为你叫绝,但你也不会过分表露自己的兴奋,怕被人说成"骄傲"或"张狂"。有的人心里很生气和不满,却能克制住,装出心平气和的样子;有的人本不喜欢某事、不尊敬某人,但表面又显示出喜欢和尊敬。同样一种表情,可能代表截然不同的两种情绪。因此,要准确识别一个人的情绪,除了关注其表情、体态等外,还必须结合其他方面——当时的情景、此人的个性等加以综合判断。

(五)对他人情绪的影响

在人与人的相互关系中,不仅需要了解别人的情绪,以调整自己的行为方式,而且需要通过一些语言和行为的策略来影响和改变他人的情绪。当你的朋友情绪低落时,你会用一些愉快的语言或行动来使他高兴;在管理工作中,领导者要想调动员工的积极性,也应善于影响员工们的情绪。对他人情绪的影响是情绪管理中最为积极的部分。那么,在人际交往中,如何才能很好地激发和影响他人的情绪呢?

首先,真诚是人际关系的第一要素。在真诚的基础上才能取得别人的信任,才能影响和改变对方的情绪。其次,要具备理解他人情感、分享他人感受的移情能力。当你将心比心,站在对方的立场上理解对方时,才会产生与他人心灵上的共鸣。再次,在语言和行动上,要晓之以理、动之以情。

第二节　管理人际关系

管理者的激励能力、沟通技巧和人际吸引力、影响力等,是有效管理的基本条件。这些能力和技巧我们在有关的各章中已有论述,这里,我们从实践的角度着重谈谈管理者在处理工作结构中的各种关系时应注意的问题。

一、提高人际吸引力

人际吸引力可以解释为一个人在人际关系中受人喜欢的程度。什么人更有吸引力?开朗的性格是人际吸引的一个因素,一个热情的人比冷淡的人更有吸引力;一个人如果能对别人表现出的热情做出同样的反应,也会具有吸引力。对于管理者来说,虽然受人喜欢不是建立和维持人际关系的最终目的,但是个人的人际吸引力在提高交往程度、增加领导魅力方面无疑会产生重大作用。

获得他人好感的最简单的办法，就是能在见面时叫出对方的名字。心理学家认为，对一个人来说，他的名字是最亲切、最重要的声音，记住人名能给对方以尊重感，缩短相互间的距离。能够在适当的时候叫出对方的名字，就等于给对方一个微妙而有效的赞扬，会使你成为最受欢迎的人。

外貌对人际吸引所产生的作用是毋庸置疑的，尤其是当人们初次打交道时更是如此。虽然人们常说"人不可貌相"或不要"以貌取人"，但是外貌所引起的微妙作用却难以排除。一般人总是愿意自己或自己的亲人、朋友有仪表和风度，打扮得得体、漂亮。有人研究了约会中异性外貌吸引的情况，对方外貌吸引力与第二次是否再约会的相关系数为0.69～0.89之间，可见外貌在异性交往方面的作用。使自己的形象具有吸引力，并非一定依赖于先天的长相。比如，可以通过着装来展现风度和形象。服饰美被视为社会文明程度、生活条件和精神面貌的反映。一个人得体的着装体现出其一定的品位和修养，从而受人喜爱。

另外，一个人的精神面貌是社交形象和吸引力的核心。精力充沛、乐观开朗、热情大方的个性往往具有强烈的感染力，能激发对方的交往动机，活跃人际互动的气氛。旺盛的精力和敏捷的头脑总是能给人以振奋和力量，这样的人总能成为核心人物，是无形中的"领袖"。

一个人有无魅力，谈吐是重要的指标。一个人的素质也表现在谈吐上，聪明敏捷、知识渊博、举止礼貌、说话流畅又有分寸的人总是讨人喜欢的。高雅的谈吐是无法装出来的，卖弄辞藻只会显得浅薄，咬文嚼字令人乏味，而说惯了粗话的人，尽管可以掩盖一时，但很快就会露出马脚。想成为一个有吸引力的人，提高讲话水平是不容忽视的。

人际吸引力的表现不只上述内容，人们在相互关系中的价值取向、平等亲切的交往态度、对他人的情感投资和雪中送炭的帮助等等都会增加个人的魅力，使你成为受欢迎的人。

二、处理与下属的关系

管理者与下属的关系，绝不能简单理解为支配与被支配、领导与被领导的关系，权力并不总是掌握在有管理职位的人手里。因此，身居管理职位的人都知道，处理好与下属们的关系是自己工作的主要任务。

下属通常对管理工作的影响远远大于管辖范围以外的任何人的影响。例如：下属掌握某些技术或客户，使他们不能轻易地被替换；他们掌握某些特殊的信息或知识；某个下属的工作恰恰是全盘工作的中心，故而他对上司的工作有更大的影响；某个下属的工作与其他重要工作或重要人物有密切关系，致使上司间接地依赖于他；下属有良好的人际关系，批评他们或调换工作都会引起一批人的不满……这种种影响使下属对其上司同样拥有“权力”，对此，管理者的职权也会无可奈何。

管理者要与下属建立良好的信任关系，不仅要表现出一定的工作能力和技巧，要掌握大量的信息和其他资源，同时这也是组织文化、结构管理的一个重要组成部分。在与下属建立信任和坦诚的关系方面，我们总结了以下六点：

（一）交流

交流就是随时与下属沟通，提供准确信息，解释做出决定与制定政策的缘由，对自己存在的问题坦诚相对，避免将信息当作工具或奖赏来使用。重要的一点是，与下属沟通时，不仅要同全体下属进行交流，还要同下属个人进行交流。例如，一位老板可能认为给下属加薪就可以表达出公司对他的认可，可是他的下属却说：“我在现在这位经理的手下工作了两年，却从未得到一次业绩评估。我觉得我做得还不错，因为我每年都会加薪，但我不知道未来我是否还会留在这家公司。”可见，仅有加薪是不够的，这是不完全的沟通，人们还需要更多的交流。

（二）支持

给予支持意味着给下属以关心，意味着帮助、教导下属，赞同他们的想法，巩固他们的职位，当然还意味着对员工的生活和职业给予重视。一位员工遇到麻烦，或与上级的利益发生冲突，或仅仅是不受欢迎时，上级往往要背弃他。但如果老板为了员工的利益而做出努力，在事后可以获得更多的回报。下属最信任的是当困难降临时能和他们站在一起的上司。要为员工提供成功机会，或许这是与下属沟通中无声的但又是最有效的沟通方式。

我向管理委员会提出了一项建议，一些成员同意，一些则反对。我当时太年轻，也太紧张，不知道我是否能让他们相信我是对的。这时，我的老板支持了我的建议，努力为我的建议争辩，最终，我们赢了。当我现在想起这事时，觉得在我的职业生涯中，几乎没有哪件事给我这么大的快乐，也使我对我的老板充满真诚的感激①。

（三）尊重

尊重的最重要方式是授权，其次是倾听下属的意见并采纳他们的意见。当上

① 费尔南多·巴托洛梅：《无人完全信任老板——怎么办?》，《有效沟通》，中国人民大学出版社、哈佛商学院出版社，2001 年版，第 84 ~ 89 页。

级对于下属的判断及能力给予真诚的信任时,他同时也赢得了下属的信任和尊重。

一位老板告诉他的助理他决定购买一家公司,让助理去作调查并提出意见。他的助理去做了,并告诉老板买那家公司不是个好主意。他为此很生气,还把助理从他组建起来的准备去那家公司的管理团队中剔除。他的助理劝说他耐心听一听自己更加全面的分析,老板同意了。他不但花时间认真倾听了,而且还听从了这位助理的意见,放弃了这个购买计划。倾听并采纳下属的正确的意见,使这位老板避免了犯错误,并赢得了下属的尊重。

要考虑到下属的心理感受,顾全下属的面子。在实际工作中,平等而宽容地对待下属,他们会在工作中更用心地支持你;当出现问题时,不冷静的处理方式会伤害下属的自尊,这对工作的进一步开展及私人间的正常交往都是极为不利的。要避免使用下命令式的口气,因为没有人会喜欢被呼来唤去,用下命令的口气来指挥别人做事,效果不如采取建议性指令方式:“你可以考虑这样做吗?”“你认为这么做行吗?”这样的沟通方式会使下属有一种被重视的感觉,使其能够认真地完成任务。在人际关系中,交互作用是值得重视的。当上司使用一大堆漂亮词汇形容信任和尊重,而其行为却表现出居高临下、绝对的权威时,那么其下属也会效法他的做法,上下级关系也就毫无信任和坦诚可言了。

(四)公正

公正意味着客观、公平,对下属的工作要给予足够的赞扬。相反的行为则是偏袒、虚伪、错误的观念和行为、不道德的举止,这些会极大地破坏上下级间的信任关系。长期缺乏公正的环境使人们不再相互信任和坦诚相待。

我的下属有一个极其出色的想法,我把这个想法告诉了我的老板。他的态度是高度欣赏,同意下属的想法并口述了一个备忘录给各部门经理,令其做出计划。可是事后我才知道他并没有送出那个备忘录,他把这个想法归功于自己,也包括了我。我觉得自己被欺骗了,而且也觉得参与欺骗了最初有这个想法的下属。因为这件事破坏了我和老板的关系,也差点毁掉我与我的下属的关系。

(五)守信

守信意味着行为的可预测性,上级对下级的行为前后一致可靠,以及遵守直接和隐含的承诺。守信也常指人的性格和品德,它是一个人真实性的最好证明。记住并经常将员工的名字挂在嘴边,这条简单原则的效用其实很大,上司记住员工的姓名对员工来说是一种心理满足和精神激励。

（六）能力

赢得下属的信任需要你有良好的技术或职业能力、商业直觉和判断。员工们不愿成为看起来无能的人的下属。信任来源于公正，而长期信任关系的维持，则还依赖下属对上司的崇拜和尊敬。

三、处理与上级的关系

每个员工都清楚：假如没有主要上司的支持和协助，自己根本无法圆满完成工作任务，更不能处理好各种工作关系。但不幸的是，有的人完全忽略了与上级建立正常而良好的工作关系而一味地巴结上级；而有的管理者则不是争取得到上级的支持，反而与上级冲突不断。

在什么情况下与上级关系容易出现问题呢①？

其一，上级工作不称职。这会使下属不得不去适应他们的工作风格而感到别扭，下属与他们建立共同目标或达成一致十分困难。

其二，上级无能。如果上级没有权力、说话不算数、其他同事或他们的上级能轻易迫使他们改变既定目标，当然其下属会感到无所适从，不知所措。

其三，上下级之间有严重分歧。这种分歧包括上下级之间有不同的价值观、年龄差别过大、文化背景不同、个性上的对立、不和、对重大决策有分歧等。试想一个50岁、只有高中文化但有30年的工作经历、将来不大可能有晋升机会的上级，与一个刚刚MBA毕业的26岁的踌躇满志的下属；或一个中年的、有很强的专业技能的中国工程师，在一个年轻的菲律宾小伙子手下工作，他们之间要建立良好的人际关系会有一定的难度。

其四，有多个上司。多个上司导致下属陷入多头工作之中，使他们往往顾此失彼，无所适从。如果上司们彼此之间有矛盾，则下属的处境就更加不好。

其五，下属过分依赖上级。有些下属把上级看成是英明的、无所不能的，认为上级不仅应对所有工作负责，而且还应教会自己怎样做及保护自己，因此对上级从不发表不同意见或表示不满，只是一味地服从。

其六，下属对上级有逆反心理。与上述态度正相反，有些下属对不得不依赖当权者感到愤怒，尤其当这种依赖受到上级的制约时。他们可能把与上级的冲突扩大和加深，把上级视为障碍，以抵触的情绪工作，导致上下级间的关系紧张。

其七，下属不称职。当下属行事不可靠、工作令人信不过时，最易损害上下级

① （美）约翰·科特：《权力与影响》，李亚、王璐、赵伟等译，机械工业出版社，2013年版，第95页。

的关系。

鉴于上述情况,以下的提示对我们处理与上级的关系会有所帮助。

第一,了解并在适度的范围内尊重上司的习惯。要了解上级的目标、他承受的压力、他的长处和弱点、他的行为风格和处事作风,并在工作中尽量不去违背它。不可否认,现实中一些领导的习惯的确令你很难适应,你的确没有理由去忍受,但你至少应该在不影响原则的情况下不去随便攻击上司。

第二,要清楚地了解自己的需要、目的、长处、弱点和行为风格。然后,利用对彼此的了解与上司建立一种以双向期待为特点,同时符合双方的需要、与双方风格相吻合的关系。

第三,设法保持这种关系。如经常向上司汇报工作情况、行为处事诚实可靠、有选择地占用上司的时间和他提供的其他资源等。争取成为上司值得信赖的下属,不要让上司认为你的存在是对他(她)的威胁。应对上司说些工作方面有建设性的话,向上司提出你的新看法及你乐于接受的新任务、新挑战。如果工作中出现了失误,应勇于承认错误。

第四,处理好与上司的私人感情关系和工作关系间的平衡。如果和上司间进行太多的私生活话题交流,会影响你在同事心目中的形象,他们会觉得你与上司的私交甚笃,从而对你产生微词。最常见的一种情况是即使当你靠自己的努力取得成绩时,流言蜚语也会四处散播,当然也有人会刻意亲近你,想借此巴结上司;另一部分同事则会对你有所顾忌,使你的工作及社交出现障碍,这些都不利于你长远的事业发展。

第五,多说多做,并争取得到上司的认可。这里的多说多做是指,多说与工作有关的事,多做与工作有关的事。你可以主动请缨,在力所能及的范围内向上司要求更多的工作任务,这些举动至少可以让老板感受到你的进取精神;永远都提前完成上司交给你的工作,以合理的方式让上司注意到你的成绩,如你可以定期将自己的工作进度及所完成的任务上报公司,让上司了解到你对公司的贡献;在公司活动中表现出热情大方的面貌以加深上级主管对你的印象。

除了以上提示外,你还要有所准备,即当你确实和上司发生矛盾的时候应该怎么办?最坏的情况是上司有可能会处处冷淡你,这时你千万不能意气用事,针锋相对或漠然置之。最好的态度应当是积极地、心平气和地找上司进行沟通。选择沟通的时机、场合以及谈话的气氛都很重要。首先你得真心感谢上司的帮助和栽培;其次你最好请上司指出自己的缺点和不足(可以作适当辩解),希望上司能继续对你严格要求,帮助你改掉缺点。这样可以使上司觉得你很尊重他的意见,从而对你有一个新的认识。

四、处理横向人际关系

在管理工作中,管理者经常需要与其他部门或其他公司的人员打交道,建立起工作关系。由于对方是管理者职权管辖范围以外的人员,管理者通常对他们没有支配权或指挥权,不能对他们实行领导;或者由于各方工作性质的差异,而与他们在目标、观念上存在较大的分歧,这都增加了处理横向人际关系的困难。同样,在企业的员工之间,由于彼此不存在管理与被管理的关系,他们相互间的沟通也具有不同于上下级间的独特特点。处理好这种横向间的人际关系,对于每个员工来说都是重要的。

在这种情形下,首先要弄清楚自己将与哪些人产生横向关系。这并非是一个多余的问题。横向关系有时很难被发现,而且它会随管理者的计划、任务、目标的变化而变化,这就意味着每一项新的工作都将带来新的横向关系。因此管理者需要经常思考和回答以下问题,以保持对横向关系的敏感。

其一,我的目的和计划是什么?本年、月、周及今天的任务是什么?

其二,各项任务的完成必须得到哪些人的合作?可能得到哪些人的合作?

其三,他们当中谁有可能阻碍或耽误任务的完成?

确定了横向关系以后,对那些可能抵制或者阻碍你的目标的人进行分析,并对可抵制的程度作一下预测,即做到心中有数。由于人们在利害关系上各有所求、自身能力高低不同,或者对横向合作究竟能导致什么结果不十分清楚,都有可能出现看起来于双方都很有利可是对方却不愿意合作的情况。

有效处理分歧的关键,在于认清分歧的原因,避免分歧演变成冲突。当抵制行为无法避免时,应估计对方将采取什么程度的抵制行为,做到正确预见。在对问题或抵制进行分析和预测以后,接下来的就是选择并实施克服这些问题的对策。成功处理这类问题的经理们,应尽可能与这些人建立广泛的良好的个人关系,并利用这种关系进行有效沟通、谈判和施加影响。

根据人际交往的"熟悉律",如果有充分的时间和足够多的接触,大多数人之间是可以建立起良好关系的。然而困难的是,有许多工作是没有足够的时间让你去充分与他人接触的,这时就需要进行周密的计划和安排,并采取适当的态度。以下几点值得注意:

第一,树立平等共处的观念。不管你是行内的老手还是初出茅庐的新人,都应从意识上绝对摈弃自大或自卑的想法。要知道和谐的同事关系对工作大有裨益,你可以试着将同事看作工作上的朋友,不要让同事觉得你自命清高、难以相处,或者是觉得你没有什么价值可以利用。当你和同事有了竞争性的利益关系时,如遇到晋升、加薪等问题时，同事间的关系就会变得尤为敏感和脆弱。此时，你最好的应对是抛开杂念，专心投入工作中，不耍手段和技巧，与之公平竞争。

第二，小心对待办公室友谊，掌握好真诚的分寸。真诚并不等于完全无所保留、和盘托出自己的想法。对于你并不十分了解的同事，最好还是有所保留。同事间相处的最高境界是永远别把同事当作坏人，但却要牢记每个人不可能都是你心目中的好人。

第三，要为同事保守秘密，无论这个秘密是同事基于对你的信任，或是无意中向你透露的。不论是善意或恶意的泄露秘密，都是同事间交往中的大忌。

第四，不要有太多的牢骚和抱怨。偶尔一些推心置腹的诉苦是对同事信任的一种表达，但喋喋不休的抱怨会让身边的人苦不堪言。也许你把诉苦看成开诚布公的一种方式，但人们会奇怪既然你已对现状如此不满，为何不干脆换个环境，远走高飞。

第五，不要把交往圈子限定在少数几个人或一个人身上。你应该尽量保持平衡，也就是说，不要对其中某一个特别亲近或特别疏远。在平时，不要老是和同一个人说悄悄话，参加各种活动时也不要总是和一个人在一起。否则，在你们两个亲近的同时可能疏远了更多的同事。

拓展阅读

人际交往小技巧

1. 制定人际交往的目标。开列一个名单，列举五六个你想接触的人物，寻找机会向他们进行自我介绍。不要对任何与你见面的人有过高的要求。注意维护你的人际关系网，经常打打电话，发发邮件，甚至可以分享一下共同感兴趣的文章。

2. 利用好每一次会议。开会并不是例行公事，如果你能在每次会议结束之后都能与两三个人建立关系和保持继续交往，这个会议就卓有成效。如果在会议上走上一圈，敛了一堆名片，事后谁都没有印象，那么除了失败感，恐怕就再没有什么其他收获了。

3. 加强自己的记忆能力。如果说反复向别人介绍自己是一种礼貌，那么反复询问别人姓甚名谁就是一种失礼。为了不让别人觉得你心不在焉，最好采用一些强化记忆的方式。比如说，在名片背后附上一个简短的说明，注上能帮助你记忆的特征，如什么时间、什么地点和他相识，最深的印象是什么等等。

第三节　人际冲突管理

有人认为只有产生了外在的对抗才构成冲突，但是应该看到，当出现意识上的对抗时，冲突就已经存在了，外部行为只不过是冲突所采取的一种表现形式而已。冲突的角色和意义到底是什么？我们毕竟生活在一个充满了传统观念的社会中，我们的社会主流文化强调和谐一致，包括我们的教育灌输的也是反冲突性的价值观。然而现代交互作用理论认为：冲突是不可避免的，我们要正视它的存在，而且冲突的存在某种程度上有其合理性。不仅如此，这种理论还鼓励主动创造某种冲突，认为一个过于平静、和谐的组织可能会变得静止、冷漠，对改革和创新无动于衷。因此，存在适当水平的冲突有助于保持组织的活力、提高组织的创造力。

一、人际冲突的原因

倘若双方或多方对某些目标、价值或行为的看法不一致，相互排斥，便会产生冲突。人际关系在组织中是不会消失的，只要人是组织的参与者，那么冲突也会“参与”到组织冲突中来。人们的责任似乎就在于解决问题的同时又制造问题。有人说，人际冲突是破坏性的，没有冲突当然要比有冲突好。但这只是一种良好的愿望，是不现实的，冲突是一种人们不得不面对的客观存在。其实，组织中的冲突并非都是有破坏性的和消极的。尽管大多数情况下以个人情感为基础的人际冲突在很大程度上是消极的，但某些起因于工作的冲突却可以帮助我们与组织发现所存在的问题、隐患或是找到解决问题的途径。况且，积极与消极也不是绝对的，两者是可以在人们的努力之下有条件地加以转化的。造成组织中人际冲突的原因主要包括：

（一）沟通不良

缺乏沟通是冲突的原因之一。研究指出，语义理解困难、信息交流不够充分以及沟通通道中的“噪声”等等因素都构成了沟通障碍，从而成为冲突的潜在原因。具体而言，由于专业或工作范围的不同、人们选择性知觉的存在、对他人缺乏必要的了解等都可能造成人们在沟通时对对方语义的理解困难。进一步的研究还证明了，沟通过少或者沟通过度都会增加冲突的可能性。另外，信息传递中的过滤、正式与非正式通道的沟通偏差等也都有可能造成冲突。

(二)有限资源的争夺

企业中,各个部门常常因为争夺材料、资金、人员等资源而发生冲突。一位财务副总裁曾说过,在他的工作中,重要的一项任务是如何分割一块"馅饼",以免某些贪心者吃得过饱。

(三)目标和利益冲突

销售人员希望卖出所有的产品,他们的目标是增加销售量,提高市场占有率。但是信贷部的人员则要确保公司在信用贷款方面的损失减少到最低程度,他们希望保证只向那些信誉良好的顾客出售产品。这些目标上的差异常常使销售员和信贷员之间发生冲突,他们之间的协作就更为困难。有调查表明,生产部门对组织结构的规范化、程序化有较高要求,销售部门对人际关系有更多的要求。生产部门关注的是生产的流程和有效的操作,质量部门要求的是产品一定要符合标准,市场部门的目标则是使产品大量销售获得效益,人事部门则要为整个公司提供高效而满意的人力资源。当不同的群体追求不同的目标时,就容易发生意见上的分歧,各个部门在工作目标上的差异是冲突的主要原因之一。群际关系还取决于各个群体成员的背景、思维方式和需要。同一群体内的成员由于拥有共同的工作,在许多方面可以协调一致,而与其他群体的差别使得他们不容易沟通和共事。而不同的群体又有不同的需要,比如新员工和老员工之间常常由于利益不协调而引起冲突。

(四)基于依赖基础上的协作也能导致冲突

群体之间之所以需要协作,是因为群体之间是相互依赖的,相互依赖的程度越高,它们之间就越需要合作,也就不可避免地会引起冲突。依群体间的相互依赖、相互作用程度的高低,依次有 3 种合作形式:联合式、顺序式和互惠式。

当两个群体功能相对独立,但它们以联合形式为组织的总体目标做出贡献时,这两个群体就属于联合式的相互依赖关系,如大学中各个系所之间的关系。当一个群体的工作依赖于另一个群体的工作结果时,这两个群体就是一种单向的顺序式依赖关系。典型的顺序式依赖关系体现在原材料供应部门与生产部门、生产部门与销售部门等群体关系中。当两个群体互相交换它们的投入与产出时,它们便是互惠式的依赖关系。比如销售部与产品开发部之间就存在着高度的互惠关系。这种高度的相互依赖性可以转化为更多的相互作用和更高的协作要求,但也更加容易产生冲突。

（五）工作的不确定性导致的冲突

不确定性的工作是指那些非常规性的工作，这样的工作随时可能遇到变化和例外情况。企业中的市场研究部门和产品开发部门的大部分工作任务属于这一类。与那些从事确定性工作的部门（如流水线上的工作、标准化的操作）相比，从事不确定性工作的部门和人员需要更多的信息，需要与其他群体有更多的相互作用和接触，他们面临的冲突也更为频繁。

（六）个人因素

个人的价值观和个性特征也是冲突的来源。甲认为人与人之间应当互相理解、互相帮助，乙则认为做好自己分内的事才是最重要的；甲对女性员工存有偏见，乙认为他的观点纯粹是无知；某人对某件事评价甚高，另一人却不以为然。如此等等都是人们在价值观上的差异，它同样会导致人际冲突。而某些个性特征，如专制、武断、教条、冷酷、敏感、以自我为中心等，也是引起冲突的原因。

二、人际冲突的处理策略

冲突有不同的类型，因此要针对其不同的性质采取与之相适应的冲突处理策略。在进行冲突管理时，重要的是要先正确区分良性冲突与恶性冲突。良性冲突表现为：双方关心企业共同目标的实现；乐于了解对方的观点和意见；大家以争论问题为中心；发生冲突时，也注重互相交换情况。恶性冲突表现为：不愿意听取对方的观点和意见；双方的争论常转变为人身攻击；大家最关心的是冲突的胜负；冲突中，双方的情况交流减少甚至完全停止。

恶性冲突与良性冲突的划分不是绝对的，两者往往有交叉，可以相互转化。如果管理者处理得当，恶性冲突可以转化为良性冲突；反之，良性冲突也会升级为恶性冲突。所以，管理者须设法将恶性冲突转化为良性冲突，并在此基础上，发挥良性冲突促进管理改善的积极作用。

在具体的处理中，应当认识到冲突是一种正常状态，是对管理实行建设性改进的不可避免的挑战。在发生了冲突之后，管理者要迅速地加以处理，否则会对组织的人际关系造成相当大的影响，它也许会扩散，或升级为更大范围的冲突。通常学者们认为可以从两个维度上考虑选择解决冲突的方法：一是合作性（cooperativeness）维度，即某一方愿意满足对立方需求的程度；另一个是坚持性维度（assertiveness），是指某一方坚持满足自己需要的程度。据此建立坐标系可以看出，两个维度在不同程度上的组合产生了 5 种常见的处理策略(见图 10－1)。

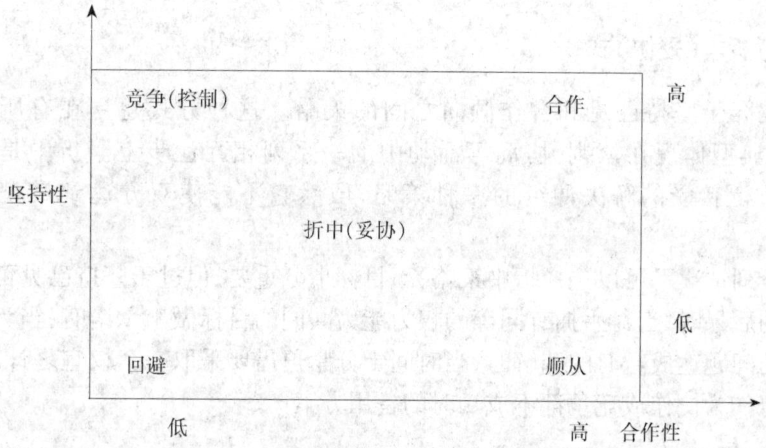

图 10－1　两个编度下的 5 种常见处理策略

(一)回避式

这是既不坚持又不合作的解决策略。采取这种方式的人试图摆脱冲突、保持中立,让冲突自生自灭。回避冲突可以防止冲突升级,但也可能导致冲突升级,因为由于一方的回避,使另一方无法解决矛盾、完成任务而使冲突加剧。回避策略也反映了回避者对紧张和挫折的恐惧和厌恶情绪。

在下列情况下可选择回避策略:当冲突微不足道,或还有更紧迫、更重要的问题需要解决时;当你认识到对方不可能满足你的要求时;当使问题得以解决还不如不解决好时;当收集信息比立刻决策更重要时;当其他人能有效地解决冲突时;当这一问题与其他问题无关或是其他问题的导火索时。

(二)顺从式

顺从式是指不坚持自己的利益和有较高的合作倾向,这是一种利他的行为,或者是因为有与他人合作的长期策略考虑,或者是对他人愿望的一种屈从。采取迁就策略可能会获得外界很高的评价,但也可能被认为是软弱的表现。

在下列情况下适宜选择顺从策略:当你发现自己是错的,希望倾听、了解一个更好的观点时;当你想表现出自己的通情达理时;当该问题对别人或组织比对你更为重要时;为了对以后的事情建立起社会信任时;当别人胜过你,而造成的损失又最小时；当融洽和稳定至关重要时；当你允许下属从错误中得到学习和经验时。

（三）折中（妥协）式

这是介于坚持己见和合作倾向之间的策略。这种方式建立在有所取舍的基础上，典型体现在谈判、协商等活动中的一系列相互让步上。折中是普遍采用和被广泛接受的解决冲突的一种策略，虽然它不能使双方达到最大限度的满意。

在下列情况下可以选择折中策略：当目标十分重要，但过于坚持己见可能会造成更坏的后果时；当对手拥有同等的权力能为共同的目标做出承诺时；当为了对一个复杂的问题达成暂时的和解时；当时间十分紧迫需要采取一个权宜之计时，折中策略可以作为协作或竞争都不成功时的备用方案。

（四）竞争（控制）式

这是坚持己见而很少有合作倾向的一种策略，通常采取非赢即输的方法。采取这种策略的人，试图达到自己的目标，而不关心他人的目标，甚至牺牲别人的目标来达到自己的目的。竞争策略常常涉及权力和控制方面，它往往会引起人们的不良评价。

下列情况下可选择竞争策略：当处于紧急情况下，迅速果断的行动极其重要时；当你实施一项不受人欢迎的重大措施时，比如缩减开支、制定惩罚制度；当你知道自己是正确的，并且问题的解决有益于组织，需要对付那些从非竞争性行为中受益的人的时候。

（五）合作式

合作策略是既坚持己见又与他人合作的行为。合作是在扩大双方共同成果和愿望的基础上，使双方均获得最大满意的策略，它反映了解决冲突的双赢结果。一些研究认为，运用合作策略解决冲突的管理人员更成功，另外合作也是绩效优异的组织的特征之一，它能引起人们的积极情感和良好评价。

下列情况下可以选择合作策略：当你发现两个方面都很重要并不能进行折中或妥协时；当你需要综合不同人的不同意见时；当你需要把各方意见合并而实现承诺时；当你的目的是要使各方都满意，并能顺利执行这一决定时；当有可能扩大双方共同的利益时；当你向他人表示信任、坦率和合作时。

拓展阅读

成功的冲突管理

被奉为成功企业家典范的通用电气（GE）前任运行长官杰克·韦尔奇十分重视建设性冲突的积极作用。他认为，开放、坦诚、建设性冲突和不分彼此，是他的唯一管理规则——企业须反对盲从，每位员工都应有表达反对意见的自由和自信，要把事实摆在桌面上讨论，要尊重不同意见。韦尔奇称此为建设性冲突的开放式辩论风格。正是建设性冲突培植了 GE 的独特企业文化，也成就了韦尔奇的旷世伟业。

"日本的爱迪生"——索尼公司总裁盛田昭夫从管理实践中早就体会到，激发良性冲突可以让员工表达出不满和发表批评意见。对企业而言，良性冲突非但不是不幸，反而有利于培养上下级一体的工作关系，使组织少冒风险。盛田昭夫常常鼓励员工公开提出意见，即使对上司，也不要怕因公开提意见而与之发生冲突。他认为，"不同意见越多越好，因为它带来的最后结论必然更为高明，会减少公司犯错误的风险"。

国内也有很多企业把提倡良性冲突作为管理理念。联想集团的联想研究院有 3 条议事规则：缺乏反对意见的重大决策须慎重决定；提倡建设性冲突；只有专家，没有权威。倡导良性冲突，使得联想研究院造就了对事不对人的氛围，它令联想新产品层出不穷，业绩始终处在同行业前列。

思考题

1. 是否高情商的人在人际交往中更顺利？怎样提高自己的情商？
2. 管理者在处理工作结构中的各种关系时应注意哪些问题？
3. 如何更好地跟自己工作风格、兴趣爱好完全不同的同事相处？

沟通体验

1. 自我测试冲突的解决风格（Conflict Mode Instrument）[1]

此问卷可以帮助你了解在处理人际冲突时你可能会选择的战略以及你在面临

① 希尔特洛普，尤德尔：《如何谈判》，刘文军译，中信出版社，1999 年版，第 26～34 页。

压力时处理冲突的风格。本问卷包括35个问题,表明人们处理冲突的方式,选择一个参照框架(如工作冲突等),回答问题时想着此参照框架。

打分标准:1 =完全不同意; 2 =不同意; 3 =有点不同意; 4 =无所谓;
5 =有点同意; 6 =同意; 7 =非常同意。

当与他人发生冲突时,我一般会做出以下举动:

(1)我回避对方;
(2)我换一个中性的话题;
(3)我试图理解对方的观点;
(4)我试图将冲突变成一次玩笑;
(5)我认真倾听对方的谈话;
(6)即使我不认为自己错了,但我也承认自己错了;
(7)我退让;
(8)我要求得到比预想还多的东西;
(9)我运用自己的支配力不让对方达到目的;
(10)我试图找到与对方的异同点;
(11)我试图达成妥协方案;
(12)我假装同意;
(13)我尽量向解决问题的方向努力;
(14)我请另外一个人来决定是非;
(15)我提出一项双方都各有所得的方案;
(16)我威胁对方;
(17)我奋战到底;
(18)我试图弄清对方的目标;
(19)我抱怨,直至随心所欲;
(20)我退让,但要让对方知道我的苦衷;
(21)我道歉;
(22)我放弃某些观点以换取其他的东西;
(23)我争取最好的结果,不管这个结果是什么;
(24)我推迟讨论问题;
(25)我寻找中间地带;
(26)我避免伤害对方的感情;
(27)我把一切问题都摆到桌面上;
(28)我牺牲自己的利益以维持与对方的关系;

(29)我折中双方的立场;

(30)我放弃某些观点以换取其他的东西;

(31)我让对方提出解决办法;

(32)我试图强调我们的共同点;

(33)我试图让对方提出妥协方案;

(34)我试图说服对方信服我的论证逻辑;

(35)我试图满足对方的目标。

处理冲突的风格得分:

合作型:选项:3,5,10,13,18,27,32 总分:__________

妥协型:选项:11,15,22,25,29,30,33 总分:__________

顺从型:选项:6,7,20,21,26,28,35 总分:__________

控制型:选项:8,9,16,17,19,23,34 总分:__________

避免型:选项:1,2,4,12,14,24,31 总分:__________

处理冲突的风格特点分析:

• 合作型。他们对待冲突的立场是:维持人际关系,确保双方都能达到个人目标。他们对待冲突的态度是:一个人的行动不仅代表自身利益,而且也代表对方的利益。当遇到冲突时,他们会运用适当的冲突管理方式来控制局面。这种合作方式要求冲突双方都采取"双赢"立场,而且需要时间、毅力和创造力。

• 妥协型。他们对待冲突的立场是:既要考虑目标又要考虑双方关系。这种风格以说服和运用技巧为特点,其目标是找到某种权宜性的、双方均可接受的方案,使双方利益都能得到满足。

• 顺从型。他们对待冲突的态度是:不惜一切代价维持人际关系,很少或不关心双方的个人目标。他们把退让、抚慰和避免冲突看作是维护这种关系的方法。这是一种退让或非赢即输的风格,其特点是:对冲突采取退让的立场,容忍对方取胜。

• 控制型。他们对待冲突的方法是:不考虑双方关系,采取必要的措施,确保他们的个人目标得以实现。他们认为,冲突非赢即输,只有顺利才能体现他们的地位和能力。这是一种支配导向型的方式,即可以使用任何支配力来维护一种自认为是正确的立场。

• 避免型。他们对待冲突的立场是:不惜一切代价避免冲突。其中心思想就是逃避,因而会使各方都很沮丧。个人目标通常不能满足,人际关系也不能维持。这是一种撤退的风格。

何时运用此五种风格最有效:

● 合作型：问题非常重要，不允许妥协；需要集中不同的观点；需要承诺，以使方案能够运转；希望建立或维持一个重要的相互关系。

● 妥协型：问题很重要，但你左右不了局面；双方关系很重要，但不允许采取顺从态度；对方具有同样的影响力，他们准备提出其他目标；你需要为复杂问题找到临时的解决办法；时间紧迫，你需要找到一个权宜之计；这是唯一的选择，否则无法解决问题。

● 顺从型：你发现自己错了；你希望被看成是有理的；问题对对方更重要；你希望为以后的交往建立信用；你处于弱势，希望能尽量减少损失；和谐和稳定更重要。

● 控制型：必须迅速采取行动（如紧急情况下）；问题很重要，需要采取不受欢迎的行动；你知道自己是正确的；对方可能会利用你的合作举动。

● 避免型：你有更急迫的问题需要处理；你没有达到目标的可能；谈判的潜在恶果超过了利益；你需要冷静地重新思考自己的立场；其他人可以更有效地解决这个冲突；你需要时间收集更多的信息。

2. 测一测你的办公室政治倾向

好好考虑下面列出的观点，如果你同意一个观点，就给自己加上1分。

(1)办公室中的政治不逊于真正意义上的政治，拿出竞选的精神就有可能实现你最高的目标。

(2)许多人才华横溢却一事无成，因为勤奋和优异的表现并不足以使人成功。努力学会政治家的生存本领才是个中关键。

(3)在你的公司中，你很清楚地知道哪些人最有权力，他们是如何得到这些权力的，对公司的权力“秘史”了如指掌将会帮助你理解公司的政治模式并适应它。

(4)人际关系是公司政治中最大的筹码。想办法与那些可以向你透露消息并且愿意为你说话的人建立相互支持的关系。

(5)个人形象至关重要。

(6)在公众面前坦然自若，说话清楚明了；还应该保持一点神秘感，不要把自己向别人全盘托出。

(7)只有不断地丰富自己的知识，提高自己的能力，才能最充分地利用有限的资源。要知道，权力无人奉送，只有争取。

(8)机智灵活、充满活力的态度比依靠蛮力更能赢得人心。时刻提醒自己做个谦逊、快乐、积极向上的人，不要把自己的意愿强加于人。

(9)要让自己适应事情的发展而不是非要让事情随着自己的心意。因此，即使与老板意见不合,也要保持忠诚。不要批评老板,更不要说老板的坏话。

(10)不要对闲言碎语不加理睬,也许这些话有些道理。找找闲言碎语的源头,想想谁会从中获利。

(11)积极主动地表示对客户和雇员的谢意。对每一位升迁者表示祝贺,别管你是不是喜欢他。

(12)早点儿来上班,要不就晚点儿走,创造机会与老板聊聊。老板们总会提拔那些让他们顺心的人。

(13)定计划时一定要突出对公司最有利的方面;让别人接受自己的想法时一定要让这个想法能够最大限度地发挥每一个人的能力;展示成果时一定要让人觉得你的成功就是每个人的成功。

(14)只有了解了别人的想法,你才有可能改变自己的想法。尽量征求不同意见,这样不仅可以让自己获得信息,还可以让别人更加支持你。

(15)学会欣赏扎堆聊天的艺术,神侃有助于提高你的交流技巧。

(16)积极参加各种组织和社会活动,给报社写稿,树立起自己在公司之外的鲜明形象。

想知道答案吗?

有人说,政治家都是口中宣讲道义,手里玩弄权术之人。不过,你是否知道有些做法既符合道德规范又能使你得到权利。这才是政治家的精明！看一看你对办公室政治的掌握程度吧。

得分:分数越高,说明你对办公室政治的理解就越强。

1~5分　在平均水平之下

6~10分　普通水平

11~16分　说明你对办公室政治很有兴趣,权力欲也很强

如果上面的这些观点你非但同意,而且做到了其中的2/3以上,说明你不仅对权力很有兴趣,而且对办公室里的政治很有一套。如果不是,想不想让自己更精明一点儿？考虑考虑在你的公司中有没有什么可怕的陷阱？在人际关系上有没有不可逾越的鸿沟？你是否注意到了什么忌讳或是值得注意的典故？

然后,设想你的职位马上要由一个你很喜欢的人接替,根据你公司的“政治情况”,你将给他什么样的“生存”建议呢？根据你的经验写一个公司基本情况的介绍,好让他能对这里的权力结构有所了解;还可以设想自己就是那个即将接手工作的新人,不妨再据此列个“行动计划”。试试看,也许你真的可以因此感觉到什么是“政治家的精明”！

第十一章 谈　判

我们与他人大多数的交往都是谈判，无论是在家里面讨论去哪一个饭馆吃饭，或者是由谁在凌晨3点钟给孩子换尿布，或者是在工作中决定什么时候进行一次广告宣传运动，或者还是开展某个项目等等。这就意味着我们都是很有经验的谈判者。

——英国管理学家尼尔·格拉斯[1]

第一节　谈判中的信息组织与管理

所谓谈判，就是有关组织或个人对涉及切身利益的分歧和冲突进行反复磋商，寻求解决途径和达成协议来满足各自需要的沟通协调活动。谈判是以满足自身的利益需要为目的的。通过谈判，可以改善原有的社会关系，建立起和谐的氛围。同时谈判也是信息的传递和沟通过程，是谈判双方彼此交流思想的过程，是一门语言

① MBA核心课题编译组编译：《谈判与沟通》，九州出版社，2002年版，第7页。

艺术。

谈判是一种极为普通的活动,几乎每个人每天都要进行某种形式的谈判,以便解决同他人的分歧或者满足自己的愿望。对管理者来说,谈判已经不仅仅是一种极为普通的活动了,而是极为重要的活动。因为他们需要处理许多有关组织方面的问题:无论是制定下一年的工作计划、建立新的组织管理构架,还是控制一项工作任务的进度,人们都会有不同的意见,而管理者必须找到一种有效的方法,使持有不同意见的人们彼此合作,相互沟通,达成共识。谈判就是实现合作与沟通的有效方法之一,它是一种从不平衡转变到平衡、从无序转为有序的过程。美国谈判专家费雪·尤瑞明指出:“每位谈判者都有两种利益:实质的利益和关系的利益。”①每个人的利益焦点并不是完全对立的。相互合作,互利互惠,会使谈判双方既得到实质的利益,又获得关系的利益。以合作为起点,最终将会获得双赢的结局。

一、谈判中的信息

在现代社会中,任何一项商业及管理活动都离不开信息,谈判也不例外。在谈判过程中,谈判双方要不断根据谈判的情况做出政策调整,因而,及时准确的信息是一个组织做出科学决策的前提和基础。无论是对谈判对手利益需求的分析,还是对市场行情的估计及对交易前景的预测,在很大程度上都取决于高质量的信息的获取和同各方面相关人员的有效沟通。

在谈判中,对信息的掌握和运用是十分重要的。能否及时有效地收集信息,充分地利用信息进行交流,决定着谈判的结果。囚徒困境是我们非常熟悉的一个例子:两个嫌疑犯作案后被警察抓住,分别关在不同的房间里受审。如果两个人都坦白,会被各判刑 8 年;如果两个人都抵赖,会各判刑 1 年(因证据不足);如果其中一人坦白另一人抵赖,则坦白的被释放而抵赖的将被判刑 10 年。此时,双方的最佳选择是抵赖,但由于自利行为驱动,每个人的最优选择都是坦白,这样双方各判 8 年,并不是一个最优选择。这个苦果正是由于双方没有相互沟通,无法进行充分的信息交流所造成的不合作结局。因此,合作性结果的出现需要谈判双方拥有充分的交流和完全的信息,才能使谈判结局有利于每个人的利益需求。

谈判是一个重要的社会活动,要求参与谈判者必须掌握十分准确的信息,只有在谈判前及时收集相关的情报和信息,才能采用相应的谈判策略、方法,有针对性地制定相应的谈判方案和计划。谁掌握了信息,谁就掌握了谈判的主动权,就有了赢得谈判成功的基本保证。

---

① 李品媛编著:《现代商务谈判》,东北财经大学出版社,2016 年版,第 47 页。

对谈判活动影响较大的信息特征是：

第一，信息的稀缺程度。就谈判而言，信息的稀缺程度越大，对谈判者的价值就越大，人们愿意以较高的价值获得它。

第二，获取信息的代价。就谈判而言，它与获取的信息价值成正比。

第三，信息源的发布状况，即信息的保密性。一般而言，较为重要的信息，其传播会受到较多的限制。

第四，信息的时间性。获得的信息越及时，其作用就越显著。但在谈判中，有时传递信息的时间越向后拖，越能增加信息的价值。

二、信息的收集

谈判前信息的收集主要有两个方面，即与谈判标的有关的信息和与谈判对手有关的信息。

（一）与谈判标的有关的信息

就商务谈判而言，与谈判标的有关的信息就是必备的谈判资料，主要包括对谈判宏观环境的调查和对谈判内容的调查。

1. 对谈判宏观环境的调查。谈判的宏观环境主要包括国家的方针政策，特别是有关谈判产品或劳务的条例规定、市场状况、消费者需求和产品竞争等内容。作为谈判人员，掌握丰富的谈判信息有助于制定出正确的战略决策。首先应该了解国家相关的政策和法令，具备法制观念和必要的法律常识，否则不仅会遭受经济上的损失，而且会在政治上带来不利的后果。其次，应该分析国内外市场发展形势，掌握市场容量和销售量，从而有助于制定谈判目标，并掌握谈判的主动权。此外，摸清社会公众和消费者的需求层次和发展意向也有助于跟谈判对手讨价还价。

2. 对谈判内容的调查。有关谈判内容的调查包括对谈判问题的预测及其相应的配套措施拟订。在对谈判问题的预测方面，可以利用“黑箱理论”来分析。在谈判中，体现双方一致性的这部分利益是不会发生冲突的，但如何扩大这个共同的利益，就成为谈判双方都很关心的焦点了。对于体现谈判双方各自利益的部分，正是双方可以协商谈判的部分，即如何在各自利益的驱动下采取合作的态度，使各自的利益转化为双方共同的利益。对于双方互不相容的利益部分，将会成为谈判顺利进行的最大障碍。因此，谈判者应针对这些问题制定出应对计划，做到有备无患。

（二）与谈判对手有关的信息

与谈判对手有关的信息包括谈判对手的组成；对手的年龄、嗜好、个性、经历；

对手的权限、谈判的策略和计划等。

在对手的组成方面要考虑到谈判者职位的高低及个别差异。职位的高低可以表现出对手对于谈判的重视程度,而个别差异会影响到谈判策略的选择。对手的年龄、嗜好、个性、经历等均属于个人信息,了解了这些信息便有助于掌握谈判对手的心理特征,从而选择适当的应对技巧。对手的权限、谈判的策略和计划是制定己方谈判计划和方案的依据,更需留心注意。了解了这些信息,在谈判时就可以做到知己知彼。例如,美国前总统肯尼迪在前往维也纳与苏联部长会议主席赫鲁晓夫谈判之前,就通过各种渠道收集了赫鲁晓夫的全部演说和公开声明,还收集了可以获得的其他资料,比如赫鲁晓夫的个人经历、业余爱好、音乐欣赏趣味等等,并进行了精心研究,从而对赫鲁晓夫的心理状态、思维特点均有了较多了解。所以在两人谈判时,肯尼迪总是胸有成竹,处于主动,仿佛对赫鲁晓夫下一句要说什么都了如指掌一样。

同时也有研究表明:人们常常会依赖思维捷径或假设来帮助储存或修复信息。这种思维捷径在多数情况下对人是有帮助的,但在谈判中,却可能对信息处理和决策产生扭曲的作用①。具体地说,需要克服的处理信息的误区有以下几种:

1. 固定假设。这种想法总认为谈判双方的利益是直接对立的,这往往会导致不成熟和错误的结论,或者认为要使对手妥协,就必须采取某种强硬行动。

2. 冲突错觉。这是指谈判双方没有意识到双方已经在达成一致的过程中,而仍觉得存在冲突,从而不自觉地迫使谈判对手做出让步。

3. 逆向低估。这是指谈判者倾向于低估对方做出让步的可能性。

4. 过分自信。这是指认为自己掌握的信息已经足够多了,而对谈判对手重视程度不够。

5. 思维僵硬。这是指由于已有的信息限制了创造性的发挥,从而不利于问题的有效解决。

第二节 谈判策略的运用

成功的谈判需要技巧和能力。谈判就像是一次旅行,如果没有亲身经历你就不可能预见到它的结果。你可能会事先设计好一条路线,但结果却发现,最佳路线并不

---

① 希尔特洛普,尤德尔:《如何谈判》,刘文军译,中信出版社,1999 年版,第 127 页。

是你原本设计好的那一条。道路施工、交通堵塞、旅途疲劳等等都可能意味着你需要休息片刻或绕道而行。同样,就谈判而言,你需要在开始时设计好你的谈判策略,并时常根据事态的发展来变换其他的谈判方法。谈判策略的运用不仅取决于谈判前信息的收集,更取决于谈判目前所处的不同阶段的特点和自己在谈判中所处的不同地位以及所采取的策略。

我们可以将谈判全过程简单地分为 4 个阶段:开局阶段、交锋阶段、妥协阶段和结束阶段,从而根据不同阶段的目的和特点来选择策略。

一、谈判开局阶段的策略

谈判开始,就如同舞台上的大幕拉开,每个谈判者都要像演员一样来完成自己的表演。演出能否取得圆满成功,不仅取决于演出前的各项准备工作,更取决于每个演员的临场发挥和整个团队的有机配合。对于整个演出而言,开场的"亮相"是至关重要的,它决定着后面计划的开展。如果谈判从一开始就形成了良好的气氛,那么以后谈判双方沟通起来就比较容易,协商也就比较轻松了。因此,把握住开局,就可以控制住谈判的局势。

(一)谈判气氛的营造

在谈判的开局阶段,主要目的是增进谈判双方的了解和信任,营造友好的气氛,以使双方能够了解彼此的需求和意图。要在开局阶段创造出轻松和谐、合作信任的谈判气氛,首先要注意谈判环境的选择。比如,以色列和叙利亚曾在美国华盛顿附近的一处农庄举行过和平谈判,那次谈判就是在一种美好的环境中进行的。谈判桌既不是方桌也不是长条桌子,而是一张桃心形的桌子。桌子中央放着白色的郁金香,壁炉里的炉火在熊熊地燃烧;屋外,牛群在草原上悠闲地吃草,几头小鹿在凝霜的枯枝间走动。这种精心挑选的田园风情和和谐的氛围,有利于打破谈判双方的心理隔阂,从而达成一致的意见①。

有利的谈判环境可以增加自己的谈判地位和谈判力量,而对谈判结果产生很大影响。美国心理学家泰勒尔和他的助手曾做过一个实验,指出许多人在自己的客厅里谈话要比在别人的客厅里谈话更能说服对方。这反映了人的一种特性——具有领域感。人们总是在自己所属的环境中得心应手,而在不熟悉的环境中往往变得无所适从。这是因为当人们丧失了领域感时,他们的感情和力量也就会有一种无所依附的感觉。因此,谈判者如果能够很好地利用这种心理状态,选择一个自

① 潘肖珏,谢承志:《商务谈判与沟通技巧》,复旦大学出版社,2000 年版,第 40 页。

己熟悉的谈判环境,就会使自己在谈判中处于一种主动地位。

(二)报价策略

在开局友好的气氛中,谈判双方要扼要地表明自己的立场,提出自己的条件和目标。这是一个投石问路的过程,需要运用“报价”策略来摸清谈判对手的真实意图和言外之意。在商务谈判中,报价通常是谈判者所有要求的总称,但其中价格因素的作用最大,下面我们将从两方面来研究报价策略:谁先报价和如何报价。

对于商务谈判,先报价在某种程度上可使己方具有较强的影响力,因为先报价方实际上是为谈判划定了一个基准线,最终谈判将以此为基础达成协议。同时还会影响到谈判对手的期望水平,使谈判对手处于被动地位。当然,事物总是具有两面性。先报价也有一些弊端:先报价者处于信息不完全状态,而后报价者通过报价掌握了更多的信息,可以根据先报价者的报价水平来调整自己的策略,迫使先报价者被动让步来争取自己的最大利益。

既然报价如此关键,那该如何进行报价呢?一般来说,我们应遵循以下原则来报价:

1. 在高度竞争和高度冲突的情况下,采取先报价是比较有利的,可以给谈判对手造成较大的心理压力。

2. 在友好合作的谈判背景下,先、后报价无实质性区别,因为双方力求双赢的结果。

3. 如果谈判对手不是“行家”,则先报价为佳;反之,如果自己不是“行家”,则应后报价。如果双方都是“行家”,则先、后报价亦无实质性区别。

4. 报价的目标要与谈判的目标相结合,明确自己的最低限额,同时采取卖方高报价、买方低报价的策略。美国谈判专家卡洛斯通过调查发现:如果卖方开价很高,则谈判往往会在较高的价格上成交;而如果买方还价很低,则谈判往往会在较低的价格上成交。当然最终谈判会接近中间价格成交。

5. 报价要明确完整,态度要坚定果断,使自己的谈判形象认真而诚实。大量经验表明,在相互信赖的谈判双方中,如果有一方要手腕,利用对方的信赖来谋求谈判上的优势,最终会导致合作失败和谈判破裂。因此在讲究策略的同时,更要树立和维护讲究信誉的谈判形象。

在报价方面,商务谈判中也存在着一些惯例,如一般应由发起谈判者先报价;投标者和招标者之间,一般应由投标者先报价;卖方与买方之间,一般应由卖方先报价。在谈判实践中需对这些惯例加以注意。

二、谈判交锋阶段的策略

在经过了开局阶段之后，谈判双方进入实质性问题的磋商洽谈阶段——交锋阶段。此时，谈判双方的真正对抗和实力的较量也就明显地表现出来了，因此，这个阶段的谈判气氛开始出现紧张激烈的迹象。

在此阶段，谈判双方会有许多的信息传递方式，信息传递得当会增加你的谈判实力；反之则会无形中削弱你的谈判实力。在商务谈判中，报价之后的交锋就是具有对抗性的讨价还价过程。讨价还价过程是谈判双方分割利益和需要的过程，需要传递大量的信息，因而是各种复杂力量的相互交换过程。讨价还价是在报价的基础上所做出的反应。谈判双方通过讨价还价来估计对手保留价格和策略性虚报的部分，并预测对手的可妥协范围，然后根据自己的计划策略来提出己方可以接受的价格。

报价策略为谈判划定了一条基准线，而讨价还价策略则为谈判划定了一个范围。这个谈判范围不仅可以使谈判双方明确并且承认各自报价的差异，而且可以以双方最低保留价格为基础，不断缩小双方报价的差异，使双方向着达成互利性协议的方向靠拢。

另外，在讨价还价过程中还要争取误导谈判对手对自己实力的判断，改变他的期望值，同时为自己的还价奠定基础。曾经有过这样一个故事：有一只兔子被狐狸抓住了，兔子急中生智，对狐狸说："请你千万不要把我扔到长满荆棘的地方。"狐狸听了之后，心中暗喜，认为兔子既然最怕荆棘，索性就把它扔到荆棘里去吧。但是，兔子一到荆棘地里之后，狐狸反而不敢再进去抓兔子了。由此可见，在讨价过程中，如果我们能将谈判对手的注意力吸引到表面上看来对我们不利而事实上却对我们有利的事情上，那么谈判对手就有可能被说服。

在交锋阶段刚开始时，应该采取总体上的全面讨价策略，而后再根据具体内容，有针对性地进行讨价还价，对不合理的价格要改变报价。在对手做出改变报价的反应时，还应分析该改变是否具有实质性作用，如果没有实质性作用，就应该盯住不放，进一步讨价还价。前匈牙利共产党总书记拉科西·马加什曾提出过一种"切香肠"策略：你想得到一根意大利香肠但对方却将它抓得很牢。这时你不要去抢，你可以先请求他给你一小片，对此，香肠的主人不会在意。第二天，你可以再请求他给你一小片，日复一日，或许整个香肠都会归你所有了。将这个策略运用在讨价还价中，步步进逼，最终会收到意想不到的效果。

在还价过程中，谈判者应根据自己的利益要求选择不同的还价方式。根据对方的讨价和自己掌握的资料对价格进行全面的分析，找出突破口作为自己还价的筹码。应该通盘考虑整个谈判过程,估计谈判对手的期望值和保留价格,从而制定自己谈判的最高目标。还价的目的应着眼于如何使谈判对手承认双方报价的差异,并愿意向互利的结局靠拢。所以,谈判者应根据目标制定出不同的谈判策略和备选方案,争取使自己的讨价还价策略给谈判对手造成压力或影响对手的判断,并能够使谈判对手接受自己的价格。在讨价还价过程中,还要注意认真听取并完整准确地把握对手的报价,这样有利于我们找到讨价还价的基础,争取主动。

在讨价还价过程中,我们还可以借助于谈判对手对于价格的弹性反应来适当地提高价格。比如,当谈判对手正在"等米下锅"时,一般就不太注重价格了,而是比较关注到货的时间,此时可以适当抬价;当谈判对手对价格并不特别在意,而是注重质量、效用和投资的获利程度时,也可以适当地抬高价格。当然,这个价格应该在合理的范围之内提高。

讨价还价阶段是一个漫长艰苦的过程,很少能够速战速决。心理学家的研究表明,拒绝改变是人们的天性,人们在接受新鲜事物或全新观念的时候,特别是与自己意见相反的意见时,总是需要很长的时间。所以在这一阶段,谈判者还要具备充分的耐心,坚持不懈,这样才能获得最后的胜利。

三、谈判妥协阶段的策略

在生活中,一条很窄的小胡同里,两车相遇有个让车的问题,两人相遇有个让路的问题。同样,在谈判中,经过讨价还价阶段划定的较小范围里,也有个谈判双方妥协让步的问题。这个阶段,是谈判双方在达成共识的基础上,就双方彼此存在的矛盾进行协调解决,最终找到折中办法、成达协议的过程。这可以说是在谈判中最为重要的一个阶段了。

交锋阶段使谈判双方明确了谈判的范围并不断缩小着这个范围。但每一次交锋之后都会有一轮磋商,以使某一方做出妥协让步从而达成协议。只有经过多次交锋和妥协的过程,谈判双方的目标和利益才会趋于一致,彼此间的差异才会缩小。所以,谈判的结果是否成功,关键在于交锋后的磋商结果。圆满成功的谈判最终会使谈判双方的利益要求都得到一定程度的满足,求得一定程度的平衡,同时,谈判双方的协作关系也可以进一步加强和改善。

管理中的"二八法则"也可以用在这里。在谈判中,约有 80% 的时间花在一些无关紧要的事情上,而占总额 80% 的交易却是在剩下的 20% 的时间里完成的。所以此时的每一个微小让步都代表着交易上的重大变动。

谈判实质上是一个理智的取舍过程,如果没有"舍",也就不能有所"取"。而让步也不是谈判双方各自从自己原有的立场上后退,单纯地降低自己的要求。妥

协让步的策略是相当重要的,需要一定的技巧。在此阶段可以采取的策略有很多,主要包括:

第一,让步要本着“以小换大”的原则,让对手在重要问题上做出让步,自己在较小问题上做出让步,但却能使对方得到较大满意。

第二,不要太快让步,也不要作无谓的让步,要使对方在争取我方的每一次让步时都付出艰苦的努力,并也要做出相应的让步。

第三,如果谈判需要进行若干次让步,要注意在让步时留下回旋的余地,以免导致最后谈判的失败。

第四,在谈判过程中,头脑要保持清醒,一旦发现自己做出了不妥的让步,要立即推翻,不要犹豫;同时发现对手的让步不能接受时,更要立场鲜明地加以拒绝,或者采取姿态上让步但原则上坚持的做法。

第五,让步不是谈判的目的,而是一种手段,因此让步不能偏离谈判的目标,要考虑让步的效果,不能企图通过让步赢得对方的好感。所以,让步应有明显的导向性和暗示性。

拓展阅读

从针锋相对到利益调和的途径

通盘协议是一种能够调和谈判双方利益,使双方都更为满意的策略,但并非所有的谈判都可以运用它,这是因为达成通盘协议需要丰富的创造力和想象力来制定新的解决办法。普瑞特(Pruitt)和鲁宾(Rubin)提出了5种途径可以达成通盘协议。他们用丈夫和妻子讨论去哪里度假的例子说明了这个问题。丈夫倾向去山区,妻子倾向去海边,他们曾考虑通过妥协来达成协议,即在山区和海边各玩一周,但他们希望还有更好的方案,那么应该采取哪个途径呢?

1. 把馅饼做大(expanding the pie)

通过增加资源使双方各取所需来达成通盘协议。比如夫妻双方可以向各自的老板多请几天假,来增加在山区和海边的度假时间。

考虑:是否存在资源短缺?
　　如何扩大关键性资源?
　　双方如何各取所需?

2. 滚木法(log - rolling)

双方在不同的问题上交换让步，各自都在对自己不重要但对对方重要的问题上让步。比如，在去哪里住宿的问题上，妻子愿意住一流旅馆，而丈夫想露营。也就是说，休息对妻子最重要，而住宿的地点对丈夫最重要。那么他们可以达成通盘协议：去有一流旅馆的山区住宿。

考虑：双方的重要和次要问题是什么？

双方是否可以把独立的问题融合在一起？

3. 交易法(trade – offs)

有时双方可以通过"非特定补偿"来达成协议。一方得到他想要得到的东西，但同时在某个无关问题上给对方以补偿。比如，如果丈夫愿意花钱给妻子买一辆新车，也许妻子会同意和丈夫去山区度假。

考虑：对方的目标和价值观是什么？

我如何满足对方的目标和价值观？

4. 减轻代价法(cost cutting)

由谈判一方找出对方立场后面的关切点以及满足这些关切点的方法。因为只要能满足对方的关切点，他就会接受对方的要求。比如，丈夫不愿去海边的原因是不喜欢那里的嘈杂和拥挤，但如果能找到一个安静的旅馆让他享受静谧的快乐，这样就会减轻他的代价，他就会同意去海边。

考虑：我的建议给对方造成了哪些风险和代价？

如何降低这些风险和代价？

5. 搭桥法(bridging)

这是根据双方的关切点来达成的协议。这样，这对夫妻就可以找到一种能够满足各自最重要利益的新方法。比如，假设丈夫对钓鱼感兴趣，妻子对游泳感兴趣，那么两个人可以选择去有沙滩的港湾，这样就使双方的利益联结起来了。

考虑：自己和对方的建议分别想解决哪些关切点？

在这些关切点中，双方的优先选择是什么？

怎样才能满足对方的优先选择？

（资料来源：希尔特洛普，尤德尔：《如何谈判》，刘文军译，中信出版社，1999 年版，第 105 ~ 108 页）。

四、谈判结束阶段的策略

在谈判的结束阶段，谈判双方经过激烈艰苦的交锋和妥协之后，目标趋于接近，在很多问题上已经取得了一致和认同，当彼此都认为谈判已经达到了各自的利益要求时，便可以签订协议，谈判即告结束。

如果在谈判的交锋和妥协过程中，谈判双方争执不下，不能很好地取得共识，为了使谈判能尽快达成协议，可以采用最后期限策略来求得问题的解决。在商务谈判中，如果某一方提出了最后期限，那么随着期限的临近，谈判对手的内心会变得焦虑不安，其最终会迫于谈判期限的压力而做出某种让步。

有一个传说也能很好地说明使用最后期限策略的作用。在美国的一个镇上，有一个由12名农夫组成的陪审团。在一次案件审理中，陪审团的11个成员都认为被告有罪，但另一个人却表示了自己的不同看法，认为被告无罪。只有在陪审团意见完全一致的情况下，判决才能成立，于是陪审团的11个人花了很长的时间来做工作，想使持有不同意见者改变初衷。这时，突然天空乌云密布，眼看倾盆大雨就要来临。这11个人急得如同热锅上的蚂蚁，想赶紧回家去收晒在院子里的干草，而只有持不同意见的人不为所动。于是，这11个人的立场开始动摇，随着一声雷鸣，他们再也等不下去了，一致投票赞成那个有不同意见的农夫，宣判被告无罪。

尽管这或许是一个并不真实的故事，但却说明了最后期限在时间上所具有的威慑力以及给人们带来的心理压力，因而这是一种有效的谈判策略。我们在采用这一策略时，应该注意以下几点：

第一，当发现谈判对手急于求成时，或者谈判双方一时难以妥协时，采取最后期限策略才会收到比较好的效果。同时，在我方处于优势地位时使用这一策略更为有效。

第二，该策略的目的是促成谈判的完成而不是谈判的破裂，因此在制定最后期限时应给谈判对手留有一定的接受余地，从而利用时间的力量使谈判对手无形中接受谈判条件。

第三，提出最后期限的态度必须坚决，但形式应比较委婉，做到彬彬有礼，立场明确，同时也可以通过一些谈判桌外的动作来配合此策略。

第四，如果是谈判对手提出了最后期限，要摸清该期限的真假，然后采取相应的对策，但绝不能被动仓促地达成协议。

总之，在谈判阶段，谈判双方应做好各自的情绪调整，力争做到求大同存小异，这不仅有利于今后的进一步合作，也可以显示出谈判者的修养和气度。

谈判既是一门科学，又是一门艺术。谈判者既要机警地注意谈判对手的策略变化，随时准备抓住对手的破绽进行有利的进攻，同时又要敏锐地体会谈判对手的情绪变化，随时调整自己的对策来完成谈判。因此，我们在此对谈判策略中应该注意的事项进行一下归纳：

第一，能力在于开发，不要低估自己的实力，要充满自信，必胜的信念是谈判成功的基础。

第二，不要拘泥于陈旧的惯例和原则，要敢于突破，敢于创新，摆脱谈判中的思维定式。

第三，不打无准备之仗，要充分利用自己收集的信息，做好保密工作，不要过早泄露出自己的实力。

第四，真正的平等互利需要谈判者的智慧去争取，永远不要满足谈判中已经得到的利益，要不断争取更多的利益。

第五，在未了解对方真实目的前不要轻易让步，当然，谈判是一局棋，要根据大局适当地做出一些"弃车保帅"的妥协与让步，以求全盘顺利。

第六，耐心地与对手进行讨价还价，客观地分析谈判局势，从而控制好谈判的情绪。

第七，出现错误及时纠正，不要将错就错。谈判的目的在于获利而不是拒绝，因此不要害怕某些拒绝带来的僵局。

第八，心理上保持警惕，头脑要保持清醒，明确自己在谈判中的地位。

第九，注意自己的谈判形象，以真诚合作的态度对待谈判，始终清楚谈判应取得双赢的结果。

第三节　谈判中的语言和非语言沟通

谈判是在具有不同利益需求的主体之间进行的，需要进行大量的信息交流、传递和沟通。尽管谈判的双方就像两条不可能有交点的平行线，但在现实社会中，谈判双方需要相互合作，才能实现自己的目标。而沟通与交流就是一座桥梁，使双方能够彼此了解，深入合作，最终满足自己的利益需求。

一、谈判中的语言

语言是人类沟通思想、交流情感的工具，语言交流也是谈判交往中最基本的方式。如果谈判者不善言谈或交谈不得法都无法实现谈判的目的。因此，谈判的艺术在很大程度上是运用语言的艺术。也就是说，语言沟通就像是一把打开谈判大门的钥匙，没有它将永远无法体会到谈判的要义。

谈判中，人们在有效倾听的基础上通过"说"来表达自己的立场观点，通过提问、回答、陈述、劝说和拒绝等语言表达方式来和对方交流信息，讨价还价，磋商洽谈。要说得清楚明白、充分完整、准确恰当，就必须选择合适的谈判语言，并考虑谈判环境中的各种因素，恰当地运用各种类型的谈判语言。

谈判中所使用的语言从说话者的态度、目的和语言本身的作用来看，可划分为以下几种类型：

（一）交际语言

交际语言的特点是礼貌温和，中性圆滑，有很强的装饰性。例如："见到您很高兴"，"非常荣幸"，"与贵公司的合作十分愉快"等。谈判中适当地使用交际语言可以消除谈判双方的陌生感和戒备心理，联络感情，创造和谐的谈判气氛。

（二）交易语言

交易语言具有专业性、规范性、严谨性等特点，在谈判语言中占有最大的比重，在谈判结束后所签订的合同中最能体现这种语言的特性。交易语言的作用是反映专业活动和内容，明确谈判双方的责权利及义务，减少和规避商业活动的风险。

（三）模糊语言

由于谈判这种沟通方式的特殊性，有时谈判者出于某种策略和需要会使用有弹性的、不确定性的语言。比如，买方想知道卖方价格的计算依据，而卖方偏偏在这个问题上含糊其辞："这个问题您当然有权询问，但恕我授权有限……""在适当的时候……""按我方的惯例……"模糊语言有很强的适应性，在谈判中它用于保守秘密或避开直接压力，所谓"模言意清"——虽然模糊但目的很清楚。

（四）威胁语言

威胁语言具有直言达意、简明坚定、对抗性强，令人感到冷酷无情等特点，其作用在于强化态度、打击对手、振奋精神，同时也可能增加了谈判双方的敌对意识，使谈判变得更加紧张。比如："非如此不得签约"，"必须在某月某日前交货，否则……"等。

（五）诱导语言

为了吸引对方的注意力，使其改变立场、接受我方观点和条件，或者为了避开争执和直接的冲突，谈判者运用委婉、劝诱，但软中有硬的语言，会起到很好的效果。

（六）幽默语言

幽默语言诙谐生动，富于感染力，它能够润滑人际关系，消除忧虑和紧张情绪，还可以引起人们的共鸣和思考。莎士比亚说："幽默和风趣是智慧的闪光。"培根说："善谈者必善幽默。"幽默感是一种高尚的气质，是文明的体现，是人们在谈笑风生中显示出的一种高雅脱俗的风度、真诚温厚的品格和磊落大度的胸怀。

语言能力是和一个谈判者的知识积累和智力水平相联系的，谈判大师总是具有较强的修辞意识，善于广泛收集好词语，挑选好句子，巧妙运用各类语言。谈判中的语言运用应注意以下几点：

第一，谈判的语言应该具有客观性。这是指在谈判中语言表达应该清楚明了，尊重事实，真实地评价自己和对手的情况，使谈判对手产生信任的感觉，才能为谈判奠定成功的基础。

第二，谈判的语言应该具有针对性。这是指在谈判中应该始终围绕主题来交流，针对不同的谈判对手采取不同的语言风格，这样既可以创造一个友好的谈判氛围，也可以达到说服对方的目的。

第三，谈判的语言应该具有逻辑性。这是指谈判中使用的语言要准确严密，具有一定的说服力。

第四，谈判的语言应该具有规范性。这是指谈判中使用的语言要专业性强，文明规范，以避免因为语言习惯及差异而产生误解，同时也可以提高谈判的效率。

二、谈判中的听和说

（一）倾听对手

在谈判中，许多谈判人员只注重自己如何更好地表述自己的立场，如何去说服对手，却没有考虑如何进行倾听。其实，倾听和说话一样具有说服力。它不仅是指运用听觉器官去听，而且还包括运用自己的心设身处地地为谈判对手着想，用自己的大脑去研究谈判对手话语背后的动机，并做出积极的反应。

谈判专家麦科马克说过："如果你想给对方一个丝毫无损的让步，你只要注意倾听他说话就成了，倾听是你所能做到的一个最省钱的让步。"①倾听常常使我们不花费气力就可以得到意外的收获。在谈判中，倾听可以起到如下的作用：

第一，倾听可以满足说话人的自尊需要，引发互尊效应，激起谈判对手的交流欲望。

第二，倾听可以探悉对手是否能够正确理解你的意图，起到反馈的作用，同时可以掌握对手态度的变化。

第三，倾听可以直接获得必要充分的信息，清楚地了解谈判对手的情况，有助

① 李品媛编著：《现代商务谈判》，东北财经大学出版社，2016 年版，第 47 页。

于后面的谈判策略的运用,达到出其不意的效果。

第四,倾听可以摆脱谈判者的思维定式,从对方的角度去体会和理解问题,有助于双方达成共识。

第五,倾听可以促进谈判双方的融洽关系,形成良好的谈判气氛。

在沟通过程中,会有许多的因素干扰倾听,降低倾听的价值。这些影响因素不仅包括环境方面,还包括谈判者自身的原因。在环境方面,谈判气氛的和谐与否决定着谈判者的心理情绪,进而影响倾听的效果;而从谈判者自身来看,当出现了消极情绪和身体疲倦时,会影响到谈判中倾听的质量。

善听才能善言,谈判者应该学会善于倾听,克服倾听过程中的障碍,有效地与对方沟通。在倾听时应该注意以下几点:

第一,倾听的态度要认真,要抛弃先入为主的思想,倾听过程中要有耐心。

第二,倾听中要表现出对谈判对手发言的极大兴趣,控制自己的注意力,要虚心听取对方的谈判思路和策略。

第三,倾听时要对谈判对手的发言有所反应,不时地以微笑、点头或肯定来呼应一下,这样可以更多地获取有用的信息。

第四,倾听之后要将谈判对手的意见加以归纳总结,积极地进行反馈,并控制好自己的言行。

第五,在倾听过程中也可以适当运用沉默的技巧。俗话说:“沉默是金。”有效的沉默就如同乐谱上的休止符,可以起到很大的作用。比如,当我们对谈判对手所提出的要求没有准备时,可以适当地保持沉默来掩盖自己的弱点。当谈判对手的情绪发生变化时,运用沉默可以使对方改变态度;而自己的情绪变化时,保持沉默也可以控制自己的冲动。在倾听过程中,适当的沉默能够促进思考,有助于进一步沟通,使谈判顺利进行下去。

(二)在谈判中如何提问

在谈判中,倾听和提问是相辅相成的。比如有这样一个例子:一位牧师问长老:“我可以在祈祷时吸烟吗?”他的请求被坚决地拒绝了。此时,另一位牧师问长老:“我可以在吸烟时祈祷吗?”结果他的要求被允许了。这前后两人同样的要求却得到了不同的结果,可以看出,提问也是需要技巧的。

在谈判中,通过提问,我们可以获得以下一些好处:首先可以吸引对手的注意力,为后面的谈判作铺垫。其次,可以通过提问来获取自己所需要的信息,同时也将自己的想法和感受传达给对手。第三,提问可以启发对手思考,在出现僵局时还有助于打破沉默。研究表明,一个成功的谈判与提问多少有直接关系。从图 11－1 我们可以看出,在谈判中提问的比率与谈判成功的比率是成正比的。一般谈判中提问的平均值都处在 A 点的水平,即谈判中含有 20% 的提问能够取得谈判成功的可能性也只有 20%,而 B 点显示的是理想的成功谈判,此时谈判中有 80% 的提问,其取得成功的可能性也在 80% 左右。

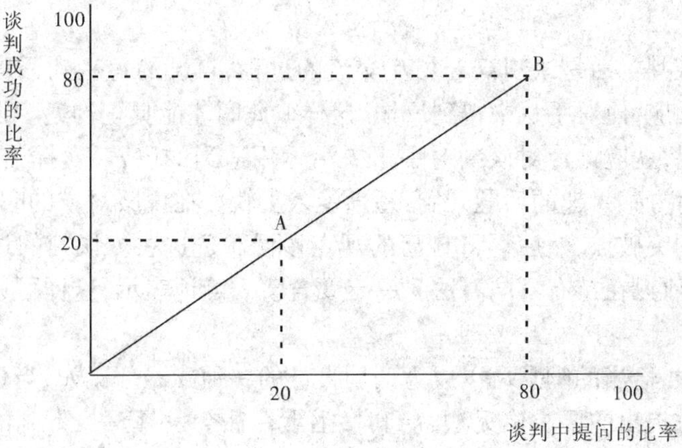

图 11－1　成功的谈判与提问的关系

资料来源:潘肖珏,谢承志:《商务谈判与沟通技巧》,复旦大学出版社,2010 年版,第 80 页。

当然,获得信息的质量也在于我们问的是什么样的问题。在谈判中,信息就是力量,越多越好。所以我们可以问以下几类问题:不清楚的问题、刺探性的问题、排他性的问题、假设性的问题,等等。当谈判对手提出的要求有些过分的时候,也可以运用提问来表示拒绝。因为,当你对此要求提出一连串的问题之后,对方就会明白他们的要求过分了。当然提问也是需要技巧的,这些技巧主要包括以下几方面:

1. 有效的提问必须使用真诚谦虚的语气,要注意自己的措辞,尽量做到准确简练。

2. 问题要一针见血,但不要使谈判对手感到不安,有效的提问必须使用延伸艺术,给人留有余地。

3. 注意提问的方式,并不断思考新的问题。

4. 有效的提问必须注意提问的时机,从而控制谈判的方向。

5. 预先准备好问题,等待合适的时机提问。

6. 要有勇气提出难以启齿却相当关键的问题,并有勇气继续追问。

（三）在谈判中如何说

在谈判中，谈判者的责任并不仅仅是表达出自己的想法，而且还应该考虑到怎样谈话才能使谈判对手容易理解并接受自己的意图，同时还要根据对手的反馈来调整自己的谈话方式，因为往往说话的方式比内容更重要。在谈判中，语言的运用是相当重要的。

真正的谈判对话是谈判双方相互交流的过程，自己的每一句话应该是对对手上一句话的反应，使对手从中得到反馈，这样彼此间才能真正沟通。谈判要达到说服对手的效果，就应该针对谈判对手来灵活运用适当的语言，发挥语言的创造性。谈判可以从对方感兴趣的话题开始，逐渐走入正轨。在说服对方的时候，要找到可以达成共识的突破点，然后再将自己的观点慢慢渗透进去。谈判的过程是个求同存异的过程，所以在持有不同看法时一定要含蓄委婉地表示，这样可以使双方都有回旋的余地。

在谈判中，恰当的幽默可以成为谈判人员的一种武器。比如，当你不好意思拒绝对方或对方提出的要求你无法达到时，幽默往往会发挥意想不到的效果。柯伦泰是苏联的著名女大使，她在与挪威进行鲱鱼贸易谈判时，就是利用幽默与对方成功达成了协议。当时，挪威人将鲱鱼的价格报得极高，而柯伦泰针锋相对地还了一个极低的价格，由于双方都不愿做出大幅度的让步，谈判陷入了僵局。挪威人一点也不在乎，因为只要苏联人想吃鲱鱼就得找他们买。但柯伦泰说："好吧，我同意你们的价格，但是如果我的政府不同意这个价格，我只能用我自己的工资来支付差额了。当然，是分期付款，可能需要支付一辈子。"挪威的绅士们怎么能将女士逼到这一步呢？于是，在一笑之余，同意降低鲱鱼的价格。由此可见，谈判中的语言沟通也是很有学问的。

拓展阅读

激发谈判对手购买欲或销售欲的语言

此时不买，更待何时！

——7月初东西就要涨价了。

——优惠价只有半个月的时间。

——赠品6月底就不送了。

——库存品的折扣打得最凶了。

——如果你不多寄点钱来,我们只好暂时停工了。

——6 月 1 日以前你不把订单给我,那 6 月底我就没办法如期交货了。

——向工厂直接订货的话,得要两个月的时间才拿得到。

——最好现在下订单,才能保证拿得到那些抢手货。

——货轮预定下午两点开,要不要给你留个货柜?

——如果明天还没收到你的钱的话,就当你放弃!

此时不卖,更待何时!

——过了 6 月底,这笔用来买货的钱可能就拿不到了。

——明天之前把最后价开给我。

——星期三以前我会下订单给你。

——如果我们没谈成的话,那我明天就得找另一家议价了。

——6 月 1 日之后,我们就不接受投标了。

——麻烦你大致估个价,我明天就要。

——过了星期五,我就不见得要啰!

——这事得经过我老板同意,可是他明天要飞往欧洲,一个星期以后才回来。

——12 月 3 日会计年度结束。

——明天审议委员会就要开会作最后决定,你到底想不想按那个价钱接下订单呢?

三、谈判中的非语言沟通

在谈判中,我们不仅是通过语言来传递我们所要表达的信息,还要借助于眼神、表情、动作或姿态来沟通。美国心理学家艾德华·霍尔说过:“无声语言所显示的意义要比有声语言多得多,而且深刻得多,因为有声语言往往把要表达的意思的大部分甚至绝大部分都隐藏了起来。”[①]因此,在谈判中,适当运用这种非语言沟通也许可以比有声语言发挥更大的作用,收到意想不到的效果。

在谈判中,非语言沟通主要包括以下几种形式:

(一)动作

在谈判过程中,人们的举手投足都有着特定的态度和含义。比如,谈判者的体势倾向会流露出他的态度。谈判专家认为:身体的放松程度是一种信息传播行为,向后

① 转引自张隆华编著:《商业谈判技巧》,华文出版社,1997 年版,第 176 页。

倾斜15度以上是极其放松，向前倾斜20度是极为自然的交往姿态，而肌肉紧张、姿势僵硬就是缺乏风度了。当身体各部分都十分放松时，会表现出人内心的从容和坦率，意味着开放式的谈判风格。中国在传统上是很重视交往中的姿态的，因为这是一个人教养和风度的体现。

当然，有时人们在心里产生了某种复杂的感受而又无法控制自己时，往往心情是紧张不安的，人们总是希望能够通过某种途径来摆脱这种情绪，于是就会产生一些下意识的动作。我们在谈判过程中一定要注意这一点，否则一个细小的动作就会使精明的谈判对手掌握许多我们不曾透露的信息。

拓展阅读

激发谈判对手购买欲或销售欲的动作语言

- 认真倾听：睁大眼睛、身体稍前倾、双手放开、胳膊伸展
- 防御抵触：眼睛睁开、目光警觉、上身直立、双臂交叉、握紧拳头、双腿不时交叉
- 厌烦沮丧：身体后靠、不时看表、手指乱画、双腿不时挪动、揉眼睛或脖子
- 开放自信：身体放松、四肢不交叠、摊开手掌
- 周密思考：抚摩下巴、捋胡子、不时摸脑袋

（二）表情

尽管面部表情十分微妙复杂，但却能够表达出许多我们想说又无法说出口、想拒绝又不便拒绝的意图，其内涵极为丰富。著名作家约翰·肯斯在《回忆罗斯福》一书中写道："在20分钟的时间里，罗斯福先生的脸上表现出诧异、好奇、故作吃惊、真正的兴趣、焦急、担心、同情、坚决、幽默和无比的魅力，但是他没有说出一句话。"①在谈判中如果能够有效地利用表情这一工具，会对谈判的成功起到很大的帮助作用。

目光接触是人际交往中最主要的非语言沟通形式之一，也是谈判中最常用的沟通方式之一。在谈判中，空旷的谈判大厅会给人一种紧张严肃的感觉，但谈判双方通过彼此的目光沟通、相互对视可以拉近双方的交往距离，从而使谈判的气氛更

① 王超主编：《谈判分析学》，中国对外经济贸易出版社，1998年版，第122页。

加融洽和亲切。不仅是在交谈中需要目光的接触,在倾听时也需要运用目光的接触来表示认同,使谈判对手感到你对他的重视。

当然,仅有目光接触是不够的,谈判中还需要最有用的表情沟通——笑容。一些学者的研究表明:嘴在表达各种思想感情和态度方面的作用有时比眼睛还要重要。因此,恰到好处地运用笑容,能够反映出谈判者的社会交往能力和谈判能力。尤其在紧张的谈判过程中,微笑可以缓和气氛,消除由于陌生或者拘谨所带来的谈判障碍,流露出谈判者的幽默感。微笑虽然无声,但却可以带来快乐,创造快乐,传递友好的信息。

(三)言语辅助

成功的谈判者除了在谈判过程中语言逻辑严密、有说服力之外,还有很重要的一部分原因在于其语音语调和节奏等辅助语言所起到的沟通作用。

比如我们前面在语言沟通中说过的,由于语音语调的不同,交谈效果也会不同。在谈判中,也要注意语言节奏的运用。一般来说,如果谈判者要强调某一重点时,停顿是非常重要的,也是非常有效的。这样一方面可以使对方加深印象,另一方面也可以给对方思考的机会。当然,停顿对于语气的加强也会起到强调的作用。而适度的语速会有助于谈判对手对你所阐述的问题的准确理解。同时,说话声音的改变也会起到沟通的作用,比如柔和的语音表示友善和真诚,颤抖的声音则透露着紧张或激动,而鼻音的哼声则表现出傲慢、鄙视和缺乏诚意。

思考题

1. 就商务谈判而言,如何收集信息和克服处理信息时容易出现的失误?
2. 试分析谈判各阶段的策略及其运用。
3. 谈判中的语言有什么特点?如何有效地运用非语言沟通手段?

沟通体验

通过案例,分析说明双赢在谈判中的优点,你认为如何在谈判中获得双赢?

某县公安局委托采购中心采购20台电脑,受邀的三家供应商齐聚招标大厅。本以为又是一场硝烟味浓烈的“战争”,三家供应商必定展开捉对厮杀。然而出乎意料的是,三家供应商按照流程规则各自进行陈述,首先陈述的B公司对自己产品的优势进行了阐述,但是在谈及产品售后服务时,该公司代表坦言,由于公司服务链还没完全建立起来，售后服务的及时性可能不及A公司和C公司，而A公司和C公司也在各自的陈述过程中不失时机地分别给予对手褒扬。招标会后，三家公司代表还进行了充分沟通，决定建立“互访”制度，定期观摩考察，取长补短，把产品质量提高到一个新的高度，共同致力于该县政府采购市场的建立与完善。

应用篇

组织沟通实务

◎组织中的沟通

◎工作团队与沟通

◎组织变革与冲突管理

◎组织文化与沟通

◎企业与外界的沟通

第十二章 组织中的沟通

一个人绝不可在遇到危险时，背过身去试图逃避。若是这样做，只会使危险加倍。但是如果立刻面对它毫不退缩，危险就会减半。

——丘吉尔

第一节 卓有成效的组织沟通

组织沟通与一般意义上沟通的区别主要在于：组织沟通特定的情境是工作场所，所以它既具有一般人际关系中沟通的特点，同时又是工作任务和要求的体现。因此，只要不是独自工作，几乎所有的人都要与他人进行沟通。沟通可以说是组织管理的基础，任何组织的任何工作都离不开沟通。

一、有效的组织沟通的特点

（一）沟通频率高，方式很随意

建设性的构想往往是通过非正式而不是正式的方式提出来的，由于非正式的沟通一般不会给人过大的压力和约束，人们在交流信息时更容易畅所欲言和相互激发,因而提高了沟通的开放性。在3M公司,有大大小小开不完的会,但这些会议很少是事先安排的,多半是几个来自不同部门的员工聚在一起商讨问题。公司的气氛有如校园,人们在一起讨论时,气氛融洽而不失学术气息。麦当劳的管理者也经常举行非正式的聚会,随意地商讨各部门发现的问题和调定生意的基调。其他的随意沟通有高层主管的“无固定议题、无会议记录”的会议、“咖啡谈话会”等。许多经理们习惯于在员工食堂进餐,目的也是希望能在轻松的环境中与自己的员工们随意交流,沟通思想和情感。

(二)沟通深入而平等

优秀的企业不仅沟通的频率较高,而且沟通深入、彻底,不流于形式。如果通过沟通不能达到解决问题的目的,对于管理者来说无异于浪费时间。埃克森石油公司和花旗银行以“无障碍沟通”闻名于同行业。在这两家公司,高级经理人员的沟通交流方式令人震惊。只要一进行提案的研讨,每个人的讲话声音都提高八度,接着就开始了甚至是声嘶力竭的喊叫和争论。只要有异议,任何人都可以随时打断董事长、总经理或会上任何一个人的发言。

(三)具有沟通所需的物质条件

沟通是需要一定的场地、设备的,这些物质条件大到宽敞明亮的会议室、现代化的通信设备,小到一块小黑板、几个意见箱。如果缺乏这些沟通工具,就会影响沟通的效率和效果。IBM一位资深职员跳槽到另一家高科技公司从事一项重要的研究计划,几个星期后,他走进主管的办公室,关上门说:“我遇到了麻烦。”那位主管顿时脸色煞白,心想:这个家伙可是这个研究的关键人物,千万别出什么事!这位前IBM员工继续说道:“有件事我实在搞不懂,为什么你们这里连一块黑板都没有?没有黑板,你让大家如何交流沟通?”他的话是有来历的。当年汤姆·沃森上任时,就是站在黑板前,拿着黑板擦,与员工共商企业遇到的问题的。英特尔公司建在硅谷的新大楼里面有许多小会议室,员工们可以在那里吃午饭,在那里讨论、解决问题。每个会议室里面都有黑板,以方便员工们进行交流。

(四)完善的沟通制度和系统

拥有畅通的信息流通系统、反馈系统,强调双向沟通和把沟通活动制度化,这是一些优秀企业的共同特征。

在一家拥有12 000名员工的大公司,多年实行“员工意见沟通系统”制度,当面临全球经济不景气时，这一系统对提高公司劳动生产率发挥了巨大作用。该系统主要分为两部分：一部分是每月举行的员工协调会议，另一部分是每年举行的主管汇报会和员工大会。

在员工协调会议上，管理者和员工齐聚一堂，商讨彼此关心的问题。在公司总部、分公司、各部门和基层共有 90 多个协调会议，员工协调会议的标准是双向沟通，如果有问题在基层协调会议上不能解决，将逐级反映到上一层，直到有满意的答复为止。开会的时间也没有硬性的规定，一般是在一周前在布告牌上通知。作为协调会议的补充，公司还在四处安装了许多意见箱，员工可以随时将自己的意见或问题投进去。凡是被采纳并产生显著效果的意见，公司都给予意见人以奖励。事实上，公司的确从意见箱里获得了许多宝贵的建议。

公司员工还可以接到一份详细的公司年终报告，这就是主管汇报，它长达 20 多页，包括公司发展情况、财务报表分析、员工福利改善、公司面临的挑战，以及员工协调会议所提出的主要问题的解答等。

员工大会则是由公司委派代表主持，各部门负责人参加，员工人数不超过 250 人，历时约 3 小时的较大规模会议。会议由主席报告公司的状况和与员工有切身关系的问题，然后便开始问答式的讨论。提出的问题要具有一般性，尤其欢迎预先提出问题，禁止提个人问题，总公司代表一律尽可能予以迅速解答。

（五）全方位的信息共享

信息共享对于组织来说是至关重要的，通用电气公司的杰克 · 韦尔奇是他所倡导的“无界限沟通”的先驱和实行者。一个无界限组织内部没有信息流动的障碍，它意味着使信息根据需要可以足够便捷地流动，从而使组织发挥出整体大于部分的协同效应。沟通是一种网络状的交流过程，在跨国界的全球网络里，信息交流必须是可见的并且是同时的。如果网络的成员能迅速地同时接受同一信息，那么企业决策就会大不相同。优秀的领导需要听到来自各方面的反应和建议。

二、沟通满意感

组织沟通有效与否不是唯一的、可能也不是最重要的决定员工工作满意程度的因素，但是对很多组织来说，沟通是预测员工满意感的很有意义的变量。

上下级的沟通关系与工作满意感的关系非常密切。里士满和麦克罗斯基（Richmond & McCrosky）指出，管理者在管理决策过程中所表现出的沟通风格，与下属的满意感有着较强的相关性①。他们把管理沟通风格看作是一个连续带。一个极端是“上司中心”,一切由上司说了算,下属只是被告知决策结果和执行命令,上司与下属没有相互作用,沟通方向是自上而下;另一个极端是“下属中心”,下属参与所有决策,沟通方向是水平的。实证研究结果表明,管理沟通风格越是以下属为中心,下属对工作和对上司的满意感就会越高。

研究表明,沟通开放性与组织绩效、工作满意感、角色明确性呈正相关,即组织成员之间的沟通越开放,员工的工作满意感越高,组织的绩效也越好。如果组织成员或群体之间的开放性存在差异,就表明组织内部沟通模式存在差异,绩效水平也会存在差异。

另外,当沟通是开放的,组织在处理非常规信息(如坏消息)时就能够更快和更准确地发现问题,并在失控之前对其加以解决。开放性沟通行为包括询问信息、倾听信息及对接收到的信息采取行动。增强沟通开放性的重要方面是使上级对下属更开放,同事之间也更开放。当信息沟通良好时,隐瞒的信息也更少。而且,信息创造信息,乐于传播信息的经理会得到更多的信息。下属一般对其上司是开放的,他们向上司询问信息,倾听上司的指示,并根据指示进行工作。但是当上下级发生冲突时,报复上司的最常见的办法就是阻滞信息。

沟通满意感对离职也有很大的影响。因为没有得到相应的工作信息而无法很好地完成任务,常使许多员工产生挫折感,容易萌生离开组织、另谋高就的想法。在各种沟通因素中,与上级的关系、与同事的关系对离职的影响最大。

总之,沟通满意感是一个影响员工工作满意感的重要因素。上司管理沟通的风格越民主,组织沟通越开放,员工对工作和对上司的满意感就越高。如果员工对上级沟通关系不满意,那么员工离职的可能性就很大。

拓展阅读

为会议室命名

点子最值钱、架子最不值钱的观念使微软公司的员工充满了活力,在中国的微软人也是如此。微软中国研究院院长李开复的下属都说他是一个很优秀的管理者,但几乎没有人把他看成一个“官”。行政助理陈蕾从来不用帮他起草什么文

① 转引自严文华:《20世纪80年代以来国外组织沟通研究评价》,《外国经济与管理》,2001年第2期。

件,如果他觉得有必要向下属发出指示,就会自己动手。现在,当他想到要为会议室命名的时候,就是这样做的。

一连串的英文字母从他的指尖弹现在电脑屏幕上,也许是因为具有华人血统,闪现在他脑子里的念头全是中国式的。他建议用"中国最著名的发明家的名字"或者"中国最著名的发明"来为会议室命名。在一个瞬间,他联想到中国人发明的火药,于是写道:"我建议用'火药'命名其中一个会议室。这样,当你走进这间会议室时,必会激发所有的力量,为你的思想而战。"

想到他和他的同事的智慧将会以火药的力量爆发出来,李开复不免有些兴奋,于是在这句话的后面留下一串符号":-))",它在显示书写者的快乐。

几秒钟后,陈蕾接到李开复的"指示",随即向全体研究院的所有人发出倡议,征集会议室的名称,当然也把李开复的建议和"哈哈大笑"一并 E-mail 到大家的邮箱中。

"火药"的念头在众人感情上立刻产生了共鸣。"当我们说'让我们去火药库讨论吧'的时候,那该多棒!"徐迎庆立即响应。在他给全体同仁的电子邮件中,还提出了新的建议:"试想一下这几个名字吧:火药库、司南车、造纸坊、印刷厂。"毕业于首都师范大学的行政助理郑薇建议使用孔子、孟子、老子、庄子、荀子等人的名字,并且在相应的会议室挂上这些人的画像。李江说,应当把"司南车"改成"指南车"……

李开复也加入了大家的讨论。他说:"我喜欢你们的想法,尤其是徐迎庆的四大发明。"但他想起中国人在数字领域里发明了"零"的概念。"这等于是半个计算机啊!"他在给大家的邮件里这样喊道:"我们应该把会议室叫作 Zero Room。"接着他又插科打诨地说:"但是中文怎么说呢?零堂?那会在口头上念成'灵堂'的。"

这一大群熟悉英文也熟悉中文的青年人,开始在中文和英文中间寻找合适的过渡。当陈通贤和孙宏辉找到下面两个词时,所有的人意识到,他们的会议室有了心仪的名字了:ZeroRoom——灵感屋,AbacusRoom——算盘室。到了陈蕾规定的时间,事情有了结果。会议室的名称确定如下:指南厅,火药库,造纸坊,灵感屋,印刷厂,算盘室。

"看看这些想法和争论,多么精彩!"李开复在给大家的邮件中禁不住欢呼起来,"现在我们已经拥有充满活力的思想。让我们结束这场有趣的讨论吧,这将指导我们去思考未来的研究"。

(资料来源:摘编自凌志军:《微软公司的怪招》,《各界》2001 年第 5 期。)

第二节 组织沟通的信息流

组织通常是有一定结构的，依据信息在组织结构中的传递方向，可以分成下行、上行、平行和斜向等信息流（如图 12－1 中虚线所示），由这些不同方向的信息流又构成了具有一定稳定性的沟通网络。

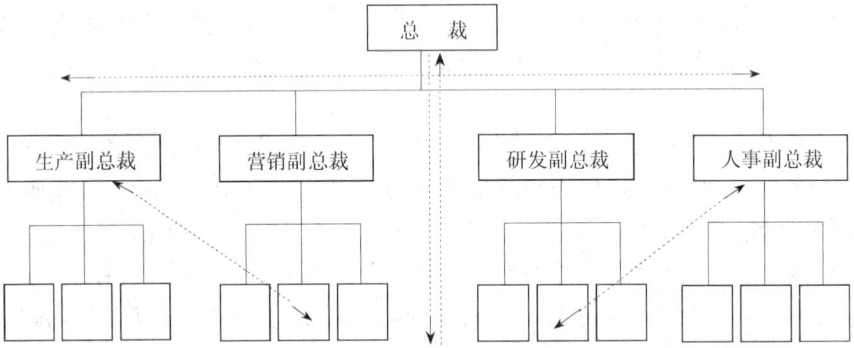

图 12－1 组织结构与信息流

一、下行沟通

（一）下行沟通的内容和媒介

下行沟通是指信息由组织中的高层结构向低层结构的传递。发信者是上级、管理层、组织的代表，受信者是下级、工作群体和团队、全体员工。下行沟通的内容通常是组织决策、规章制度及其解释依据、工作目标和要求、对工作业绩的反馈等经营管理中正式的和严肃的内容。下行沟通的媒介包括文件、通知、手册、报告、会议、口头指示等。

下行沟通是组织中最重要和最强大的沟通流程，尽管大部分管理者说"让员工随时都能知道公司的事情"，但许多针对员工的调查都显示：员工想知道的并没有从上面得到。今天的员工已经清楚地意识到他们和他们的工作是整个组织的一部分，他们想知道公司的财务运作方式、公司的利润及其与整个经济状况的关系，想知道公司为何要裁员和员工为何被解雇,薪资如何决定,公司如何做到对员工们的公平待遇,增进生产力对他们自己有何意义,以及当公司面对外部压力、攻击和竞争时该怎样回应。如果组织提供的信息在质量和时间上无法满足员工的要求,员工们便可能会从其他渠道获得他们想要的信息,如小道消息、大众媒体;他们也可能会失去对公司的信心而出卖手中的股票;可能会投诉和上诉;而更直接和常见的表现形式就是满意度的降低和生产率的下降。

(二)下行沟通的障碍

造成不良下行沟通的原因是多方面的。

第一,公司发展所带来的组织结构的复杂化。当公司规模较小时,管理层与员工有频繁的面对面接触;随着公司的成长,出现了更多的层次和职权结构,这就可能导致信息延误、送错人或根本就不发送的情况。

第二,对沟通的忽视。许多公司不断地修订长期目标和短期目标,却很少注意用有效的沟通去传达这些目标,以让全体员工都理解并接受它。

第三,员工和管理层隔离和不信任而产生"我们"和"他们"之感,非参与式的管理模式也常使员工想要的信息和上级所给予的信息完全不同。

第四,主管们很少检查自己的沟通技巧。一些主管养成了一些与下属沟通的方式和习惯,但从不考虑这些方式和习惯是否恰当,是否还需要改进或者存在更加有效的方式,甚至也不知道信息是否被接收或正确的接收了。

第五,管理层把信息当作权力和工具,有意隐瞒真相和信息,或者将其作为奖赏,给予个别员工。

第六,传递中信息的遗漏和曲解。组织结构的层级越多,信息传递中的遗漏和曲解就越多,而不恰当的沟通媒介也会给信息传递造成损失。一项著名的关于美国公司管理沟通状况的调查显示,信息在下行传递中,好像经过一个个漏斗,层层过滤,如果董事会的原始信息是100%的话,口头传递经5个层次,到达最后一个受信者那里时,就只剩下20%,80%的信息因为各种原因而被筛掉或丢失了(见图12-2)。

(三)下行沟通的改进

要提高下行沟通的效率,要重点做到如下几个方面:

首先,应从高层管理者做起。所有阶层的员工都想听到高层的观点、希望和鼓励,如同他们希望高层也能倾听他们的想法一样。建立良好信任和沟通关系的声音必须来自上层。

其次,来自上层的信息必须是确实可靠的。不管是好消息还是坏消息,都必须

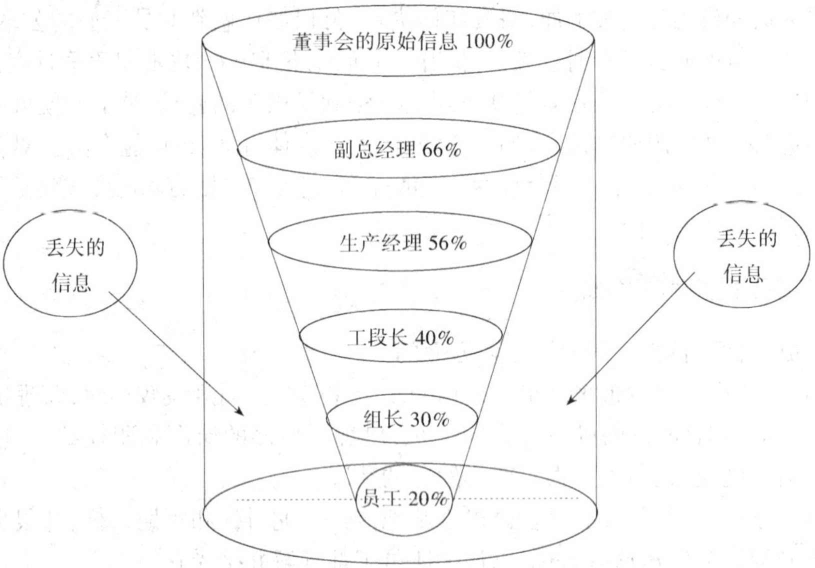

图 12－2　口头传递中的信息遗漏

是真实的、明确的。信息在某一情况下可能有一个意义,在另一情况下可能是另一个意义,因此应当使信息明确、简洁,更不要有意隐藏信息的某种意义。

再次,利用多种信道、使用多种方式进行沟通。如一个电脑公司的主管每月和他的员工举行讨论会,每月在公司的刊物上发布公司的最新消息。福特汽车 CEO 纳瑟创造了"让我们谈谈生意吧"(简称交谈时间)的沟通方式。每周五傍晚,他会寄一封电子邮件给全世界大约 10 万名员工,分享自己经营事业的看法。在邮件中他会谈全球的发展趋势,谈克莱斯勒与奔驰的合并,谈福特的亚洲市场发展前景等主题,让员工了解高层主管的经营观点,进而也让他们有类似的思考角度。同时他也鼓励所有的员工回寄任何想法、观点和建议。

二、上行沟通

(一)上行沟通的内容和媒介

上行沟通是指信息从组织的低级结构向高级结构传递的过程,即由下级到上级的沟通。发信者与受信者的关系与下行沟通正相反。沟通的内容主要是下级的工作汇报、工作总结、当前存在的问题、工作行为和反应、申诉、建议和意见,等等。组织中上行沟通的媒介包括口头汇报、交谈、书面工作总结、座谈会、意见书等。

依靠上行沟通,组织和管理层可以了解下级和整个组织工作及运营状况,了解员工对工作和组织的态度，以及时发现问题、解决问题。上行沟通状况是评价一个组织气氛的关键内容，在有效的上行沟通中，组织可以建立一种和谐而富有建设性的氛围，这种氛围对于人力资源的开发与管理具有重要作用。

（二）上行沟通的障碍

在一个对美国和加拿大 75 家公司的研究中发现，上行沟通令人失望，越是大型的组织，上行沟通的阻碍越是常见。

其一，组织内上行沟通的每一步骤几乎都会有信息过滤和扭曲发生，尤其当明确了解决某些事件有可能对自己不利时，对信息的过滤就会发生在上行通路上。

其二，在一些公司，中层管理者很快学会快速回应高层主管感兴趣的事情，或者报告好消息而延迟报告坏消息，他们希望在上级知道之前把问题解决或消除掉。

其三，有时上行沟通不畅，是由于沟通链上出现了瓶颈（截取信息者），而这个瓶颈可能是主管的秘书或行政助理，他们过滤所接收到的信息，并传送他们认为主管应该知道的信息。这个瓶颈也可能是力图升迁者，他们占有信息资源以显示自己的优势；也可能是竞争者，他们希望自己或自己的部门比其他人或部门更好而保留了可能有利于其他人和部门的信息。

其四，主管与下属的关系不良，缺乏信任，双方又不肯花时间去相互了解和真诚沟通时，下属就会不愿意向上级提供信息。

（三）改进不良的上行沟通

成功的组织沟通效果来自下行和上行沟通的平衡。组织可以采取一些措施保障双向沟通。譬如：定期实施员工调查可了解员工对组织和工作的感觉；设立员工意见箱，允许员工提出问题和看法，并得到高层管理者的解答；恳谈会制度，定期举行高层管理者与员工的座谈会，与下级员工进行对话和交流；公司内部刊物设立有关栏目，对员工的疑问予以解答；开发申诉程序，使员工的不满及时得到处理；对管理者的沟通技能进行培训，提高他们的沟通技能；重视面对面的直接交流。

拓展阅读

秘书信息源

做文书工作的人在公司里渗透的层次和他们的经理们不同，他们的观察力往往更敏锐。在社交界你可能认为高级官僚很重要，但是在你的文化网络中，一位文书或秘书可能更为有用得多。公司到底是怎么回事，情况究竟如何，谁对谁意见大得很等，文书或秘书告诉我们的比谁都多，连行政主管人也不知道那么多。他们之所以能够这样，是因为秘书的各种消息来源形成了一个稳定的网络，提供信息者都是些相对地超然事外的人，因此不带什么偏见。

那些与他们为之服务的经理同时向上爬的专职秘书尤其如此。到他们成了高级经理的秘书时，他们不但对业务上的一切正经事，连那些狂欢作乐的事都了解得一清二楚。这也正是为什么经理们在他们自己事业发展的过程中，很注意同时提拔他们的秘书的道理。秘书使他们及时了解情况。他们会告诉上司谁在饮水机旁发生了争论，另一位上司的秘书就要发出一份什么备忘录，以及谁在跟谁恶作剧等。因为他们超然事外，他们的判断总是非常正确，因此，他们有时也扮演说教者的角色。

此外，经理们在公司的阶梯上向上爬时，也会失去与谣言工厂的接触。他们的秘书因此变得极其宝贵，因为秘书能够使他们了解人们对官方的事情有些怎样的最新解释。秘书帮上司的忙还有一种办法，就是通过传闲话者的网络来传播他们顶头上司的事迹。

[（美）阿伦·肯尼迪，特伦斯·迪尔：《公司文化》，中国对外翻译出版公司，1989 年版，第 99 页。]

三、横向沟通

（一）横向沟通的内容和媒介

横向沟通是指发生在同一工作群体的成员之间、同一等级的工作群体之间，以及任何不存在直线权力关系的人员之间的沟通。根据沟通主体是否来自同一管理阶层，我们又可以将横向沟通分为两种：一种是指同一层次中成员的平行沟通，包括各部门管理者之间和成员之间的相互沟通；另一种是指处于不同层次但没有隶属关系的人员之间的交叉沟通（也称斜向沟通）。横向沟通代表沟通者之间的共事关系，除了上行和下行的纵向沟通以外的所有组织沟通都可以视为横向沟通，如各部门经理间的沟通、团队成员之间的沟通、某部门经理与其他部门工作人员的沟通，等等。

横向沟通的存在是为了增强部门间的合作，减少部门间的摩擦，满足部门与部门间的信息共享，并最终实现组织的总体目标。横向沟通在加强个体与个体间、群体与群体间的理解，促进其合作和深化其感情方面十分重要，因此有许多企业正式规定了这种沟通方式。但在多数情况下，横向沟通是为了简化上行沟通、下行沟通这类烦琐的垂直交流，或者为了加快工作速度，使信息更有效和准确地传递而进行的正式或非正式的沟通。然而，通常非正式的横向沟通在有上级的支持或者与上级达成共识时才能有效发挥其上述功能,否则会被认为是越权、越级的行为,从而引发个体间和群体间的冲突。如某公司的开发部门经理收到某地举办产品展示会的邀请函,于是和市场部门协商,决定联合参加这个展示会。就在一切准备就绪的时候,上级得知此事,认为这个展示会对公司的意义不大,决定不参加。结果两天的准备工作不仅浪费了两个部门的人力物力,而且使市场部门对开发部门大为不满。

不同目的和内容的横向沟通所采用的媒介不同。跨部门的横向沟通常采用会议、备忘录、报告等形式。而对于部门内员工的横向沟通,更多地使用口头交谈、备忘录、工作日志等形式。由于沟通主体互相熟悉,有着相似的业务背景,此类沟通通常效果比较理想。对于部门员工与其他部门管理者的沟通,使用面谈、信函和备忘录比较合适。

(二)横向沟通的障碍

不存在直线权力关系的沟通是否要容易一些呢?从理论上讲,由于不存在等级差异,沟通主体是平等自主的,这样的沟通应该更加有效。然而事实上,横向沟通的现状同样令人担忧。正因为没有权力关系的约束,许多沟通主体采取事不关己、高高挂起的态度,使横向沟通成为组织沟通中最难以控制、效果最不理想的沟通方式。

1. 部门化是横向沟通的最大障碍。很多情况下一些部门为了达到自己的目标,无视其他部门乃至整个组织的利益而擅自行事,许多人也认为没有必要去了解其他部门正在发生的事情。当部门经理们置身于自己戒备森严的城堡之中时,坚硬冰冷的四壁便阻断了他们相互的视线,使他们彼此看不到沟通的需要,甚至还会由于利益、目标的差异而冲突不断。

2. 公司战略和组织结构所产生的主次之分也导致沟通不畅。在许多公司,市场部被评价为最有权威和最重要的。因为公司面对的最大不确定性就是卖出产品,而能对组织的不确定性产生直接影响的就是市场部。但在另一些公司,如 Intel 公司的工程师要比 P&G 公司的工程师更有影响力,因为 Intel 公司是高度技术导向的,为保持其产品在质量和技术方面的领先优势,公司强烈依赖他们的工程师。这样的事实容易导致组织部门有高低等级之分的成见,市场部或研发部认为本部门天生比其他部门重要,显然,类似的情况会降低正常的横向沟通的效果。

3. 空间距离也是障碍之一。许多企业将生产部门放在市郊乡村,而将市场营销部门置于市中心。而对于跨国公司来说,这种空间距离更是介于国家之间。因此,部门间面对面的交流相对减少,横向沟通可能会不够及时和深入,从而使沟通效果难以控制。

4. 员工之间、部门之间为工作资源、职位和认可的竞争与冲突,也是横向沟通常见的障碍。你拥有的资源越是稀缺的和不可替代的,你在组织中的影响力就越大。有时,为了保持这种稀缺性和不可替代性,人们可能会采取被认为是不合逻辑的行为。如不愿透露自己的工作技巧和经验,编撰专门的语言和术语以防止别人了解他们的工作,或故意神秘行事,使工作看起来显得比实际更复杂和更困难。

(三)改进横向沟通的方法

改进横向沟通的方法包括,建构真实的组织结构图,标明职权关系,加强沟通流程的管理,减少员工方面的不必要猜疑;准确制定个人的工作说明,使每一个员工明确知道自己的工作内容、方法及工作关系,列出垂直和平行的沟通关系,并创造条件促进沟通;鼓励定期的会议或其他交流信息的方式;如果部门间能定期举行会议,互通情况,会减少传言的消极影响。另外,组织需要对冲突进行有效的管理。

拓展阅读

越来越多的企业管理者和管理学者认为,全方位的信息共享对于组织来说至关重要。美国通用电气公司(GE)的杰克·韦尔奇是倡导"无边界沟通"的先驱和实行者。GE 的经营哲学是:无边界反应、快速反应、简化和自信。这之中的灵魂是无边界反应,即要把阻隔了公司自己及外界之间的"围墙"一点一点地打开,最终彻底推翻它。在一个无界限的组织内没有信息流动的障碍,分隔人们的界限消除了,从而将工作、过程、场所、观念、决策移到最需要的地方。它意味着使信息根据需要便捷地流动,从而使组织发挥出整体大于部分的协同效应。

GE 著名的问题解决项目是由一系列会议构成的,这些会议跨越多个等级链,为多个涉及某一业务的人员而召开,以特别深刻、诚恳、激烈的讨论而著称。这些激烈的讨论将纵向的界限扫荡一空。这种会议甚至包括了 22.2 万多名员工,在任何一个星期,有超过 2 万人会参与其中。它也吸引供应商和客户参加,这样就打破了公司的外围界限。此外,GE 还大量使用技术手段来打破边界限制:列出其他行业的竞争者及其基准化的做法,以便学习全世界范围的最佳做法。

英特尔公司将会议分为"任务型"与"程序型"两大类,前者的目的是要集思广益,借脑力激荡解决问题,而后者则是单方向的传达。他们定期召开"GYAT"(get your act together)会议,参加者包括工程、行销、制造和财务部门,各部门分别报告各自的进度、现状以及部门间配合的事项。实践表明,在这种沟通中,纪律与创意可以并存,一个人的异想天开触动了另外一个人的灵感,结果很快查出了问题的症结所在。

就是在生产一线,也可以采取类似的沟通措施。荣事达有一个俗称“诸葛亮会”的质量控制运作制度,这就是自1987年起便形成的每月一次的“产品质量分析会”制度。最初的时候,这个会议只限于质管部门、生产管理部门和车间负责人的范围,他们就生产过程中的质量问题进行分析并议决对策。后来这个会议范围扩大到了质管、生产、供应、财务、研究所、车间和班组等多部门多层次,对质量问题的分析也从单一的生产环节延伸到供应环节、技术工艺标准、成本核算等多方位的综合分析,运用系统控制的方法解决质量问题。可见,良好的沟通也是运用系统控制管理的基本前提。

四、非正式的沟通流程

(一)传言的传播特点和影响

一些组织研究显示,每6个信息中几乎有5个是通过传言传送而非通过正式的沟通渠道。基思·戴维斯(Keith Davis)对组织中非正式沟通进行了许多研究,他认为,传言、小道消息是企业沟通系统中自然而正常的部分。它不会比痛苦或坏天气更邪恶,在工作团队里它也是一个重要的力量,协助建立团队,激励人们和创造着企业个性。

如果认为人们只是从正式的渠道获得信息,那就太天真了。一项研究调查了人们之间传递小道消息的特点,其一就是传播速度比大多数正式系统要快。通过传言,有些信息在正式公布之前,甚至还在准备阶段就已被接收到,传播速度之快令人不可思议。一个经理要跳槽,结果87%的人都知道了此事,平均说来,每个传话者要向七八个人传递消息,传递的速度和覆盖面积自然很大。但有意思的是,只有11%的人承认自己传播过这条消息。

传言不会遵循正式的渠道传播。正式的沟通流程遵循着组织结构和指挥系统,而小道消息的传布有许多方法。它的运作就像河流:通常有一个很神秘的源头,然后各个支流汇聚成一个主流再传到每一个部门,一旦你追溯到主流或源头,你得到的消息可能和你从支流中得到的是一样的。

另外,有证据表明,小道消息的正确率大约在75%①。可见传言或小道消息的活跃性和表达信息的可接受性是相当高的。

---

① 王垒:《组织管理心理学》,北京大学出版社,1993年版,第169~172页。

传言通常在以下情况出现和盛行:①情况对人们极为重要,关系到切身利益;②现实令人有模糊感;③现实情形令人焦虑;④组织或群体中存在秘密和竞争;⑤管理失误或欠缺造成了损失;⑥组织处于变革和危机时期。总之,当人们只能从正式渠道获得一点点支离破碎的信息而人们又非常想了解信息时,小道消息就显示出它的力量来。

小道消息在组织沟通中不可能被杜绝,而且它也的确具有双重作用。积极的一面是,它可以弥补正式沟通系统的功能。传言反映了员工们关心和焦虑的内容,它是员工对组织政策和管理的反馈,也反映了潜在的问题;有些传言则是人们之间表达关怀、缩短距离、缓解压力的表示。消极的一面则是,它可以摧毁正式沟通系统的功能。传言有误,不仅破坏正常的沟通渠道,还可能伤害某些特定对象,或者影响到组织的整体绩效。尤其当人们完全依赖和选择传言的方式,那么组织的正式沟通系统将无法运作。

当然,有些传言出自那些乐于传播小道消息的人,这种人往往会以此来获得某些心理满足。在肯尼迪和迪尔所著的《公司文化》一书中,给他们冠以美名——"企业文化的民谣歌手"。这两位作者说:"传闲话的人不会是严肃的人。人们也不指望他们的新闻都属实,人们只希望从他们那里得到点乐趣。正是因为这种有乐趣的价值,人们才容忍他们,甚至喜欢他们。"[①]他们帮助一个人提高地位的作用无法估量,同时,到了要否定一个人的时候,他们也可能成为攻击的带头人,在正式宣布的信息背后,提供"真实情况"的就是这些家伙。

(二)控制传言的方法

管理者可以采取一些策略降低传言的消极影响,使组织的沟通系统更为有效。

1. 有些传言可不予理会。许多受传言困扰的人和组织宁愿不做任何事,让时间自行熄灭传言,甚至公共关系专家也较喜欢采取这种方法。因为反传言行动可能会助长传言的火焰并给组织带来的负面压力,许多人本来不去倾听传言,而反传言行动反倒引起人们的注意了。

2. 尽快告知事实。信息内容被了解后传播的速度最快,尤其当涉及朋友和同事时,人们会传递更多的丰富化了的传言。因此,不管是解雇、升迁或停职,必须让员工尽早知道真相,如果他们无法从公司获得信息,就会有小道消息产生。

3. 直接说明某些决策或计划的保密性,而不要遮掩、躲避,这或许不能减少传言,但比让人们胡乱猜测更好些。有可能的话,明确公开进行决策的时间表,以减少人们的

① (美)阿伦·肯尼迪,特伦斯·迪尔:《公司文化》,中国对外翻译出版公司,1989年版,第99页。

焦虑。

4. 教育员工认识传言的不良影响。举行讲习会或讨论会,对员工进行教育,使员工了解传言产生的原因、对组织的影响与控制方法。

5. 设立行动计划,让管理人员针对传言传播者进行必要的沟通,沟通时应特别注意技巧。以下是一套使企业摆脱传言的行动计划表,此计划包含 4 个步骤:

第一,如果传言限于组织内部流传,则向每个员工发送备忘录以消除传言,终止员工士气的下滑,阻止传言传出公司。备忘录以对话的方式撰写,避免严厉的官僚口气,因为它会使人们失去兴趣并产生不信任感。

第二,如果无效,可让中层管理者召开员工会议,沟通信息以抵消对传言的谈论。最好不要用员工不认识的高层主管,因为有可能产生不信任感。

第三,如果传言已经传到组织外,就立刻促进组织沟通的透明性,正式发布和公开讨论人们有权知道的那些信息。

第四,营造良好的上下级关系。如果你不明白为什么传言会漫天飞,那么检查你每天的沟通情况,当你发现下属想要知道和需要知道的信息与他们实际接收到的信息有差距时,要尽快提供资讯来弥补。

五、组织内部的沟通圈

无论是上行、下行还是横向的信息,在组织中可以通过正式的和非正式的沟通方式进行流通,沟通流程在组织中能够快速地变更和组合其形态。当这些形态或模式被人们习惯性地使用时,就形成了各种沟通网络(见图 12 –3)。

图 12 –3 显示出组织结构内沟通网络的形成和沟通的情况。第一,我们可以搜寻谁是提供信息和传递信息的人。第二,谁被信息隔离和孤立,如 B 图中的 2 号和 3 号。孤立可能是因为缺乏信息,可能是个性害羞,或者不受其他人欢迎。第三,谁很少与他人沟通。如 B 图中的 4 号 13 号表示在一个部门内一半的人没有或较少与之沟通。第四,有怎样的角色和沟通关系。如 B 图中的 9 号与其他部门的同事沟通得不好,他从 11 号那里获得信息,再传递给 10 号,但他与其他人则没有交流;而 10 号与 11 号也显然存在着沟通不良的关系;6 号则是连接总经理(1 号)与 7,8,9,10,11 和 14 号的关键人物,他可能是信息传输的瓶颈——如总经理通过 6 号所获知的 7,8,9,10,11 和 14 号的信息有可能已经被他主观过滤和筛选过了,反之亦然。

网络是如何在组织中运行的呢? 又应如何进行管理?

沟通网络的形成是因为员工对信息有强烈的需求,而快速的变换沟通形态和组合而形成永久的或暂时的沟通圈(Communication Loop),成为员工最容易、最直

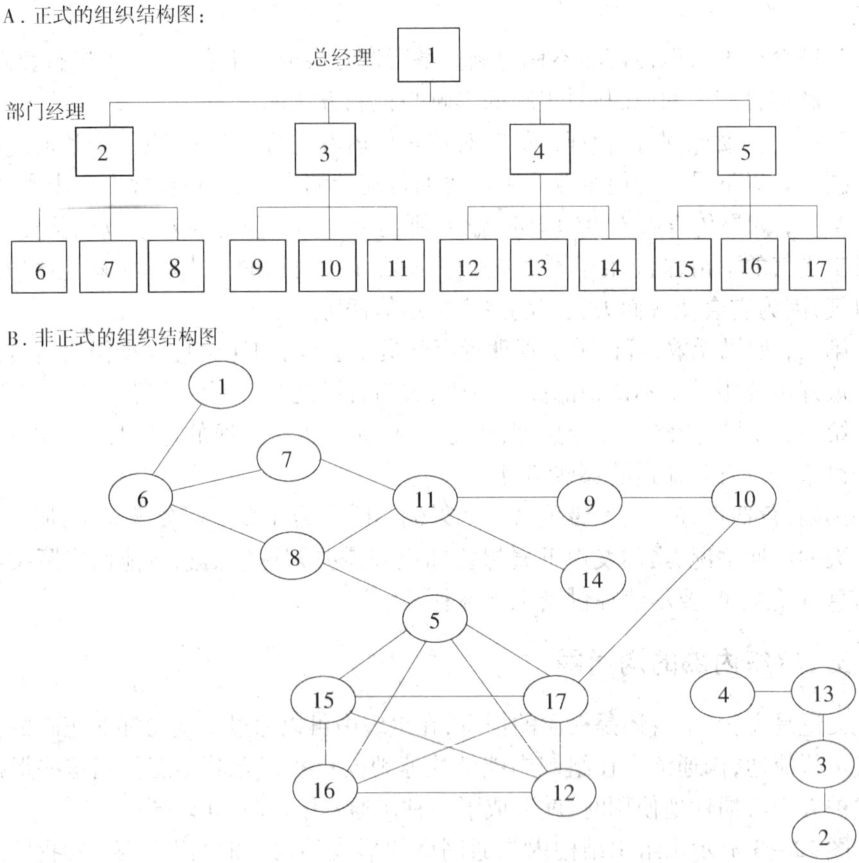

图12－3　正式/非正式的组织结构图和正式/非正式沟通圈的比较

接和最可信赖的信息来源。许多时候，沟通圈的效用决定于形成它的人们。比如人数的多少、人与人之间的距离决定了沟通圈的大小。这一点应当被强调，因为沟通不仅是信息发送者和接收者之间的交互作用，而且还应当从产生信息沟通的社会系统的角度加以考虑。事实上，所有的社会系统都是沟通的网络。随着企业的发展，信息沟通的网络也会趋于复杂，而过于复杂的沟通网络和毫无限制的信息流却不会带来更好的沟通效果。虽然人们都主张应该有更多的信息，但真正需要的是那些正确的和必需的信息。因此，关于沟通网络，更重要的在于使其有效运行并为你的管理活动所用。我们以一个例子来对此进行说明。

一位雄心勃勃的总经理为他的公司所面临的困境而一筹莫展，公司的整体生产力在下降，公司产品的市场突然间竞争十分激烈，它的地盘在丢失。这位总经理决定采取行动来扭转这种情况。很快地，一套新的改组销售队伍的办法和销售奖励制度制定出来了。这些办法和制度都落实到文字，向全公司公布。这是有效的交流吗？肯定不是。发布这样的公告只是传播相关信息的开始。请看消息传到基层办公室的情景：

首先看到文件的是秘书们。他们各自收到了文件的复件，而且关心地注意到他们各自的上司也会有一份。每个人花了大约10分钟把备忘录浏览了一遍。毕竟直接由总经理下达的备忘录还不多。第一位秘书看完了，在等着别人看完。

"这是怎么回事?"他们都想知道个中究竟。

"我简直摸不着头脑"，其中一位说。"也许公司有了麻烦了，但愿我不会被炒鱿鱼，另找工作可是太难了。"

接下去的45分钟，这些秘书们没干什么工作，而是在进行他们的网络沟通活动，他们讨论着公司是否在走下坡路，向还不知情的人传递着这新的信息。交谈告一段落，一位在公司干了十几年，见识过公司许多历程的职员说："这没什么，8年前也发过和这差不多的文件，后来没出什么事。没事儿。"听了这话，辩论才告结束。

第一轮沟通活动结束：阅读10分钟，讨论45分钟。

上司进来取他的信件。秘书们都很警觉地看他对备忘录怎么反应。他进了自己的办公室，用5分钟把备忘录粗略地看了一遍，然后伸手拿起电话。

"喂，杨过吗？我是令狐冲。你看到悟空的通知了吗？这回改组，老猪真的下去了。我知道，销售年会上他们把他从发言人的名单上刷掉了，他知道后大发雷霆……"以后半小时，这两个朋友谈及改组的策略以及对他们个人前途的影响。他们的结论是，由于基层销售人员每天在市场上面临的情况跟从前没什么两样，销售队伍不至有什么实际变动。

第二轮沟通活动结束：阅读5分钟，交流30分钟。

但是总经理的行动尚未结束。他很清楚沟通网络是怎么起作用的。对于改组基层销售队伍工作的结果，他也有着清楚的认识。他很明白问题所在：他的销售人员已经习惯于没有竞争的订货，更别说要他们硬碰硬地去争取客户了。他的奖励计划就是要解决这个问题。于是，第三轮的沟通开始了。这第三轮的目的是要通过网络传播向销售人员直接提供实例。

总经理首先要基层向他报告他们面临的销售竞争形势周报。然后，每周他都安排一天到基层去办公，处理一份报告。对一位资产达数十亿元的大公司的总经理来说，这种时间安排岂不奇特？这位总经理是从另一家以销售为主的公司起家的。而且，他还是一流的推销员。没过多久，公司就热热闹闹地传着这样的故事："你知道悟空上星期怎么把玉皇大帝那儿的经销商的钱都弄过来的吗？当他拿着那10份订单来的时候,我们几乎都不敢相信。做这笔生意的推销员还得到2 000元奖金。他们真的使那个客户相信了,我们的机器的可靠性比他们正打算买的日本型号的高一倍。"

沟通网络还在发挥着它的作用,不过这一次是因为总经理知道如何利用它。

第三节　组织沟通状况的审查

所期望的沟通和真正存在于组织内的沟通常常是不同的东西。许多研究显示出,资深管理人员常常误认为他们了解员工所希望的和所需要的事情,许多研究也显示出他们并不知道员工确实想要听到的是什么。当管理层感觉到存在沟通问题时,就应对组织的沟通程序和效果进行全盘审查。

一、组织沟通的审查内容

沟通审查就是要审查组织中信息沟通的政策、网络和活动。沟通审查是将组织沟通状况与组织的许多关键性管理活动联系在一起进行分析的工具。它不仅在发生问题时有用,而且也可以用来预防问题的发生。

有五个主要的信息沟通网络是需要加以审核的。

第一,在政策、规程、规定、上下级关系等方面与管理或工作任务有关的网络。

第二,与解决问题、召开会议和提出改革建议等方面有关的创新网络。

第三,与表扬、奖励、晋升及其他使企业目标和个人目标相联系的人力资源网络。

第四,与公司的出版物、布告栏以及小道消息有关的信息源网络。

第五,把公司与外界环境联系在一起的沟通系统和网络。

还需特别注意的是,沟通审查本身不被认为是目的,目的是改善沟通,达到组织的目标。审查的结果可以作为改革组织机构与系统的基础。

二、审查组织沟通系统的工具

(一)员工调查(Employee Surveys)

清楚明确的调查能给管理人员许多信息,尤其是关于员工对现行沟通系统的态度的信息。员工调查被视为诊断和改善沟通程序的起点。调查所设计的问题包括让员工解释他们在工作中所获得的和他们所需要的信息量、信息的有效性以及沟通方式等。

通常在调查后举行小组会议,让员工有机会自由和坦诚地谈论他们的问题和意见。在小组会议上,组织应当起用客观的面谈者或者聘请组织外部的顾问,以保证对员工意见的无偏见整理。由他们把员工的意见进行分析和分类,然后摘录给管理层。调查和摘录可以提供年龄、性别、职责、薪资类别等有价值的背景资料以供参考。但需要注意的是,在无记名调查问卷中,为了消除员工的顾虑和获得他们的真实态度,要避免任何能识别出员工身份的问题出现。

事实上,员工调查和小组讨论不仅提供给管理层大量真实信息,而且也是维持组织中长期的双向沟通的一个良好的模式。定期的调查和小组会议为员工提供了有效而持续的上行沟通渠道,提高了员工的生产效率。应注意的是,定期的调查和小组会议要想产生这样的效果,管理层必须对员工的问题和建议予以反馈,员工正确的建议应被接纳,未被接纳的也要把否定的信息回馈给他们。大多数员工想要知道管理层对他们提案的反应,以及为什么提案会被接受或被否决。一些公司还对员工的合理建议提供现金奖励,作为对员工的激励。

有员工参与的双向沟通方式,可以消除管理人员的意见主控整个沟通审查,或者由他们自由操纵审核标准的现象。另外,一定时期的调查资料还可以和其他时期的资料进行比较,以发现员工在不同时期态度上的差异,或者判定组织改进措施的实施效果。

(二)ICA沟通审核工具(ICA Audit)

ICA沟通审核是国际沟通协会(International Communication Association, ICA)结合了大量的研究和文件开发的,被认为是现今最完善的审核系统。ICA审核的目的是测定组织沟通系统的有效性并提出改善的建议和方法。完整的ICA审核可以辨识出组织中信息的来源、沟通的品质、程度和形态,它所完成的任务和所起到的作用如下:

1. 组织内沟通事件、沟通习惯和关系,并可以根据人口统计资料如年龄、性别、受教育程度、管理地位、单位或部门等进行分析。

2. 一个传递社会信息、小道消息和与工作有关的信息的沟通网络图。

3. 关于组织沟通成功和失败、优点及缺欠的沟通经验的摘要。

4. 关于真实的沟通行为的简述,包括沟通的信息来源、接收者、主题、沟通媒介、时间长度和品质。

5. 对组织中人们的态度和行为是应继续还是停止、应增加还是减少、是否应加以改变等的建议。

6. 提供 ICA 资料库的样本,与其他相似的组织进行比较。

7. 提供对沟通系统改进前和改进后的比较结果,这种对比可以用来诊断组织变革和发展活动。

8. 组织内的人力资源管理部门熟悉该工具和程序,以协助组织主动规划未来。

ICA 审核所使用的标准系统包括 5 个工具,并结合电脑分析和反馈方法:

第一,问卷调查。全部的 ICA 问卷调查分为 8 个部分 122 个问题和 12 项个人基本资料。表 12-1 为调查问卷的例子。不同的组织根据自己的情况,还可以增加额外的"特定问题"。问卷的 8 个部分是:①从他人处收到的信息;②传递给他人的信息;③追踪传递和收到的信息;④信息来源;⑤主要来源的沟通品质;⑥沟通渠道(媒介);⑦沟通关系;⑧组织结果。

表 12-1 ICA 审核"员工问卷调查"摘录

	从他人处收到的信息									
	我现在得到的信息					我想要得到的信息				
	很少	少	一些	多	很多	很少	少	一些	多	很多
1. 关于我的工作的进展情况	1	2	3	4	5	1	2	3	4	5
2. 关于组织的政策	1	2	3	4	5	1	2	3	4	5
3. 我是如何被评价的	1	2	3	4	5	1	2	3	4	5
4. 影响我工作的决定是如何做出的	1	2	3	4	5	1	2	3	4	5
5. 来自公司正式的沟通渠道	1	2	3	4	5	1	2	3	4	5
6. 来自小道消息	1	2	3	4	5	1	2	3	4	5
……			……					……		
	传递信息给他人									
	我传递出去的信息					我想传送的信息				
	很少	少	一些	多	很多	很少	少	一些	多	很多
1. 关于我的工作的建议	1	2	3	4	5	1	2	3	4	5
2. 关于我工作状况的抱怨	1	2	3	4	5	1	2	3	4	5
3. 对主管表现的评价	1	2	3	4	5	1	2	3	4	5
4. 对同事表现的评价	1	2	3	4	5	1	2	3	4	5
5. 对公司发展的建议	1	2	3	4	5	1	2	3	4	5
……			……					……		

第二,访谈。访谈有两种形式。一种形式为开放式问题,例如,叙述你是如何收到信息的,叙述你平时获得信息的渠道,叙述你与直接上司、同事和高级主管的沟通关系等。另一种形式是追踪询问其他审核根据中显示出的某些特定问题或调查结果。访谈通常是秘密进行的。

第三,网络分析。网络分析可以显示出人们在工作单位内外与其他人沟通的程度,并绘制出正式和非正式的沟通圈和网络。表 12－2 是该工具用于测定个人间沟通情况的例子。

表 12－2　ICA 审核"沟通网络分析"的摘录

在一个典型的工作周里,我通常和下列人员沟通:

名　字	与工作相关的事情					与工作无关的偶发事件					关于组织的小道消息				
1. ________	1	2	3	4	5	1	2	3	4	5	1	2	3	4	5
2. ________	1	2	3	4	5	1	2	3	4	5	1	2	3	4	5
3. ________	1	2	3	4	5	1	2	3	4	5	1	2	3	4	5
4. ________	1	2	3	4	5	1	2	3	4	5	1	2	3	4	5
5. ________	1	2	3	4	5	1	2	3	4	5	1	2	3	4	5
6. ________	1	2	3	4	5	1	2	3	4	5	1	2	3	4	5
7. ________	1	2	3	4	5	1	2	3	4	5	1	2	3	4	5
8. ________	1	2	3	4	5	1	2	3	4	5	1	2	3	4	5
9. ________	1	2	3	4	5	1	2	3	4	5	1	2	3	4	5
……	……					……					……				

注:1＝完全不重要,2＝不太重要,3＝一般,4＝比较重要,5＝极其重要。请在每栏右边的空白处,填上本周内和此人沟通的次数。

第四,沟通日记。每个参加者都必须写下一周内的沟通活动日记,记录包括打电话、会议、交谈、传送和接收书面和电子邮件等信息。这些资料显示出沟通者与组织内外其他人的关系。沟通日记对改善时间管理也大有帮助。

第五,沟通经验。这是应答者对组织内沟通故事的叙述,他们描述自己或他人在组织中沟通成功或失败的经历。其结果用来说明为何在指定的工作范围内会经历有效或无效的沟通,这样的沟通会产生什么影响。这些资料对于分析其他审核工具所发现的事实也有帮助。

ICA 审核强调反馈。如果所获得的结果未被正确使用,那么花在审核上的时间、金钱和精力都是浪费。反馈给所有相关人员是必须的,但这一过程是困难的。决定谁应获得反馈,如何得到和传送何种资料,都是管理人员和外部顾问应回答的问题。举行会议是常见而且有效的反馈方式。

例如,“调查反馈会议”是在一个正式的工作单位内举行的、由主管和下属共同参加的会议,会议通常由一个顾问主持,目的是促进反馈信息的上下沟通和面对面交流。

“下属团体会议”,在这里下属可以比他们的主管更早收到反馈信息,在员工感到焦虑时,这种会议最为有效。

“部门或团体间反馈会议”,由不同的部门或工作团体参加,交换审核反馈信息,通常有一名顾问协助。

“综合性会议”,由特定的平行的团体参加,并组成工作小组,对在审核中发现的特定议题进行研究,然后由顾问和管理人员决定需要改变和实行的方案及步骤。

第四节　学习型组织及其沟通特征

传统经营管理模式在当今的商务环境中遭遇到各种各样的问题。事实上,那些当年曾使企业风光无限和成功的因素——直接监督、标准化和规模经营等,导致了许多问题的产生,也催生和造就了今天最新的组织管理模式。新的组织模式有各种名称,我们统称其为“学习型组织”①。下面就组织的结构、任务、系统、文化、战略五个方面对学习型组织进行考察。

一、学习型组织的特点

(一)横向型组织结构

从促进高效率的生产和技能的纵深发展角度看,传统的纵向型组织结构是相当有效的。职权层级链为大型组织中的监督和控制提供了有力的手段。然而,在迅速变化的环境中,这种纵向层级链显得负荷过重,决策过慢,而且仅仅靠高层经理人员的聪明才智是很难对问题或机会做出足够快速和正确的反

① (美)理查德·L.达夫特著:《组织理论与设计》(第9版),王凤彬等译,清华大学出版社,2016年版,第29页。

应的。

相反,学习型组织摒弃了造成高层管理者与基层技术核心员工之间巨大的纵向隔离结构,而是围绕横向的流程或过程(而不是职能部门)来创设新的组织结构。纵向的层级链明显缩短,仅保留很少量的资深经理人员从事传统支持性的职能,如财务和人力资源管理。自我管理团队成为学习型组织的基本工作单位。团队包含了来自各个职能领域的人员,因此,职能界限实际上消失了。

拓展阅读

自我管理团队

丹麦的奥迪康控股公司(Oticon Holding A/S)推出了世界上第一架数码助听器。该公司没有组织图,也不设部门、职能和头衔,组织层级的所有痕迹在这里都消失了。公司全部150名员工为特定的项目不断地组成或重组为自我管理团队。

(二)以充分授权的角色完成任务

组织结构的正规程度越高,对员工工作的控制就越强。回顾前面的内容我们知道,科学管理提倡精细地确定每一项工作,并规定这项工作应该如何操作,有关任务的知识则控制在组织的高层,员工被要求按命令做事。所谓职务(task),就是分配给一个人的范围狭小的工作。

与之形成对照的是,角色则是动态社会系统的基本构成部分。角色具有自我处理问题的权力和责任,员工被要求运用其自主权和能力来实现某一工作目标。在学习型组织中,员工在团队或部门中扮演着一个个不断调整或者重新设定的角色,他们掌握着有关任务的知识,而不是在主管人员或高层经理人员的手里;组织很少有规则程序的存在,鼓励员工在彼此之间,以及与顾客之间的共同工作中创造性地解决问题。

(三)信息高度共享的沟通系统

在传统的组织里,当组织规模增大、结构变得复杂时,非正式的面对面的沟通和信息系统不能处理日益增多的庞杂信息,而需设立正式的沟通系统以鉴别实际情况与目标和标准的偏差。

在学习型组织中,沟通服务于另外一种目的,即通过信息的广泛共享而使组织保持一种最佳的运行状态。它力求恢复到小型创业型公司的状态,这样,所有员工都掌握了关于公司的全部信息,从而能够快速地采取行动。管理者工作的重要部分不是利用信息来控制员工,而是设法开通沟通的渠道,使各种思想能向各方面传递。此外,为了增强学习的能力,学习型组织还维持着与顾客、供应商甚至竞争者之间的开放式沟通。

拓展阅读

GE公司的部门共享与学习

GE采取一些方法来帮助不同部门的人相互学习。如,位于路易斯威尔的电器集团可能采用了一项重大发明。那么,他们派出一个团队,到公司在纽约的格朗顿威乐的培训中心,从其他业务部门来的团队也会去那里,接受电器集团工作团队为时15分钟的概况介绍。然后,一组组的经理们向电器公司的团队发问,努力弄明白他们采用的到底是什么东西,效果如何。然后他们设法解决这种做法在自己那里使用的难题。当他们认为自己已经找到答案,就将结果交给来自路易斯威尔的电器集团工作团队,共同商讨;如果他们的结果并不正确,电器集团的团队会就其错误加以说明和更正。

信息技术是保持人们之间接触的一种手段。由于信息网络的产生,网络成为知识存在的一个平台。在这个平台上,人类把自己的知识(包括存量和流量的知识)摆在这个平台上,进行网络共享。网络的产生使低成本的获取知识、信息和进行相互交流成为现实。

(四)合作性的战略

在传统组织中,高层管理者思考组织面对竞争该如何有效地使用资源和应对环境的变化。而在学习型组织的合作性战略中,一方面表现在组织内部的合作性上,即那些拥有信息并被授权的员工,由于他们与顾客、供应商保持接触,了解最新技术,能够及时鉴别顾客的需要和解决问题,因而参与战略的制定;另一方面,合作性战略还产生在与供应商、顾客甚至是竞争者的合作关系中。一些公司的首席执行官,同时还是其他若干公司的董事会成员,他们互相了解各公司的营销计划和新产品的研发,甚至还互通各自公司的财务情况。

拓展阅读

虚拟企业的相互学习和沟通模式

1994年,为了共同研发一种新型电脑芯片,摩托罗拉、国际商用机器(IBM)和苹果3家公司联合组成了一个虚拟企业。当研发工作圆满结束后,这个虚拟的组合也随之解体。虚拟的模式使得3家公司同时具备了大公司的资源和技术,以及小公司的灵活性。

思科在整个中国,包括在办公室里面做售后服务的人,一共才500多人。相对其他厂商,思科的人比较少,进入电信运营商市场比较晚,大概在1997年、1998年才开始向中国的电信运营商们提供基于IP的通信设备。思科主要依靠合作伙伴,其中有很多的应用都需要获得行业的专业支持。思科没有办法懂每一个行业,但是可以帮每一个行业的专家在思科进行系统集成培训,让他们懂路由器和交换机。思科由此形成了一个生态系统,主要依靠合作伙伴进行售后服务。当然,前期对这些合作伙伴的培训很重要,需要投入大量财力物力①。

(五)适应型的组织文化

许多组织面临的一个危险是,它的文化变得僵硬,组织的各种行为就像被混凝土凝固了似的。过去在稳定的环境中曾经使公司获得成功的文化价值观、思想理念和行动,在迅速变化的环境中逐渐成为公司发展的障碍。

而学习型组织的文化提倡开放、平等、持续改进和变革。许多学习型组织停止了制造地位差距的活动,抛弃了显示地位差别的标志物,如组织中没有特设的经理人餐厅、车位等。学习型组织提倡每个成员都是对组织有益的贡献者,而组织成为提供工作关系和信息网络的场所,使员工能够充分地发展其潜能;组织强调给每个人以尊敬,创造一种促使人们大胆尝试、敢冒风险甚至犯错误的组织氛围。

虽然目前还没有一家公司能完美地代表学习型组织,但是许多当今有竞争力的企业都在努力用一种动态系统的思想来塑造其观念和模式。当今的管理者在将其公司转变为学习型组织的过程中不得不面对的矛盾是:一方面要维持一定程度的稳定,另一方面又要积极地推进组织向新的范式变革,许多公司因此挣扎于秩序

① 高剑巍:《思科(中国)掌门人杜家滨解读思科生意诀窍》,载人民网——国际金融报。

与混乱之中。

二、学习型组织中的沟通

(一)德鲁克的知识管理

1988年,“管理学之父”——美国的彼得·F.德鲁克(Peter F. Drucke)在《哈佛商业评论》上发表了一篇名为《新型组织的出现》的论文,指出在经历了管理权和所有权分离,命令—支配型组织后,由于信息技术的发展,企业组织将进入新的形态——由专家小组构成的知识型企业,知识将成为最重要的生产要素。

在知识管理的时代,沟通方式由纵向沟通为主转向横向沟通为主。知识管理是一个管理系统,而不是一个管理链,从而要求各方面的互动和联结。德鲁克认为,知识管理由获取知识、传递知识和使用知识三个系统组成,构成了知识资源在企业中流转的全过程。企业传递知识有两种基本方法:编码法和人员法。编码法指的是企业将所需要的知识编辑存储在一个完善的数据库中,并采取一系列的措施使得每个员工都能方便地接触和使用其中的信息;人员法指的是在一些知识与特定个人紧密结合在一起的组织中,知识传递的主要方法是人与人之间的相互交流。在这种情况下,企业的注意力应该主要集中在对知识沟通进行鼓励并为它创造条件上,而不是企图对这些知识进行编撰和存储。

(二)圣吉的持续学习

1990年,彼德·圣吉(Peter M. Senge)出版了《第五项修炼——学习型组织的艺术与实务》一书,指出企业组织持续发展的精神基础是持续学习,并详细论述了学习型组织的五项修炼。通过五项修炼,企业培养弥漫于整个组织的学习气氛,进而形成一种符合人性的、有机的、扁平化的组织,即学习型组织。

圣吉提出,任何一个组织要成为学习型组织,都必须进行五项修炼:自我超越、改善心智模式、建立共同愿景、团队学习和系统思考。圣吉认为,团队学习的组织形式有别于深度会谈。深度会谈是一个团体的所有成员,摊开心中的假设而真正一起思考的能力。圣吉提出,创建学习型组织应该做到7C,其中包括与沟通密切相关的亲密合作关系、彼此联系的网络、集体共享的观念。集体性学习把个人和团体所共有的学习汇总起来,是个人和团体共同决定组织行为的方法。在集体学习中,包含了超越境界的探索、理解各种观点和课题的对话、朝着共同理解的方向互动前进。这种精神模型可以通过坦率而自由的讨论来建立①。

(三)萨维奇的知识网络沟通

1991 年,萨维奇(C. M. Savage)出版了《第五代管理》,提出突破工业时代严格的等级制和矩阵组织(matrix organization),实现"知识网络化"管理。对企业的科学管理不单是重新设计企业的具体管理流程,而是使企业的经营观念、经营战略、组织结构、组织行为、管理规范、管理方法、管理技术、企业文化都要完成适应网络化管理需要的整合。

萨维奇提出适应企业虚拟扩张的需要,应建立网络化时代的新管理观,企业通过网络实现了其虚拟的章鱼型企业组织构架。适应这种需要,企业的管理方式也正从封闭的、实物的、静态的管理向开放的、虚拟的、动态的管理方式转变。受其影响,企业沟通的方式也在发生着巨大的变化。虚拟企业是建立在企业与顾客以及顾客与顾客深度沟通的基础上的。互联网在空间上缩短了信息沟通的距离,也节约了信息交互的时间,但上网也需要成本(时间和金钱),顾客是否愿意拿出自己有限的闲暇时间来和企业进行广泛的交流?而且他们更多的时候也不知道自己确切需要的是什么。这难免使这种企业内部与外部的沟通受到影响。

在学习型组织中,虽然上下级沟通和非正式的沟通也经常运用,但团队成员以及团队之间的横向沟通才是至关重要的。团队成员都必须是谙熟沟通的高手,特别是与来自全国各地、世界各地其他国家的员工共同工作的时候。而在虚拟组织中,大部分沟通行为都发生在网络上,而面对面的交流仅仅出现在视频会议上。由于非语言符码的缺失,增加了沟通的难度。因此,团队成员必须是沟通和建立人际关系的高手。

三、组织沟通的发展趋势

(一)与客户的沟通

向顾客提供高质量的产品和服务,关注顾客的需求,是许多企业成功的保障。人们比以前任何时候都认识到,他们需要高品质的产品和服务。产品质量是卓越的标志,没有缺陷、可靠、耐用和美观都是顾客对质量的理解。企业只有超越对质量的一般理解,发现质量更具体的要素,才能发现问题和顾客的需要,更精确地确

---

① Senge Peter M.(1990). The fifth discipline: the art and practice of the learning organization. New York: Doubleday, 16 ~ 17.

定产品或服务的性能标准。关注顾客的需求可以帮助企业重新定位:别总想着我们该卖什么,问问顾客需要什么,我们来组织生产,然后,满足他们。

提高质量和满足顾客需求,核心在于与顾客的沟通。要想了解顾客的需要,既要认真聆听他们的有声意见,也要关注他们的无声表示;既要认真处理顾客的投诉,更要主动探询和发现他们的要求。在组织内部,有助于提高产品质量和服务的好主意和好办法,应该得到传播和重视,有创意的员工应该得到认可。

(二)与员工的沟通

有太多的理由要求组织要尽可能地与它的成员进行沟通。从人口统计学特征进行分析,员工队伍正在日益多样化,不同民族、不同文化背景、不同受教育程度、不同年龄和发展阶段的人们,在不断的进入和离开组织。多样化不仅是客观事实,而且也被许多企业珍视,因为员工的多样性和差异使组织更具有创造性和应变力,同时这些差异也会使企业更经常地处于冲突和不确定性中。此外,现代员工工作价值观的变化、工作与家庭生活的平衡、对组织忠诚与承诺感的降低等等,使得组织在劳动力管理方面遇到了巨大的挑战。

传统的命令和控制已失去效力。在新型组织中,员工的自我管理和团队决策越来越重要。因此,组织必须对员工灵活性的工作提供制度方面的支持,通过有效的沟通渠道更好地了解和关心员工的生活与工作,为他们的工作提供足够的信息和资源。

(三)与联盟、合作者和竞争者的沟通

在组织与环境互动的层次上,常以建立联盟的方式与外部组织结成网络,这些联盟经常使组织处在一种当前合作与未来竞争之间的微妙平衡中。因此,一个组织需要开发与其“联盟者”一道管理信息流并相互学习的系统,如与供应商建立密切关系,而不是通过库存和合同等控制系统去减少供应商的不端行为。20 世纪 80 年代的“Just-In-Time”送货系统就意味着供应商已紧密地被整合进了制造过程。当生产需要时,供应商就把所需的部件送到,而这样做的前提就是与供应商分享更多的信息,与他们形成相互间更高的互赖水平。

(四)与不同文化的沟通

要想发展成为全球化的公司,变革是必需的。全球化的观念要求改变“总公司自我中心论”——“我们的方法是最好的”,而应建立一种有益的多种范例或模式的观念。组织想从跨文化的交流中获益,就需要解放思想,正视不同的态度和价值

观,作好接受各种认知的准备,而不是抱着固有的思想不放。关于文化整合存在两种理论,一种是文化熔炉,它强调一种文化的优越,强势文化终将其他各种文化的特性淹没;另一种是更新的理论——文化镶嵌,它指的是每一种文化都将其最有特色的一面表现出来。显然,文化镶嵌能够建立起多元模式,能对全球化舞台上复杂的业务做出更好的回应。①

为了更好地处理文化差异,需要建立面对面的人际关系,创建国际化的项目小组,发展国际化的管理培训和发展方向,鼓励地方上提出意见,寻求灵活的管理方法,鼓励不同的价值观的存在。

(五)新的沟通技术的应用

科技革命带动了我们的社会和组织多方面的发展。例如:企业内部网的应用使每位员工都可以平等而轻松地获取信息;有了调制解调器、传真机、可视电话等设备,公司职员就完全可以在家里工作;越洋、跨时区的通信也因传真和因特网的运用而易如反掌;远程电视会议借助影像技术,使身处不同地区的人们不出家门便可参加国际会议。当然,新的沟通技术可以让公司管理层轻松地监督每一位雇员。

存储和传递信息的便捷也使人们要处理的信息量越来越大,所谓信息过载就是指信息传达速度超出信息接收处理能力的情况。在信息时代,安排时间表的主要目的在某种程度上是筛选出最重要的信息,避免为琐事所累。办公室沟通技术也影响着人们理解信息的方式:激光打印机的使用使人们对文件的清晰度要求越来越高;对信息索要的速度越来越高,因为传真机也养成了人们对文件立刻就要的习惯。

在比较成功的企业中,高级管理人员利用现有的各种沟通渠道来传播远景规划。现代信息技术为正式沟通提供了有效手段。许多公司的领导者每天都抽出一定的时间来阅读员工的电子邮件。鲍伯·巴克曼是巴克曼化学公司的副总裁,他认为要想成为一个有效率的人,必须运用大量的信息来扩大"通讯的范围"。为了充分发挥每个人的潜力,彻头彻尾、毫不保留地改变员工的通讯范围,他认为任何员工都应该能够和组织内外的每个相关的人进行沟通,最终目的是消除与顾客的隔阂。该公司的"全球知识交换"系统有自己的网络论坛,每个论坛有自己不同的主题,每个进入论坛的人都有畅谈自己思想的优先权。而员工无论使用哪一种语言都能进行理想的沟通。在曼菲斯还设有一个下午5:00或6:00开始的同步聊天

---

① (瑞士)苏珊·施奈德,(法)简-路易斯·巴尔索克斯:《跨文化管理》,石永恒译,经济管理出版社,2002年版。

时间。这种沟通方式使该公司形成了一个高度信任的环境①。另外,各种会见、调查、讨论、午餐会等方式直接与企业内外相关人员沟通交流,也可以确保沟通渠道的多样性和畅通无阻。

思考题

1. 具体说明有效的组织沟通应具备哪些特点?
2. 在组织中沟通的障碍通常有哪些?如何克服这些障碍?
3. 管理者应如何认识小道消息的产生、作用,并使它成为促进沟通的手段?
4. 不同的沟通媒介对沟通有什么影响?如何选择媒介?
5. 新型组织模式下沟通的发展趋势及其对管理者的沟通技能有哪些要求?

沟通体验

1. 根据你所在组织的具体情况,设计一套组织沟通的审查工具。
2. 案例分析

某公司张经理在实践中深深体会到,只有运用各种现代科学的管理手段,充分与员工沟通,才能调动员工的积极性,才能使企业充满活力,在竞争中立于不败之地。首先,张经理直接与员工沟通,避免中间环节。他告诉员工自己的电子信箱,要求员工尤其是外地员工大胆反映实际问题,积极参与企业管理,多提建议和意见。经理本人则每天上班时先认真阅读来信,并进行处理。

其次,为了建立与员工的沟通体制,公司又建立了经理公开见面会制度,定期召开见面会,或因重大事情临时召开见面会,参加会议的有员工代表、特邀代表和自愿参加的员工。每次会议前,员工代表都广泛征求群众意见,将这些意见提交经理公开见面会。有一年,调资晋级和分房两项工作刚开始时,员工中议论较多。公司及时召开了会议,厂长就调资和分房的原则、方法和步骤等进行了解释,使部分员工的疑虑得以消除,保证了这两项工作的顺利进行。

请分析公司与员工的沟通方式,这些方式有何特点?效果如何?

① (美)杰西卡·利普耐克,杰弗里·斯坦普斯:《虚拟团队管理》,何瑛译,经济管理出版社,2002年版,第34~40页。

第十三章 工作团队与沟通

使小组成果最优化的唯一重要因素是成员能够创造出小组内部的和谐状态，这种和谐状态使小组能够发挥其成员的全部才能和创造力。

——丹尼尔·戈尔曼[①]

第一节　团队沟通的特点

大多数企业中的团队，是让员工打破原有的部门界限，绕过中间管理层次，直接面对顾客和向总体目标负责，以群体协作的优势赢得竞争和主导地位。布兰查德(Blanchard)在其1993年由哈佛商学院出版的《聪明的团队》一书中认为，工作团队要具备高效率，必须要有7种特质：目标一致(Purpose)、授权使之发挥潜能(Empowerment)、良好的工作沟通(Relation and Communication)、弹性(Flexibility)、最高的绩效(Optimal Perfomance)、肯定与赞赏(Recognition and Appreciation)、高昂的士气(Morale)。布兰查德利用7种特质的第一个英文字母拼成Perform(表现)一词，作为高效率工作团队的

① Daniel Goleman. Emotional intelligence. New York：Bantam abooks. 1995：161.

最佳注解。

一、工作团队的特征

(一)规模较小

各种有效的团队,其成员大都少于10人。从理论上讲,成员较多的,比如30人、50人,也可以成为一个团队,但这样规模的团队更有可能被分割成若干子团队,而不是作为一个单位去行动。团队规模较小,是出于实用以及团队成功的需要。成员过多,会妨碍团队建设性地合作和有效地沟通,他们一起实际工作的机会将减少,从而难以实现团队工作所要求的强烈的观点分享,难以形成共同的信念。

(二)塑造目标

组织中一般工作群体的目标与更广泛的组织使命相符,而多数工作团队通的建立通常与较高管理层提出的某些需要或机会有关,通常团队自己塑造其目标。团队努力探索、塑造和承诺一个既属于集体又属于个人的目标,并且把共同目标——更广泛更崇高的抱负——具体为绩效目标,如把客户的拒绝率降低为50%,把产品的合格率从95%提高到98%。当团队目标和绩效目标以及团队承诺结合起来时,目标便成为一台有力的绩效引擎。

(三)共同责任

工作群体管理的焦点始终落在个人的目标和责任上,群体成员不必为自己行为以外的结果负责。团队则不同,它既要求个人的责任也要求共同的责任。因为团队更多地依靠群体讨论、辩论和进行群体决策,更多地依靠信息分享,通过其成员的共同贡献去创造团队的生产率和劳动产品。

(四)技能互补

对群体成员的技能要求源于团队的工作,技能更多的是个人化的,而团队必须建立正确的互补性的技能结合。一个团队更可能看重具有不同技能的人的价值,因为他能够带来不同的视角、不同的专长而发挥出不同的作用。团队将不同特质的人结合在一起,并使他们互相协作,以便尽可能有效地完成团队的任务。卡特森伯奇和史密斯(Katzenbach & Smith)通过研究强调,确保一个团队完成特殊任务必须具备3方面的技能:技术性或职能性专业知识在内的一系列技能;解决问题和作出决策的能力；处理人际关系的能力[①]。显然，一个团队在没有最基本的技能互补，尤其是没有技术技能和沟通技能互补的情况下是不能发挥出应有作用的。

（五）绩效结果

团队的绩效是成员们一道工作得怎样的函数，包括个体的结果和集体的工作产品。集体工作产品是多个成员一道生产出来的东西，如访谈、调查或实验。不管它是什么，集体产品都反映团队成员共同的和现实的贡献。

卡特森伯奇和史密斯把团队定义为："一个团队是一个小数目的人群，他们具有互补性的技能，承诺一个共同目标、一系列绩效目标，以及使他们共同负责的方法。一个团队的实质是共同的承诺，没有它，群体作为个体运作；有了它，他们便成为一个强有力的集体绩效单位。"[②]由此可见，"团队"比其他群体更具任务取向，更强调成员的互赖性。通常团队对其成员都有一套明确的规则和奖励方法，它用集体的目标和对任务的兴趣代替个人的意志和协调人际冲突。

二、沟通与团队的成功

美国著名管理大师肯·布兰查德博士根据野雁的群体生活特点，指出一个企业必须具备野雁的天赋。在野雁的团队里，成员与成员之间之所以很默契，就是因为它们有一个共同方向、共同目标，以及良好的团队氛围。同样，在一个团队中，如果像野雁一样，有共同的目标和方向，领导也努力创造互相鼓励的环境和氛围，同事之间具有同理心，那么沟通自然是事半功倍。相反，一个团队如果没有共同的目标，不同的人各自为政，管理者的官僚主义倾向严重，低层的人都想明哲保身，那么沟通自然是事倍功半。高效率团队内部的沟通特点有：

第一，团队拥有健全的正式和非正式（具有积极意义）的沟通渠道。信息传递高效直接，中间环节少，有科学合理的沟通机制。

第二，团队配备有先进的信息技术系统。

第三，团队内充满着健康、坦诚的沟通气氛，成员彼此间不仅能有效地进行工作任务方面的沟通，而且能进行情感上的沟通。

第四，团队成员（至少一些团队成员）具有很高的情商，在各种沟通情景下能

① Katzenbach, J. R. & Smith, D. K. The wisdom of teams: creating the high-performance organization. Harvard Business School Press, Boston, Mass. 1993.

② Katzenbach, J. R. & Smith, D. K. The wisdom of teams: creating the high-performance organization. Harvard Business School Press, Boston, Mass. 1993.

够做到有效倾听他人的意见,并清楚地表达自己的观点。

第五,团队领导有高超的沟通技巧。善于沟通的团队领导者首先能够将团队的目标和对成员的期望有效地传达给成员,担当好“牧师”的角色。其次,在团队的实际运作中,有效的领导者能充分倾听成员的声音,根据实际情况适当放权,调动成员的积极性,共同决策并参与计划的制订,当好“教练员”的角色。也就是说,作为领导者,应了解和理解团队成员的心理,尊重他们的要求,通过自己的组织协调能力以及令人拥戴的领袖魅力去影响和引导团队成员按照既定的方向完成组织目标,而不是监管、控制他们。

第六,良好的外部沟通。这需要做到:①团队与组织内处于垂直关系的部门建立了良好的关系,使信息和资金流动通畅。②团队与水平层次上的其他团队及企业的职能部门关系融洽,能方便地获得技术支持和职能部门的帮助。③团队的制度、作风、文化与整个组织的制度、文化环境相一致。④团队与组织外部的顾客群建立了良好关系。⑤团队注重与社会各界的公共关系建设。

拓展阅读

华为的“铁三角项目制管理模式”

华为“铁三角”模式的雏形,最早出现在华为公司北非地区部的苏丹代表处。2006 年 8月,业务快速增长的苏丹代表处在投标一个移动通信网络项目时没有中标。在分析会上,华为总结出导致失利的一系列原因,最典型的是在一次客户召集的网络分析会上,华为共去了七八个人,每个人都向客户解释各自领域的问题。客户的 CTO 当场抱怨:“我们要的不是一张数通网,不是一张核心网,更不是一张交钥匙工程的网,我们要的是一张可运营的电信网!”

为此,苏丹代表处决定打破“楚河汉界”,以客户为中心,协同客户关系、产品与解决方案、交付与服务,甚至商务合同、融资回款等部门,组建针对特定客户(群)项目的核心管理团队,实现客户接口归一化,更好帮助客户实现商业成功。苏丹办事处以客户经理(AR)、解决方案专家/经理(SR/SSR)、交付专家/经理(FR)为核心组建项目管理团队,形成面向客户的以项目为中心的一线作战单元,从点对点被动响应客户到面对面主动对接客户,以便深入、准确、全面地理解客户需求。

“铁三角”是华为实现战略落地的保障,是从个人英雄主义向构建组织能力转型的产物。

三、团队内部各种角色在沟通方面的作用

具有异质性的成员需要在团队实践中担当不同的角色，这些角色在沟通中的作用各有特色。Harringtong-Mrckin 在他的《团队建设》一书中，将团队角色划分为：一般的团队成员、团队领导人、团队顾问、业务专家和内外联系人员等。从他们所承担的责任可以看出他们各自在管理沟通中的作用。

对领导人来说，他所承担的沟通责任主要包括：

第一，站在团队整体的角度上，做好垂直方向的沟通工作。例如，向团队成员传达组织的期望、政策及具体的工作规章制度，同时积极向高层汇报团队建设的进展和遇到的问题，这是一个双向沟通的过程。

第二，站在团队整体的角度上，做好水平方向的沟通工作。包括积极协调与其他团队间的关系，避免项目上的重复建设，争取获得职能部门的资金、技术支持。

第三，协调团队成员间的内部关系，尤其是出现冲突时，要同时做好"裁判员"和"牧师"的角色，不仅要公平公正，还要向成员传递这样做的意义，争取获得矛盾双方的共鸣，以此来鼓励、强化团队的行为。

第四，注重与内部成员情感上的沟通，使以高工作绩效为主要目的沟通建立在更加人性化的基础上。

对一般团队成员来说，在与其他成员沟通时应该做到：是挚友，更要成为诤友！与其他成员密切协作，在共事时有"换位思考"意识，了解对方的工作职责，尊重对方的感受。但这并不意味着盲目求同，无视他人客观存在的缺点，成员之间中肯适当的批评建议对一个高绩效团队来说是必不可少的。

团队顾问沟通方面的责任主要有：向团队内部领导和外部领导反馈团队建设中的优缺点，并提供咨询，协助制定团队发展战略。在倾听了解团队成员真实感受的前提下，帮助团队成员适应团队工作方式，协助领导解决冲突。

对于团队中的业务专家来说，面对实际工作中出现的技术、财务、法律等问题，要想成功地加以解决，必须做好两方面的沟通工作：一方面，为团队领导提供基于业务方面的建议，为成员提供技术细节上的具体指导；另一方面，需要加强与其他领域专家的沟通，在处理好自己领域内业务问题的同时，考虑到其可能对其他业务工作产生的影响。

内外联系人主要负责团队的内外联络以及信息的记录、整理、保存和传播。

第二节 团队决策中的沟通

团队决策是重要的团队工作方式。从理论上讲,团队决策在很大程度上体现了团队的独到优点,科学的团队决策不仅能够发掘出代表不同主体的创造性的观点和思路,从而保证决策的全面性和正确性,而且还能促进团队成员间的思想交流,为每个人提供学习和发展的机会。在一个民主的环境里,一个基本的假设是没有一个人可以或应该为其他人作决定。团队讨论是每个人都参与和被聆听的一种方法,是一个提出观点和建议,然后根据大家的反馈信息进行调整的论坛。但不是所有的人都喜欢讨论,许多人觉得它浪费时间、令人厌烦。然而,讨论却是群体决策所必需的。

一、团队的决策方式

在团队的实际运行中,用到的决策方式是多种多样的,这些方式各有利弊,有其各自的适用范围,下面就主要的决策方式加以介绍。

(一)多数投票决策

如果你的团队所在的组织有着严格的制度约束,那么多数投票制可能会成为制度性的条例。这种方式往往被采用于当每个成员充分表达了自己的观点,讨论进行得也很彻底,但仍无法达成一致意见的情况下。它的缺点是有可能淹没真正具有创意的思想,因此缺乏创新机制;当团队内存在派系斗争时,规模较大的那一派往往是这种决策方式的受益者,由此可能产生所谓的"多数专制"现象。需要指出的是,随着决策对象重要性的不同,达到通过标准的投票比例也应有所不同,例如规章制度的建立或修改需要2/3以上的票数而不是1/2以上的票数。

(二)广征民意的权威决策

当环境比较宽松的时候,团队有条件充分发挥民主,让所有的成员参与进来,尽可能保证决策的正确性并赢得大多数的支持。在这种决策方式下,团队做出的决定只是一种建议,最后由高级经理做出决策。团队成员的工作主要是对问题进行调研后,进行批判性或创造性的思考,提出建议并等待决定。

（三）少数人决策

这是指决策由几个团队成员做出，适用于事情比较紧急，但又需要保证一定程度的决策准确性的情况。这种决策方式提高了决策速度，同时也能够综合几方面的意见。其缺点是有可能其他成员对该决策的认同度不高；当决策问题比较复杂的时候，决策的准确性会大打折扣。

（四）共识决策

这里所说的共识并不是为求表面统一而作的无原则的敷衍和退让，它通常是团队成员在一系列的脑力激荡过程后做出的。这个决策往往不是他们的最初想法，但通过大量讨论和协商后，所有的人都衷心认为该决策是最优的，并承诺对此付诸实施。共识决策具有相当的包容性，而且保证了每个人对决定的高度承诺，但缺点是费时较多，成本较大，需要相当多的沟通技巧。

崇尚个人主义的欧美人正在努力学习日本人所具有的共识技能，尽管日本的团队做出一个决定时可能耗时、耗力、劳神，决策过程痛苦而漫长，但共识一旦产生，因为有队员们的高度认同，实施过程会相当高效而且顺利。

显然，共识决策是最理想的团队决策方式，在时间和物质条件允许的情况下，应尽量采用共识决策。

二、共识决策方式的应用

（一）共识决策对成员的要求

成功的共识决策要求团队成员具备良好的个人素质。

第一，相信"竞争性"的脑力激荡和交流能产生出优化的思想，从而有助于形成正确的决策。在这种信念下，当别人对自己的观点提出质疑、表面上"冲突"就要形成的时候，他能够想到当前发生的不一致是对事而不是对人，从而不会产生敌视心理。

第二，团队成员需要具备良好的沟通技能。例如：勇于表达自己的观点，而且有能力让别人充分理解它的实质；愿意倾听，有能力消化吸收别人的观点等；表达清楚、简洁，在决策中能进行妥协和协商。

第三，成员还应该具备足够的与决策议题相关的知识，比如说当决策议题为狭义年度的财政预算时，与会者应该具备相应的财务会计知识，这样才能在充分理解议题的基础上做到"深度会谈"。

第四,讨论中难免有冲突和矛盾发生,因此,能忍受相当程度的压力以避免发生破坏性的冲突,有独立的思维并具有创造性的革新精神等个性品质,也是这种决策方式对团队成员的要求。

(二)共识决策的流程

1. 进行可行性分析,明确界定决策对象。并不是所有的决策情景下都得采用共识决策,因此要进行基于成本收益分析的可行性分析。值得应用共识决策的情况主要有:当涉及的议题属于方针性、原则性的重大问题时;当前问题的解决是以后一系列问题解决的基础时;当决策的实施过程中成员思想上的一致性特别重要时。当可行性分析结束后,团队还需要决定决策过程所花的时间,并制定备选决策方式,以应付突发事件。

2. 确定决策的流程及指导方针。做好团队会议的准备工作,包括时间、场地的选择。物质设施的准备应尽量使会议环境布置具有开放型特点,以利于成员间的互动和交流;提供决策议题的相关背景资料,并保证资料的客观和全面。此外,还应考虑是否请团队外部专家或相关利益人出席并参与团队会议。

在会议开始前,制定好提出决策的原则、方针和判断标准,讨论修改后达成共识并最好以备忘录的形式发给大家,以制度文件的形式保存下来。

3. 召开团队会议,进行充分讨论。要让每个人都充分发表自己的意见,坦陈内心的顾虑,激发有效的沟通,捕捉在脑力激荡中产生的新的构想。为了鼓励成员积极参与讨论,团队领导可以采用各种技巧来促进讨论。如当议题比较艰深或涉及较为敏感的话题时,可以引入另一个与待决策问题无直接关系但却具有类比关系的新讨论话题,这个话题使团队成员感到没有压力从而思路活跃、畅所欲言。在决定敏感和困难的议题时,也可以充分利用计算机技术,如与会成员可以从各自的计算机终端匿名输入自己的方案(应该注意的是,在这个阶段不允许对别人的观点加以褒贬性的评判和攻击)及对他人意见的看法,这些都将显示在大屏幕上供每个人参考。

对于会议主持人来说,还应该时刻注意将讨论维持在与决策问题相关的范畴内,这是因为各主体在无意中具有的"扩大偏离作用",使得群体性的交流很容易偏离原有轨道。主持人应该时刻问自己:"我们是否在讨论看来是相关的、实则不相关的内容?"

4. 努力达成共识决策。经过前三个阶段的工作,每个人对决策问题都有了较清楚的认识,各种解决方案也逐渐形成,通常情况下大家还未达成共识,各自为政,进入了一个停滞阶段。这时要做的是清楚地描述每个解决方案及其利弊得失,提醒团队成员重温已制定好的决策准则和评判标准,然后进一步鼓励他们重新审视各自的方案,进一步对自己的方案加以分析、修改和完善。为了发挥团队整体的智慧,可以对已有方案一一进行负面评审,让大家对某一方案尽可能多地提出批评意见,以团队集体的眼光发现其中的缺点。

经过这一系列的完善工作,备选方案的范围可能进一步缩小,如果只剩下唯一的解决方案,那么整个决策过程就基本结束了;如果仍有几个备选方案很难加以取舍,可以考虑采用多数投票法。重要的一点在于,团队领导应该促使所有成员加大对决策结果的认同度,当然,这需要在决策实施后相当一段时间内,密切注视团队成员在实施决策过程中表现出来的情绪及工作效率等,并加以引导和说服。

(三)避免小集团思想对决策质量的负面影响

回顾一下历史,我们可以轻易地找到由于社会民众的盲从心理而导致巨大危害的例子,像二战时期德国青年对纳粹主义的狂热崇拜,中国"文化大革命"的十年浩劫,这些现象可以归因于当时的社会准则和规范,归因于一些社会象征强化了人们心中感受到的要保持一致的压力。

重新回到群体这个概念上来,小集团思想(groupthink)是一种把保持融洽看得比对观点的批评性审视更为重要的不良的团体功能。当小集团思想在团队决策过程中出现时,团队的整体理性批判思考能力、创新思考能力等都会受到遏制,在此基础上,团队会做出过于保守或过于乐观甚至是错误的决策。

群体产生小集团思想的原因很多:团队结构和决策机制不完善,如团队同质性过高,团队成员的思维统一性带来的思路狭窄,决策流程过于封闭;在凝聚力过高的团队,隐藏于人们心中的"群体和谐规则"妨碍了成员提出不同意见,使得成员不愿意破坏表面上的一致;领导风格过于威严,或过于强调专业权威;局势紧迫带来的压力使人们不能开放地思考;团队工作中的绩效考核往往以团队整体为对象,风险的最终承担者是团队整体,个人的激励和约束机制弱化,使团队成员个人责任感降低,因而形成盲从或做出轻率决策。所有这些都可能会带来决策的失误。由于小集团思想限制团队的有效性,团队成员应该对它的存在保持敏感。为了减少团队的盲从,我们可以采用以下方法:

1. 完善机制。使绩效考核规范能从整体和成员个人两个层面上衡量团队及个人的绩效,对那些能打破常规,克服阻力提出创造性建议的成员给予高出一般水平的奖励和荣誉。

2. 引入来自内部和外部的挑战。在每次团队会议上请来专家,让他们对团队已形成的观点发出挑战,以此拓宽团队整体的思维;让内部成员定期向一些已形成的观点提出挑战。

3. 充分利用电子决策辅助技术，如利用电脑软件，使成员在计算机终端上发表意见，提出的反驳和批评处于匿名状态，这使得团队成员在表达真实想法时无所顾虑，每个人就不会感到要求保持一致的压力。

拓展阅读

计算机支持的团队决策

这里我们将描述某大学召开的一次会议，以此帮助你了解团队写作软件在团队决策中所起的作用。史蒂芬教授（会议主持人）使用了 Ventana 公司的团队工作软件包。会议的目标为：跨文化会议中的电子支持用途。

会议准备与规则：主持人的身旁是一个大的显示器和黑板，右边是操作仪器的技术人员，对面是坐成半圆形的团队成员。每个成员前面有一个别人无法看见的隐蔽键盘，这可以保证别人无法看见自己的输入动作，信息的输入采用匿名的方式，输入的信息会显示在主持人旁边的大屏幕上。

决策流程如下：

1. 计算机词库里储备的术语全面通用、意义明确而且符合该团队成员的习惯。

2. 汇集点子的阶段采用“头脑风暴法”，大家针对屏幕上显示的每一个点子展开讨论。

3. 讨论的结果无论褒贬都要再次由技术人员输入到大屏幕上，供大家进一步研究。

4. 将汇集到的解决方案进行分类，主持人在技术人员的帮助下应用团队工作软件进行评比，排出等级，将各种解决方案排成大约 10 个类别。

5. 按优先次序选出排在前面的最有讨论价值的点子，建议数量保证在可供进一步操作的范围内，通常是几个。

6. 重新评估这些点子。与会者将对上述筛选结果的看法输入到大屏幕上，大家就这些看法进行探讨和评估，选出最优的决策。

7. 如果最终仍有几个结果，则采用投票决策。计算机对投票书进行统计，公开显示投票情况。

第三节　创造性解决问题中的沟通

当你的团队主要致力于新产品的开发设计或是市场推广时,团队智慧中的创造性思维因素就显得格外重要。事实上,一些著名的商学院已经开办了完善的创造力培训课程,旨在提高人们创造性解决问题的能力。要是你的团队具备相当的创造力,首先要求团队成员个人具备良好的创造性思维,这一点十分重要。很难想象一个由一些缺乏创意的个体组成的团队能想出什么新的点子,这就需要对团队成员个人进行相应的创造性思维培训。当团队以一个整体运行的时候,我们所关注的是它的整体创造力,它以个人创造力为基础,又需要一些团队工作技巧来保证,以整合这些分散的创造力。

一、开发个体创造性思维

人的左半脑负责语言、写作、逻辑运算及表演能力,它通常将收集到的信息进行精确性、逻辑性、线性的分析;人的右半脑则掌管空间感受能力、音乐能力、具体操作能力,其信息处理方式明显带有形象性和创造性的特点。因此,传统理论认为开发右脑的训练对培养创造性思维来说是不可或缺的。事实并非绝对如此,新的研究发现,人的思维过程可能受到主体所处的社会文化、群体文化和语言等多方面的影响,而且随着个性的不同所表现的创造性的领域也不同,尽管大多数情况下这些因素都是以潜在形式影响着创造力,但确实证明了人的创造性思维能力的多元性。

了解这些对团队建设中的创造力开发有什么用处呢?首先你会认识到团队可能具有超出你想象的潜在创造力。其次,别人的思维方式可能与你并不一样。或许你的工作主要是那些例行性的事务,在工作的每一个进行阶段都有现成的、严格的规则制度,这使得你习惯于使用左脑来思考,对那些表面上与工作毫不相关、离奇的创造性训练加以排斥。事实上,一个新的思路往往会帮你更好地解决问题。以下列举了几种创造性思维训练的方法和技术:

(一)超越"大脑锁定"状态的练习

冯·奥克在《走出思维误区》一书中指出了在人的思维中存在的10种"锁",当它们发挥作用时,人们有可能丧失创造性思考的能力。

□“答案务必要正确”
□“那种想法不符合逻辑”
□“务必遵守章程”
□“要保持现实的态度”
□“不允许不成熟、不完善的模糊思想存在”
□“不允许出错”
□“杜绝儿童式的形象思维”
□“那个领域非我的专长”
□“我没有创造性”
□“不要异想天开”

回忆你平时在处理问题(尤其是那些边缘性的问题)时的思考过程,不难发现,尽管这些并不是明文规定的章程,但它却经常萦绕在你的耳边。不可否认,这些准则在处理其他问题的时候可能十分必要,但当涉及团队工作中那些需要创意的部分时,它们往往变成遏制创造性思维发挥的主要因素。为此,抛弃这些思维桎梏,应用以下几点积极的心理暗示会对开发你的创造性思维大有裨益:

1. 在我们这个需要创意的团队里,过于严谨、过于现实和符合逻辑的思考方式是不受欢迎的,它只能导致一个无活力、低绩效团队。

2. 为什么我的选择必须是非此即彼呢?事物是多样化的,有无限的可能性。

3. 我们的团队允许合理的失败,不提倡为了不出差错而谨小慎微、不思创新的工作态度。

(二)核对清单练习

这里的清单完全不同于去商店购物的清单,它是在创造过程中提醒和扩大人的思路的方法,这种方法有“创造技法之母”之称。具体来说,它是把现有事物的要素进行分离,然后再重新组合,或者反思、偏转视角去审视,从而得到许多思维方案。

有研究表明,经由事物要素的分散切割与再组合而产生创造,具体可循的途径有75条之多。以产品开发为例,可开列的清单有:

□ 现有产品的用途能否扩大?
□ 现有产品可否借助其他技术或创造发明来加以改进?
□ 现有产品可否改变形状、颜色、味道和制造工艺?
□ 现有产品可否延长使用寿命?
□ 现有产品可否缩小体积、减小重量或便于分割、组合?

□ 能否找到替代品?
□ 能否改变型号?
□ 颠倒过来使用如何?
□ 可否将几种产品组合在一起综合利用?
……

下面的清单是奥斯本(Alex Osborne)与其合作者在《实用想象力》一书中开列的清单①。

1. 移作他用:情况不变,另作他用? 加以改变,另作他用?

2. 适应:有什么与此相同? 以往曾提供过类似情况吗? 我能模仿些什么? 我和谁比照?

3. 改变:改变含义、颜色、运动、声音、味道、形状、形式?

4. 加强:加什么? 更多时间? 更多次数? 更强? 更高? 更远? 更厚? 更浓? 附加值? 附加成分? 重复? 成倍? 夸大?

5. 缩小:减什么? 变小? 变低? 变短? 变轻? 省略? 压缩?

6. 替换:谁来替代? 其他成分? 其他材料? 其他程序? 其他力量? 其他地点? 其他方法? 其他语调?

7. 重排:成分互换? 重新布置? 其他步骤? 因果互调? 变换速度? 变换日程?

8. 颠倒:反正面互换? 翻转过来? 上下颠倒? 角色互换? 位置颠倒? 情况互调? 愿打愿挨?

9. 联合:混合、合金、拌和、合奏如何? 单位联合? 目的联合? 优势联合? 观念联合?

(三)变换方向,提高思维速度练习

如果请你用心想出英文大写字母里有多少是带有曲线的,你多快能想出来?

大脑运作的速度是有限的,这个练习令人体会到思维速度的限制。你必须在心里把每个字母都“看”上一眼,这个操作的速度并不比用投影仪把每个字母投影一下快多少。在此,我们认为人的思维速度要比生活速度快得多的观念受到了挑战。

事实上,大脑乐于照常行事,在正规情形下它是有高效率的,它能快速和不自觉地运用以往成功的经验。但是在新情况下,其效率就大打折扣了,你所期望的创造力并没有显现。

---

① 转引自赵慧军:《现代管理心理学》,首都经济贸易大学出版社,2002 年版,第 336 页。

然而,有意识地朝新方向努力,对于形成创造力既有利,也必须。

类似的练习还有:

1. 在两分钟内尽可能多地写出5画的字。

2. 两人一起,各想一种自认为生动逼真的气味。然后轮流把这个气味描述给对方,但不能说出气味的称呼(如玫瑰花香、酒精味等)。

这个练习可以使人感觉到人们有时在语言上的束手无策,因为在感觉上人们也许一致,可是在体验的程度上却因人而异。

(四)突破焦虑和心理羁绊的练习

用5分钟写一首简短而认真的爱情诗,要求具有美感、感情丰富。5分钟以后,把你的诗念给大家听。

这个练习让大多数人窘迫、惊慌,甚至有人打算临场逃脱。但是,当克服了对失败的恐惧和焦虑以后,你会发现这个"创作"的过程并不像想象的那样痛苦。原来人人可以大谈爱情,尽管这与他们日常的工作和习惯不一致。

创造和改变的结果是脱离常规。对习惯有提防、了解习惯的性质、最终做到调控习惯,对于想增加创造力的人来说,这就增加了一个强有力的武器。

最后需要说明的、也是对创新能力的培养至关重要的,就是要充分意识到:创造力的形成是一项综合的"开发工程",它不仅仅是针对个体的训练,还是对创造环境的塑造过程。如果没有一个崇尚探索、新异和个性的社会文化、组织环境和群体气氛的话,个体的创造力不但不可能被培养起来,即使有创造性的萌芽,也会被扼杀。

二、开发团队的创造性思维

(一)要营造一个鼓励创造性思维的氛围

如果团队的价值观赞成并奖赏创造活动,能支持或高度容忍标新立异、偏离常规的成员,那么创造者则可感到"心理安全"和"心理自由"。如果团队领导和每个成员支持他人发表不同的意见,积极探索和尝试用不寻常的方法理解事物,不赞成依赖与顺从,则可形成利于培养团队创造力的"气候与土壤"。但在实践中,往往会出现奇妙的"开放的封闭"(open closedness)现象,即每一个人都觉得他有权发表看法,然而却没有人真正在倾听和反思。相互间漫无目标的谈话,取代了真正的沟通与深度会谈。这时,需要团队领导的引导,也需要提高每个人的沟通技能。此外还应以激励手段做保证,鼓励成员在解决问题时培养新的视角,鼓励冒险精神和大胆挑战传统理念和方法的做法,并且建立起有实现可能的新思路数据库。

(二)进行“思维解锁”训练

思维解锁,即清空头脑为新的想法留下空间。创造型团队要经常进行集体反省活动,这不仅要求成员个人摒弃已有的固化了的思路,而且团队整体也必须反思本身处理问题时的集体思维定式,以一种全新的视角对待要经常处理的问题。以下一些被经常采用的方法可以帮助团队解放思维:

1. 团队放松和幻想训练。通常在放松的状态下才有助于使你的思维进入一个更为广阔的创造性的天地,很多团队已经引入了松弛练习,这有助于就该问题将团队成员从当前的思维困境中解脱出来。可以请心理训练专家作为团队放松训练的引导者,将大家安置在舒适而且在视觉、听觉、嗅觉方面和训练内容相关的环境中,让他们处于舒服的姿势,闭上眼睛。在专家的语言引导下,让每个人去充分想象目标环境及自己身处其中的感受。将该状态保持一定时间,然后回到现实中来,让成员之间互相交流彼此新奇的感受,从别人的描述中获得对目标环境的新的体验。

2. 团队认知力训练。设计不同的训练项目,培养团队的跟踪思维、逆向思维、替代思维、发散思维、否定思维等创新性思维方式。

3. 团队幽默训练。幽默使大脑摆脱了常规的逻辑和线性思维,使我们看到了对事物新的思考方式,从而使团队更加健康、更有效率。

4. 新奇角色扮演训练。设定情景,制定所要解决的任务,界定团队成员的角色及其大致相应的特征(同时鼓励大胆的发挥),让一部分团队成员分别担当各个角色,其余团队成员可以观看他们的表演。表演结束后,团队展开讨论,每个成员发表自己就新角色的感受和困惑,旁观成员可以从他们的角度指出妨碍有效沟通的主要因素,促进彼此交流。

(三)在实际工作中发挥团队创造力

现在我们将涉及具体的团队工作,介绍两种能激发团队创造力的工作技巧:头脑风暴法和德尔菲法,它们分别侧重于充分利用团队内部之间和团队与外部的沟通来激发团队的创造力,并且强调在应用这些技巧时应该注意的沟通方面的问题。

1. 头脑风暴法。头脑风暴法是美国人奥思本在20世纪50年代提出来的一种旨在鼓励创造性思维、激发创造力的方法。在团队工作中应用该方法是要求团队成员之间敞开思想、广开思路,同时要有一个良好的引导者(主持人)和完善的信息记录系统。这里注重的是新方法的数量而非质量,连貌似荒诞的想法也不要错过，允许成员结合他人的观点提出自己的新设想。

或许当你所在的团队刚刚引入头脑风暴思考法时，大多数成员并不能很快适应甚至不愿进行创造性思考的尝试，于是当主持人鼓励他们运用创新思维提出新方案时，往往会出现沉默现象。主持人要做的就是在激励的同时打消他们的顾虑。

为了征集更广泛的新主意，主持人应注意提醒成员不要停下来对已有的观点进行讨论，而是要集中精力于拓展思路，多提点子，不急于过早进入对点子的组织和评价阶段。

2. 德尔菲法。德尔菲法是美国兰德公司与道格拉斯公司在20世纪40年代共同提出的，又称专家群体决策法。团队工作中采用这种方法来解决问题，不仅可以避免某些面对面的讨论带来的消极影响，而且还能倾听到团队以外的专家的声音，更有助于获得创造性解决问题的方法。其具体方法如下：首先，将设计好的就解决某问题的方案意见征询表寄给预先选定的专家团，请他们提供独立的解决方案，专家之间没有沟通。然后，处理征集到的解决方案，本着求同存异的原则，找出解决方案中达成共识的部分，保留产生分歧的部分。将统计结果反馈给每位专家，请他们结合其他人的观点进行重新思考，并提出自己修改后的观点及理由。最后将结果再次寄给团队，再次收集处理专家们修改过的意见后，形成一个较为鲜明的外部专家解决方案，与团队内部就解决该问题的思路进行对比，以求获得较为满意的最后结果。

在团队工作中要使这种方法有效，需要有良好、通畅的沟通手段和设备作为保证，因为德尔菲法的操作意味着要进行大量的收发邮件、团队分析汇总和问卷内容设计等工作。设计的问题要准确，各种原则、技术上的要求应明了，尤其是将第一次专家的意见汇总之后设计第二次意见征询表时，要将其他专家的意见包括进去。经过团队与外部专家的反复交流沟通，在众人智慧基础上得到的新方法会大大提高团队创造性解决问题的能力。

思考题

1. 高效团队有哪些特征？如何成功进行团队的内部沟通？
2. 团队的决策方式有哪些？试述这些方式各自的优缺点。
3. 共识决策在所有的情况下都是最优的吗？如何恰当地使用共识决策？
4. 创造性思维在团队中有什么作用？怎样对其进行开发？

沟通体验

团队决策与沟通练习——NASA 难题

你是一名月球工作小组的宇航员,原计划在月球光亮的一面与母船会合,然而由于机械故障,你们的飞船被迫降落在离会合点300公里之外。降落中,大部分装备报废。因为获救取决于到达母船,宇航员小组必须为300公里的路程挑选携带物。表12-1给出15件剩余的完好物,你的工作是挑选装备。请按其重要程度在后面标出数字,最重要的为1,以此类推,直到15。

第一步:将个人独立回答的顺序(小组成员平均)填入第一列。

第二步:与同组成员讨论,并将结果填入第二列(讨论要求见后)。

第三步:将个人回答和小组回答与专家答案相减,分别填在第四、第五列。

群体决策要求:小组在每一项上必须被所有人通过。达成一致是很困难的,并非每个决定都完全符合每个人的建议。但作为一个群体,请试一试让每个决定都使每个成员至少能部分赞同。以下是达到一致的若干建议:①避免为个人的判断而争吵,要根据任务决策;②避免仅为达成一致、防止冲突而改变自己的观点,支持那些至少你在某种程度上同意的解决办法;③避免使用诸如表决、平均、交易等减少冲突的"技术";④避免讨论中一些人赢、一些人输的观念;⑤倾听他人观点,将他人观点视为帮助而不是障碍。

表13-1 物品清单

	物品清单	1. 个人回答平均	2. 小组回答	3. 专家答案	4. 个人与专家比较(1~3)	5. 小组与专家比较(2~3)
1	一盒火柴					
2	压缩食品					
3	30米长的尼龙绳					
4	降落伞					
5	手提加热器					
6	两只4.5毫米口径的手枪					
7	一箱奶粉					
8	两个100磅氧气瓶					
9	月球星图					
10	救生筏子					
11	罗盘					

续表

	物品清单	1. 个人回答平均	2. 小组回答	3. 专家答案	4. 个人与专家比较（1~3）	5. 小组与专家比较（2~3）
12	5 公升水					
13	信号弹					
14	有注射针头的急救箱					
15	太阳能调频收发报机					
					合计：	合计：

问题：请分析团队决策的过程和结果，说明信息、沟通等因素在这一过程中的作用。

第十四章 组织变革与冲突管理

> 员工可能会接受变革，但不会接受空洞的口号。
>
> ——拉金咨询公司合伙人 T. J. 拉金和 S. 拉金

第一节 组织变革

传统经济学告诉我们，生产的重要因素是土地、劳动力和资本，但在当今时代，知识、创造力、寻求机遇的能力、人际交往沟通的能力则变得日益重要起来。随着我国改革速度的加快以及外部环境压力的日益增大，迅速确定环境与市场的变化趋势已经成为维持企业生存发展的重要因素，管理变革也成为一个获得竞争优势的重要因素。在组织的任何变革活动中，沟通都起着关键性的作用，无论是变革目标的确立和传播，还是对变革进程的控制和信息的反馈，都强烈依赖有效的沟通渠道和体系，以及变革者的沟通技能。

一、变革的需求

科学技术的加速发展，产品和技术的生命周期不断缩短，传统的能力和市场环境会受到新技术的挑战。信息技术的普遍应用及网络通信系统的建立不仅消除了人们彼此沟通的距离障碍,也缩短了国家间的相对距离。这些都对企业的经营模式、业务流程和工作方法提出了新的要求,对企业变革产生了深远影响。日益加强的全球化趋势,客户需求的个性化,都使得市场竞争更为激烈,同时也构成了市场环境的复杂性和动荡性。

环境的不确定性使管理者没有足够的信息去了解环境或预测未来。哪些企业面临的环境不确定性更强呢?这取决于复杂性和动荡性两个重要因素:

第一,复杂性。例如,在同行业中拥有许多采取不同方式竞争的不同的公司,与只有几个重要竞争者的行业相比,则环境更为复杂,更不确定。

第二,动荡性。这是指行业内部发生非连续性的变化程度。例如,产品和技术快速变化的高成长性的行业,与变化较小、可预见的稳定行业相比,趋向于更不确定。

企业与竞争对手的关系已经由单纯的竞争转变为竞争与合作的关系。企业需要根据环境的变化来进行变革,这就要求企业改变原有的组织结构,通过建立起企业间的横向联系以增强彼此的合作,从而增大处理信息的容量。公司内部的各个利益相关者也对公司提出了新的要求,因而也使得公司面临竞争的压力,从而迫使公司走向变革。

在这个机遇与挑战并存的时代,企业所处的环境是一个复杂的、动态的、不确定的、变化迅速的社会环境。未来具有不确定性,因此也就不可能存在绝对的事情。新的管理时代是自我革新的时代,如果不彻底改变意识,创新就不可能实现,积极思考、把握信息是变革与创新的关键。大量信息从外界流入企业,又从企业流向外界,企业必须不断地获得信息,并对此做出反应,不断提高自己处理信息的能力。

二、变革的阻力

人们的变革思想是被“激发”出来的,但通常他们也会反对、抗拒变革。如果管理者希望在企业内部成功引入积极的变革,那就必须了解人们为什么会反对变革。

任何组织变革的成功都有赖于绝大多数组织成员的赞成、支持和积极配合,但任何一项变革也都涉及对原有制度、关系、行为规范、传统和习惯的改变,这些都会造成人们心理上的失衡和行为上的抵制,从而对变革产生阻力。哈佛商学院对93个组织的巨大变革运动进行的一项研究发现:有74%的案例在变革中遇到了意想不到的问题,从而使变革行动遭受挫折;有76%的案例其变革所花费的时间比计划的要长[①]。

传统观点认为抵制变革的原因来自技术，而现代观点则认为阻力来自文化、经济、社会、心理等多个方面[②]。任何组织都处于一个不断发展、变化的过程中，组织内部也必然会产生一种变革的客观要求，当组织文化及核心价值观与变革的要求不相符合并产生矛盾时，组织文化固有的稳定性和惯性就发展成为组织变革的障碍。组织文化对组织变革的阻碍，在组织环境急剧变化的过程中表现得更为明显。这是由于组织文化往往是组织精神多年的沉淀，在长时期内具有相当的稳定性。当组织环境比较稳定时，组织文化所强调的行为的一致性对组织而言是很有价值的。但当组织所处的环境不断变化时，组织内部根深蒂固的文化很可能跟不上环境的急剧变化，从而显得不合时宜。它可能会束缚组织和组织成员，使他们不敢或不愿进行组织变革。

组织发展和变革的阻力可以从两个层次来分析，即个体层次和组织层次。

（一）个体层次

个体层次包括以下 4 个方面：

1. 习惯。人们总是习惯于按自己固有的行为模式或思维方式去思考问题、解决问题、处理事情，这是一种心理定式效应。这使得人们不愿放弃过去的惯例。而变革会有许多不确定性，这就意味着人们要改变原有的行为习惯和已经达成的心理平衡。根深蒂固的心理定式和行为惯性会使人们产生消极的反抗力量，从而不自觉地抵制变革。

2. 安全。变革意味着变化，会给人们带来不安全感，而安全需求是马斯洛需求定律中仅次于生理需求的需求，因此追求安全的心理会造成人们对变革的阻力。在变革中，受冲击和威胁最大的部门和群体对变革的抵制往往比其他人员要大。追求确定性与稳定性是人们的先天倾向，当变革以其特有的模糊和不确定性代替了原有的稳定的东西时，就会使人们在心理上产生一种莫名的恐惧、忧虑和压抑，这就会导致人们对变革的消极态度或冲突，从而使他们企图逃避或消极抵抗变革。

3. 对个人利益的关注。变革意味着利益的重新分配，旧的利益分配平衡被打破，新的利益平衡格局建立起来。当发生变革时，人们往往担心自己不能适应新的环境和新的工作，尤其是当报酬与工作能力息息相关时，工作任务或工作规范的改变会引起人们的经济恐慌。如果变革带来了预期收益，人们便会支持变革；否则，

---

① 王成主编：《企业最优定位变革》，中国经济出版社，2002 年版，第 20 页。

② 陈春花主编：《企业文化管理》，华南理工大学出版社，2002 年版，第 136 ~ 139 页。

就会对变革产生抵制。

4. 沟通不畅。由于没有领会变革的目的,对变革产生了误解,这会使人们对变革产生抵制心理。个体有自己的认识方法和知觉世界,对于变革,员工会有自己的解释,甚至他们只听自己想听的信息,而不去全面理解改革的必要性。

(二)组织层次

组织层次包括以下5个方面:

1. 组织结构的惯性。组织固有的机构、机制具有稳定性,要改变运行已久的系统需要花费很长的时间。组织规模越大其改变现状的时间就越长,通常比预期的要长得多。任何组织都希望能在一个稳定的环境中生存,不到万不得已企业不愿做出改变。因此,当组织变革时,这些惯性就会成为阻碍因素,充当起维持稳定的反作用力。

2. 群体压力。如果一个团队凝聚力强并且有反管理倾向,即使变革者想改变他们的行为,但群体规范及其压力也会成为变革的阻力和约束力。这种情况在正式群体和非正式群体中都会出现。

3. 对原有资源分配和权力关系的威胁。组织的资源是有限的,组织的变革会导致资源分配关系的重新调整和决策权力的重新分配,这会导致某些群体的不满和抵制。组织中控制资源的群体和长期以来已有的权力关系往往倾向于对现有状态的满意,从而成为变革的抵制者。

4. 变革的有限性。变革的有限性是指在组织局部实施变革,而非整体的系统的变革。如果只是对某一个子系统进行有限变革,加之沟通不畅,则未变革的子系统就可能成为变革的阻力。子系统中的有限变革会因大系统的问题而趋于无效。

5. 信息不对称。在大多数自上而下的变革中,阻力来自一般管理层和公司的员工。他们和领导层考虑问题的角度不同,所掌握的信息全面程度也不同。领导层往往把变革看作是一种机遇,希望通过变革增强企业的实力,迎接新的挑战,获得事业的发展;而一般管理层和员工则认为变革并非自己的追求,变革会打乱现有的平衡,甚至具有破坏性。此时,如果缺少沟通渠道,则信息差异的存在也会导致人们对变革的消极抵制心态。

变革的动力与阻力的此消彼长决定着变革的成败,要想使变革取得成功,就需要努力化阻力为动力。

三、变革的方法

管理者和员工对变革的看法不同。有效的领导者习惯于变化并愿意直面不确定性。摩托罗拉的CEO鲍伯·加文在一次会议上宣布公司过于官僚,必须开始大规模变革。但他并没有说如何进行,他有意使其模糊和不确定,以使他的管理者能够有创新并敢于尝试。但对大多数员工来说,包括中层管理者,变革既不是他们的追求,也不受他们欢迎。这两个群体都知道,远景规划和卓越领导力能推动成功的变革,但通过哪些途径才能促进个体对变革的支持与承诺,并不是每个领导者都知道的事情。

(一)组织导向型变革

组织导向型变革是指从改变组织结构(调整组织内部的权力关系、角色关系与沟通关系等)和改变技术(采用新技术、新方法)入手来实现组织变革。组织导向型变革的方式是以组织为中心实施变革,凭着改变组织结构、技术等迫使组织成员学习新的知识和行为,改变旧的态度和习惯,从而改变企业的内部环境。其变革的方向为:群体行为→个体行为→态度→知识。组织导向型变革的一个前提是高层管理者把变革视为一种机遇,即变革是提高企业实力的机遇,是迎接新的专业挑战与风险的机遇,是员工得到进一步职业发展的机遇。

(二)人员导向型变革

变革的领导者并不是总经理与首席执行官的专有权利。人员导向型变革是指从基层的改变入手实现组织变革,即试图通过改变人们的动机、态度、技能来改变人们的行为。这种方式是以人为中心实施组织变革的,它假设人们经过教育和培训后会得到提高,会改变他们的行为习惯,使之有利于组织目标的实现。这种方式的变革是循着知识的改变而改变个人的态度和行为,从而改变群体行为,最终达到工作绩效的改进。福特汽车公司在与密西根大学商学院的合作中,曾把上千名中层经理送去加入一项促进变革型领导方式的培训计划。在这之后的6个月中,经理人员们在工作中实施变革。在这些变化中,有54%是微小的、渐进的或更个人化的①。管理人员所带来的变化,依赖于他们对这项培训的态度、他们的自尊以及在工作中他们从其他人那里获得的支持的数量。加入到这一培训中的半数人变得更加富于变革性,而且已着手于公司的重大变革。

(三)系统导向型变革

成功的组织变革既非完全以人为中心,也非完全以组织为中心,因为所有的组

---

① (美)托马斯·贝特曼等著:《管理学——构建竞争优势》(第四版),王雪莉译,北京大学出版社,2001年版,第421页。

织都是一个相互依存的系统。变革属于系统性的变化,无论从组织结构、组织环境、技术手段或是员工行为改变哪个方法入手,组织变革都是一个多发端和全方位的整体性变革。

组织导向型变革强调的是工作环境,即组织结构与奖惩制度。它强调一个组织之所以无效率,可能是组织结构出了问题,或是工作环境与管理制度有缺欠,并非是人的问题。变革的方法是对组织结构、工作流程、奖惩办法等重新加以评估和设计。

人员导向型变革认为,在组织变革中如果不重视员工、不重视人性问题,就会招致员工的抵制。由于大多数人的抵制,再好的变革计划也会失败,因此变革必须注意变革所涉及的人员的需要、态度和心理状态。

系统导向型的变革方式提示变革的推动者:组织变革不能走极端,如果一味迁就员工的需求而忽视组织的目标和环境,就不会取得预期的改革效果。在对组织目标与员工需求进行系统规划和有效平衡的基础上,才有可能实现组织变革。一个组织就是一个相互关联的网,其中任何一部分的改变都会打破不同部分间的平衡。处理这些环环相扣的网络,就意味着使管理变革成为一种动态的过程。

拓展阅读

重振飞利浦的三大冒险决策

“要么创新,要么灭亡”,这是飞利浦全球总裁兼首席执行官柯慈雷访华时最常跟人讲起的话。柯慈雷是一个有一半德国血统的荷兰人,表面温文尔雅,但语气坚硬,行事果断,属于“强硬一派”。在访问的最后一天,柯慈雷宣布:飞利浦公司希望4年内把在华营业额翻一番;希望到2007年,中国能够超越美国成为飞利浦最大的市场。

同不少欧洲CEO保守的风格不同,你可以把柯慈雷视为一个创新者,更可以把他理解成一个冒险者。对飞利浦而言,柯慈雷至少有三大决策影响巨大。

一是实施“迈向一个飞利浦”计划,这也是柯慈雷诸多振兴计划中最具震撼性的一个。据飞利浦电子中国集团总裁介绍,“迈向一个飞利浦”的主要目的在于开源节流。而柯慈雷的具体描述是“使不同业务部门之间有更紧密的合作”,以取得更大的成效比。通过这项计划,飞利浦全球节约的费用大概达到数亿美元。

二是对飞利浦的组织架构进行大刀阔斧的调整,把以前相对复杂的多元化组织精简为五个部门,五个部门又集中在三个领域:医疗保健、时尚生活、核心技术。

三是再造飞利浦文化,重新寻找飞利浦的兴奋点。柯慈雷鄙视飞利浦以往过于老化、荷兰化、男性化、技术化的企业文化风格,不辞劳苦地企图让飞利浦更具创新精神。柯慈雷在清华大学为MBA演讲时表示:"竞争的步伐改变了,由于'跟风者'的迅速跟进,真正投入巨资进行研发的创新者可以享受劳动成果的时间越来越少。解决方案就是:高速、持续的创新。"

(资料来源:飞利浦集团强硬派的"冒险思想",改编自中华硕博网 www. China - b. com,2009年3月18日)

第二节 变革中的沟通

变革是一个从已知向未知发展的过程,由于它具有相当大的不确定性,存在着失败的风险,因此,公开、积极与坦诚的沟通可以帮助人们了解变革的原因,学会变革的方法,掌握变革的动态,推动变革的深入发展。良好的沟通不仅可以促进个人之间、组织之间的思想交流,实现上情下达、下情上传,消除分歧,保持彼此的协调一致,而且可以加强公司与客户的联系,促进彼此间的理解和信任,保证变革向着更好地服务顾客、提高公司竞争力的正确方向发展。总而言之,沟通是变革获得成功的重要保证。

缺乏必要的沟通是大多数企业变革失败的核心问题。约翰·科特以揶揄的口吻指出,一些失败的变革在沟通方面有三种形式非常普遍:第一种形式,一个领导群体确实开发出了一个非常好的企业变革规划,然后通过召开一次会议或发布一次信息来进行沟通。在使用了每年公司内部沟通总量的0.0001%进行沟通后,这个领导群体对于几乎无人理解新的工作办法感到迷惑不解。第二种形式,组织的首脑花费了大量时间(年沟通总量的0.0005%)对员工队伍进行演讲,但大多数人依然不理解它。第三种形式,公司在新闻通讯和演讲方面投入了更多精力,但一些高层管理人员的行为却依然与规划背道而驰,结果使群体中沟通的信任感降低了①。

实际上,变革的速度越快,就越需要进行沟通。

① 约翰·科特等著:《变革》,李原译,中国人民大学出版社,1999年版,第12页。

一、变革中沟通的原则

(一)公开的沟通

这不仅意味着员工们能够积极发表自己的意见,提出自己的疑问,发出自己的呼声,而且意味着员工可以了解领导层变革的意图,获得实施变革的指令,掌握变革的进度,以及为了参与变革还要讨论这些意图和指令,这样便可消除员工心理上由于不确定性而产生的紧张与焦虑。

(二)正式的沟通

在企业的动态经营中,变革自始至终都需要大量的正式的沟通,尽管高层管理者并不能与人们进行全面的交流,但至少可以打开沟通的渠道,定期与人们进行诚挚的对话。由于公司原有的沟通渠道、沟通机制以至方式方法也许未必能满足变革的需要,这就要对原有的沟通渠道、沟通机制和方法加以重构,并增加新的沟通渠道、沟通机制和方法。变革需要建立众多的组织和个人间的有效沟通渠道,同时,也需要评价更新正式的与非正式的沟通渠道。实际上,公司内部这两种渠道都在发挥作用,但我们应当尽可能强化正式沟通渠道,化非正式沟通为正式沟通,以降低非正式沟通可能对变革信息产生的失真和误传的负面影响。正式的沟通系统的目的是降低不必要的损失。

(三)相互理解的沟通

沟通各方必须承认差异,尊重和深刻理解相互依赖的重要性。沟通发生的原动力已经由劝导和说服转化为理解和谈判。人们之间进行沟通,往往是想说服他人,把他人的观点扭转到自己这一方的观点和立场上来。而在变革中,更多地需要人们本着相互理解和相互让步的原则,致力于取得"双赢"的结果。因为,沟通的基础已经由原来的依靠共同价值的取向,转变为依赖于在不同的、甚至有时是对立的价值观体系中保持中立的价值取向;实现沟通的前提也由过去双方在共同价值观引导下承认某些问题并达成意见一致,转变为以是否承认相互依赖为重点。

(四)真实、准确、反复的沟通

在任何一个组织中,信息的流通都是其决策速度和准确性以及计划执行质量的最重要决定因素之一。确保信息正确、及时地传递是沟通的基础。通过建立信息系统,定期发布有关变革的信息,宣传变革的重要意义,通报变革的重要事项,解决变革中出现的问题，支持变革的首创精神，提出未来变革的任务，是发动员工投身变革行动的重要手段。信息交流要经常反复地进行，任何信息的脱节和失真都有可能使谣言产生而破坏变革。真实的信息有利于建立相互之间的信任，信任对于领导者来说是最宝贵的财富。

（五）坦诚的沟通

坦诚能够使组织成员在变革中的一些实际问题上消除误解、统一认识、共同推进变革的深化。它不仅可以确保变革的必然性，而且可以确保变革的持续性。当沟通网络中的大多数人都能坦率、平等地面对实际情况时，他们往往会根据既定的一套企业目标做出大致相同的选择。即便是发生了讨论和争辩，也会通过思想交流达成共识，而且这种讨论还能够带动大家深入地调查研究和认真思考。坦诚沟通、交流和争论是公司变革中探索真理、激发活力的能源。

二、成功变革过程中的沟通方法

组织变革就其内容可以包括产品和服务变革、技术变革、战略和结构变革、文化变革。不论何种类型或范围的变革，它在组织内进行的过程都可以明确识别出来，都要经过一系列的步骤而渗透到组织中。管理者必须确保组织具备推动变革所必需的要素——“有效沟通”是其中之一——否则变革过程就会以失败告终。

（一）变革的需要和构想

构想，指的是一种新的事物或新的做事方式，它可以是一项新产品、新服务，也可以是一种新的管理模式，或是新的工作流程。一个企业如果不能产生新的构想，是难以保持其竞争力的。变革不过是构想的外在表现和延伸。构想通常不会得到重视，除非组织中的人们感受到变革的需要。通常管理者发现组织的实际绩效与期望绩效之间出现差距时，他们会认识到变革的需要。管理者要设法营造一种紧迫感，使其他人领会这种变革的需要，并将这种认识传播给其他人。

1. 识别和认可变革的真实需要。要对当前的情形进行仔细的诊断，确定组织存在多大程度的问题或机会，要使变革可能影响到的人们认可这些问题的存在。如果问题没有得到深入的分析并在全体员工中进行沟通、取得共识，变革就不应该强行推进。某公司在20世纪90年代后期快速成长中出现了生产率和顾客服务质量下降的问题，虽然管理层意识到了这个问题，但是却不能让员工相信因此有变革的必要性。当公司的差错越来越多，几乎要失去其最大的客户时，管理者们利用这一事件强调了变革的紧迫感。管理人员与员工们陆续举行了若干次小型群体会议,深入讨论变革的需要及如何改进他们的工作,以提高公司的绩效。

2. 寻找适合变革需要的构想。寻找一个合适的构想,通常需要有效的组织程序和沟通,如,同其他管理人员讨论,组建任务小组开展调查,向供应商征询意见,或请组织内有创造性的员工提出解决办法。还是上面的那家公司,在两周的时间里共召开了20次群体会议,经理人员从中获得了2 800条建议和意见。经过筛选,他们挑出了其中170条作为关键变革项目,集中解决影响员工士气和绩效的具体而又有针对性的问题。

(二)变革构想的采纳和决策的制定

1. 获得上级领导的支持。要使构想得到采纳,主要的管理者和员工必须达成支持变革的一致意见。如果是一项重大的组织变革,这一决策可能需要董事会签署正式的合法的文件才能生效,而对于较小的变革,只需上级主管领导的正式或非正式的批准即可。在这一阶段,获得高层管理者的支持至关重要。高层管理者应当明确指出创新和变革的目标。对于每一项重大变革,如结构重组、流程再造,组织最高层都必须表示同意并给予支持。对于那些较小的变革,相关部门有影响力的管理人员的支持则不可缺少。缺乏管理高层的支持,是变革失败的最常见原因之一。

2. 设计循序渐进的实施方案。大规模的变革如果立即全面铺开,常常会导致员工压力过大而抗拒变革。一家大银行安装了一个价值千万元的全新的计算机系统,以实现业务处理的电脑化,结果发现新系统的运转并不理想;另一家公司,试图强制性要求员工取消午休时间,最终却发现根本做不到。这类涉及全体人员的大规模的变革,如果能分解为几项小变革,然后分步实施,那么,成功的希望会更大。因为在逐步实施过程中,变革设计者可以调整和修正变革方案,改进创新效果,让大家看到前期变革的成果,从而支持余下的变革。

3. 拟订克服变革阻力的措施。许多好的构想没有得到使用,往往是因为未能预见到来自其他管理者、员工或顾客的阻力,或者没有做好应对阻力的准备。不论一项创新和变革的有利结果有多么吸引人,但实施中难免会与组织中某些利益团体发生冲突,或者对某些利益同盟产生威胁。变革者必须正视这些冲突、威胁和相关人员所感受到的潜在利益损失,并提出相应的解决方案。

(三)构想的应用和变革的实施

当把新的构想(技术、服务、工作流程等)付诸实际应用时,组织变革就进入到实施阶段。没有这一阶段,前面的工作毫无意义。实施变革通常也是变革过程中最重要和最困难的环节。除了所需材料、设备等资源必须到位，员工也需要得到培训，帮助他们理解和掌握变革实施后自己的新角色和新工作方式。另外，开诚布公的沟通是帮助员工了解变革的必要性和变革可能带来的结果、阻止不实的传闻和误解及不满的发生的重要途径。一项有关变革的研究发现，最常被提及的变革失败的原因是，员工只能从组织外部获悉变革情况。高层管理者只注意与公众和股东的沟通，却忽视了自己所领导的员工。实际上，员工不仅与变革最为密切，也是受影响最大的人。在变革实施中促进沟通的方法有以下几种：

1. 大规模群体介入法。这是将组织内各部门的员工（通常也包括组织外部的关键利益相关者），召集在组织办公场所以外的某个地方，一起讨论组织面临的问题和机会，拟订变革的计划。与会者可达 50 ~ 500 人，会议可能要持续数天。举行这样的会议可减少各种干扰，避免注意力的分散，使参与者集中精力思考。

2. 团队建设法。使用团队建设法就是将一组人集合到一起，以团队的方式讨论变革中的冲突、目标、创新、领导等问题，并且制订出解决问题的方案。这样的措施强化了沟通和协作，增强了组织群体和团队的内聚力。

3. 群际活动法。这是指来自不同部门的代表聚集在同一个地方，把冲突摆在桌面上，共同诊断原因和制订出计划，来改进相互间的沟通，做好协调。群际活动法旨在增强组织内横向的协作与配合。当今的企业越来越多地使用跨职能团队这种组织方式进行产品开发，一般开发之初就有高强度的沟通和协调活动。职能的多样性不仅能使新产品开发中信息的数量和种类都增加了，充分的信息联系也会促进产品的设计更好地满足顾客的需要，并使制造和营销之间的冲突得以缓解。

4. 文化传播法。营造开放、公平、创新的企业文化对于促进沟通、推动变革作用显著。变革中许多措施和相应的制度不能落实而导致失败的企业非常常见。神州数码在推行新的信息系统管理时也曾遇到这个难题。CIO（首席信息官）郑小维采用的方法是把各种制度进行简化，归纳出两句话，每句话又绘制了一幅漫画贴在公司里。当员工违规的时候，IT 部门会说：“你违反了第几幅漫画”之类的话。而在生产洽洽瓜子的华泰集团，办公楼里有一幅让人印象深刻的宣传标语：“产量是钱，质量是命，不能要钱不要命。”[①]这是两个典型的利用企业文化手段传播变革理念与构想的例子。

---

① 谢康：《CIO 政治》，载《IT 经理世界》，2007 年第 14 期，第 63 页。

第三节 冲突管理

美国的组织学家托马斯和施米特(Thomas K. W. &Schmidt W. H.)的研究表明,每位管理者大约有20%以上的时间是用于解决组织中的冲突问题,他们认为冲突管理与计划、沟通、激励和决策同样重要,甚至更为重要。在组织变革中,要营造良好的沟通环境,必须善于分辨和处理各种冲突。一般来说,冲突分为建设型冲突和破坏型冲突。建设型冲突往往会激发人们的积极性、主动性和创造性,提高人们的主人翁责任感和参与意识,这种良性竞争的结果会给组织带来活力;而破坏型冲突由于导致愤怒、憎恨、目标置换和低质量决策而往往导致个人主义和本位主义膨胀,造成才智、物资的浪费和使工作遭受损失。

一、组织中的冲突

冲突是组织变革过程中经常出现的一种普遍现象,在组织中,冲突可能发生在各个层面上:个人层次、团体层次和组织层次等。

(一)个人层次的冲突

勒温(Lewin)根据冲突对个人的影响是肯定的还是否定的,把个人内心冲突分为三种类型:双趋冲突、趋避冲突和双避冲突。

1. 双趋冲突(approach—approach):要求个人在两个或两个以上的目标中做出选择,但每个目标的结果都是肯定的。比如:个人在两个条件都很优越的工作面前选择,个人常常会选择其中相对更优的一个。

2. 趋避冲突(approach—avoidance):当某种目标既具有肯定特征又具有否定特征时就会发生趋避冲突。其肯定性吸引了个人,而否定性又排斥个人,使人内心发生冲突。例如,投资项目有高收益必定有高风险。

3. 双避冲突(avoidance—avoidance):当个人面临两个或两个以上的具有否定特性的目标需要进行选择时,双避冲突就出现了。通常,个人会比较二者的差别,“两害相权取其轻”。

(二)团体和组织层次的冲突

1. 个人与团体内的冲突(individual-group conflict)。团体的目标要求个人行为

"非人格化",但个人也有自己的目标,希望个体完全忽视个人的目的而为团体目的服务是不可能的,必然会产生冲突。巴纳德曾经提出了"组织存续理论",即"诱因贡献→组织存续",只有当组织给个人的报酬大于或等于个人为组织所做的贡献时,个人才愿意为组织目标的实现做出努力和贡献。大量的研究表明:员工对团体的责任比团体对员工的责任要大。这种个人与团体之间的不对等关系必然导致两者之间的冲突。

2. 团体间的冲突(intergroup conflict)

(1)垂直冲突:组织中通过纵向分工形成的不同层次间的冲突,即上下级部门间的冲突。

(2)水平冲突:组织中通过横向分工形成的不同职能部门间的冲突,也叫做功能冲突。

(3)指挥系统与参谋系统的冲突。

(4)正式系统与非正式系统间的冲突。

(5)组织和组织间的冲突。

一项调查显示,在我国,63.7%的被调查干部认为,企业冲突现象是客观存在的,并且是难以消除的;68.1%的人认为冲突的作用有利有弊,但肯定"利"的正功能(9.8%)少于肯定"弊"的负功能(19.4%);73.4%的人认为企业内部存在许多同工作无关的情感性的非现实性冲突。绝大多数管理人员对冲突现象持克制、忍让的态度,担心由此带来工作阻力①。可见,企业内的冲突现象已经被大部分的管理人员所认同。在国外,组织内部冲突现象也相当明显。一项调查表明,营利性组织中,冲突对组织决策不利,而且高冲突的决策往往导致低的质量。非营利性组织也认为冲突是不愉快的,但是高冲突的决策往往与高质量相联系。一个可能的解释就是,非营利组织进行的决策涉及各种不同团体和个人,这些团体和个人都必须得到满足。决策过程中的冲突有助于使管理者保证各方面利益的满足。该调查暗示:营利性组织和非营利性组织中的管理人员对于冲突的反应是不同的②。一般说来,营利性组织中的管理人员可能会否认冲突的存在,并采取回避、抑制或妥协的办法来解决,这样就容易导致集体思维的陷阱。

关于冲突在组织中的作用,美国学者布朗(L. Dave brown)曾对冲突与组织绩效之间的关系进行过考察,他发现在冲突水平与组织效率之间有一定关系:冲突水平太低,组织革新和变化困难,组织难以适应环境,其行为将受阻;冲突水平太高,

---

① 余廉,张倩著:《企业管理滑坡探源》,人民交通出版社,1996年版,第125页。

② M. Afzalur Rahim. Managing conflict in organization(2nd ed.). Praeger publisher,1992:11.

将导致各种混乱,危及组织的生存。管理人员与其花费大量的精力来防止或解决组织内的各种不协调行为,不如在组织中维持一个适中的冲突水平①。

二、组织内冲突管理的技术

就对冲突的反应方面,积极的工作态度与消极的工作态度是不相同的。消极的态度往往是听之任之,希望冲突会自然“离去”;积极的态度对问题做出反应,对如何处理冲突有更多的想法和选择。积极的管理者不害怕意见不一致,而是表现出具有更多的愿望去接近而不是回避冲突。积极的态度是:

第一,亲自解决争端。积极的管理者面对消极的不良情绪时不畏缩,并且把这些情况作为日常工作的一部分。简言之,他们把存在于人们之间的分歧看作是合理的。

第二,鼓励坦率的情感表达。高效经理与下属相互信任,坦诚相待,公开处理他们之间的冲突。他还鼓励下属反映他们之间的问题,并向所有有关人员表示他能够容忍反面和不友好的情况,也通过榜样及直接劝导来“教”他的成员怎样对冲突做出反应。

第三,利用建设性冲突。为了得到有效结果可以利用冲突,广泛地参与冲突可能会产生好的主意。低效经理似乎只注意到冲突的分裂影响,高效经理则往往有充分利用冲突的积极影响的意识。

第四,控制潜在冲突。高效经理虽然面对分歧有以上典型做法,但也熟悉在何时反其道而行之。如两个成员互相恶毒攻击时,高效经理似乎更愿停止工作,同冲突方去喝咖啡,并偶尔带领全体人员去吃午饭。低效经理表现不出这种与同级、下属的人际关系沟通的敏感性。高效经理很了解下属,知道什么时候必须避免冲突,并在必要时去推迟对抗的发生。这样,虽然冲突一般是对抗性的,但其表现形式有时被减缓和控制了。高效经理在冲突中一般扮演第三方调停和人际调解的角色。

具体来说,冲突管理的技术包含两个方面:一是有效解决已经存在的冲突,或者减少和降低冲突的直接表现,或者使冲突表面化、公开交锋,以直接探讨问题的解决。这一方面的管理方法包括减少冲突和公开交锋两类方法。二是根据冲突交互论,在缺乏“足够冲突”的组织中提高冲突的等级、数量,即激发冲突的方法。

(一)减少冲突的方法

通过减少冲突和冲突的直接表现,达到解决冲突的目的。组织经常运用以下

① 转引自孙耀君:《西方管理思想史》,山西人民出版社,1987 年版,第 388 页。

方法来处理冲突。

1. 职权控制。高一层的管理人员运用职权范围内的正式权威,发出指示或命令来解决冲突,并向冲突各方指出高层的期望。例如两位副经理在拟订组织发展计划时发生目标上的冲突,总经理就应该行使权力来确定执行什么目标。

在组织中,职权控制是简单易行的解决冲突的方法,在解决部门内部或部门之间的冲突时,主管人员直接干预和发出指示是有用的。但是职权控制并不总是有效的,期望高层管理去解决低层部门发生的所有冲突是不现实的。

2. 隔离法。可以通过组织设计,减少部门之间的依赖性,从而减少部门之间发生冲突的机会。比如,按产品划分组织形式就是在结构上实行隔离法的一种措施,分别向各产品部门提供资源,使之独立于其他部门,从而减少了部门间的冲突。但是"隔离"要投入巨大精力和设备,这种独立可能会提高成本。

3. 缓冲法。在两个相互依赖的部门之间建立资源储备,以缓冲两者之间的工作流程。如一个车间的作业依赖于另一个车间生产出的部件,如果后者产出发生故障就会导致前者的停产或减产,为前者建立一定的资源储备,当后者发生故障时不致使前者的作业受到严重影响,这样会使两个车间的冲突减少些。

另外,组织还可以安排一些了解各部门工作情况的人做联络员,来缓解冲突、协调各部门的活动。而在环境不确定的企业里(变革、重组等),设置一个协调部门也是解决冲突的方法。

(二)公开交锋的方法

这是指冲突双方直接而公开地交换有关问题的信息,消除双方的分歧,以达到一个双方都满意的结局的方法。公开交锋法不使用非赢即输的争夺或威胁的方法,而是以双方都能取胜为假设,以公开交流信息、寻找共同目标、保持灵活态度等方式来解决冲突。适合于公开交锋的方式有谈判、咨询等。

1. 谈判。当双方意见不一或发生冲突,希望取得一致意见时,谈判是解决问题的有效方法。所谓谈判,就是利益双方为谋求一致而进行洽谈、协商的沟通协调过程。谈判可以分为两种:分配性谈判和增益性谈判。

在分配性谈判中,一方的收益取决于另一方的付出,也就是双方就一份固定的利益进行分配。

如图 14－1 所示,甲、乙两方对 X 进行分配,谈判中的规则是:

$A <$ 甲方的利益 $< A + X$

$B <$ 乙方的利益 $< B + X$

各方的最高目标是对方的抵制点,抵制点表明了各方可接受的最低的利益水

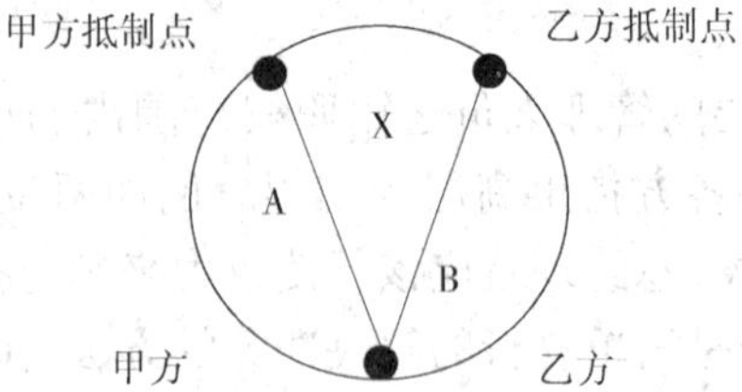

图 14-1　甲、乙双方对 X 的分配

平，超过这一点谈判即遭破裂。如果双方能够在 X 领域内实现自己的愿望，问题便得以解决，而一方得到更多的 X，就意味着另一方得到更少的 X，即获利减少。因此双方在分配性谈判中总是尽可能地扩大自己的利益，接近对方的抵制点。

在增益性谈判中，双方力求增益，而总能寻求到一种使双方都获益的方法。在组织中，更多的谈判是可以用这种增益性的方法进行的。按照对手的兴趣构建选择，不拘泥于立场的差异。如销售部门希望销售的产品适应千变万化的市场需求，要求生产部门生产出多样化的小批量的产品，经常变换规格和样式；而生产部门则希望使工作程序化、自动化，以保证产品的数量和质量。如果采用非此即彼的解决方式，双方的需要都难以满足。在增益性谈判中，双方确立共同目标，即销售部门要销售对路的产品，而生产部门也要生产出对路的产品，解决的办法可能是进行技术改造、设备更新和加强产品开发部门的工作，最后使生产和销售两个部门都获益。

谈判的方法要求双方以积极主动的态度参与解决冲突，建构一种开放和信任的气氛，要求谈判者针对问题而不是针对个人，避免攻击的倾向。在组织行为中应注重增益性谈判的运用，因为它更有利于增进共同合作，更能使每一方都感觉到自己的胜利和满足。

2. 咨询第三方。谈判多是进行于当事双方间的，但是，有时中立者——第三方意见——也是帮助解决双方冲突的方法。第三方在策略上有如下作用：

(1)激发各方解决问题的动机。

(2)维持形势力量的平衡。如果双方力量差距过大，就很难建立相互信任，保持公开的沟通渠道。

(3)促进对话中的坦率气氛。第三方能够帮助建立规范，提供信任和支持，减少由于一方对另一方的坦率而带来的风险。

(4)促进沟通和交锋的同步。第三方可以协调一方的积极建议和另一方对此的积极反应，加强反馈，以保证双方诚意和努力的效果。

(5)最后,第三方可以综合上述作用,充当调停、仲裁、和解的角色。

设想咨询第三方的作用是容易的,但是有效地发挥这些作用却很困难。因为这对第三方咨询顾问在思维、行为上有很高的要求。第一,咨询顾问必须能分析和处理不同类型的冲突,对一些实际问题的冲突,他们要有解决问题的技巧;对感情性的冲突,他们要有排除消极情绪的能力。第二,咨询顾问必须善于打破僵局,还要善于在适当的时候阻止双方的行动。第三,咨询顾问必须为双方所信任和接受,具有提供情感支持的基础,有较高的个人声望。

第三方咨询通常不是提供一套双方都要遵循的特定的解决程序,而是尽量促进双方对问题的解决。他们并不能保证冲突被成功地解决,但可以为冲突各方的分歧提供有效的消除途径。一位有技巧的咨询顾问能够利用和推动各方力量来解决他们的冲突。

(三)激发冲突的方法

为了保证组织具有适当的冲突水平而激发冲突的观点,已经为多数人所接受。假如你的组织过于平静、一致,运用恰当的方法促进冲突的发生是很有必要的。

1. 促进决策的辩证探究法。在决策之前,保证有两套观点相反的行动方案供决策者考虑。由于行动方案在观点上不一致,决策者必然会产生认识性的冲突。通过这种冲突的解决,决策者必须做出能反映两个冲突观点的同一决策,从而使决策更加客观和全面。

2. 引进外人和任命批评者。在群体中补充一些在背景、价值观、态度和风格上与现有群体成员不同的个体,由于他们与多数人的观点不一致,从而可以激发一些冲突。在群体或组织中任命批评者,其目的是有意树立对立面,让其对所推荐的方案进行系统化的批评。单纯的批评也能够很好地促进认识性的冲突,它促使人们对问题更好地加以理解,也使决策更为合理。与辩证探究法相比,批评者的批评使决策者对行动方案所依据的资料更加敏感。

此外,还可以利用模棱两可或具有威胁性的信息来提高冲突水平;也可采取调整工作群体,改变规章制度,提高群体间的相互依赖性,以及其他类似结构变革的方式来打破现状。

由于组织以劳动分工为原则,按不同功能设置不同部门或群体,而各个部门或群体为了更好地完成任务,势必在一定程度上要从上级部门那里争夺有限的资源和利益,势必关注自己的目标和规范,这就意味着减少了与其他部门和群体的交往和沟通,因而容易引起不同群体的人们在认识上的差异。于是,因此而来的人际冲突、群际冲突在所难免。一个组织所面临的沟通问题,就是如何在人与人之间、群体与群体之间创造条件，提高每个个体和每个群体的生产力而又不损害人们之间的关系和协作。

拓展阅读

冲突双方间沟通的途径

- 在解决冲突问题的初期，减少双方的直接接触。
- 缩短问题解决会议的间隔时间。
- 降低问题表达的正规性。
- 限制过去先例的应用。
- 聘请第三方调解人。

（资料来源：郭朝阳编著：《冲突管理：寻找矛盾的正面效应》，广东经济出版社，2000 年版，第 295 页。有改动。）

互联网带来的冲击，最直接的就是组织结构的变革，组织变革改变了原有责权关系和资源分配格局，而这种变化的不确定性会给员工带来不安，很容易导致人员之间的不配合和冲突。被誉为管理理论之母的玛丽·福列特说："冲突和差异是客观存在的，既然这一点不能避免，那么，我想我们应该对其加以利用，让它为我们工作"，"我们可以暂时将冲突看成不好不坏的，不带道德上的预判，不把它看成是争斗，而是将它视为观点或利益差异化的表现。因为冲突意味着差异。"①

组织不可避免地要面对冲突，进行冲突管理就是要使冲突更有意义，即让有关人员相信，他们从冲突中会受益而不是受损。进行冲突管理需要人力、组织上的成本，但它同时也是企业自我质疑和重新激活企业的重要能源。

应该说，进行冲突管理就是要沟通、沟通、再沟通。良好的沟通应该包括：真诚或表里如一、彼此信任和相互理解。真诚或表里如一能够使沟通者对他人保持言行一致，语言和行为高度透明。彼此信任是沟通者相信他人成长变化的能力。相互理解是沟通者设身处地为他人着想的能力。还有就是重视横向沟通。横向沟通能够帮助实现信息共享、工作上的协作、解决不同工作部门和单位间的问题。它有助于消除冲突，并通过同伴、朋友、同事间的交流，产生社会和情感支撑。所有这些因素都能够帮助提高员工的士气和提高工作效率。

---

① 玛丽·福列特：《福列特论管理》，吴晓波译，北京：机械工业出版社，2007 年版。

拓展阅读

IBM 的直话直说方案

直话直说(speak-up)方案,即使不满者毫无拘束地把话说出来,这是IBM处理人际关系的一种独特方式。

IBM办公室的各层楼都准备有直话直说的特殊用纸和信封,人人可以自由取用。有不满和苦恼的职员,只要依据该用纸记入有关事项,再投寄就可以了。直话直说的特征就是机密。其用纸内投书人的姓名、部门和住所都要填上。如果想和有关管理干部面谈的话,亦可将此意愿写在上面,然后放入特定的信封,投入公司外的邮筒即可。在特定信封的邮票栏上,甚至已印好国内邮资已付的字样,表示是由收信人付邮资的信封,这样可以避免其他人知道。不满者可以在极其机密的情况下发表自己的意见。所寄出的信,会到达负责直话直说的协调者手上。协调者接到投书后,首先将提出人的姓名、住址剪开,慎重保管,然后将提出来的意见转抄到另外的纸上,再依内容分类,分别请适当的部门回答。原则上,有关部门在接到投书10天内,要将答复寄送给提出者。协调者有义务将所保管的提出人的姓名和住址烧毁,以确保直话直说的秘密能守口如瓶。这样,大多数职员才能安心吐露对公司的不满。

IBM的管理人员对此制度充满信心,丝毫没有因实行困难而软化。有了这个制度后,增进了职员对公司的信赖感,许多干部更因此赢得了属下的信任。

第四节 处理组织危机

一、变革与危机的互动

(一)组织危机感成为变革的动力

变革是一种永无止境的过程,当公司发展得一帆风顺时,人们是没有动力去改变熟悉和舒适的现状而进行变革的,只有当公司面临危机,或者认识到公司即将面临危机,或者面临即将到来的重大机遇时,才会认同变革的需要,从而有利于变革的开展。

哈佛商学院著名教授约翰·科特(John P. Kotter)研究了100多家公司的变革后指出,至少有一半以上的公司变革失败是因为没有能够在公司内形成足够的紧迫感。因此,要让员工认同变革的必要,唯有使其意识到危机,才能引发其变革的动力,然后给员工一个希望与方向,并规划好一条途径,鼓励他们开始变革。有一位大公司的董事长,他每周写一封信给员工,信中抄录顾客的抱怨之辞。当然他并没有公布顾客所抱怨的员工姓名。每周他都把一周来送货的记录贴在公布栏中,旁边同时还有同业竞争者的数字作为对比。大部分情况下这个公司都是第二名,这位董事长每次都亲笔在布告栏上批示:"我们可以做得更好!"经过数月连续不断的沟通攻势后,他的员工已经做好了变革的准备,开始思考应该怎样才能做得更好。

(二)变革带来的危机

有变革就有危机。变化会带来一系列的新问题,这些问题处理不好就会演化为危机。现代传播业的发展,使得企业所发生的危机很快在地区、行业、全国甚至全球范围内迅速传播,引起社会和公众的极大关注,进而对企业及其形象和信誉产生重大影响。

由于危机、事故、灾难等涉及组织内外的多种因素,因而成为一种公共事件。任何组织对危机的反应、在危机中采取的措施都会招致公众的审视。组织在危机期间所采取的举措被人们关注和记忆,若举措不当,就会影响组织的生存。危机造成的连锁反应将是一个加速的过程——从初始的经济损失,直至苦心经营的品牌、形象和企业信誉毁于一旦。

企业无论大小,都有可能发生危机。探讨一个企业会不会发生危机是没有意义的,有意义的是,研究自己的企业可能发生或遭遇哪些危机,进而对此予以积极防范。所谓"居安思危",一旦发生危机,就要在最初的阶段对其态势加以控制。

二、危机管理中的沟通方式

(一)员工调查制度

一个健康而富有远见的组织会在组织内部营造一种气氛,例如让可靠的员工沟通模式在组织危机发生前就运行。20世纪90年代中期,联合利华(Unilever)和雀巢公司实行拨打免费电话制度,以调查员工对自己的工作、新的福利计划及新产品发布的看法，并要求员工就公司所采取的节约成本的措施发表意见①。现在，与员工沟通已经成为一种日渐重要的趋势。这是由于企业员工同实际问题的接触最多，因而他们往往是最早注意到危机产生的人群之一。如果没有及时进行员工沟通，他们就会质疑公司的管理层为何不及时对组织危机采取应对措施，就会开始对企业的管理层失去信心。

只有当员工所感知的企业文化不会因为他们表达自己的真实想法而受到报复时，这些员工调查的反馈信息才是可靠的。如果在一个企业里员工能经常见到他们的领导，能与他们有及时的沟通，管理层关注员工的意见和想法，而且员工们不是在开车回家的路上从收音机里听到公司发生的坏消息，而是从管理层那里听到的，那就说明这个企业的文化是鼓励员工发表意见的。相应地，员工的反馈信息也是可信的。反之，当员工们从同事或外部人员那里了解到企业的困境，他们会对公司的正式信息沟通渠道失去信心，而过分夸张的小道消息和流言蜚语却更容易为人们所相信。公司的员工就会因此开始流失，士气也会逐渐低落。

但许多组织都低估了与员工沟通的重要性，在《财富》杂志排名的 1 000 个大企业中，许多企业都根本没有组织危机沟通计划，只是当员工明显不满时才与员工沟通，那时往往为时已晚。

（二）提供有关组织危机的信息

当组织发生危机时，互联网会迅速成为最终的信息源。因此，在组织危机中，组织想要全面监测人们的评论，可能性是微乎其微的。通过组织的内部网向员工通告危机发生的情况是非常有用的，否则员工会觉得，管理层在危机中只关心组织在外面的形象和顾客，而对员工们的反应和情绪则漠不关心。因此，组织中的领导应密切关注员工的情绪波动程度，通过内部网上的信息交流板或咖啡厅等地方来满足员工的信息要求。

（三）危机处理

事实上，对于每一个组织来说，进行有效的沟通都是最基本的要求。当组织危机发生时，沟通不仅仅是一种管理工具，而且是一种战略。但组织危机事件却很少能够被有效地处理，心理压力和缺少时间使决策者的思路单一，因而难以考虑大量的选择方案，或者忽略了行动的长期后果。

对于管理者而言，每一次危机沟通时都应该考虑：我该用什么样的语调来表

① （美）劳伦斯·巴顿：《组织危机管理》（第二版），符彩霞译，清华大学出版社，2002 年版，第 120 页。

达?我应该表达出什么情感?我应该阐述什么事实或何种观点?我面对的沟通对象是谁,对他们的了解程度又如何?对于组织中发生的危机,管理者也应该了解清楚,到底危机是如何发生的,具体发生了什么,以后应该如何避免这些问题的发生。只有将这些问题都全面清楚地考虑之后,管理者的危机沟通才会起到预想的效果。

拓展阅读

危机事件

下面是两个著名的危机事件,联合碳化物公司在印度的毒气泄漏导致上千人死亡,强生公司的产品中混入氰化物而导致数人死亡。两家公司采取了完全不同的处理危机事件的方法。众所周知,强生公司更为有效地处理了危机。见表 14-1。

表 14-1　危机事件的处理

联合碳化物公司	强生公司
不向公众表明是危机,公众认为这家公司是冷漠的杀手。	向公众承认是危机,公众认为 Tylenol 不安全,强生失控了。
在反应前无计划:CEO 立即前往印度查看损坏情况,所有高层参与。	在反应前计划:CEO 选择一个高层领导危机小组,公司的其他部分只在必需的基础上知道。
没有确定目标。	确定目标:停止死亡;找到死亡的原因;对受害者进行帮助;重建 Tylenol 的信用。
行动:损害控制/石墙;隔离;错误陈述安全情况;不通知发言人;认可精神病之说。	行动:提供全部信息,与官方合作;撤回全部 Tylenol(第一年损失 1.5 亿);采用强营销计划;采用新包装重发 Tylenol。
慢性问题持续:公众信任度低;昂贵的诉讼;结果无正式危机计划。	危机解决:公众信任度高;销售重新增长;完善的危机管理计划。

[资料来源:(美)托马斯·贝特曼等著:《管理学——构建竞争优势》(第四版),王雪莉译,北京大学出版社,2001 年版,第 95 页。]

在危机中进行沟通,应考虑以下问题:

1. 你的确想说什么,还是仅仅因为看起来似乎需要沟通?你的沟通会使危机尽快结束,还是会把问题搞的更为复杂?如果问题的根源在于产品设计、零部件或某位供应商,那么你的最佳决策是什么?

2. 你怎样防止出现误解？

3. 你的沟通目的是想劝告顾客，还是想警告他们存在潜在的危险？

4. 受众不仅用语言与你沟通，还用脚与你沟通。比如联合碳化物公司发生危机后，公司同意让国会议员、调查员和工厂周围的居民参观厂内设施，以便让人们相信公司没有隐瞒任何事实。

思考题

1. 为什么说变革中的沟通十分重要？在变革中应采取哪些原则和方法以促进沟通？

2. 简述冲突管理的技术，并说明沟通与冲突管理的关系。

3. 如何运用沟通的方式解决组织发生的危机？

第十五章

组织文化与沟通

结构、过程和企业文化像一个三条腿的板凳，只要忽视了其中一条腿的作用，板凳就会翻倒在地。①

——英国石油公司首席财务总监戴维·帕斯克尔

第一节　组织文化的传播与沟通

组织文化是关于组织目标和行为的一系列重要假设，由组织的全体成员共同分享。文化可强可弱。强势文化对于人们的行为和心理有着巨大的影响，它使每个人都充分理解并相信公司的目标、重点和惯例。如果强势文化所鼓励的是优秀的行为，则它可以给公司带来巨大的优势，但鼓励错误行为的强势文化也会严重地阻碍公司向好的方面发展。例如：IBM 公司总是被作为有着良好的强势文化范例进行讨论的，但 IBM 文化中的一致性观念已经不适合今天对灵活性和动态性的要求。罗吉斯特纳出任公司 CEO 后的第一项任务就是使企业文化更具有创造力、革

① 转引自(美)克拉克:《改革》,张建,张兰青译,中信出版社,1999 年版,第 133 页。

新力和鼓励激进思想。一个有代表性的姿态就是抛弃了作为 IBM 传统标志的白衬衫和蓝细条纹套装。服装标志本身并不重要，但他想改变的是这一老 IBM 的呆板形象。

一、组织文化的传播条件

杰弗里·蒂蒙斯概括了衡量组织文化的 6 个方面①：

第一，清晰度。组织氛围和文化的清晰度是指工作、程序和任务是否能够依据组织性、简洁性和有效性来进行衡量。

第二，标准。这是指管理层对雇员取得高标准和出色业绩的期望，以及对其所施加的压力的程度。

第三，承诺。这是指雇员对于组织目标所做承诺的程度。

第四，责任。组织的成员在没有事中监控和事后劝告的情况下对完成本职工作所负的个人责任。

第五，认可。员工所能感受到的由于其出色成绩而得到认可和非物质上的嘉奖，而不是仅仅是因差错而被惩罚。

第六，团队精神。员工在合作中所能感受到的凝聚力和团队精神的程度。

无论组织具有什么样的目标、文化、结构，管理者必须与他们周围的一切进行沟通。

（一）组织文化和沟通的相互作用

企业建立起畅通无阻的交流沟通渠道是形成浓厚组织文化氛围的必要条件。依靠良好的沟通和学习交流，可以使个体与整体的价值观逐渐磨合，形成相互了解、信任的工作环境，增加个体的工作热情和参与管理的积极性；同时沟通还可以形成开放的学习环境，不断更新员工的观念，使之跟上时代的步伐。

已形成的组织文化对一个组织的沟通方式有着重大的影响。一个组织的"意识形态"影响着其雇员的行为方式和它与外部世界之间的关系，组织意识形态或者说是组织文化，所有这些都与组织结构和沟通有关（见表 15－1）。例如，在权力导向的组织文化下，组织成员通过命令链进行正式的沟通；而以人为本的文化，其沟通和传播信息的方式关注每个组织成员，直接的交流方式更加受到重视。

---

① （美）杰弗里·蒂蒙斯：《快速成长》，周伟民，钱敏译，华夏出版社，2002 年版，第 16 页。

表 15－1 组织意识形态

意识形态	结构	沟通方式
权力	蜘蛛网状	通过链式命令
作用	塔状	限制跨越职能的沟通,信息直上直下传播
任务	网状	信息的传播是由中心向四周传播
人	束状	信息的传播从个人到个人

资料来源:申明,姜利民,杨万强编著:《管理沟通》,企业管理出版社,1997 年版,第 62 页。

(二)组织文化传播的条件

组织文化的传播与沟通就是企业或个人通过各种媒介将有关本组织的文化信息有计划、有目的地向内或向外传递的一种活动。沟通强调的是“双向性”和信息反馈,而“传播”则更趋于信息发布,具有“单向性”。组织文化的推广靠传播,而要实现组织成员在思想、行为上的共识,则要依靠沟通。

组织文化在传播与沟通上要取得成功,必须具备三个条件:

1. 主观条件。由于传播双方往往构成说服与被说服的关系,因而要求传播者具有说服力。可信性是使传播行为达到效果的重要因素,构成可信性的要素包括权威性、领袖魅力和文化身份。信息流动所经历的人际网络构成了“网络文化”。

2. 客观条件。企业在生产经营活动中,确立起正确的、符合环境要求的、适合本行业特点、具有本企业特色的组织文化。这是组织文化传播的客观前提。

3. 实践条件。组织文化的传播仅仅通过理论上的灌输和表面上的思想交流是不够的,必须使组织文化在员工的日常工作和生活中内化为心中的信念,外化为实际的行动。

成功的组织文化离不开沟通,有的组织文化可以在短期内很好地传播,但却不能获得大多数人的认同。组织文化的沟通是使人们达成共识,只有做到同心同德,才能使组织高效运转。美国西南航空公司不仅把公司宗旨放在大厅里面,而且到处传播这些行为标准让员工遵从。公司通过各种渠道把企业的宗旨、策略、远见、价值、哲学反复告诉员工。正如公司中的一位主管所说:“改变人想法的唯一方法就是一致。你一旦开始了解,就会不断地琢磨,琢磨得越简单越好。沟通、沟通、还要沟通,而且要注意一贯、简单、反复地进行。”因此,无论是备忘录、训练计划、广告策划、颁奖典礼等,西南航空公司从不放过任何一个与员工沟通的机会,以确保员工能经常体会到企业的基本原则。如今,当人们一走进西南航空公司,就能感受到他们独特的气氛和文化,这一切都是沟通的结果。

二、价值观与理想的传播

最初的组织文化总是源于组织创建者的经营理念。领导者在创建、管理或变革组织文化之前,必须把理想和价值观定义出来。伟大的领导者从直觉中知道,权力必然植根于他和他的追随者共有的理想上。

一个企业的理想和价值观往往可以用言简意赅的文字来表达。在 AT&T 公司是“万能的服务”,在本田是“本田做法”和“赛车精神”。在这些简单的文字后面,是每天都在影响员工行为的意识和情感,也是公司的竞争优势所在。

对于价值观或组织共同理想的确立,沟通管理将起到重要的作用。

(一)理想宣言

组织的所有领导者必须就组织的未来目标达成共识。要想获得成功,应先以未来理想为指引,借以激发全体组织成员的创意、奉献和牺牲精神。在初创的公司里,管理层可能不具备规划理想的成熟度,那么它的核心领导者就必须振臂一呼,宣布组织的理想是什么。

(二)推销理想

公司的价值观如果只是印在总裁的脑子中,或者只被当作口号贴在墙上,那是起不了什么作用的。理想必须传达出去,就好像介绍新产品的广告宣传一样,公司的理想和价值观应当一而再再而三地呈现在员工的面前。理想的推销绝不是一次就能见效的,而是需要持续的传播。只有不断提醒和重复组织理想,才能使它成为组织文化的一部分。当 3M 公司的管理人员对部下讲话时,几乎都会提到公司内部的创意楷模;当施乐的总裁柯恩斯对他的员工们讲话时,他也一定会谈到品质提高和教育的重要性;而亚力山大大帝对部队讲话时,他也必定会谈到作战时的勇敢和牺牲。如果您是一位公司主管,您有没有对部属强调过些什么呢?

(三)行为展示

这是指使组织理想成为行动的参考依据。员工们不是听经理说什么,而是看他做什么。美国著名的管理顾问劳伦斯·米勒建议,管理者在每项决策和每个行动之前,有必要自问:你的决定和公司理想一致吗? 如果不一致,就改变决定。

（四）巩固理想

另一个明确价值观的有效方法，就是公开赞扬符合价值观的行为。如果那些充分认同组织价值观的员工得不到称赞，人们就会以为那些价值观并不是太重要。树立和巩固理想、价值观，需要经理们记下它们，并在公开的场合表扬那些体现这些理想和价值观念的员工。

三、组织气候的改变

组织成员平日互动的方式就是组织的气候。专业、技术的专门化影响着成员的互动，而各部门专门化趋势过强或持续下去，它们之间的协调性将会出现问题，不仅会出现矛盾，而且浪费精力和资源，降低组织的竞争力。在“莉立的公司”案例中，专门化公司和专门化作业使员工互动格式化，沟通方式刻板化，在一定程度上影响了与其他专业人士的交流。这里强调的是，专门化和技术特征也是组织文化的体现之一，而它们强烈影响着组织和个人的行为。

拓展阅读

莉莉的公司

同事将刚买的丝巾拿给莉立看，连声问怎么样。“也就 3 吧，”莉莉说。“才 3，至少也是 2 吧！”同事替自己的品位辩解。

别人或许不知道她们在说什么。这是一间专门从事市场调查的公司，工作的大部分内容是问消费者对某事某物的看法。从 1 到 5 的 5 等级法（表示从“非常喜欢”到“非常不喜欢”的递减过程）是经常使用的方法。久而久之，但凡涉及喜好厌恶，莉莉和她的同事们便一律用这些阿拉伯数字来表示，他们彼此心领神会。

公司历史虽然不久，但经验不可谓不丰富。为了让员工能在最短的时间内掌握公司的文化精髓，上层热衷于将多年来的各项经验归结成一条条金科玉律，在新人上岗前孜孜教诲。公司还喜欢招刚刚毕业的大学生。尚无社会经验的大学生是最理想的塑造对象——在一摞白纸上可以画出统一的图画。

莉莉刚进公司时就有前辈教她，在这里从来不能说别人差。倘若某人在某方面实在太差，告诉他时有一句标准用语：“你在这个方面很有潜力。”如果老板有一天告诉你很有潜力，千万别高兴，因为这是在说你笨！

另一个相近的原则是:在评价别人的工作时,无论如何都要先谈优点再谈缺点。有一次一家广告公司为莉莉的公司做一个报纸广告。当设计师拿着自己的作品兴冲冲地跑来征求意见时,莉莉她们都觉得这个设计一无是处。于是无论设计师问谁,被问的那一个人都只是说"非常感谢你的辛勤工作,但是很抱歉,我本人不太喜欢这个设计,原因是……"从经理到秘书,一律以这个标准的句型开头。可怜的设计师站在那里,当听到第8个人对他说"非常感谢你的辛勤工作"时,他已忍无可忍了……

莉莉感到这真是有些虚伪,然而她却也看到这样做的效果,那就是,对大多数人来说,听别人非常婉转地批评自己的不足总是比当头一棒更容易接受。渐渐地,莉莉也不自觉地接受了这些理论。甚至在家里,当妈妈的汤做得太淡时,她会脱口而出"我觉得您在掌握用盐这一点上比较有潜力"之类的话来。

要改变组织的气候,需要做到以下几个方面:

(一)全方位的员工培训

清一色的西服领带,坐在清一色的格子间里,操清一色的用语——每个人像极了庞大机器的一个小零件。靠系统运作的公司不存在个人英雄主义,你尽可以离开,公司会在最短的时间内换上另一颗一模一样的螺丝。机器照样运转,仿佛什么都没有发生过。如果你的组织强调灵活性、适应性,那么就要改变这种风格,强化员工的自尊心。一个有效的方法就是全方位的培训,除了就某项工作的训练之外,还应让员工学习更多与本身工作互补的技术。

(二)管理层管理风格的改变

管理风格也能反映组织成员间的互动,并且它影响员工的忠诚感、承诺和满意度。有的管理者过于强调昨天的业绩,几乎不注意员工潜能的开发;有的经理人在集体决策过程中,总是用强迫的语调陈述自己的意见,好像告诉在场的每一个人,只有他的决定才是正确的;还有的管理人员从不赞美下属出色的工作。这些管理风格自然与"以人为本"、"参与决策"等价值观不符。

仅仅把管理人员送去加以培训,并不能改变管理风格,实践是重要的。此外,资深经理的以身作则也会发挥作用,只有在管理者体验到新的管理风格促使了组织绩效提高之后,他们才能主动为之改善。

(三)组织成员的意识和行动的塑造

有活力的组织文化是通过组织成员的意识和行动体现在实践中的。旁观者可以从组织成员的工作态度和行为中感受到组织文化的气氛,感受到组织的习惯和个性。形象地说,组织成员的意识和行动是组织文化的一面镜子,一个企业,无论它有多么美好的理想和价值观,多么响亮的口号,如果不是由每个员工将其付诸实践,那都只不过是纸上谈兵。

对组织成员的意识和行动的塑造过程,也是员工学习组织文化的过程。当然,员工的学习不是被动的,那些与组织价值观基本一致的人更容易接受和认同组织文化;而不符合自己信念或自己不喜欢的组织文化,员工可能会考虑离开和拒绝接受组织的塑造。因此,许多组织在员工甄选阶段就会尽力选择那些与组织要求相符的人。

与传达组织的策略远景和理想相比,确认组织价值、与员工沟通和将组织价值化为他们具体行动的任务要困难得多。这一任务不能单靠分析和逻辑推理,更需要管理者动之以情。英国的一个美容用品零售公司创始人曾说:"我希望创造出一种感情,把公司和员工紧紧拴在一起,让他们有触电的感觉。特别是年轻人,你一定要想出与众不同的方法,这样才能抓得住他们。你要让他们觉得,他们是在做一件重要的事。如果仅销售洗发精及润肤乳液,他们是不会有这种感受的。"①

对经营理念不明确的公司而言,要赢得员工对组织价值观的认同是件困难的事,但也并非不可能:第一,要以现有价值及信念为基础,设法建立新的经营理念;第二,要求员工高度参与新理念的建立;第三,将范围较广的新理念转换为具体的量化目标。

第二节　跨国文化管理中的沟通

跨国文化管理的良方是沟通和交流。当相异的文化相遇时,文化差异就会集中地表现出来。管理有先进和落后之分,但文化差异却无对错之分,因而在不同文化的相互理解和融合中,沟通尤其重要。

企业的沟通能力非常关键,它要让全体员工用一种共同的语言交流,同时还要意识到国家间的差异,在承认差异和要求一致之间不断保持平衡。全球化公民意识是建立员工都关心文化的最好方式之一。而个人的沟通技能也很重要,这是因为你必须让那些与你没有共同生活经历的人理解你、明白你。你需要人们不只简

① 孙黎编著:《变革家》,中国经济出版社,1998 年版,第 202 页。

单地从单一的世界观出发讨论事情，而是能理解不同的思想并在它们之间架起桥梁。

一、跨国文化的差异

随着经济全球化的到来，企业中的跨文化管理也遇到了许多沟通障碍。在存在跨文化管理的企业中，劳动力多元化、组织层次及部门繁多等情况，都会给沟通增加难度，使信息在传递过程中产生失真。社会文化的多元化也使得组织成员对于信息理解的难度增大，从而使沟通发生困难。如果组织管理忽略了这些差异，对不同的文化没有足够的尊重，就很可能得到上述案例所描述的结果。表象上的差异可以从以下几方面观察到：

拓展阅读

喝茶事件

一个美国公司在英国伯明翰购买了一家纺织工厂，希望把它作为进入欧洲市场的桥头堡。但在购买后不久，美国的管理者意识到生产上的一个主要问题——在喝茶休息上所耽误的时间。

在英国，一个工人在喝茶休息上要花费半个小时的时间。工人都会沏自己所喜欢的茶，然后用 1 品脱的器皿慢慢品尝……管理者建议工会是否可以用美味的咖啡加快"品尝的时间"，把它改为 10 分钟，但工会的尝试失败了。其后的一个星期一早晨，工人们骚动了。公司进行了改进，装了一台饮茶机，只放了纸杯在龙头底下，而且只能接标准量的饮料。1 品脱的容器被 5 盎司的纸杯所代替，这个公司再没有恢复生产，即使在饮茶机被取消之后，工人们仍然联合抵制公司直到它被迫关闭。

[资料来源：(瑞士)苏珊·施奈德，(法)简-路易斯·巴尔索克斯：《跨文化管理》，石永恒译，经济管理出版社 2002 年版，第 13 页。]

（一）语言差异

在跨文化沟通中，语言文字的相通或相歧，往往是由不同文化的共同性和差异性所造成的。当说者和听者之间的语言不一致时，就会产生沟通的困难。语言文字是人们交流、传递信息和思想的产物，也是人们进行交际沟通的工具。忽视了语言文字的差异,就可能遭遇意想不到的失败。

(二)价值观的差异

在跨文化沟通中,来自不同文化背景的人的价值观不同,其行为方式和态度也不同,容易造成一定的冲突。而企业的任何决策都会受到管理人员和其他人员价值观的影响。比如:在年龄观念上,东方尊重长者,而西方重视青年;在自我观念上,东方主张"无我",从众心理严重,而西方强调"自我",竞争欲望强烈;在成就观念上,东方侧重守业,表现出集体精神,而西方追求创业,个人利益为先。

(三)认知差异

偏见是在跨文化沟通中难以避免的一种现象,因为在跨文化沟通中,信息来源是有限的或存在不正确的信息,从而造成一些模棱两可的模糊情景,不同文化背景下的人们通过自己独特的视野来看待企业中的事情,必然会给沟通带来障碍。而人们认知上的惰性又会使人们产生先入为主的效应以及刻板效应、晕轮效应等等。

(四)非语言沟通的差异

沟通的手段不限于语言,非语言沟通同样可以帮助我们传达信息和思想。由于不同国家的惯例不同,非语言沟通也会造成跨文化管理中的障碍。(非语言沟通文化上的差异详见本书第五章)

(五)生活和工作方式的差异

在强调个人主义的文化里,往往把生活的各个部分分得很清,在工作、家庭、朋友之间有着明确的界限。一家西方杂志研究了三个成功的中国企业,它们都是家庭经营的。当记者采访其中一个电子公司的老板王先生时,她惊讶地获悉,王先生曾在美国学医4年。王先生说他那时一直想当医生。记者问:"那您为什么回来做生意了呢?"王先生回答:"因为我哥哥在一次车祸中死了,我得接过他的责任。"记者说:"可是你怎么能放弃自己的人生愿望,把时间花在做别的事情上面呢?这令我难以想象。"

(六)沟通习惯的差异

一个美国商人想和中国公司洽谈生意。他问李先生,保守估计,中国公司是否有足够的资金购买他们的产品。李先生沉默了一会说:"你们的产品很好。西方国家的人们一定喜欢。"美国朋友笑了,很高兴李先生赞赏他们的产品,于是给了对方一份合同,请他尽快签约。可是几周过去了,却没有得到任何回信。由于沟通方式的差异,使这位美国先生误以为称赞就是同意。中国人很少直话直说,尤其是传递负面的信息时;中国人也不习惯西方人的追问方式以及直面交锋,如圆桌会议。在表 15 - 2 中列举了一些中西方人士在沟通习惯上的不同。

表 15 - 2 中西方沟通比较

中国	西方
注重人	注重事
注重等级	注重合作
被动	主动
间接委婉	直接公开
内向	外向
学习式(请教式的)	教导式(诲人不倦的)
注重过程	简明扼要
注重和谐的气氛	注重具体相关事项上的一致
注重给予与获取的平衡	注重收益

资料来源:李琪:《欧洲管理学者看中西方企业文化差异》,《改革》,1999 年第 2 期。

正是由于存在着跨文化沟通中的这些障碍,使得沟通效率降低,误解增加,在组织中会产生不信任和紧张的情绪,使问题达成共识的难度加大。同时,组织的凝聚力也会减弱,而组织成员间的不信任、沟通困难、紧张的关系和态度上的差异会降低生产效率,进而降低组织的凝聚力。

二、霍夫斯泰德的文化差异理论

对文化差异在组织管理领域进行比较全面的分析,是荷兰林堡大学的组织人类学教授霍夫斯泰德(G. Hofstede)首先进行的。霍夫斯泰德对管理文化的研究有极为重要的意义,他提供给人们一种认识自己文化和借鉴其他文化的有效方法。他告诫说:"忽视其他文化,这是超级大国才能承受的一种奢侈。"管理者必须具有"文化敏感性",引进管理与引进技术不应同等对待。

霍夫斯泰德对 IBM 公司来自 40 多个国家、使用 20 种不同语言的 116 000 名员工进行了调查,发现国家之间的差异可以令人信服地归因于民族文化的差异。1980 年,霍夫斯泰德出版了《文化产物:在与工作有关的价值观上的国际差异》,证明国家之间文化上的差异主要体现在“权力距离”、“个人主义—集体主义”、“男性化—女性化”、“不确定性规避”和“儒家动力”等维度上。

(一)权力距离

这是霍夫斯泰德提出的民族文化的第一个维度。权力距离指的是一个社会对权力分配不平等的接受和认可程度,即权力距离与政治集中程度和领导专制程度有关。权力距离越大的社会,就越会认可组织内权力的巨大差异。

在一个权力距离大的组织中,成员会认可组织内权力的巨大差异,对权威显示出极大的尊敬。称呼、身份及地位发挥着重要的作用。在领导与被领导之间存在着不可逾越的鸿沟,并使组织内部等级森严,职位分明,少数人独立而多数人依赖。这样的国家有马来西亚、菲律宾、委内瑞拉、印度和阿拉伯国家。

相反,权力距离小的社会尽可能减少这种不平等。上级仍拥有权威,但下级并不恐惧和敬畏。领导与被领导之间没有多大的界限,具有微弱等级,彼此依赖、关系和谐、相互接近。典型的国家有奥地利、以色列、瑞典、爱尔兰、芬兰、挪威等。

权力距离大小是有差异的,除了上面有代表性的极端外,多数国家处于两极之间的某个位置。

(二)个人主义—集体主义

个人主义体现的是一种松散结合的社会结构,在这一结构中,人们只关心自己和自己接近的亲族的利益。集体主义指在一个紧密的社会组织结构中,人们以“在群体之内”还是“在群体之外”来区分,渴望得到群体内的成员的照顾,并以对该群体的绝对忠诚作为报答。

霍夫斯泰德发现,个人主义和国民生产总值的相关系数为0.8,也就是说,一个国家的个人主义程度与这个国家的富足程度密切相关。美国、澳大利亚、英国、加拿大、荷兰都是极为个人主义的国家;印度尼西亚、巴基斯坦、危地马拉、哥伦比亚等国则是极端集体主义的国家。

(三)男性化—女性化

这个维度表示“男子气概”的价值观在社会中是否居于统治地位。所谓男性化的文化特征,是指自信武断、物质主义;与之相对的女性化特征则是温和顺从,强调生活质量。

在霍夫斯泰德的调查统计中,日本、奥地利、意大利、瑞士等国在男性化上等级最高;而丹麦、挪威、荷兰、瑞典、芬兰等国具有明显的女性化特征。

(四)不确定性规避

人们所生活的世界在很大程度上是未知的、不确定的,而不同的社会以不同的方式对这种不确定性做出反应。在一些社会中,人们对不确定性和风险能够泰然处之,对与自己不同的行为和意见表示容忍,因为人们并没感觉到威胁。这样的社会霍夫斯泰德称为“低的不确定性规避”,属于这种类型的国家有新加坡、丹麦、英国、瑞典以及我国香港地区等。

“高的不确定性规避”的社会,以其成员的高焦虑水平为特征,表现为不安、紧张、进取。人们对异常思想和行为缺乏容忍,社会成员趋向于相信和追求绝对真理。人们感受到了社会中不确定性和模糊性的威胁,并试图规避。规避的方法有提供更大的职业稳定性、建立更多的正规条例等。在一个高的不确定性规避的国家里,有较低的工作流动性,终身雇佣政策普遍实行。属于这类的国家有希腊、葡萄牙、日本、南斯拉夫等。

(五)儒家动力维度

地位和级别关系以及遵守这个级别的价值观是典型的儒家思想。此外,作为一种文化特征的儒家动力维度还强调忍耐、节俭、羞耻感以及个人的稳定、保全面子、尊重传统和对祝福、喜爱、礼物的回报等。当然,儒家动力维度并非儒教国家所特有,一些重要的价值观念在印度、巴西这样的非儒教国家中也存在。

由于儒家文化圈经济上的繁荣,促使学者们对“儒家动力学”加以关注。新近发展起来的儒教国家通常在权力距离上得分高,儒教思想中对等级秩序的强调,无疑使得企业家、领导者的角色更易实现;具有羞耻感的价值观对于社会联系比较敏感,从而支持了人与人的相互关系;节俭则提高了储蓄率,拥有更多的再投资资金,使经济增长得以实现。这些国家还善于学习和接受技术革新,其忍耐力则带给人不屈不挠的精神。

然而,儒教文化中过分重视面子的做法,也会阻碍原则、法规的行使而限制商业的发展;对传统的尊敬太多,不仅阻碍改革,而且缺少创新;人格的稳定性和一统性被强调时,自由、冒险、探索、独立等企业家品质也是难以形成的。

马克斯·韦伯曾认为:以儒家思想为核心价值观的东方文化,存在着一种保守的“惯性”,无法形成有利于资本主义发展的“新教伦理”,因而对现代经济的发展形成一种滞后力。直至 20 世纪 60 年代,西方学者及大部分的东方学者仍停留在对这种文化以及衍生出的管理思想的否定上。随着日本及其他一些儒教国家的崛起,人们的观点开始发生变化。东方管理思想中重视人的作用和人与人的依赖关系,强调团队精神,追求组织和谐,注重精神激励,提倡群众参与等内容,都与当代企业管理的发展变化相吻合。

三、跨文化的沟通

要实现跨文化间的良好沟通,重点需要做到以下方面:

(一)培养文化融合的人力资源队伍

不论企业经营性质如何,组织都要适应国际化经营。国际化人员配备被称为国际经营的致命弱点,经常会出现选择不当的问题,从而对跨国经营产生不利影响。许多企业选择在跨国公司工作的人员时,只注意到他们的技术能力,而忽视了跨文化的人际交往能力。跨国经营者必须是一些确实愿意与不同于自己文化背景的人打交道、有很高的文化敏感性和灵活性、有较强的政治意识的人。为避免引起所在国的不满,文化敏感性是十分重要的。一位成功的国际化经理应具备以下特点:

1. 对其他文化中的价值观、信仰和习俗有所了解,尤其是对有古老文化的国家的历史。

2. 理解不同国家的基本经济和社会观念。

3. 了解和使用其语言,对语言和非语言交际都很敏感。

4. 尊重不同的生活哲学和道德观念,意识到自己的价值观和行为准则受自己的文化背景的影响,但不一定就是正确的。

5. 对同种文化中不同个体间的差别有足够的认识,能够预测差异,积极面对挑战和变化。

6. 具有对文化的整合能力、对文化环境的应变能力、决策和决断能力以及能良好发挥跨文化信息媒介的作用。

没有一种管理模式在所有国家都适用,不同国家的人有着完全不同的背景、学历、文化和宗教信仰,而且生活在各自不同的社会政治、经济制度中。管理人员必须考虑到所有这些因素,因为这些因素可能对其工作有相当明显的影响。

(二)创造良好的组织沟通气氛

由于跨文化管理中不同员工的价值观不同,因此应该让员工意识到多元文化价值观的存在,发现他人重要的价值观,并能理解他人的价值观。和谐融洽的组织气氛,可以消除沟通时双方的紧张感和约束感,做到知无不言、言无不尽。另外,要保证组织有畅通的沟通渠道。企业高层管理者要主动创造沟通交流的机会,增加对下属成员的信任,保证沟通渠道清晰明确。

(三)建立共同的价值观

在一个文化中被认为是有价值或者神圣的事物,可能在另一个文化中会被认为是无关紧要的。问题在于我们很难发现那些对我们已经习以为常的事情,对于另一个文化会存在什么问题——特别是当我们发现很难认清它们对我们自己文化的重要性的时候。共同的价值观可以消除文化差异造成的隔阂,使人们更快地融入组织当中来。价值观的渗透常常比我们意识到的还要广泛。这不仅是因为价值观、信念在不同文化中的差异,而且是由于它们的重要性并没有被真正认识到。

第三节 文化的融合:兼并、收购带来的沟通管理

同一领域的两家公司,企业文化可能差异很大。20 世纪 80 年代中叶,学者詹尼佛·查特曼(Jennifer Chatman)发现:德勤公司员工把"非正式风格"评定为企业文化的第一要素。但是在同行业的安达信公司中,"非正式风格"却排在了 54 项企业文化特征中倒数第一的位置①。一项由一家欧洲咨询公司所做的调查表明:"文化差异是在一体化的欧洲并购中最大的困难所在。"另一项调查表明,有 35% 的高级管理者把文化差异排在国外收购众多困难中的第一位②。

一、并购中的文化风险

并购中的文化风险,是指因文化差异及其组织间的缺乏了解而对并购后的整合和正常业务经营构成的威胁。来自不同社会文化的两个企业间的并购极易引起经营中的困难。

由于企业文化有许多不同的层次,各个层次的相对重要性具有较大的差别,作为企业文化的本质及核心的价值观念决定并体现于企业的物质文化和制度文化中,并购的两个企业间的价值观念的差异是整合过程中一切冲突的根源,因此,并购中企业文化整合的焦点集中于企业的价值观念和精神文化层面。

每个企业在其历史演进过程中都会形成自己独特的文化,企业并购及其整合

① (美)基蒂·洛克:《商务与管理沟通》,张华译,机械工业出版社,2013 年版。

② Buchanan, S. Culture gaps can sink cross-border acquisitions. International Herald Tribune. 1989, January 12.

中的大量冲突常常就源自这种文化的异质性。文化的异质性不仅体现在企业文化的差异上,而且体现在企业生存发展的国别、民族、产业及地域中的文化差异上。各个层次的文化差异都会对并购整合构成重要的影响。因此,并购整合中的文化风险是必然存在的。

此外,在并购过程中,信息不对称也会给企业带来风险。由于受法律的限制,并购企业在与目标企业完成并购交易之前,主要只能使用一些公开披露的信息。这种信息方面的限制在敌意接管的情况下会更为严重,目标企业的管理层为了其反兼并的成功,不仅会尽量隐瞒一些重要的信息,而且可能在有关法律要求必须披露的信息中提供模糊或不真实的信息。由于交易完成前并购企业的管理人员往往无法深入目标企业了解它的组织文化,所以并购的文化风险必然会存在。

兼并一个高文化风险状态下经营的企业,会给并购造成较大的困难。因此在并购过程中,需要较客观地评价目标企业的经营文化风险,包括判断潜在目标企业的经营文化风险是否超出了并购企业可接受的范围,明确特定的企业并购是否需要和在多大程度上需要跨文化的组织学习,以及是否需要和在多大程度上需要对对方组织文化做出反应的专门技能。

目标企业的经营文化风险是企业并购所面临的一个重要战略问题。在目标企业的业务经营中,内在的文化风险越高,并购整合的文化风险就越大,在这种情况下,就需要从事高风险的业务经营的企业具有跨组织、跨文化的学习能力。如果并购整合限制了目标企业跨组织、跨文化的学习能力,那么并购后的经营业绩就可能出现下降。

二、企业并购的文化适应模式

王长征在其所著的《企业并购整合——基于企业能力论的一个综合性理论分析框架》一书中提出企业并购中存在的四种文化适应模式[①]:

(一)同化模式

文化的同化是指一个文化群体自愿地完全接受或采用另一个文化群体的个性、文化和实践的过程。在同化条件下,被收购企业将放弃它自己的文化和组织实践而成为并购企业的一部分。同化并不是一个强制的过程,其前提是一方愿意接受另一方的文化。当一个组织无法取得成功,它的管理人员和雇员感到他们的文

---

① 王长征:《企业并购整合——基于企业能力论的一个综合性理论分析框架》,武汉大学出版社,2002年版,第206~209页。

化和实践不仅无效并且已成为企业业绩改善的障碍时，该组织的成员往往会愿意采用他们认为是优秀的、能给他们带来业绩改善的外部文化。

对于并购企业来说，同化是最容易的一种文化适应模式。在这种情况下，母公司对新成员可以有最大的控制，因此风险较低。并购企业自身的文化改变很少，它也不必对企业结构做出太大调整。

对于被收购企业来说，同化可能是最困难的一种模式选择。为了与并购企业取得一致，被收购企业必须放弃自己的文化个性，即使这种并购是自愿的。因为同化将终止被收购企业作为一个文化或法律实体的存在，它的结构、报告系统可能要做出巨大调整，程序可能要修改，新的政策、规则也可能要采用等等。

（二）整合模式

当并购双方成员都希望保存各自企业现有的大部分个性、文化特质和组织实践时，整合将是一种合适的文化适应模式。在这种情况下，并购双方都会希望保留相对独立的经营自主权，同时也愿意采纳对方的某些文化和实践。从理论上讲，整合要求并购双方都能够从对方文化中获益，但又不对任何一方的文化个性造成破坏。整合模式的一个重要特征就是在并购双方组织间出现某些文化要素的相互渗透和共享。

（三）隔离模式

当被收购企业试图通过保留其所有的文化要素和实践而保持它的独立和企业个性时，文化适应过程通常就会形成一种隔离模式。在这种情况下，被收购企业的成员拒绝并购企业对自己企业的任何层次的同化，他们希望作为一个独立的实体在母公司的“大伞”下生存和发展。因此，隔离模式在并购双方间产生的接触和交换最少，隔离将导致相当数量的冲突。

（四）破坏模式

这种文化适应模式既造成文化个性的破坏，又拒绝采用新的文化。在这种情况下，被收购企业可能不再作为一个文化和组织实体而存在。破坏模式可能导致最高水平的风险，因而可能是最难管理的。并购中的文化破坏几乎不会给并购企业带来任何变化，然而并购方却可能有意或无意地在它的并购过程中导致文化的崩溃。因此，在此模式下，风险是不对称的，几乎全部要由被收购企业来承担。

拓展阅读

中国企业并购中的文化适应模式

在中国企业的并购过程中，文化适应主要采取的模式有三种：

第一种是文化注入模式，以海尔为代表。海尔兼并亏损企业时，首先派去的是企业文化中心的人员，他们首先要将海尔集团一整套企业文化输入到被兼并企业中去。这样的注入式文化整合通常发生在“强弱兼并”的时候，由于弱势企业效益差，企业文化已处于崩溃的边缘，优势企业文化的注入比较容易激发员工士气，能够很快取得被兼并企业职工的认同，从而取代原来的弱势文化。

第二种是文化融合模式。这种模式将几种势均力敌的企业文化有机地融合起来，形成一种新的企业文化。上海贝尔公司是中国邮电工业总公司、比利时阿尔卡特贝尔公司和比利时王国政府合作基金会合资建立的，各方本着互惠互利的原则，加强沟通，精诚团结，逐步形成了全新的“团结、奋进、为大家”的贝尔文化。而且，由于形成了灵活多样的促销方式和优质的服务、良好的用户沟通方式等，使企业获得了巨大的成功。

第三种是文化促进模式。当一种强势文化受到一种弱势文化冲击时，强势文化能够保持基本样式不变，价值观念体系也相对稳定。但是由于毕竟引入了一种新文化，强势文化的一些具体文化参数会发生改变，使原有的文化功能更齐全、结构更完美。如华东制药集团，陆续与日本、美国、德国和我国香港地区的一些公司联手建立了16家合资公司，把国有企业的一些文化优点和文化特色保持下来，同时又吸收了外资企业高度重视市场开发和顾客导向的经营管理文化，产品质量稳步提高，取得了良好的经济效益。

（资料来源：苏勇，杨戟勇：《资产重组应高度重视企业文化整合》，《解放日报》，1998年5月26日。）

三、文化整合中的沟通

并购所造成的心理冲击会通过员工的行为反映出来，首先就表现为沟通的恶化：因为随着组织中信任水平的下降，组织中信息渠道中被输入和传递信息的可靠性会大大降低。人们一方面越来越渴望获得信息，另一方面又越来越不愿意为他人提供自己掌握的真实准确的信息。各种谣言在整个组织中迅速扩张，组织中蔓延的不信任使人们更容易误解他人的言行。这就造成了沟通的困难，使整个组织陷入不信任的恶性循环之中。另外，沟通网络也会因为并购而变得更加复杂，沟通渠道也因并购而变长，并购双方缺乏共同的沟通语言和信息传递方式等等，这些都会使文化整合变得更加困难。

由此可见，有效的、内容丰富的沟通不仅可以缓解员工对未来的不确定感，而且可以通过建立一种开放和坦诚的气氛来提高管理层在员工心目中的可信度。并购者可以告诉员工一些缓解压力的信息，增加员工在并购整合过程中的参与。

在文化整合中，企业高级管理层应该同员工保持经常性的沟通。2001 年，华立集团收购了飞利浦的 CDMA 通信部门，董事长汪力成最担心的是飞利浦业务骨干会流失。毕竟从一个“百年老店”的员工变成一个没有知名度的中国企业员工，这是一个很大的改变。为此，他经常同这些员工对话，对员工提出的各种问题做出满意的答复。在他看来，文化整合不是消灭对方的文化，而是不同文化的融合。“在文化整合上，我不期望用中国文化去同化他们，因为这是不可能的，而是要把东西方文化协调成一个新的企业文化。比如美国文化中的‘诚信’和中国文化中的‘融洽’，我们希望在美国这个公司形成一种‘信誉 + 融洽’这样一种综合的文化。”①

将不同文化背景的人或在不同地区工作的经理和职员结合在一起进行多种文化培训，提高每个人对不同文化环境的适应性，加强不同文化之间的合作意识和联系，这是进行文化整合沟通的一个有效途径。公司文化不是各种文化特质的简单堆积，在同一文化共同体内，各种文化特质趋于整合和统一。企业文化可以对某一种内生或外来文化特质进行吸收、同化，一种优势文化也可以以各种形式向其他企业或其他文化共同体传播和扩散。

在文化整合中，还极其需要领导者身体力行的示范作用。西安啤酒厂是典型的传统企业，又位于西部内陆，思想观念陈旧，无论是体制、机制还是管理运作方式都十分落后。青岛啤酒将其并购之后，为了输入“青啤”的市场观念，当时担任西安公司总经理的金志国，带头走街串巷进行市场调查②。这不仅为员工起到了榜样的作用，而且增强了组织的凝聚力。

思考题

1. 试述沟通在组织文化建设和传播中的重要作用。
2. 简述霍夫斯泰德的文化差异理论，如何实现跨文化间的良好沟通？
3. 你认为沟通对企业兼并、收购过程中的文化管理有什么作用？

---

① 史蒂芬·陈：《购并是手段，整合是本质》，《世界经理人文摘》，2002 年第 5 期，第 20 页。
② 史蒂芬·陈：《购并是手段，整合是本质》，《世界经理人文摘》，2002 年第 5 期，第 16 页。

沟通体验

诺尔公司的整合

1992年,美国诺尔公司以下属的诺尔服务公司为基础,购并了IBM公司相应的机构,组建成立泰斯科公司。诺尔服务公司的业务是为客户临时性人员空缺提供人力资源,后来也为客户的某个完整功能提供外包服务。合并后的泰斯科公司专业提供外包服务,由IBM公司每年支付7 500万美元,接管该公司的秘书事务、办公室业务、公务旅行支出、800免费销售热线和现场支持部门。

公司预期泰斯科结合了IBM的行政管理专长和诺尔人力资源管理的专长,应该成为出色的服务提供者。然而仅仅经过一年的运转,在诺尔和泰斯科之间就出现了裂痕,二者很难融合。诺尔公司CEO归纳了两家公司在文化上的差异:

诺尔公司的企业文化充满了企业家精神,它是一种非常自主的、以行动为导向的文化,鼓励个人的主动性和创造性,依靠自己的能力发展。在业务方面的原则是有利润才投资,有收益支持才使用资源。而泰斯科公司的原则是根据未来的机会投资,它更多的是奉行一种结构文化,看清楚再行动,不鼓励个人的主动性。

文化上的差异导致经营上的差异:泰斯科公司希望诺尔公司把已有的外包业务完全转给它经营,更多利用诺尔公司的客户资源;诺尔公司眼看自己的资金和资源正被逐渐吞并,担心对泰斯科公司的业务失控,不愿意把业务转给它。这就是两家公司出现裂痕的起因。

在这种情况下,公司决定以经营与文化融合实现最优化为目标进行变革。首先,召开了两家公司主管人员座谈会,分析公司现状,查找问题所在。双方选择了组织上独立、业务上联合的方案进行变革。为此,两家公司必须建立起共同的远景,建立起相互信任与合作的关系,实现营销系统的一体化,以进一步稳定和扩大客户。继而,公司召开了第一期公司优化的高层研讨班,就目前公司缺乏协作、具有文化差异、缺乏共同远景和经营不善等情况进行讨论。每个人都充分发表自己的看法。例如关于文化差异,泰斯科公司经理认为他们公司是由有二三十年经验的老手组成的,决策的时间通常很长,但诺尔公司是由街道斗士组成的,他们的决策时间很短。诺尔公司有创业者的传统,习惯于风险和脚踏实地。双方都需要用公司的远景和计划系统协调文化上的差异。

为了消除双方情感上的障碍,公司组织了一次形象换位的训练:由诺尔公司的经理写出自己组织的优势,让泰斯科公司的经理看后发表看法;反之亦同。结果双方的看法常常相反。例如:诺尔公司认为自己的优势是决策快速,但泰斯科的看法是其决策过于随机、缺乏规划;泰斯科认为自己的优势是具有计划性,但诺尔的看法则是其行动过于迟缓。

除了高层研讨班外,公司还举办了中层管理人员和基层管理人员的研讨班,进一步寻求两家公司的合作模式。通过两家公司经理们的努力,建立了相互信任关系,开始接受对方的文化和观点。除了正式场合外,两家公司间的非正式场合接触显著增加,这也增进了彼此的了解。一些原来的分歧得到了妥善处理,两家公司的营销系统和客户网络实现了一体化,在公司发展方向上也取得了一致意见。

因此,1992~1996年,公司的收入年均增长了25%,到1996年会计年度结束时,公司的收入达到了10亿美元。

请思考以下问题:

(1)诺尔服务公司和泰斯科公司存在什么样的文化差异?

(2)如何利用沟通消除不同组织间的文化差异?

(3)你认为沟通对并购过程的文化融合有什么作用?

第十六章 企业与外界的沟通

取信于领导，取信于用户和合作者，取信于员工。说到的事情一定要做到，要不然，你就别说。

——柳传志

如果管理者不理解环境如何影响他们的组织，或者不能分辨可能很重要的机会和威胁，那么，他们决策和实施计划的能力就会很有限。例如，对顾客的喜好所知甚少，组织就很难设计新产品、计划产量、制订营销计划等等。总之，及时准确的环境信息对企业的运作至关重要。但是，环境信息并不是轻而易举就能得到的，环境的不确定性、复杂和动荡，使管理者对信息的了解和预测更加困难，开发、收集、分类、解释环境信息需要一定的技术和方法，而分析、辨别影响组织的机会和威胁，保持组织与外界环境因素有机而和谐的关系就更需要高超的沟通技巧。

第一节 企业与政府的沟通

在企业与外界的沟通中，企业与政府的沟通具有重要的地位。虽然在市场经济条件下，企业特别是国有企业不像在计划经济条件下那样一切都受政府部门的控制，但仍然在很大程度上受到政府的影响，仍然离不开政府的支持。

一、政府是法律、政策的制定者和执行者

在市场经济条件下，企业是市场竞争的主体，在合法的条件下自主经营，企业之间进行公平合理的交易和竞争。政府作为市场经济体制的建设者，要为企业创建一个公平竞争的法制环境和社会环境，为此，政府要制定一系列相关的法律和政策，以保证市场经济活动的正常进行。

在我国社会主义市场经济建设过程中，我国政府制定了许多法律，例如：关于企业形态和性质的个人独资企业法、合伙企业法、公司法；关于保护公平合理竞争的反不正当竞争法；关于知识产权保护的专利法、商标法和版权法；关于保护当事人合法权益、维护社会经济秩序的合同法；关于维护消费者合法权益的产品质量法，以及维护企业员工合法权益的劳动法等。

一般来说，在企业与政府的关系中，法律赋予政府有制定法律和政策的权利和义务，企业必须贯彻执行政府制定的政策、法律、法规，处于相对弱势的地位，但这不等于企业就只能无所作为，只能被动接受。在很多情况下，企业也是可以有所作为的，主要包括：

第一，预计政府将制定的政策和采取的行动，尽早寻找对策，采取相应的行动。例如，有的企业预感到政府将强制性地迫使一些行业中的国有企业进行重组，组建大型企业集团，为了避免本企业被合并进去，尽快选择合适的外国企业进行合资，从而排除被强制合并的可能性。

第二，影响政府立法和政策。在政府制定法律和政策之前，企业可以通过在政府机关的代理人或所在行业的组织如商会、行业协会等游说政府机构，使之制定有利于企业或充分考虑企业利益的法律和政策。例如，在中国加入世界贸易组织之前的政府与相关国家和机构的谈判过程中，一些行业组织和有实力的企业特别是国有企业，就运用所具有的影响力，对中国政府所做出的承诺施加影响，以便使自己能进行更充分的准备，迎接“入世”的挑战。

第三，利用政策。政府制定的一些政策是有利于企业的。例如，国家及地方政府为鼓励中小企业特别是高新技术企业的发展，制定了一系列融资支持、税收优惠、人才引进等方面的政策。一些企业及时了解和掌握了这些政策，并积极地与相关政府部门进行联系，取得了良好的效果。

无论是了解信息，做好预测，还是游说政府和利用政策，都需要企业与政府部门进行有效的沟通，建立正常高效的信息传递渠道，保持密切的关系。在这方面，虽然政府应该是为企业服务的，但服务的对象是整个企业群体，作为具体的企业个

体,应该采取主动、积极的态度和行动与政府部门进行沟通。例如,积极主动参加政府部门召集的一些会议并踊跃发言;及时了解和掌握政府的政策动态和行动;利用一切机会向政府有关部门和人员介绍自己的企业等。

二、政府是采购者

政府不仅通过制定法律和政策影响企业的生产经营活动,而且通过政府采购直接对企业施加影响。政府采购是直接购买企业的产品和服务,包括购买办公用品、电脑、电话、公务用车以及政府的各种投资行为,如基础设施(交通、通讯、水利等)建设、社区的公共设施(路灯、健身设施等)建设和更新等。具体来说,政府采购包括以下方面:日常办公方面,包括电话、汽车、纸张、桌椅、文件柜等;办公自动化方面,包括传真机、复印机、电脑、打印机、扫描仪、软件等;电子政务方面,包括服务器、网卡、局域网络系统;社区服务方面,包括健身体育娱乐设施;基础设施方面,包括各项政府工程,如地铁、体育场馆;国防方面,包括军用物资的采购等。

政府采购不仅量大,而且付款有保证。因此,得到政府的订单,是企业竞争的重要领域。而通过竞争获得政府采购的订单,要依靠企业与政府之间的关系和良好的沟通。

为了获得政府订单,企业首先要通过灵敏的信息系统得知政府采购的信息,包括政府采购产品的种类、数量和具体要求,影响采购的决策者和有关人员,以及参与竞标的竞争对手情况。接着,要进行相应的准备,包括资料准备、技术准备和投标书等,并运用各种方式争取政府有关部门和人员的信任和支持。最后,要保持与政府有关部门和人员的日常联系。例如:积极主动介绍企业所提供的产品和服务,邀请政府工作人员来企业参观考察,向政府部门提供有关产品或服务的资料和信息;请政府工作人员来企业举办专题讲座,介绍政府采购的有关政策和程序;请原政府工作人员来企业就职或担任顾问,建立企业与政府之间沟通的桥梁和畅通的渠道。

拓展阅读

红头文件对国企改革的影响

郭毅、王兴等(2010)①认为,红头文件对于国企改革的影响主要是通过其言语

① 郭毅、王兴、章迪诚、朱熹:《"红头文件"何以以言行事?——中国国有企业改革文件研究(2000~2005)》,《管理世界》,2010年第12期。

系统来实现的，国家意志通过红头文件一级级向下传达，深刻影响到了政策的实施。红头文件是党和政府领导国企改革的工具、手段和主要实现方式，研究红头文件对于国企改革的影响很有必要。他们选择了2000～2003年党中央、国务院主要的红头文件作为研究对象，运用语用学和语义学的研究方法，对红头文件的言语系统做出研究。研究发现，红头文件用一定的语言定义了国企改革的环境，有鲜明的政策主体特质，实现了语用效果；通过大量行动语句，为国企改革指明了具体的改革方向，提供了国企改革的所有详细实施内容。

也有研究从文本分析的视角，探讨红头文件、领导人讲话对国企改革的影响路径与机理，发现红头文件、领导人讲话的传递路径分为三个层级，分别是党中央及国务院、国资委、中央企业，三个层级的政策传导路径呈现环状，并且传导路径与各层级红头文件与领导人讲话文本内容共同演化；党中央、国务院的红头文件通过方向性词语来构造影响国企改革的言语系统，国资委通过解释和细化第一层级文件来达到影响国企改革进程的作用，是政策的具体化执行者与监管者，中央企业主要通过具体改革行动的选择与制定来构造自己改革的言语系统；各层级红头文件、领导人讲话通过大量使用行动语句，影响行动主体的行为，达到了影响并制约国有企业混合所有制改革进程的作用①。

第二节 企业与竞争者的沟通

企业与行业竞争者之间既存在竞争关系，又存在合作关系。无论是竞争还是合作，都存在一个沟通问题。前者主要表现为了解竞争对手，分析竞争者的行为，从而采取相应的对策；后者表现为寻求合作的方式。

一、分析竞争者

企业的竞争者包括现实竞争者和潜在竞争者两种。

（一）现实竞争者

现实竞争者是指在现有市场上与之竞争的企业，包括国内企业和国外企业、大

① 闫盼盼：《红头文件、领导人讲话对国企改革的影响路径及机理研究——以混合所有制改革为例》，首都经济贸易大学硕士论文，2017，第1页。

企业和小企业。例如：联想电脑既面对方正、长城等国内企业的竞争，又面对IBM、戴尔、AST、康柏等国外企业的竞争；除了这些大企业，它还面临着一些知名度不大的小企业的竞争。

分析现实竞争者包括竞争者行为分析和行业竞争状况分析。竞争者行为包括降价、开发新产品和广告等竞争手段。关于竞争者的情报可以通过以下途径获得：广告、推销材料、印刷品、向政府有关部门提交的报告、年度报告、征询广告、新闻报道、行业分析报告、贸易展览会、销售人员的报告、购买竞争者的新产品进行分析等。

行业竞争状况分析包括竞争者的数量和实力、行业规模和增长速度、产品或服务的差异性大小等。这些信息决定着行业竞争的激烈程度。

（二）潜在竞争者

所谓潜在的竞争者，是指将要进入企业所在行业并与之竞争的企业。分析潜在竞争者主要是分析行业进入障碍，包括政府产业政策、资本需求数量、品牌确认程度、行业转移成本和已有渠道等。这些进入的障碍形成行业壁垒，决定着潜在竞争者的数量和实力。

（三）如何面对竞争

企业与竞争者是相互作用的，即其行为是相互影响的。企业与竞争者之间存在利益上的冲突。根据冲突理论，企业的对策可以采取以下五种方式之一：①对抗，即企业采取坚定的不合作策略，相信凭借自己的实力可以打败竞争对手，如坚持打价格战等。②规避，即采取既不合作又不去竞争的策略，表现为在预期发生冲突时通过调整来躲避冲突，或在冲突实际发生时主动退出。③和解，即采取合作的策略，往往表现为接受竞争对手提出的条件，同时对自己的政策进行调整，对自身的行为进行修正。④协作，即既考虑自身的利益，又考虑对方的利益，力图寻求双方相互利益的结合点，使得双方都满意。⑤折中，即通过双方讨价还价和谈判，相互做出让步，达成双方都可以接受的协议。

二、与竞争者合作

孙子曰："是故百战百胜，非善之善者也；不战而屈人之兵，善之善者也。"企业与竞争对手之间也不只是你死我活这种简单的敌对关系。如果只是通过激烈、残酷的商战，如价格战等来消灭对手，那么即使取得成功，也会使自己的利益受到极大损失，对企业而言这并不是上策。如果通过合作等方式，消除彼此的敌对关系，避免两败俱伤，则不失为上策。企业与竞争对手之间，不应只是零和博弈，还应是双赢博弈。因此，企业与竞争者之间，不仅存在竞争关系，也存在合作关系。

合作有多种方式，包括：通过行业组织或自行进行磋商建立价格同盟，以避免无休止的价格大战造成企业或整个行业的损失；在开拓新的市场特别是国外市场时互相帮助，资源共享，如信息与营销渠道的共享等；集合技术力量，共同开发新产品，提高新产品开发的速度、质量和节约研发成本；国内企业进行多方面的合作，建立战略同盟关系，共同抵御外来竞争对手等。

无论采取何种合作方式，良好的沟通都是良好合作的前提，因为合作的基础是相互信任和维护自己的利益，这都需要通过沟通来达到。

在与竞争对手的沟通过程中，态度诚恳，充分尊重对方的利益，注意双方在资源与能力等方面的互补性，及时消除在合作过程中产生的误解和矛盾，找到有效的解决途径，认真遵守签订的协议和所做的承诺，这些都是极为重要的。

与竞争对手沟通有以下形式：通过各种途径寻找有利于合作和产生共赢结果的企业；通过磋商、谈判形成协议；处理在合作过程中产生的纠纷和矛盾。

第三节　企业与股东的沟通

一、股东的权利和义务

股东是企业的出资者和所有者，企业的生产经营活动要符合股东的利益。但是，由于大多数股东不直接经营企业，企业有必要不断地向股东披露企业经营活动的信息。因此，保持与股东的沟通是对企业管理者的必然要求。

为了有效地与股东进行沟通，管理者要清楚股东拥有的权利和义务。

（一）股东的权利

作为企业的所有者，股东具有重大决策审批权、经营者选择权和资产收益权。在股份公司，股东权利主要是通过股东大会实现的。根据《中华人民共和国公司法》，股东大会具有以下权利：决定公司的经营方针和投资计划；选举和更换董事，决定有关董事的报酬事项；选举和更换由股东代表出任的监事，决定有关监事的报酬事项；审议批准董事会的报告；审议批准监事会的报告；审议批准公司的年度财务预算方案、决算方案；审议批准公司的利润分配方案和弥补亏损方案；对公司增加或者减少注册资本做出决议;对发行公司债券做出决议;对公司合并、分立、解散和清算等事项做出决议;修改公司章程。

(二)股东的义务

股东主要有以下义务:遵守公司章程;依其所认购股份和入股方式缴纳股金;以其所持股份为限,对公司债务承担责任。

二、企业与股东沟通的方式

企业与股东沟通的方式主要有以下几种:

(一)信函

信函是企业与股东日常沟通的主要形式。诸如会议通知、对股东购买公司股票的感谢信等日常联系经常采取这种方式。

(二)股东会议

股东会议包括股东年度会议和股东临时会议。前者是法定必须召开的,一年一次,履行股东权利。后者根据我国公司法的规定,有下列情形之一的,应当在两个月内召开股东临时会议:董事人数不足本法规定的人数或者公司章程所定人数的2/3时;公司未弥补的亏损达股本总额1/3时;持有公司股份10%以上的股东请求时;董事会认为必要时。

(三)媒体

对于上市公司,一般要通过专业报纸,如《中国证券报》等披露公司的经营信息,如中期经营报告和年度经营报告,这是股东需要了解的企业重要的经营信息。

根据美国著名公共关系专家卡特利普·森特和布卢姆合著的《有效公共关系》一书的观点,一个有效的年度报告应具备以下特征:有特色和有吸引力的封面;反映企业的实力和特点;对篇幅长的报告,内容列成表格形式;有一个简明扼要的总结;有企业负责人的签字或证明;附有总经理信函,总结公司一年来的重大事件,强调公司的业绩与潜力;有财务报表;有经营计划重点的说明;有审计报告和结果。

有时上市公司也通过电视媒体披露与股东有关的信息,如股息分配方案、增发新股、召开临时股东大会通知等。

保持与股东的联系,及时、准确地进行信息披露,是维护股东权益的要求,企业应设置专门机构或人员负责此项工作。

第四节 企业与上、下游企业的沟通

所谓企业的上、下游企业,主要是指企业的供应商和经销商(或代理商)。企业与上、下游企业的关系,影响到企业的生存与发展。例如:如果供应商不能及时提供质量合格的原材料和元器件,企业的生产经营就不可能稳定进行;如果经销商不能充分发挥在企业与顾客之间的桥梁作用,企业的产品就难以获得顾客的满意,顾客的意见也难以反馈到企业,从而影响企业做出相应的改变。由此可见,供应商与经销商对企业至关重要,企业必须与之建立融洽、良好的关系,而建立良好关系的重要途径就是沟通。

一、与上、下游企业沟通的基本理念

与上、下游企业沟通的基本理念就是双赢,即在处理与上、下游企业的关系时,不只是考虑企业自身的利益,还要考虑上、下游企业的利益,让它们也有利可图。只有这样,才能建立相互信任的长期合作关系。

许多企业,包括一些大型企业,都十分重视与供应商和经销商的关系。例如:日本丰田汽车销售公司的基本理念就是:用户第一,特约经销商第二,制造厂第三。它们对特许经销商实行各种优惠政策,即使对不盈利的4%的经销商也十分重视,将刚推出的新车型交给其销售,以帮助其摆脱经营上的不利局面。

实际上,在共赢策略的基本理念下,有的企业已实现了供应链管理,即把供应商、分销商、零售商等在一条供应链上的所有节点企业都联系起来进行优化,使生产资料以最快的速度,通过生产、分销环节变成增值的产品,到达有消费需求的消费者手中。这不仅可以降低成本,减少企业的库存,而且使资源得到优化配置,通过信息网络、组织网络实现生产与销售的有效连接和物流、资金流、信息流的合理流动。在这种价值链管理中,供应商、生产制造企业、经销商和零售商形成联系紧密、关系稳定、利益共享、共同应对市场迅速变化的利益共同体。

二、与上、下游企业沟通的基本方法

企业与上、下游企业沟通的基本方法主要包括以下方面:

（一）建立电子通信网络

建立电子通信网络即企业与上、下游企业通过现代通信手段如计算机系统和互联网等实现有效沟通与联系，它具有即时、经济、高效等优点，可以对市场变化做出迅速反应，以更好地满足顾客需求，从而使企业在市场竞争中处于有利地位。

（二）参与决策

在企业做出生产经营方面的重大决策时，对于合作紧密、相互依赖性强的上、下游企业，应邀请其参加，至少应尽快让其知道，从而使其能尽快做好准备，积极主动予以配合，减少被动，避免因缺乏有效沟通可能产生的猜疑、不信任和误会，以及可能对双方的稳固合作关系产生破坏的作用。例如：企业在签署新的重要订单时要与有关的供应商及时沟通，在推出新产品或推出新的推销措施时应与经销商和零售商及时沟通。

（三）提供各种支持

对于一些大企业而言，许多供应商、经销商和零售商都是小型企业，这些企业对大企业存在一定的依赖性，这就需要企业给予它们各种支持。例如：对其向银行贷款提供担保；对供应商提供技术、质量和成本方面的培训和对经销商、零售商提供产品、促销和服务方面的培训；帮助企业解决生产经营方面存在的各种实际问题，促使其健康地成长和发展。

（四）正确处理产生的问题

在企业与上、下游企业的合作过程中，必然会产生各种各样的问题，企业应妥善、正确地加以处理，否则，将会使合作难以顺利进行甚至破裂。

在与供应商的合作过程中，最常见的问题是不能履行合同，如不能保证交货期或产品质量不合格。在遇到此问题时，愤怒、谴责、抱怨以及威胁恐怕都无济于事，正确的方法应是一起分析产生问题的真实原因：是不可抗力造成的，还是企业内部因技术、管理等原因造成的。在原因查明之后，一起想办法挽救和解决。对于供应商的承诺，不能满足于“我们一定尽快解决”等诸如此类的回答，一定要其拿出具体、有效、可行的措施来。在解决此类问题时，态度要诚恳、积极，但立场应坚定，不能给对方造成因长期合作关系偶尔出现交货期和质量问题无所谓的假象。

有时，供应商可能突然提出涨价要求。对此，首先应搞清楚涨价的原因，如果确实事出有因，如原料成本上涨等，应积极磋商，尽量控制涨价的幅度和延后涨价的时间,共同消化客观原因产生的不利影响。如果涨价理由并不十分充分,如供应商只是为了获取更多的利润,则可以婉言谢绝。如果有更多的供应商可以选择,则可以提醒其我方可能会另择他人,让其知难而退。如果别无选择,则可以强调自身困难,让其体谅自己的难处。此外,还可以设法说服其接受其他条件,如答应其涨价要求,但以延迟付款等作为交换。

第五节　企业与顾客的沟通

顾客是企业最重要的外部公众,是企业提供优质产品和服务的对象,满足顾客的需要是企业生存与发展的基础和保证。在企业满足顾客需要的过程中,沟通起着十分重要的作用。

企业与顾客沟通是一个相互作用的过程:企业通过产品与服务向顾客提供信息,通过调查了解顾客的需求信息和意见反馈,在交易过程中相互传递信息。

一、贯彻顾客至上的理念

贯彻顾客至上的理念,是企业与顾客进行良好沟通的主要标志,主要表现在为顾客提供优质产品与服务,在企业内营造"顾客气息"。

(一)提供优质产品和服务

对于许多顾客而言,企业所提供的产品和服务是企业向其传递企业信息的唯一工具和载体,他们对产品和服务的满意与否决定了其对企业的基本评价。因此,企业要十分重视所提供的产品和服务,它不仅是企业利润的来源,也是企业与顾客之间沟通的主要方式。

企业所提供的产品的质量是决定顾客满意程度的主要因素,但是这种质量要求如今具有丰富的内涵,反映出顾客对产品的全面要求:既包括有形产品的质量,又包括无形服务的质量;既强调反映产品基本性能的内在质量,又要求考虑外观、包装等外在质量;既要保证产品交货时的检验质量,又要保证产品投入使用后经得起时间和使用条件考验的可靠性质量;既要重视产品的性能、效用质量,更要重视产品的安全、卫生与环境保护质量;既要强化制造过程中的全流程质量管理,又要向前追溯到市场需求调研、产品设计等源流质量管理和向后延伸到售后服务、市场信息反馈等售后质量管理;既要重视产品本身的质量,更要重视产品形成、决定和影响产品质量的企业质量管理体系和质量管理工作的质量。

如果企业所提供的产品能让顾客体会到上述的全面质量要求，则必然会获得顾客对企业满意的评价，并且能将这种评价传递给其他人。

(二)检验"顾客气息"的标准

一个企业是否贯彻顾客至上的理念，是否重视与顾客的沟通，在企业内的"顾客气息"上就可以体现出来。《志在成功》一书的作者托马斯·彼得斯列出了在顾客沟通和顾客服务方面有杰出表现的企业的以下特征，可作为检验企业内"顾客气息"的标准：公司简报、年度报告以及其他形式的印刷品刊载有关与顾客联系、为顾客工作的信息；以各种方式表明公司器重与顾客直接打交道的销售人员，包括职位晋升、奖金和庆功会等；重视那些与顾客接触的工作人员，包括接待人员、接听人员、货运人员等，对其进行培训，对其出色的工作给予表扬和奖励；顾客的重要地位在企业的每一个部门(如生产、人事、销售、服务等)都能够体现出来；提到顾客时使用尊敬、礼貌的语言；各类工作总结和报告都有相当篇幅论述有关为顾客增加收益的内容；庆功会绝大部分是表扬帮助顾客的具体先进事迹；以各种方式听取顾客意见；制定有各种措施以确保在为顾客服务方面生产、技术、销售等部门密切配合；经常(至少每月一次)了解顾客的满意度；对各类顾客一视同仁，妥善解决顾客的批评和意见；努力兑现对顾客的承诺；各类经理人员都要拿出部分时间接触顾客、了解顾客；整个公司都时刻关注产品与服务的质量和可靠性；公司的每个基层都积极地为改进产品与服务献计献策；生产(作业)人员认真参与与顾客有关的活动，如销售和服务等；重视顾客的感觉和想法；在公司宗旨中有如何看待和对待顾客的内容；各级经理人员都要安排时间以各种方式从事与顾客直接相关的辅助工作，如货运工作、经销站工作等；各职能部门关注和确保各类从事顾客事务的工作人员接触顾客的时间；各个部门都要从点滴做起，热情积极地改进有关顾客事务的各项工作。

二、了解顾客信息

顾客调查是了解顾客信息的主要方式，通过顾客调查，可以了解顾客对产品和服务的需求和要求，可以知道顾客对企业所提供的产品和服务是否满意，对企业有什么建议和意见等。

在顾客调查中，最常见的是顾客满意度调查，它不仅反映出企业产品和服务的水平，也反映出企业生产经营的水平。就最终消费者而言，产品的质量和服务的水平是最基本的调查内容。对有形产品而言，可按顾客在购买之后使用过程中产生的便利性、功能性、经济性等要素进行分解调查，以此作为调查顾客对产品满意度的基本内容;对于无形的服务而言,可按准确性、便捷性等机能性的满意和舒适性或个人感动等情绪性的满意来了解顾客对企业服务的满意程度。

在进行顾客调查时所使用的方法中,问卷调查是主要方式之一。问卷调查具有效率高、反映的情况比较真实等优点,因而常常在调查大量顾客的满意程度时被使用。

在对顾客的问卷设计中,一般包括如下方面的内容:对企业的产品或服务的满意程度及其原因;对企业的忠诚程度和购买频率;不忠诚的原因是什么;对产品或服务有何具体意见和建议;所得到的产品或服务与当初的期望有何差距等。

除了专门进行的问卷调查之外,了解顾客信息还可以通过以下方式:经理人员离开办公室,深入顾客之中,通过交谈进行面对面的沟通,这不仅可以及时传递和反馈信息,而且可以了解到丰富的内容和顾客的真实感受,这种丰富性和即时性是书面报告所不具备的;有效地解决顾客提出的哪怕是"微不足道"的问题,从而表明企业对顾客的态度和解决顾客问题的态度和工作作风;充分利用电话、信函等方式,征求顾客的意见,建立顾客与企业之间畅通的沟通渠道。

在征求顾客意见的过程中,企业应该采取主动、积极的态度。例如,海尔客户服务中心要求在服务人员为顾客服务后,如在进行安装、调试、维修之后,客户服务中心的工作人员要于当天问询顾客对海尔的服务是否满意,还有什么要求,即使在深夜也是如此。这样虽然可能有时会使顾客感到麻烦和不便,但也会使顾客体会到海尔"日清日毕"的工作作风和顾客在海尔人心中的位置是如何重要。对海尔来说,通过询问可及时掌握顾客对服务的感受和意见,以防由于顾客对服务不满意而第二天找上门来。

第六节　企业与新闻媒体的沟通

新闻媒体是一种大众传播媒介,也是企业借以与大众进行沟通的最有效、最经济的渠道之一。新闻媒体对企业在公众中形象的确立,对企业长远发展和树立品牌等都具有举足轻重的作用。因此,企业要十分重视与新闻媒体的沟通,要有专门的机构或人员来负责这项工作。

一、新闻媒体的种类

可供企业利用的新闻媒体种类繁多,这虽然增加了企业的选择余地,但也同时分散了公众的注意力,使得争取公众眼球的竞争日益激烈,也给企业选择什么新闻媒体增加了难度。在选择新闻媒体的时候,应该了解新闻媒体的种类及其各自的特点。

新闻媒体主要包括:报纸、杂志、广播、电视、互联网。

(一)报纸

报纸是信息沟通的基本方式之一,是触及一般社区公众和特定公众群的一种有效手段,它目前虽然不像过去那样占据新闻媒体的统治地位,但仍然是左右公众舆论的主要工具之一。报纸的主要优点是即时性(与杂志比)、便于保存和经济性(与电视比)。其局限性在于由于栏目多,不易引起读者注意,一般读者只选取自己感兴趣的内容阅读,关于企业的信息可能被忽略过去。

(二)杂志

杂志具有专业性特点,面向特定的读者群体,适用于受教育程度较高的成年人,特别是专业人员。由于目标读者群相对固定和集中,企业在选择杂志作为与公众沟通的渠道时也便于识别。例如,计算机、软件等方面的专业杂志上主要刊载计算机、软件企业的信息,包括企业介绍、广告等内容。和报纸比较起来,杂志在即时性方面具有局限性,但在信息容量、便于保存和查阅等方面具有优势。

(三)广播

广播的覆盖面较大,是一种机动性新闻媒介,适合于运动着的听众,这是其他新闻媒体所不可比拟的。由于广播是通过声音传递信息的,因此企业通过广播传递的信息应该具有口语化倾向,通俗易懂,简明扼要,并且要准确无误。与电视相比,广播相对经济,且不受地点限制,听众可以在任何地方特别是室外收听,但它不如电视的受众多,内容也难以做到像电视那样丰富多彩。

(四)电视

电视在媒体沟通中具有巨大的宣传力度和广泛的影响力,它将语言、文字、图像、声音融为一体,对观众具有强烈的影响。随着电视普及率的提高和电视传播技术的发展,在同一时间内,全国甚至全世界都会有更多的人可以看到某些电视节目,因此,电视作为信息传播的媒介,作用日益增大,也更加受到企业的重视。电视虽然具有内容丰富、效果突出和受众人数多的优点,但是通过电视发布信息价格比较昂贵,信息发布时间比较短暂,竞争也更为激烈。

（五）互联网

互联网是增长速度最快的现代传播媒介。它不仅具备上述媒体的几乎所有功能，而且具有重复性特点，即对观众来说，可以在任何时候观看，不像广播、电视那样瞬间就消失。对于企业来说，通过互联网传递信息，具有可保存和经济性的特点。

近年来，互联网日益受到更多的企业青睐。从建立自己的网站、向外界传递企业信息、建立企业与外界沟通的经常性渠道，到从事电子商务、实现企业与企业、企业与顾客的网上交易，互联网正在发挥着巨大的难以替代的作用。

二、运用新闻媒体沟通的方法

利用媒体做广告无疑是企业利用媒体进行沟通的最重要方法和主要形式，但这并不是唯一方式。除了广告之外，还有以下方法：

（一）新闻发布

新闻发布是企业将一新闻事件送往新闻媒体由其发布，新闻事件以新闻故事的题材写成。它可以通过多家新闻媒体发布，从而扩散给大众。企业以新闻事件的形式传递给公众的内容及其广泛，涉及企业生产经营的各个方面。例如，开发了一项新产品；举行一次有影响的促销活动；赞助公益事业；在著名大学举行校园招聘会；获得某一项荣誉和证书；公司上市、合并、兼并等。这些新闻都时刻提醒和告知大众有关企业的动向，使企业在大众的心目中占有一定地位，从而不断树立和强化企业的形象。

（二）记者招待会

记者招待会具有互动性特点，不像新闻发布那样只是单向传递信息。采用这种形式，可使记者们直接看到、听到他们想知道的东西，并可当面直接向公司重要人物询问，获知一些新信息，核实一些正在传递的信息。对于企业而言，这是与新闻界沟通的极好机会，可以发布企业新的利好信息，消除可能存在的一些误解，在新闻界树立起良好形象，建立与新闻界的良好关系。在企业举办记者招待会时，一般都是发布有价值的重大信息，如新产品发布会等，否则会浪费时间和金钱，得不偿失。

（三）企业宣传

企业宣传是利用新闻媒体宣传企业的理念、经验和事迹等，主要包括以下方式:名人文章,包括企业经理人员亲自撰写的文章,或者是知名人士根据对企业的考察撰写的关于企业生产经营的理念、经验的文章;人物介绍,即介绍知名企业的知名企业家是如何领导企业走向成功的;企业案例,包括在企业战略、组织结构、资本运营、生产运作、人力资源管理等方面的典型案例,在宣传企业的同时,也给其他企业以借鉴和启发。

(四)制造新闻

制造新闻是企业故意通过一些吸引媒体关注的事件,来引起公众注意,从而在公众中提高知名度的做法。如举行隆重的工程奠基仪式;与重要组织联合举办研讨会,借机宣传企业;利用法律纠纷等引起公众的注意;通过非常规举动制造轰动性事件等。这些方式旨在吸引众多媒体的关注,扩大企业的知名度和影响,可以节约宣传企业的费用。但应该注意的是,要做到适度,避免弄巧成拙,因为知名度并不等于美誉度。

三、与新闻媒体沟通的技巧

新闻媒体是企业经常接触的沟通对象,与新闻媒体沟通的结果,直接影响到企业的信誉、形象和发展。因此,企业应了解与新闻媒体沟通中存在的困难或可能产生的问题,掌握一定的技巧。

(一)企业与新闻媒体沟通的困境

普鲁坦斯保险公司的董事长兼总经理贝克提出以下六种两难的困境,以解释企业界与新闻界之间的紧张和误解:提出问题的两难,即新闻界提出的问题往往比较尖锐和敏感,常常使企业难以回答,甚至感到愤怒;目标和过程的两难,即企业往往强调将取得的成果,而新闻界更加关心取得成果、实现目标的手段和过程;共识和冲突的两难,即企业竭力寻求共识,而新闻界强调冲突,以吸引公众;保密的两难,即企业强调竞争、领先,从而严守商业秘密,而新闻界强调透明、公开、光明正大;坦诚与否的两难,即企业界不喜欢在新闻媒体中常常露面、无所不谈的人,而新闻界则喜欢这样坦诚的人;复杂性与简单性的两难,即企业往往强调关于自身的新闻应尽量具体、全面,而新闻界由于时间的限制则要求企业将新闻内容尽量精简。

(二)企业与新闻媒体的有效沟通

企业与新闻媒体的有效沟通,首先应建立相互信任的关系,做到坦诚相见,真诚合作。为此,要消除企业与新闻媒体间常常出现的相互抱怨。

媒体经常对企业的抱怨是:试图左右和干预关于企业的新闻内容,违背了新闻自由的原则;侵占有限的版面过度宣传企业自己;采用行贿等手段对新闻记者加以利用,从而影响新闻的独立性和公正性;对新闻的编辑和原则不理解,横加指责。

企业经常对新闻媒体的抱怨是:对企业抱有偏见;没有报道企业的实际经营情况;对新闻不是一视同仁,播出与否往往与经济利益挂钩;对新闻内容要求过于苛刻,缺乏灵活性。

除了以正确的态度消除以上抱怨之外,企业与新闻媒体的有效沟通还应坚持以下原则:①企业高层管理人员要直接参与。这不仅体现出企业对与媒体沟通的重视,有利于树立良好的形象,而且也便于回答媒体的提问,传递出的信息也更加可信和具有权威性。②诚实守信。这样才能取得新闻媒体的信任,与之建立起融洽的关系,开展有效的合作。③提供服务。在新闻媒体需要时,提供满意的服务,如及时有效地提供新闻媒体索要的资料,包括图片和文字资料,安排好记者的采访,创造一切条件帮助其完成采访任务。④对新闻媒体播出的企业新闻既不低三下四地乞求,也不无端地吹毛求疵。⑤不对新闻媒体提出无理要求,尊重其选择。⑥保证对新闻媒体提供的新闻有价值,并不断更新内容。

在企业与媒体关系领域中有丰富经验的美国公关咨询专家切斯特·伯格提出以下方针,值得企业借鉴:投公众所好,不是自己所好;尽量以个人名义和口气讲话,这种只代表个人观点的讲话不代表组织,因此会留有余地;谨慎讲话,因为媒体传播非常快,出语不慎往往难以挽回;讲述重要的事实,不要浪费大家的时间;保持冷静和理智,尤其是在记者提出具有明显挑战性的问题时;对具有冒犯性的问题,不要重复和反驳,可以回避和绕开;对于明确的问题直截了当地回答,不必拐弯抹角、故弄玄虚;对不清楚和不能回答的问题要坦诚承认并承诺以后会给予满意的答复;讲话要吐露真情,不要虚情假意;不要夸大其词,无中生有。

以上方针可以概括为"5F",即:迅速(Fast)、真实(Factual)、坦率(Frank)、公正(Fair)、友好(Friendly)。

思考题

1. 在现阶段,企业与外界的沟通为什么变得越来越重要?

2. 举一个实例说明企业与竞争对手沟通的重要性。

3. 企业如何利用新闻媒体来树立自己的形象?在公益事业中如何发挥企业的作用?

沟通体验

2005 年 8 月 3 日，中国海洋石油有限公司正式宣布撤回对美国尤尼科石油公司的收购要约，从而正式退出了与雪弗龙公司持续整整 40 天的收购竞争。在此次并购尤尼科的过程，中海油遇到了超乎想象的政治干扰，来自美国国会及媒体的强烈质疑使此次纯商业并购变得错综复杂。尽管中海油作了种种努力，甚至拟聘请权威人士在美国进行游说，但最终考虑到巨大的政治风险，还是决定退出此次并购。

你认为中国海洋石油有限公司此次并购失败的关键在哪里？你如何看待企业与政府的关系？

参考书目

[1] 陈亮,林西.管理沟通理论发展综述[J].中南大学学报,2003(12).

[2] 陈原.社会语言学[M].北京:学林出版社,1983.

[3] 顾孝华.论组织传播的意义[J].上海大学学报.社会科学版,2003(2).

[4] 霍冉.组织文化维持的传播学解决途径[J/OL].http://www.chuanboxue.net[2005-02-04].

[5] 董玉芳,曹威麟.企业管理沟通模式设计——基于科学管理和行为科学管理思想的研究[J].经济问题,2006(10).

[6] 胡河宁.组织传播[M].北京:科学出版社,2006.

[7] 胡河宁.组织中的人际传播:权力游戏与政治知觉[J].新闻与传播研究,2008(3).

[8] 黄孝俊.组织传播的研究模式及思考[J].浙江大学学报.人文社会科学版,2001(5).

[9] 李鹏,胡杰.冲突管理模式与组织沟通关系研究——基于整合模式的部门间冲突管理[J].求索,2007(10).

[10] 明安香.传播学几个基本概念的界定[J/OL].传播学论坛网,2006-02-26.

[11] 梅红.人力资源管理中的组织沟通满意感研究[J].科技管理研究,2007(7).

[12] 康青.管理沟通[M].北京:立信会计出版社,2009.

[13] 孙健敏,徐世勇.管理沟通[M].北京:清华大学出版社,2006.

[14] 施杨,李南.团队有效沟通与共享心智模式的构建[J].科学管理研究,2007(1).

[15] 王磊.管理沟通[M].北京:石油工业出版社,2001.

[16] 徐磊青.人体工程学与环境行为学[M].北京:中国建筑工业出版社,2006.

[17] 叶龙,吕海军.管理沟通——理念与技能[M].北京:清华大学出版社,北京交通大学出版社,2006.

[18] 俞国良,王青兰,杨治良.环境心理学[M].北京:人民教育出版社,2000.

[19] 严文化.20世纪80年代以来国外组织沟通研究评价[J].外国经济与管

理,2001(2).

[20] 曾仕强.圆通的人际关系[M].北京:北京大学出版社,2008.

[21] 张晓彤.高效会议管理技巧[M].北京:北京大学出版社,2004.

[22] 祝雪虎.行政公文写作技巧、模板与范例[M].广州:广东经济出版社,2007.

[23] 赵升奎.沟通学思想引论[M].上海:上海三联书店,2005.

[24] 赵蓉晖.社会语言学[M].上海:上海外语教育出版社,2005.

[25] (奥地利)阿德勒.自卑与超越[M].黄光国,译.北京:作家出版社,1986.

[26] (波兰)沙夫.语义学引论[M].罗兰,周易,译.北京:商务印书馆,1979.

[27] (美)阿尔贝勃.大脑、机器和数学[M].北京:商务印书馆,1982.

[28] (美)阿伦·肯尼迪,特伦斯·迪尔.公司文化[M].北京:中国对外翻译出版公司,1989.

[29] (美)亚伦·皮斯,芭芭拉·皮斯.身体语言密码[M].王甜甜,黄佼,译.北京:中国城市出版社,2007.

[30] (美)艾里丝·瓦尔纳,琳达·比默.跨文化沟通[M].北京:机械工业出版社,2006.

[31] (美)安托尼·杰伊.如何召开会议[J].哈佛商业评论,1976(3/4).载哈佛商业评论精粹译丛:有效沟通.北京:中国人民大学出版社,2001.

[32] (美)约翰-科特.权力与影响[M].孙琳,朱天昌,译.北京:华夏出版社,1997.

[33] (美)基蒂.洛克.商务与管理沟通[M].梁皎洁,译.北京:机械工业出版社,2013.

[34] (美)维纳.人有人的用途——控制论和社会[M].北京:商务印书馆,1978.

[35] (美)切莉尔·汉密尔顿.实效传播[M].7版.李斯平,裴霜霜,译.广州:暨南大学出版社,2005.

[36] (美)明兹伯格.管理者的工作:传说与事实[J].哈佛商业评论,1975(8).

[37] (美)查尔斯·贝克.管理沟通[M].康青等,译.北京:中国人民大学出版社,2003.

[38] (美)桑德拉·黑贝尔斯.有效沟通[M].北京:电子工业出版社,2016.

[39] (美)Duan P. Schultz, Sydney Ellen Schultz.工业与组织心理学——心理

学与现代社会的工作[M]. 8 版. 时勘等,译. 北京:中国轻工业出版社,2004.

[40] (美)斯蒂芬·罗宾斯. 组织行为学[M]. 10 版. 北京:中国人民大学出版社,2005.

[41] (美)凯瑟琳·米勒. 组织传播[M]. 袁军等,译. 北京:华夏出版社,2000.

[42] (美)弗雷德·鲁森斯. 组织行为学[M]. 王垒等,译. 北京:人民邮电出版社,2003.

[43] (美)Richard Jackson Harris. 媒介心理学[M]. 相德宝,译. 北京:中国轻工业出版社,2007.

[44] (美)R. A. 巴伦,D. 伯恩. 社会心理学[M]. 黄敏儿,王飞雪等,译. 上海:华东师范大学出版社,2004.

[45] (美)杰伊·康格. 必不可少的说服艺术. 载人员管理[M]. 北京:中国人民大学出版社,2000.

[46] 理查德·达夫特. 组织管理与设计[M]. 9 版. 王凤彬等,译. 北京:清华大学出版社,2016.

[47] (美)盖伊·拉姆斯登,唐纳德·拉姆斯登. 群体与团队沟通[M]. 冯云霞等,译. 北京:机械工业出版社,2001.

[48] (美)迈克尔·麦卡斯科. 经理传递的隐含信息[J]. 哈佛商业评论. 1979(11/12).

[49] (美)迈克尔·哈特斯利. 主持完美会议必读[J]. 哈佛管理信息. 1996(7).

[50] (美)迈克尔. 哈特斯利,林达·麦克詹妮特. 管理沟通:原理与实践[M]. 李布等,译. 北京:机械工业出版社,2000.

[51] (美)拉尔夫·尼科尔斯,伦纳德·史蒂文思. 倾听. 载哈佛商业评论精粹译丛:有效沟通[M]. 北京:中国人民大学出版社,2001.

[52] (美)伯恩. 人间游戏:人际关系心理学[M]. 田国秀等,译. 北京:中国轻工业出版社,2006.

[53] (美)戴尔·卡耐基. 口才的魅力[M]. 王剑,译. 西安:陕西师范大学出版社,2007.

[54] (美)盖伊·拉姆斯登,唐纳德·拉姆斯登. 群体与团队沟通[M]. 北京:机械工业出版社,2001.

[55] (瑞士)苏珊·施奈德,[法] 简 - 路易斯·巴尔索克斯. 跨文化管理[M]. 石永恒等,译. 北京:经济管理出版社,2002.

[56] Buchanan S. 1989. Culture gaps can sink cross - border acquisitions[J]. In-

ternational herald tribune, January 12.

[57] Chaplin et al. 2000. Handshaking, gender, personality, and first impressions[J]. Journal of personality and social psychology, 79:110 ~ 117.

[58] Damhorst, M. , & Fiore, A. M. 2000. Women's job interview dress: how the personnel interviewers see it[M].

[59] Hall, Edward T. 1976. The hidden dimension[M]. New York: Simon & Schuster.

[60] Knapp & Hall. 2002. Nonverbal communication in human interaction[M]. Belmont, CA: Wadsworth.

[61] Molloy, J. T. 1996. The new women's dress for success book[M]. New York: Warner.

[62] Mehrabian, A. 1968 . Communication without words[J]. Psychology today, vol. 2.

[63] Perlini, A. H. & Hansen, S. D. 2001. Moderating effects of need for cognition on attractiveness stereotyping[J]. Social behavior and personality, 29:313 ~ 322.

[64] Senge Peter M. 1990. The fifth discipline: the art and practice of the learning organization[M]. New York: Doubleday.

[65] Schein, E. H. 1985. Organizational culture and leadership[M]. San Francisco: Jossey - Bass.

[66] Wagner J. A. & Hollenbeck, J. R. 1998. Organizational behavior: secuning competitive advantage[M]. Upper Saddle River. NJ: Prentice - Hall.